Karl Hermann Schelkle

Die Kraft des Wortes

Karl Hermann Schelkle

Die Kraft des Wortes

Beiträge zu einer biblischen Theologie

Verlag Katholisches Bibelwerk GmbH

CIP-Kurztitelaufnahme der Deutschen Bibliothek

Schelkle, Karl Hermann:
Die Kraft des Wortes:
Beitr. zu e. bibl. Theologie / Karl Hermann Schelkle.
[Hrsg. vom Kath. Bibelwerk e. V., Stuttgart]. –
Stuttgart: Verlag Katholisches Bibelwerk, 1983.
ISBN 3-460-32081-8

ISBN 3-460-32081-8

Gesamtherstellung: Freiburger Graphische Betriebe, Freiburg i. Br.

Karl Hermann Schelkle
Zur Vollendung des 75. Lebensjahres

Herausgegeben
vom
Katholischen Bibelwerk e. V. Stuttgart

Zum Geleit

Vor 40 Jahren, am 30. September 1943, erschien das Rundschreiben Papst Pius' XII. »Divino afflante spiritu« über die zeitgemäße Förderung der biblischen Studien. Dieses für die katholische Bibelwissenschaft wie für die pastorale Bibelarbeit in der Gemeindekatechese und Verkündigung gleich bedeutsame Dokument brachte nicht nur die lang herbeigesehnte völlige Freiheit innerhalb der Grenzen der überlieferten kirchlichen Lehre für die Exegeten, sondern bürdete ihnen in der Hauptsache auch eine doppelte schwere Last auf, nämlich die katholische Bibelwissenschaft durch intensive Forschung und Studium so voranzutreiben, daß sie Anschluß an das allgemeine Niveau auf diesem Gebiet gewinnt, dann aber auch die Ergebnisse der neuen katholischen Bibelwissenschaft so in den Raum der Kirchen hinein zu veröffentlichen, daß sie für den praktischen Religionsunterricht, für die Predigt im Wortgottesdienst der Liturgie, für die Bibelseminare in den Gemeinden, für biblische Exerzitien und eine fundierte biblische Spiritualität der Gläubigen, Priester wie Laien, fruchtbar werden kann.

In dieser Enzyklika heißt es in Kapitel 4: »Durch diese Sachlage darf sich jedoch der katholische Exeget, der eine tätige und starke Liebe zu seinem Fach hat und der heiligen Mutter Kirche aufrichtig ergeben ist, keineswegs davon abhalten lassen, die schwierigen, bisher ungelösten Fragen immer und immer wieder anzugreifen, nicht nur um die Einwendungen der Gegner zu widerlegen, sondern vor allem, um eine positive Lösung herauszuarbeiten, eine Lösung, die mit der Kirche in Einklang steht, besonders mit der Überlieferung von der vollen Irrtumslosigkeit der Heiligen Schrift, während sie andererseits den gesicherten Ergebnissen der Profanwissenschaften gebührend Rechnung trägt. Die Bemühungen dieser tüchtigen Arbeiter im Weinberg des Herrn soll man nicht nur mit Billigkeit und Gerechtigkeit, sondern auch mit Liebe beurteilen. Dieser Pflicht mögen alle anderen Söhne der Kirche eingedenk sein und sich von jenem wenig klugen Eifer fernhalten, der da meint, alles, was neu ist, bekämpfen oder verdächtigen zu müssen.«

Wie aktuell und brisant mutet diese päpstliche Warnung vor »jenem wenig klugen Eifer, der da meint, alles, was neu ist, bekämpfen und verdächtigen zu müssen«, heute, 40 Jahre später, an! Haben es sich einige Bewegungen doch geradezu zum Programm in unserer Kirche gemacht, »alles, was neu ist, zu bekämpfen und zu verdächtigen«, darunter vor allem die von den letzten Päpsten und dem Zweiten Vatikanischen Konzil seit 1965 aufgewiesenen Weisen der Bibelauslegung, wie sie in der fundamentalen Instruktion der Päpstlichen Bibelkommission über »Die historische Wahrheit der Evangelien« vom 21. April 1964 und in der Dogmatischen Konstitution über die göttliche Offenbarung »Dei Verbum« des Zweiten Vatikanischen Konzils vom 18. November 1965 ausformuliert worden sind.

In diese Zeit des Umbruchs katholischer Bibelarbeit fiel das Hauptschaffen des Jubilars, von Prof. Dr. Dr. Karl Hermann Schelkle, der mit großem Mut und Engagement viele Fragen und Probleme der Priester und Laien im Umgang mit der Heiligen Schrift aufgegriffen und exegetisch bearbeitet hat, um sie dann in einer verständlichen Sprache und durchaus immer kirchlich verantwortet so darzustellen, daß auch der Verkünder und Lehrer an der Front der Praxis mit diesen Exegesen arbeiten und leben konnte. Dabei gelang es Schelkle durchweg, mit sicherem Gespür für das Notwendige und noch Mögliche historisch-kritische Exegese mit einer tieferen biblischen Spiritualität zu verbinden, so daß in vielen seiner Beiträge keine sterile Form- und Redaktionskritik, keine trockene Philologie, sondern eine das »Wort Gottes« im Bibeltext erhebende, den Leser und Hörer treffende Auslegung begegnet, die auch heute nichts von ihrer bewegenden Gültigkeit verloren hat. Daher entschloß sich das Katholische Bibelwerk e. V., gesammelte Bibelstudien und Beiträge von Karl Hermann Schelkle, die für Interessenten nicht leicht zugänglich waren, in einem Band neu herauszugeben, um das Zeugnis dieses »tüchtigen Arbeiters im Weinberg des Herrn«, dieses bewährten Lehrers der Schriftauslegung in unserer Gegenwart und Zukunft neu zum Sprechen zu bringen. Denn Schelkle ist zweifellos auch einer jener Exegeten, die schon frühzeitig die Voraussetzungen dafür schufen, nicht bei der historisch-kritischen Bibelauslegung allein stehenzubleiben – so unüberholbar und grundlegend sie ist und bleibt –, sondern sie auszuziehen in eine vom Glauben her geforderte »gelebte Bibel«.

Mit dieser Gabe an den Jubilar dankt das Katholische Bibelwerk aber auch seinem früheren Vorstandsvorsitzenden sowie Vorsitzenden des Wissenschaftlichen Beirats, der in einer höchst kritischen Phase des Katholischen Bibelwerks Verantwortung, Einsatz und Entschiedenheit nicht scheute, um trotz aller Schwierigkeiten »beim Dienst am Wort zu bleiben« (Apg 6,4). Mögen seine Schriftauslegungen der Kirche unserer Zeit neue Impulse vermitteln, »damit das Wort des Herrn sich ausbreitet und verbreitet und verherrlicht wird« (2 Thess 3,1).

Dank gebührt unserem langjährigen Mitarbeiter, Akad. Rat Dr. Meinrad Limbeck, Tübingen, für die Bearbeitung dieses Bandes im Namen und Auftrag des Katholischen Bibelwerks in Deutschland.

Professor Dr. Paul-Gerhard Müller
Direktor des Katholischen Bibelwerks

Inhalt

Karl Hermann Schelkle

Zu Person und Werk

I

»Sören Kierkegaard sagt einmal: ›Man kann das Leben nur von rückwärts verstehen, aber leben muß man es vorwärts.‹ Dieses Wort muß ich in dieser Zeit oft bedenken. Wenn ich versuche, mein Leben von rückwärts zu verstehen, meine ich, mich wundern zu müssen, wie es auf geheimen, mir zunächst verborgenen Wegen über Zufälle, gegen Hindernisse und Hinderungen, und gewiß noch mehr mit vielfachen Hilfen – ich nenne Heinrich Josef Vogels in Bonn – zum endlichen Ziel gelangte.«

Mit diesen Worten begann Karl Hermann Schelkle die Ansprache zu seinem Goldenen Priesterjubiläum am 19. März 1982 – und es fällt nicht schwer, dieses Staunen zu teilen, wenn man auch nur einige der Lebensdaten des Jubilars mitbedenkt.

War es beispielsweise mehr als ein Zufall, daß innerhalb eines 8-Jahre-Zyklus gerade im Jahr 1928/29 die Exegese an der Reihe war, das Thema für die jährliche Preisarbeit der Katholisch-Theologischen Fakultät an der Universität zu stellen – in genau dem Jahr, in welchem es für Karl Hermann Schelkle aufgrund seines Alters *und* seines Studiengangs möglich war, sich für diese Arbeit zu interessieren –, und daß diese Arbeit ausgerechnet die »Formgeschichtliche Betrachtung der Leidensgeschichte Jesu« zum Thema hatte? Denn eben dadurch kam Karl Hermann Schelkle bereits sehr früh ganz unmittelbar und in einer (für ihn!) so intensiven *positiven* Weise mit der neutestamentlichen Formgeschichte in Berührung, wie es für katholische Exegese noch ganz ungewöhnlich war und noch lange ungewöhnlich sein sollte. Bereits hier, als die Begeisterung für die Ökumene noch lange nicht geboren war, und das Interesse für die Theologie jenseits der eigenen Kirche weit mehr Erstaunen als Ermunterung hervorrief – bereits hier nahm im Leben von Karl Hermann Schelkle jener Weg seinen Anfang, von dem er nach über 50 Jahren dankbar bekannte:

»Von meinem Weg hätte ich weiter zu sagen, daß ich in den Jahren des Lernens wie des Lehrens der großen und großartigen Theologie des Wortes begegnete, wie sie in Kirche und Theologie der Reformation geschaffen wurde und gelehrt wird. Ich nenne Rudolf Bultmann in Marburg. In Auseinandersetzung und Bemühung mit dieser Theologie war zu lernen, daß die kritische Erforschung der Heiligen Schrift diese nicht zerstört, sondern ihre Weite und Tiefe erscheinen läßt. Diese Theologie läßt aus der geschriebenen Schrift wieder das lebendige und Leben schaffende Wort werden – so wie Paulus sagt und wünscht, daß die Kirche ein Brief Christi sei, geschrieben nicht mit Tinte, sondern mit dem Geist des lebendigen Gottes (2 Kor 3,3).«[1]

Verwunderung erregt aber auch, wie die politischen Veränderungen in Deutschland die geradlinige Verwirklichung des Kindheitstraumes von Karl Hermann Schelkle verhinderten – und eben dadurch den *weiteren* Weg möglich machten:

»Zuerst muß ich immer wieder des Elternhauses, der Eltern und Geschwister, gedenken. Mein Vater war Lehrer. Im Schulhaus eines ganz katholischen Dorfes, in dem die Geschichte der langen Zugehörigkeit zu einer bedeutenden benediktinischen Abtei noch anwesend war, bin ich geboren. In dieser ausschließlichen Umgebung, die durch einen Weltkrieg noch beengter wurde, erfuhr ich als Möglichkeit eines Berufes den des Lehrers und eines ›Geistlichen‹ (wie ich zu sagen pflegte).«[2]

Lehrer und Geistlicher – *beides* stand Karl Hermann Schelkle vor Augen. Deshalb war es nur logisch, daß er, der nicht nur Theologie, sondern auch klassische Philologie und Geschichte studierte, sich durch das Staatsexamen und die 1935 erfolgte Promotion zum Dr. phil. auch die Voraussetzungen für den Schuldienst erwarb – ohne daraus freilich unmittelbaren Nutzen ziehen zu können. Da er nämlich weder Mitglied der NSDAP war noch sich bereit zeigte, wenigstens eine Erklärung zu unterschreiben, nach welcher er in der Zukunft auf jede weitere Predigttätigkeit verzichtet hätte, wurde er vom Staat nicht in den Referendardienst übernommen. Und so wurde er eben *zuerst* Geistlicher – Pfarrer in Wachendorf, einer kleinen Gemeinde in der Nähe von Tübingen.

Nicht als ob damit das vorangegangene Studium der klassischen Philologie sinnlos geworden wäre. Es bewahrte in doppelter Hinsicht seine Fruchtbarkeit:

Zum einen hatte es Karl Hermann Schelkle eine erste direkte und intensive Begegnung mit den Kirchenvätern vermittelt. Das Thema seiner Dissertation hatte ja gelautet: »Virgil in der Deutung Augustins« (1939 bei W. Kohlhammer, Stuttgart – Berlin, in der Reihe: Tübinger Beiträge zur Altertumswissenschaft erschienen). Nicht zufällig beschäftigte sich die spä-

[1] Ansprache zum Goldenen Priesterjubiläum am 19. März 1982

[2] Ebd.

tere Habilitationsarbeit noch einmal mit den Kirchenvätern: »Die Auslegung von Paulus' Römerbrief bei den Vätern. 1. Teil: Gesetz und Evangelium«.

Das Studium der klassischen Philologie hatte Schelkle aber auch über *die Grenzen* des biblischen Glaubens hinausgeführt – und auch dieser Schritt blieb nicht folgenlos:
»Zeugnisse des Glaubens finden sich auch außerhalb der Kirche des Alten und Neuen Bundes in Fülle. Von meinem Weg her muß ich sagen, daß ich mich in der Schule bedeutender Lehrer – ich nenne Otto Weinreich in Tübingen – mit der Geschichte und Wissenschaft der Religionen befassen durfte. Es entstanden für mich nicht leichte Fragen. Vor und außerhalb des biblischen und christlichen Glaubens begegnen Erkenntnisse und heilige Handlungen, die auch der Kirche wichtig und wesentlich sind. So Ahnung und Wissen um Welt und Mensch, daß sie als Gottes Schöpfung auch Erlösung und Vollendung gewinnen können. Sakramente, die in der Kirche geübt werden, gelten auch außerhalb: so Taufe, Mahl, Handauflegung, Eheschließung vor dem Priester. Unerachtet vieler offener Fragen verstand ich als Lösung das Wort des Apostels Paulus: ›Christus Jesus, den wir predigen, war nicht Ja und Nein, sondern Ja ist in ihm gewesen. Denn so viele Verheißungen Gottes es gibt, in Christus ist das Ja‹ (2 Kor 1,19f). Paulus meint zunächst die Verheißungen Gottes, die dem Volk Israel gegeben und nun in Christus erfüllt sind. Aber Verheißungen Gottes sind auch gegeben in den Hoffnungen und Sehnsüchten der Religionen aller Völker und aller Zeiten. Auch sie hat Christus erfüllt. So ist es doch zu verstehen, daß auch diese Religionen sich in der endgültigen Offenbarung erfüllt finden. Muß es nicht bewegen, um ein Beispiel zu nennen, wenn der große und edle Geist eines Platon (Staat 509 B) wie in mystischer Verzückung lehrt, daß Gott ›die Idee des Guten‹ ist? Christus hat gesagt: ›Was nennst Du mich gut? Gott allein ist gut‹ (Mk 10,17).«[3]

Die Weigerung Karl Hermann Schelkles, Zeugnisse eines anderen Glaubens – oder auch nur andere Interpretationen des eigenen Glaubens – gering zu schätzen oder gar zu verurteilen, dürfte hier eine ihrer tiefsten Wurzeln haben.

Die Aufgabe, *zuerst* Geistlicher einer Gemeinde zu werden, war für Karl Hermann Schelkle nun freilich nicht nur ein »Notbehelf«. Im Gegenteil! Seine seelsorgerliche Tätigkeit eröffnete ihm einen neuen, nie mehr preisgegebenen Zugang zur Exegese und Theologie, entdeckte er doch in deren

---

[3] Ebd.

Vollzug einerseits *das Recht* der (damals in der katholischen Kirche noch sehr umstrittenen) formgeschichtlichen Arbeit am Neuen Testament. Indem er nämlich die biblischen Texte für seine Gemeinde auslegte, erlebte er sich in grundsätzlicher Übereinstimmung mit eben jenem Vorgang, dem die Formgeschichte nachspürte: »Die richtig verstandene Formgeschichte will (ja) grundsätzlich nichts anderes als die Schrift aus ihrem Ursprungsort der Kirche erklären. Diesen Ort in der lebendigen Kirche meint sie, wenn sie mit ihrem bekannten Schlagwort vom ›Sitz im Leben‹ spricht. Sie versteht das Neue Testament wesentlich als Buch der Kirche.«[4] Oder anders ausgedrückt: Es war gerade *die Gemeindearbeit,* die Schelkle einerseits bestärkte, an der Art und Weise seines bisherigen exegetischen Arbeitens festzuhalten, die ihn aber andererseits auch davor bewahrte, die Exegese jemals um ihrer selbst willen betreiben zu wollen.

Es klingt wie ein Vermächtnis aus der Zeit, in der Schelkle als Gemeindepfarrer tätig war, wenn er seine in jenen Jahren beendete *theologische* Dissertation mit der auch heute noch gültigen Feststellung beschloß:

»Wenn anders irgendein überlieferter Text wirklich etwas sagen will und etwas Gültiges zu sagen hat, so muß es gewiß das Ziel der Interpretation sein, nicht bloß ihn in Wörtern und Sachen seiner Gegebenheit zu lehren, sondern das eigentliche Wort, das er sagen will, wieder lebendig und redend zu machen.

Das gilt dann ganz besonders von der Schrift des Neuen Testaments, deren Absicht unmittelbar und ausschließlich zuletzt Verkündigung ist. Dann genügt es also nicht, an die Sätze der Schrift historische und archäologische Noten anzuhängen und sie so zu erklären, daß, was »objektiv« in ihnen enthalten ist, verstanden wird. Dann ist es vielmehr notwendig, wenn anders die Exegese sachgemäß, d. h. der Absicht des Schreibers gemäß sein und seinem Willen gerecht werden will, den kerygmatischen Inhalt der Schrift lebendig zu machen, die Kraft des Wortes für heute und jetzt wirksam zu machen, so daß hier und jetzt, je und je, die Schrift den Hörer anspricht und trifft, ihn zur Entscheidung fordert und diese an ihm vollzieht. Dann ist also eine unbeteiligte Aufnahme der Schrift überhaupt nie möglich, sondern nur eine ungläubige oder gläubige, indem Erklärer und Hörer unausweichlich je und je unter dem Anruf und Gericht des Wortes stehen müssen. Dann ist also eine angeblich objektiv historisch-kritische Exegese

---

[4] *Schelkle, K. H.,* Die Passion in der Verkündigung des Neuen Testaments. Ein Beitrag zur Formgeschichte und zur Theologie des Neuen Testaments. F.H. Kerle Verlag Heidelberg 1949,7

nie genügend, weil unsachgemäß; der Schrift genügt allein die theologische Interpretation ...«[5].

Doch noch ein Zweites verdankt Karl Hermann Schelkle seiner Tätigkeit als »einfacher Dorfpfarrer«. In jenen Jahren wurde ihm unmittelbar bewußt, auf welche Weise allein sinnvoll Theologie getrieben werden kann. Auch die Jahre in Wachendorf trugen ihren Teil dazu bei, daß Schelkle die Aufgabe der Theologie letztendlich so umschreiben konnte:

»Theologie ist Glaubenswissenschaft, Wissenschaft aus Glauben, im Glauben und auf Glauben hin. Ursprung und Ort der Theologie ist darum immer Kirche als Wirklichkeit des Glaubens, wobei die umfassende Kirche sich darstellt in der einzelnen Gemeinde. Theologie darf wahren Glauben nie bedrängen oder schädigen, sondern sie muß ihn bereichern und bekräftigen.«[6]

So waren die Jahre in Wachendorf für Karl Hermann Schelkle keine verlorene Zeit. Sie waren freilich auch nicht das Ende seines Weges. Nachdem er im Wintersemester 1940/41 von der Katholisch-Theologischen Fakultät der Universität Bonn mit seiner Untersuchung über »Die Passion Jesu in der Predigt des Neuen Testaments« zum Dr. theol. promoviert worden war, wechselte er 1945 in den wissenschaftlichen Bibliotheksdienst der Universität in Tübingen. Im Wintersemester 1948/49 habilitierte er sich an der Theologischen Fakultät der Universität Würzburg, an welcher er dann auch als Privatdozent tätig war. 1950 erreichte ihn der Ruf auf den neutestamentlichen Lehrstuhl an der Katholisch-Theologischen Fakultät der Universität Tübingen.

So erfüllte sich für Karl Hermann Schelkle auch der zweite Teil seines Kindheitswunsches: Geistlicher *und* Lehrer zu sein: »Die Aufgabe meines Lebens war ja jetzt durch eine Generation theologische Lehre, zuerst an der Universität Würzburg, dann durch viele Jahre an der Universität Tübingen. Es war für mich immer wie eine Bestätigung, ja Auszeichnung meiner Arbeit, daß auf dem festlichen Siegel dieser Universität, das die Trinität darstellt, auch zwei Bücher, das sind offenbar Altes und Neues Testament, abgebildet sind. Aus den zahllosen Büchern, die an einer Universität gelesen werden, war also jenes Buch ausgewählt, dessen Erklärung mir aufgetragen war.«[7]

---

[5] Ebd. 299

[6] Ansprache zum Goldenen Priesterjubiläum

[7] Ebd.

II

Über 25 Jahre lehrte Karl Hermann Schelkle neutestamentliche Exegese und Theologie an der Katholisch-Theologischen Fakultät der Universität Tübingen – eine lange *und* schwere Zeit, reichte sie doch noch weit in die vorkonziliare Zeit hinein, in der es die Exegese bekanntermaßen nicht leicht hatte. (»Für die Bibelwissenschaft ist es eine schmerzliche Erinnerung, daß von etwa 15 Dekreten der Bibelkommission ungefähr sämtliche irrig waren.«[8]) Überblickt man diese Zeit, fällt ein Doppeltes auf: Schelkles Arbeiten wurden nie zum Anlaß oder gar zum Zentrum heftigen theologischen Disputs, und: Schelkle hatte nicht wenige Schüler, dennoch bildete er innerhalb der deutschsprachigen katholischen Exegeten keine eigene »Schule«!

Beides wirft ein charakteristisches Licht auf den Menschen *und* Theologen Karl Hermann Schelkle; denn beides zeugt von jener Ehrfurcht, in der Schelkle der Bibel *und* den Menschen begegnet, und die ihn immerfort hindert, sich als deren Herr zu gebärden.

Schelkles Arbeiten wirken – zumindest auf den ersten Blick – nicht revolutionär; denn was sie auszeichnet, ist ihre geistige Weite. In ihnen meldet sich ein Mensch zu Wort, der offensichtlich fähig ist zuzuhören und das zunächst einmal *gelten zu lassen*, was der andere erkannte – auch dort, wo er im einzelnen anderer Ansicht ist; auch dann, wenn ihm die Irrwege des anderen keineswegs verborgen sind. Nicht zufällig beginnt Schelkles erste große neutestamentliche Arbeit mit der Feststellung:

»Mit nie ermüdendem Fleiß und bewundernswerter Sorgfalt hatte die wissenschaftliche Arbeit am Neuen Testament im 19. und beginnenden 20. Jahrhundert die Kritik der ersten literarischen Zeugnisse aus der Frühzeit des Christentums betrieben. War sie auch dabei oft in die Irre gegangen, hatte sie auch oft ihre Überlieferung nur zerstört, um sie wieder aufzubauen, hatte sie auch oft ihre neue Hypothese aufgebaut, um sie wieder einzureißen – am Ende blieb der Mühe der Preis nicht versagt: im ganzen wurde eine doch erstaunlich reiche und weithin sichere Kenntnis der inneren und äußeren Verhältnisse der Schriften des Neuen Testamentes gewonnen.«[9]

Natürlich kann man der Exegese aus ihren Irrwegen den bekannten Strick drehen. »Wer weiß«, ist dann oft (bis in höchste kirchliche Kreise

---

[8] Ebd.

[9] Die Passion (s. Anm. 4), 1

hinein) zu hören, »wer weiß, vielleicht sagt die Exegese morgen etwas ganz anderes. Deshalb bleiben wir am besten bei dem, was wir gestern gelernt haben!« Doch eine derartige Argumentation läßt Schelkle nicht gelten:

»Die Arbeit der sprachlichen und geschichtlichen Erforschung der Heiligen Schrift mag oft verhängnisvoll in die Irre gegangen sein. Oft hat man sie beschuldigt, sie zerstöre die Kirche. Aber ihrer mühevollen Arbeit verdanken wir nicht wenig. Wir verdanken dieser Arbeit die Kenntnis der Geschichte des Heilswortes und Werkes Gottes im Alten Bund. Ihr verdanken wir die wahre geschichtliche Kenntnis der Urkirche. Ihr verdanken wir das geschichtliche Verständnis der heiligen Ursprünge jenes Glaubens und Lebens voll schaffender Kraft, dessen Erben wir sind. Eine ihrer letzten wichtigen Entdeckungen war, daß das Evangelium und das Urchristentum erfüllt waren und daß deshalb jedes Christentum, wenn anders es biblisch sein will, erfüllt sein muß von der drängenden eschatologischen Erwartung des Reiches Gottes. Die sorgfältig analysierende Forschung hat uns im ganzen gelehrt, daß die übliche Vorstellung von der Einerleiheit der Schrift, die zustande kommt, wenn man alle möglichen, eben passenden Sprüche nebeneinanderstellt, sehr trügerisch ist; daß die Schrift im Gegenteil der schwersten, aber auch entwicklungsträchtigsten Gegensätze voll ist und daß die Einheit der Schrift tiefer gesucht werden muß. Ihre Einheit ist nicht die ebene Einheit ihrer Geschichten und Wörter, sondern allein die tiefe Einheit Gottes selber. Diese Einheit Gottes aber ist keinem Menschen einsichtig. Sondern für den Menschen ist Gott der Gott der Gegensätze und Geheimnisse. Und so soll und wird auch die Schrift sein. Sie spottet aller Künste der Harmonistik.« [10]

Wer mit dem Verständnis der Heiligen Schrift irgendwann einmal an ein Ende kommen will; wer nicht immer wieder auf Neues und Überraschendes in ihrer Auslegung stoßen will und deshalb geneigt ist, sehr rasch all jenen Auslegungen der Schrift zu widersprechen, die vom eigenen bisherigen Verständnis abweichen und dieses damit in Frage stellen, der nimmt den gottmenschlichen Charakter des Alten und Neuen Testaments nicht wirklich ernst. Oder anders ausgedrückt: Weil Schelkle willens ist, auf die Heilige Schrift als *Gottes* Wort zu hören, sind ihm (zunächst einmal) *alle* biblischen Auslegungen bedenkenswert – gleichgültig aus welcher Zeit

---

[10] Heilige Schrift und Wort Gottes, in: *Schelkle, K. H.,* Wort und Schrift. Beiträge zur Auslegung und Auslegungsgeschichte des Neuen Testaments. Patmos Verlag Düsseldorf 1966, 45–56, hier 50f

oder von welcher Seite sie auch kommen. Deshalb kennen seine Schriften keine *Einseitigkeit,* die *zum Streit* herausfordert.

Gewiß, es erschwert die persönliche Arbeit, wenn man in ihr die *vielfältigen* Ergebnisse des eigenen Fachbereichs mitberücksichtigt. Der große, endgültige und klare »Wurf« ist unter solchen Umständen nur schwer zu erreichen. Doch nicht um ihn geht es Schelkle, sondern um das Ganze der ihm vorgegebenen neutestamentlichen Texte – und diese verlangen nicht selten, in der klaren, »erhellenden« Linienführung einzuhalten und einzugestehen: »Die Fragen sind nicht leicht.«[11] »Die Texte gestatten keine sichere Beantwortung der Frage.«[12] »Vielleicht müssen wir uns dabei bescheiden, daß uns der ursprüngliche Sinn des Herrenwortes Mt 10,23 dunkel bleibt.«[13] »Wir können nur versuchen, Deutungen zu deuten und Interpretationen zu interpretieren.«[14]

Natürlich, man kann derartige Fragen und Vorbehalte auch einfach überhören. Man kann sie als Kleinglaube in Verruf bringen. Aber auch gegen diesen »Ausweg« erhebt Schelkle Einspruch: »Alles, was Geschichte ist, muß auch der geschichtlichen Forschung unterworfen sein. Darum können sich hier schwere Fragen ergeben. Es sind echte, nicht müßig erfundene Fragen. Darum ist das Hören auf sie nicht Unglaube, sondern Pflicht der Wahrhaftigkeit. Es wäre im Gegenteil Unglaube, der Forschung das freie Fragen zu verbieten. Es ist Unglaube vor dem Wort Gottes, wenn man ihm nicht vertraut, daß es vor der ernsten Forschung bestehen wird.«[15]

Die immer wieder erlebten Grenzen der Verstehbarkeit sind für Schelkle also nichts Ärgerliches, nichts, was bei den biblischen Texten eigentlich nicht sein dürfte, vielmehr eröffnen sie nach seinem Verständnis eine große Chance:

»Als Kirchenchristen stehen wir unter der verhängnisvollen Tatsache, daß uns das immer wiederholte Lesen und Hören der gleichen Stücke der Bibel, das allzuleicht eiliges Lesen und Hören ohne Tiefe wird, weil wir ja die Sprüche und Geschichten schon lange kennen, das Ohr verschließt, so

[11] Die Geschichte Jesu, in: *Bauer, Johannes B.,* (Hrsg.), Evangelienforschung. Verlag Styria Graz – Wien – Köln 1968, 277–297, hier 293

[12] Jesus – Lehrer und Prophet, in: Orientierung an Jesus. Festschrift Josef Schmid. Herder Freiburg 1973, 300–308, hier 304

[13] Neutestamentliche Eschatologie, in: Mysterium Salutis V. Hrsg. v. *Feiner, J.* u. *Löhrer, M.* Benziger Zürich – Einsiedeln – Köln 1976, 723–778, hier 728f

[14] Auferstehung Jesu. Geschichte und Deutung, in: Kirche und Bibel. Festschrift Eduard Schick. Verlag Ferdinand Schöningh Paderborn 1979, 390–396, hier 395

[15] Heilige Schrift und Wort Gottes (s. Anm. 10), 51

daß wir die Neuheit und Unwahrscheinlichkeit, den Ernst wie die Huld der Botschaft nicht mehr vernehmen. Das macht es uns besonders schwer, aus der Schrift das lebendige Wort zu hören. Was wir da zuvörderst immer wieder bräuchten, wäre der offene menschliche Sinn für die Mannigfaltigkeit und Fülle und für die wahre Unglaublichkeit der Schrift. Es wäre schon ein Gewinn, wenn wir beim Aufschlagen des Buches es fertig brächten, einmal zu vergessen, wie wir in jahrelanger Gewöhnung die Stelle hörten. So verfallen wir der Täuschung, immer nur einige gleiche Stücke aus der Schrift aufzunehmen, jene, die uns passen, während doch ihr Wort im Gesamt so viel anders ist als mancherlei übliche Anschauung und Gewöhnung des christlichen Glaubens und Lebens. Erst in dem Maße, in dem uns das offenbar wird, lesen wir die Schrift mit Frucht. Erst dann kann sie unseren Glauben und unser Leben erneuern und gestalten. Vorher sind wir die Herren der Schrift, indem wir über sie verfügen. Erst dann wird sie Herr über uns, und wir stehen unter ihrem Wort. Wir müßten also den Text uns zuerst fremd werden lassen. Dann erst kann er uns nahekommen.«[16]

Den Lesern und Hörern der neutestamentlichen Schriften wäre also gerade *nicht* geholfen, würden ihnen alle Unverständlichkeiten, Fragwürdigkeiten und Widersprüche, die es im Neuen Testament eben auch gibt, vorenthalten, um sie in ihrem Glauben nicht zu beunruhigen.

Von hier aus wird es verständlich, daß Karl Hermann Schelkle »die Summe« seiner exegetisch-theologischen Arbeit, seine vierbändige »Theologie des Neuen Testaments«, nicht wie die meisten Exegeten nach den neutestamentlichen Epochen gliedern wollte. So interessant eine Zusammenfassung der paulinischen, lukanischen oder johanneischen Theologie auch sein kann, sie läuft nun einmal Gefahr, dem Leser die Vielfalt und Weite der neutestamentlichen Botschaft zu verbergen. Aus diesem Grund gab es für Schelkle nur die andere Möglichkeit – »die Möglichkeit, Gedanken und Themen neutestamentlicher Verkündigung durch das ganze Neue Testament hin zu verfolgen und die Gebiete des Glaubens und Lebens zusammengefaßt zu behandeln«[17]. Wer wissen will, was die Bibel zur Frage der Schöpfung und der Erlösung, zu Leben und Tod, zu Jüngerschaft und Kirche zu sagen hat, soll das *ganze* Neue Testament hören. Jede Auswahl wäre letztendlich zu wenig.

Gewiß, es ist anstrengend, sich zunächst einmal in der von Schelkle er-

---

[16] Ebd. 48

[17] Was bedeutet »Theologie des Neuen Testaments«?, in: Evangelienforschung (s. Anm. 11), 299–312, hier 312

warteten Weise der *Weite* der biblischen Botschaft zu stellen. (Es ist wohl kein Zufall, daß Schelkles »Neutestamentliche Theologie« noch nicht das Echo fand, das sie eigentlich verdiente!) Biblische »Kurzfassungen« kommen in der Regel besser an – doch auch dadurch läßt sich Schelkle in *seiner* Weise der biblischen Auslegung nicht beirren. Wer immer gleich wissen will, was diese oder jene theologische Aussage »bedeutet«; wer sich nicht mehr die Zeit nimmt, den *biblischen* Text zu betrachten und auf ihn zu hören, wie soll der *Neues* entdecken und erfahren können?

Ein gutes Beispiel dafür, wie der recht gehörte *biblische* Text unseren Glauben und unser Leben weiterbringen kann, findet sich in Schelkles kleinem Marienbuch:

»Das Evangelium zeigt an, wie das Verhältnis zwischen Maria und ihrem Kinde anders war als sonst je ein Verhältnis von Mutter und Kind. Es ist nicht einfach gefühlsmäßig zu bestimmen wie sonst das Mutter-Kind-Verhältnis. Hier ist das Verhältnis von Anfang an nicht durch die Mutter, sondern von Anfang durch das Kind bestimmt. In der Kindheitsgeschichte des Matthäus steht fünfmal das Wort: Das Kind und seine Mutter (Matthäus 2,11.13.14.20.21). Das Bild, das Matthäus hier vor sich sieht, ist unzähligemale wiedergeschaut und in Wort und Bild nachgebildet worden. Aber ist es immer so geschaut und gebildet worden, wie Matthäus sagt? Ist nicht daraus ein anderes Bild geworden, zunächst vielleicht kaum bemerkt, dann aber eindeutig bei den großen Meistern etwa der italienischen Renaissance, nämlich das Bild: Die Mutter und das Kind. Die Mutter in idealer und vielleicht überirdischer Schönheit ist dann die Mitte des Bildes, das Kind das zweite, der Gegenstand ihrer Liebe. Das Kind ist auf die Mutter bezogen, nicht mehr die Mutter auf das Kind. Das ist nicht mehr völlig biblisches Marienbild. Denn es ist nicht als Symbol der Mutterschaft, als das Urbild des Mutterseins, weswegen Maria dem Evangelium verehrungswürdig wäre, wie vielleicht Dichtung oder Religionsgeschichte oder psychologische Typenlehre den katholischen Marienkult auffassen; sondern allein deshalb ist Maria heilig, weil ihr Kind der Christus ist.«[18]

»Das Kind und seine Mutter« – dieser kleine neutestamentliche Satz bietet gewiß keine sprachlichen Schwierigkeiten. Und doch offenbart er seine Wahrheit, seinen Anspruch nur dem, der in Ruhe und gespannter Aufmerksamkeit auf ihn hört. Wer dazu bereit ist, findet in den Schriften von Karl Hermann Schelkle immer wieder neue, wesentliche Hilfen; denn er

[18] Maria, Mutter des Herrn. Ihre biblische Gestalt. St. Benno-Verlag Leipzig 1956, 13f

wurde zu keiner Zeit müde, allen Interessierten das Wort der Schrift aufzuschließen und nahezubringen:

Über 130 Titel umfaßt inzwischen allein das Verzeichnis seiner Buchveröffentlichungen und Zeitschriftenaufsätze. In 10 Sprachen – in englisch, niederländisch, französisch, spanisch, portugiesisch, italienisch, polnisch, slovenisch, malaiisch und japanisch – wurden sie übersetzt. Für diesen großen Einsatz in der Vermittlung der biblischen Botschaft dankte ihm auch die Kirche, indem sie ihn zum Prälaten ernannte.

Nach Schelkles letztem großen Paulusbuch steht ein weiteres Werk, das sich mit dem Verhältnis von Judentum und Christentum befassen wird, unmittelbar vor seinem Abschluß. Dazu kommt noch eine weitere große Aufgabe: Gerade ihm wurde vor kurzem die (lang erwartete) Veröffentlichung der Habilitationsschrift von Rudolf Bultmann anvertraut.

Doch nicht genug damit: Auch nach der Beendigung seiner Lehrtätigkeit an der Universität bleibt Schelkle ein gefragter Prediger und Referent in der religiösen Erwachsenenbildung. Und nie wird es ihm zuviel; denn er weiß, daß er mit all dem Erreichten noch an kein Ende gekommen ist: »So durfte ich einiges erfahren und erkennen. Noch mehr ist mir verborgen.«[19]

Neue Einsicht, neues Verständnis ist also Tag für Tag möglich – in seinem eigenen Leben und durch ihn im Leben und Denken unserer Kirche.

Daß dies noch oftmals Wirklichkeit werde, ist der Wunsch vieler zum 75. Geburtstag von Karl Hermann Schelkle.

Meinrad Limbeck

[19] Ansprache zum Goldenen Priesterjubiläum

Jesus von Nazaret –
Messias aus Israel und
Heiland der Welt

Die Geschichte Jesu

In den folgenden Überlegungen ist das Wort Geschichte in dem einfachen, geläufigen Sinn verstanden, daß Geschichte ist, was sich ereignet hat und als Ereignis grundsätzlich durch Sehen, Hören und Fühlen wahrzunehmen war. Die Geschichte Jesu wird aufgenommen durch eine Deutung der Ereignisse, die Bekenntnis des Glaubens ist.

Vor ungefähr 50 Jahren wurde durch einige wenige Kritiker die Geschichtlichkeit Jesu überhaupt bestritten, und dem Vernehmen nach geschieht das heute noch in sowjetischer Propaganda. In unserem Kreis erübrigt es sich wohl, auf diese Fragen einzugehen, die keine ernstlichen Probleme mehr sind.

Im Jahre 63 v. Chr. hielt Cicero auf dem Forum Romanum seine Rede für Rabirius. Dieser Rabirius war angeklagt, er habe als Statthalter in der Provinz römische Bürger kreuzigen lassen, was eine schwere Rechtsverletzung gewesen wäre, da nur Nichtbürger mit dem Kreuzestod bestraft werden durften. Cicero verteidigte Rabirius, indem er zugab, daß die Tat, der er angeklagt wurde, allerdings ein Frevel gewesen wäre. Denn, so sagte Cicero: »Schon das Wort Kreuz muß ferne bleiben nicht nur dem Leib der Bürger Roms, sondern schon ihrem Gedanken, ihrem Auge, ihrem Ohr.« Es ist eine Verletzung der guten Sitte, in Gegenwart anständiger Menschen von einem so schmählichen Sklaventod wie dem Kreuz auch nur zu reden. Aber eben auf diesem Forum Romanum, in diesem Rom, und im ganzen Römischen Reich mußte bald darauf das Kreuz Christi verkündigt werden. Dies konnte darum von Anfang an nur geschehen, indem die Apologie des Kreuzes mitverkündet wurde, indem also verkündet wurde, wie es zur Kreuzigung kam, daß Jesus der Gekreuzigte nicht roher Gewalt zum Opfer fiel, sondern der Herr und König auch als Gekreuzigter blieb, daß sich im Kreuz der Heilsplan Gottes erfüllte, was durch die erfüllte Weissagung bewiesen wurde, daß endlich der Kreuzestod Jesu Sühne und Heil für die Sünder war. Von Anfang an mußte mitgesagt sein, daß das Kreuz vom Osterglanz überstrahlt wurde. Von Anfang an mußte sich mit dem Bericht der Geschichte des Kreuzes die Deutung verbinden, mit der Historie die Theologie. Dies gilt nicht bloß von der Geschichte des Todes Jesu, sondern vom ganzen Leben Jesu, insofern die Geschichte Jesu von einem aller Not preisgegebenen Menschen berichtet, von dem die Botschaft der Kirche sagt, daß in seiner Geschichte Gott offenbar sei, ja, daß er der Sohn Gottes sei. Die ganze Geschichte Jesu konnte von Anfang an nur als gedeutete Geschichte überliefert werden. Und wirklich ist dies der Befund der Evangelien, daß sie historischer Bericht und theologische Verkündigung in einem sind.

Die Erforschung der Geschichte kann daher versuchen, in der Überlieferung Historie und Theologie zu unterscheiden, wenn es auch unmöglich sein wird, beide voneinander zu scheiden.

Daß die Evangelien und das Neue Testament als historische Quelle erforscht werden, so, wie jeder andere griechische Text aus dem Altertum, ist sinnvoll und berechtigt. Es ist nicht nur etwas, was geduldet werden kann, sondern etwas, was bejaht werden muß. Die Ergebnisse der ernsten Forschung sind durchaus nicht destruktiv, sondern diese Forschung hat unsere Kenntnis des neutestamentlichen Zeitalters der Kirche in höchst wertvoller Weise vertieft und verfeinert und auch für die theologische Verkündigung in Seelsorge, Predigt und Katechese sehr wichtige neue Einsichten erschlossen. Anderseits hat diese historisch-kritische Forschung wenigstens im Bereich protestantischer Theologie auch sehr radikale Behauptungen aufgestellt. Die Universitätstheologie behauptete oft genug, im Neuen Testament sei die Geschichte des Menschen Jesus durch die Legende, ja Mythologie, die Jesus zum Messias, Heiland und endlich Gottes Sohn erhöht habe, völlig verdeckt. Auch die katholische Exegese des Neuen Testaments konnte sich den Fragestellungen der historischen Forschung nicht einfachhin entziehen. Was sollte aber die Kirche tun, die das Neue Testament im Unterricht las und von der Kanzel der Kirche verkündete? In dieser Aporie liegt der Ursprung der Frage nach dem historischen Jesus im Verhältnis zum Christus des Glaubens.

Die Geschichte Jesu Christi ist im Neuen Testament vor allem in den Evangelien überliefert. Aber wir kennen weder die Jahre der Geburt noch des Todes Jesu. Nur annähernd sind sie anzugeben. Ganz unbekannt ist Tag und Monat der Geburt Jesu, eher ist der Todestag zu bestimmen. Aus dem Leben des Mannes Jesus haben wir Nachrichten nur aus der Zeit, da er öffentlich lehrte und wirkte. Wir vermögen aber auf Grund der Evangelien nicht zu sagen, wie lange dieses Wirken währte. Ein oder zwei oder drei Jahre wurden angenommen. Falls die Evangelien eine Biographie Jesu bieten wollten, wären sie sehr unvollkommene Werke. Aber sie wollen gar nicht einfachhin antike Historie berichten, sondern das Heil bekunden, das Gott in der Zeit gewirkt hat.

Versuchen wir, die Evangelien als Quellschriften der Geschichte Jesu näher zu bestimmen. Die Exegese evangelischer, jüdischer und katholischer Konfession hat auf die Erörterung und Klärung der hier anstehenden Fragen unendliche Mühe verwandt. Ich kann von ihren Wegen, Umwegen und Irrwegen nicht berichten und ich kann hier ihre Überlegungen auch kaum entwickeln. Ich kann nur von dem berichten, was von der Mehrzahl der Exegeten angenommen ist und was auch mir wahrscheinlich oder sicher dünkt. Manche sind zum Teil anderer Meinung. Auch katholische Exegeten werden wohl da und dort anderer Meinung sein. Verschiedener Meinung zu sein, zu irren, und sich korrigieren zu lassen, ist das Recht und der Nerv wissenschaftlicher Arbeit.

Das älteste unserer vier Evangelien stammt von Markus. Es wird vor 70 n. Chr. geschrieben sein. Das Kriterium dafür ist das Drohwort Jesu gegen Tempel und Jerusalem. Jesus steht mit dieser Drohung in der Tradition der Propheten Israels, von denen einige ähnliche Drohungen gegen Tempel und Stadt ob der Gottlosigkeit des Volkes aussprechen. Das Wort Jesu erfüllte sich im Jahre 70 n. Chr. mit der Zerstörung des Tempels, der Verwüstung Jerusalems und dem Untergang des jüdischen Staates. Bei Mk 13,2.14 ist das Drohwort undeutlich dunkel. Es enthält kaum Einzelheiten über den Hergang der Katastrophe. Anders bei Matthäus und Lukas. Sie berichten Einzelheiten wie Mt 22,7 und noch mehr Lk 19,43 u. 21,24. Es wird schwerlich zu bestreiten sein, daß insbesondere diese Sätze des Lukasevangeliums das Ereignis der Zerstörung Jerusalems voraussetzen. Die Ereignisse sind im einzelnen so geschildert, wie sie nach den Berichten des Flavius Josephus, des Tacitus und anderer geschahen. Wenn die Formulierung der Herrenworte bei Lukas die spätere Erfüllung miteinbezieht, so ist dies keine Fälschung. Die Worte Jesu waren nie auf einer Schallplatte aufgenommen. Sie wurden in lebendiger Überlieferung weitergegeben. Da war es nicht anders möglich, als daß sie sich nach den Umständen adaptierten. Hier wurde die Erfüllung des Drohwortes unwillkürlich in die Prophetie eingezeichnet.

Keines der drei älteren Evangelien ist von einem unmittelbaren Augenzeugen geschrieben. Markus und Lukas sind nicht unmittelbare Jünger Jesu gewesen. Das erste Evangelium steht unter dem Namen des Matthäus, eines der zwölf Apostel. Der Name des Evangeliums mag daher zu erklären sein, daß Aufzeichnungen des Matthäus, und zwar in aramäischer Sprache verfaßte Aufzeichnungen, in das Evangelium eingegangen sind. Aber so wie es uns in griechischer Sprache vorliegt, ist es nicht von Matthäus niedergeschrieben.

Eine sorgsame Lesung der drei genannten Evangelien erkennt bald, daß sie nicht von Augenzeugen nach dem Verlauf des Lebens Jesu niedergeschriebene Biographien sind. Denn sie sind keine in einem Zug verlaufende Lebensgeschichte, sondern eine Sammlung einzelner Geschichten aus dem Leben Jesu: Gleichniserzählungen, Streitgespräche, Heilungen, Totenerweckungen u. a. Diese Einzelgeschichten wurden in der Überlieferung schon lange weitergegeben, ehe sie von den Evangelisten zusammengestellt wurden. Diese bemühten sich dabei kaum um die zeitliche Abfolge, sondern reihten oft sachlich Zusammengehörendes aneinander.

Das vierte Evangelium steht unter dem Namen des Johannes, des Apostels Jesu. Es wird zu Ende des ersten Jahrhunderts niedergeschrieben worden sein. Es gibt der geschichtlichen Betrachtung viele Fragen auf. Die Unterschiede zwischen den älteren Evangelien und dem Johannesevangelium sind groß. Denken wir nur an die Reden Jesu. In den älteren Evangelien bestehen diese Reden entweder aus kurzen, einprägsamen Sprüchen oder aus anschaulichen, aus dem Leben genommenen Gleichnisreden. Im Johannesevangelium stehen lang ausgedehnte Reden mit eigenartigen Begriffen, die in den älteren Evangelien nicht vorkommen, wie Wiedergeburt (Joh 3), Lebensbrot (Joh 6), sodann Gegensatzpaaren, wie Wahrheit und Lüge, Licht und Finsternis, Leben und Tod. In den älteren Evangelien spricht Jesus oft vom Kommen der Königsherrschaft Gottes, im Johannesevangelium eigentlich nur von sich und seinem Verhältnis zum Vater. Man versucht eine Lösung mit der Annahme, in das Johannesevangelium sei sehr viel Meditation und Predigt des Evangelisten miteingegangen, insbesondere Reflexion über die Person und das Werk Christi. Neuerdings nehmen auch katholische Exegeten an, das Evangelium sei nicht von Johannes selber schriftlich niedergelegt, sondern seine Jünger hätten es nach dem Tod des Johannes geschaffen, indem sie Predigten des Apostels Johannes zusammenstellten und wohl auch durch eigene Berichte ergänzten (so katholische Kommentare zum Johannesevangelium von François Marie Braun, Raymond E. Brown, Rudolf Schnackenburg).

Vielleicht kann man das Verhältnis der älteren Evangelien zum Johannesevangelium erhellen am weltgeschichtlichen Beispiel der Sokratesgestalt des Xenophon und des Platon. Beide waren persönliche Schüler des Sokrates, beiden war er der Erwecker ihres geistigen Lebens. Xenophon beschreibt des Sokrates Person und Lehre buchstäblich-geschichtlich; Platon wohl auch geschichtlich, aber so, wie er das Wesen des Sokrates und seine Bedeutung verstand. Entfernt er sich dabei zuletzt von Buchstäblichkeit und Historie, so hat er doch die Wirklichkeit und Wahrheit in gültiger Weise dargestellt.

Hat man übrigens bis vor kurzem oft gesagt, die Sprache des 4. Evangeliums sei in Israel nicht gesprochen und nicht verstanden worden, sondern sie gehöre dem Griechentum an, und der Verfasser dieses Evangeliums könne schon deshalb nicht der frühere Jude Johannes sein, so haben uns die Texte von Qumran anders belehrt. Die Schriften von Qumran sprechen in ähnlichen Gegensätzen wie das Johannesevangelium von Wahrheit und Lüge, Licht und Finsternis, Leben und Verderben. Eine qumranische Schrift trägt den (modernen) Titel: »Krieg der Söhne des Lichtes mit den Söhnen der Finsternis.«

Die Evangelien sind, Jahrzehnte nach dem Tod Jesu niedergeschrieben, nicht nur historische Berichte über den Menschen Jesus, der einst gelebt hat, sondern Bekenntnisse zu dem, der jetzt zur Rechten Gottes erhöht, Herr der Kirche und der Welt ist.

Freilich waren die Evangelisten nicht leichtfertige Menschen. Sie wußten, daß sie für ihre Botschaft nicht weltliche Ehre und Güter zu erwarten hatten. Als sie die Evangelien niederschrieben, hatte bereits Stephanus als erster Märtyrer mit der Lebenshingabe Zeugnis abgelegt (Apg 7,60). Jakobus den Älteren hatte Herodes mit dem Schwert hinrichten lassen (Apg 12,2). Die Evangelisten wußten, daß auch sie mit ihrem Leben für ihre Botschaft einstanden. Sie hatten nicht die Absicht, irrezuführen. Lukas (1,1–4) sagt zur Einleitung seines Evangeliums, daß er alle Mittel der Erkundung und Nachforschung angewandt habe, um sein Buch zu schreiben.

Waren jene Evangelisten, die unsere Evangelien niedergeschrieben haben, auch nicht selbst unmittelbare Augen- und Ohrenzeugen des Lebens Jesu, so waren sie doch Griffel einer Gemeinde, die in ununterbrochenem Zusammenhang mit der Geschichte Jesu stand. Darin ist uns eine Bürgschaft der Echtheit der Überlieferung gegeben. Die in einfacher Sprache niedergelegten Evangelien bekunden uns, daß die Evangelisten nicht Schriftsteller mit literarischer Kunst und literarischem Ehrgeiz waren. Sie beabsichtigten nicht und sie vermochten nicht, die Jesus-Überlieferung von Grund auf umzugestalten. Im wesentlichen konnten sie nur die Überlieferung niederlegen.

Gleichwohl hat jedes Evangelium sein eigenes Gesicht. Vergleicht man die zahlreichen parallelen Texte zwischen Matthäus – Markus – Lukas – Johannes, dann stellt man viele kleine Differenzen fest. Sie haben ihren Grund entweder in Überlegungen der Evangelisten, die wir noch zu erkennen vermögen. Oder aber die Differenzen haben ihren Grund in der fortschreitenden kirchlichen Lehre und in den jeweiligen Notwendigkeiten der kirchlichen Entwicklung. Man wandte etwa Herrenworte auf eine neue Situation an und deutete die Worte weiter. Wenn Herrenworte in dieser Weise ausgelegt und weitergeführt wurden, so wird unsere Exegese sich bemühen, die Dynamik der Entwicklung zu erkennen. Sie wird dabei die Kraft und den Geist der Urkirche am Werk sehen. Ja, wir sehen der meditierenden und betenden Kirche dabei ins Herz. Die Erkenntnis, daß ein Herrenwort von der gläubigen Gemeinde weiterentwickelt wurde, mindert nicht seinen Wert, sondern mehrt ihn insofern, als wir sehen, wie sich der Glaube, die Liebe, auch die Not der Kirche mit dem ursprünglichen Wort verbunden hat und im nunmehrigen Wort mitenthalten ist.

Was bezeugen nun die neutestamentlichen Quellen als Daten der Geschichte Jesu? Das erste, was feststeht, ist der Kreuzestod unter Pontius Pilatus. Die Kreuzigung war in aller Öffentlichkeit geschehen. Davon mußte die Predigt der Kirche zuerst sprechen, um den Anstoß an diesem Ereignis zu besiegen. Denn daß jener Mann, der der Heiland sein sollte, einen Tod in solcher Schmach gestorben war, war ein schwerer Anstoß für alle, die dies hörten und darum eine schwere Last für die Predigt. Über die Kreuzigung haben wir in unseren Evangelien vier Berichte. Vergleichen wir sie, so erkennen wir, wie sich die Deutung mit der Geschichte, also die Theologie mit der Historie verband. Wir zählen sieben Worte Jesu am Kreuz. In keinem der Evangelien stehen alle sieben Worte. Vielmehr ist der Befund dieser: das Markusevangelium – das älteste – berichtet nur ein einziges Wort des gekreuzigten Jesus. Dies ist der Ruf (Mk 15,34): »Mein Gott, mein Gott, warum hast du mich verlassen?« Gewiß, es ist ein Wort aus dem Psalm (22,2), einem Gebet des Gerechten in schwerer Not. Der Ruf ist also im Munde Jesu ein Gebetswort, kein Verzweiflungsruf. Aber doch ist der Bericht des Markus, der dieses Wort allein erwähnt, erschütternd, ja fast trostlos schwer. Schon dadurch ist dieser Bericht als einer der ältesten ausgewiesen. Auch der Kreuzigungsbericht des Matthäus ist noch so. Anders ist der Bericht bei Lukas und bei Johannes. Sie berichten den Verlassenheitsruf Jesu nicht mehr – gewiß deshalb, weil er ihnen zu schwer war. Dafür haben diese beiden Evangelien drei andere Worte, die ihre Berichte trostvoll machen. So Lk 23,34: »Vater vergib ihnen. Sie wissen nicht was sie tun«; und Lk 23,43: »Heute noch wirst du mit mir im Paradiese sein.« Durch beide Worte erweist sich der sterbende Christus bis zuletzt als der Heiland der Sünder. Endlich spricht Jesus als Sterbegebet (Lk 23,46 nach Ps 31,6): »Vater, in deine Hände befehle ich meinen Geist.« Johannes überliefert drei andere Worte. So Joh 19,26f: »Frau, siehe dein Sohn!« Und zu

Johannes: »Siehe deine Mutter!« Es ist ein letztes Wort inniger Fürsorge. Sodann Joh 19,28: »Mich dürstet.« Das Wort ist jedoch, wie der Evangelist sagt, nicht gesprochen als Ruf der Klage, sondern damit die Schrift erfüllt würde. Endlich sagt Jesus (Joh 19,30): »Es ist vollbracht.« Der Sterbende ist bei Johannes der göttliche Herr. Er ist nicht unterlegen, sondern er hat gesiegt.

Als geschichtliches Ereignis bleibt der Tod Jesu am Kreuz. Aber die Geschichte wird als Heilsgeschichte begriffen und theologisch gedeutet. Die Evangelien berichten, daß Jesus selbst über den Sinn und vom Heilswert seines Todes gesprochen hat. Er tut dies vor allem in zwei Sprüchen ganz ähnlichen Sinnes. Einmal Mk 10,45: »Der Menschensohn ist nicht gekommen, bedient zu werden, sondern zu dienen, und sein Leben als Lösegeld für die vielen zu geben.« Dazu treten die Abendmahlsworte Mk 14,22–24 mit 1 Kor 11,24: »Das ist mein Leib, der für euch hingegebene. Dies ist das Bundesblut, das für die vielen vergossen wird.« Die Todeshingabe Jesu nimmt die Schuld hinweg und stiftet den Neuen Bund Gottes mit den Menschen. Es fehlt nicht an Exegeten, die behaupten, diese Worte Jesu seien spätere Bildungen der Gemeinde Jesu, mit denen sie den Tod Jesu als Heilstod deutete. Aber für eine solche Behauptung fehlen die Beweise. Auch handelt es sich nicht nur um die beiden Stellen Mk 10,45 und Mk 14,22–24 allein. Denn sie werden ergänzt durch nicht wenige, wenn auch nicht so deutliche Worte Jesu, in denen er ausspricht, daß er den Weg des Leidens gehen muß und daß seine Hingabe Sühne und Erlösung schafft. Jesus nimmt mit diesen Worten die Verkündigung eines alttestamentlichen Propheten im Buche Jesaja auf. Hier ist mit Sprüchen und Liedern über den Gottesknecht, die wohl aus dem 6. Jahrhundert v. Chr. stammen, gesagt, daß der Knecht Gottes sein Leben für das Volk hingibt (Jes 50–53). Diese Worte Jesu haben neuerdings einen Hintergrund aus den Texten von Qumran erhalten. Nachdem schon das spätere Judentum das Leiden der Unschuldigen als stellvertretende Sühne verstanden hatte, glaubte die Gemeinde der Frommen in Qumran, berufen zu sein, »zu versühnen die Schuld des Fehltritts und die Treulosigkeit der Sünde und dem Land wieder Huld Gottes zu bringen«. Die Worte Jesu vom Leiden des Gerechten für die Sünde der Welt konnten also im damaligen Israel verstanden werden.

Die Geschichte des Kreuzes Jesu konnte nur zusammen mit der von Ostern berichtet werden. Ohne Ostern war das Kreuz nur die Geschichte eines Untergangs, von dem zu berichten sinnlos war. Welcher Art aber ist die Ostergeschichte? Um diese Frage hat sich die Exegese viele Mühe gemacht. Kann die Auferstehung Jesu ein historisches Ereignis genannt werden wie jedes beliebige andere Ereignis der Weltgeschichte? Das Neue Testament selbst gibt uns einen Hinweis der Antwort. Apg 10,40 sagt Petrus: »Ihn hat Gott am dritten Tage auferweckt und hat ihn sichtbar werden lassen nicht dem ganzen Volk, sondern den von Gott vorher erwählten Zeugen, uns, die wir mit ihm gegessen und getrunken haben nach seiner Auferstehung von den Toten.« Der Auferstandene ist nicht allen sichtbar geworden, sondern nur seinen Jüngern, die seine gläubigen Zeugen werden sollten. Ein einfaches historisches Ereignis ist aber doch allen in gleicher Weise sichtbar. Die Auferstehung ist also ein anderes Ereignis. Sie sollte nicht ein stupendes Mirakel sein, das jeden Unglauben mit Gewalt niederwirft, sondern nur den glaubenswilligen Jüngern erschien der auferstandene Herr. Was ist historisch feststellbar? Historisch feststellbar ist das Zeugnis der Apostel, die erklären, der Herr sei ihnen erschienen. Historisch feststellbar ist, daß die Apostel bei der Gefangennahme Jesu geflohen waren und Jesus verlassen hatten, daß sie ohne Hoffnung waren und die Erscheinung des Auferstandenen wider alle Hoffnung erfuhren. Die Berichte der Evangelien lassen die Erklärung nicht zu, die Apostel haben die Überzeugung von den Erscheinungen des Auferstandenen sich selber aus ihrem verbliebenen Glauben geschaffen. Die Zeugen der Auferstehung berichten vielmehr von objektiven, gottgewirkten Visionen.

Die Evangelien berichten auch vom leeren Grab Jesu. Aber sie sagen dabei, daß die Tatsache des leeren Grabes für sich selber noch nicht eindeutig wäre. Daß das Grab leer ist, könnte auch anders erklärt werden. Nach Joh 20 findet Maria Magdalene das Grab am Ostermorgen leer. Sie denkt dabei aber nicht, Jesus sei auferstanden, sondern sie sagt (Joh 20,2): »Sie haben den Herrn aus der Gruft hinweggenommen und wir wissen nicht, wo sie ihn hingelegt haben.« Nach Mt 28,12f verbreiten die Gegner Jesu die Erklärung, die Jünger hätten den Leichnam gestohlen. Und die Kirchenväter berichten, daß die Juden auch noch später diese Behauptung verbreiteten. Erst der Auferstehungsglaube vermag das leere Grab richtig zu deuten: Daß es leer ist, weil der Tote auferstanden ist.

Gehen wir weiter zurück in den Evangelien, so berichten sie, daß Christus die bösen Geister bannte und Kranke heilte. Schon das Neue Testament weiß, daß es zu seiner Zeit auch andere gab, die beanspruchten, Wunder zu wirken. Die Evangelien (Mk 9,38) berichten von solchen, die mit dem Namen Jesu Wunder tun wollten. Die Apostelgeschichte (19,13–16) erzählt von Zauberern, die Wunder taten. Unsere heutige Religionsgeschichte erbringt mannigfache weitere Belege. Von den römischen Kaisern Vespasian und Hadrian wird überliefert, daß sie Blinde heilten.

Noch König Ludwig der Heilige vermochte zu heilen. In Epidaurus wirkte Asklepios wunderbare Heilungen. Die Heilungsberichte wurden auf Tafeln aufgezeichnet, die im Heiligtum aufgestellt waren. Vier dieser Tafeln sind wieder gefunden und stehen heute im Museum in Epidaurus.

Die neutestamentlichen und die profanen Wunderberichte sind mannigfach verglichen worden. Und das Ergebnis ist (gemäß G. Kittel, Theologisches Wörterbuch zum Neuen Testament, Bd. 3, 1938, S. 128–132 u. S. 194–215): Nirgendwo ist wie im Evangelium gesagt, daß die leibliche Heilung immer die tiefere, seelische Heilung meint. Es gibt in der Literatur antiker und moderner Mirakel nichts, was verglichen werden könnte mit der Schlichtheit, Reinheit und Macht der erbarmenden Liebe des Heilandes Jesus, aber auch nicht mit der sittlichen, neuschöpfenden Kraft seiner Heilungswunder.

Zur Geschichte Jesu gehört auch die Deutung, die er seinen Heilungswundern gibt. Da Jesus eine Frau, die seit 18 Jahren verkrümmt und nicht imstande war, sich ganz aufzurichten, heilte, sagt er (Lk 13,10–17): »Diese Tochter Abrahams, die der Satan 18 Jahre gebunden hielt, mußte von ihrer Fessel befreit werden.« Heutige Medizin würde in diesem Fall vielleicht auf Muskellähmung oder was immer diagnostizieren. Das Wort Jesu spricht von einem Standpunkt aus, der jenseits aller Medizin liegt. Es beinhaltet, daß Gott der Schöpfer und Geber allen Lebens ist. Als dieser will er nicht Krankheit, Verfall und Tod. Sie kommen von einer andern Macht in die Welt, von der Macht des Bösen. Darum erkennt Christus in Krankheit und Tod den dämonischen Widersacher am Werk, und er zwingt ihn nieder. Denn nun kommt die Zeit der Königsherrschaft Gottes. In ihr muß die Schöpfung wieder zur Ordnung, Schönheit, Ganzheit, zum Heil zurückgeführt werden. Dies sagt Jesus Lk 11,20: »Wenn ich mit dem Finger Gottes die Dämonen austreibe, dann ist ja die Königsherrschaft Gottes zu euch gekommen.« Die Heilungen, die Jesus wirkt, sind Teilsiege der kommenden Gottesherrschaft. Jeder Teilsieg ist Bote wie Bürge des Endsiegs.

Der historische Befund ist also, daß Jesus als Exorzist und Heiland wirkte. Dem Befund kann man verschiedene Deutung geben. Man kann sagen: Er war ein Wundertäter, wie eben die damalige Zeit an solche glaubte. Man kann sagen: Jesus verfügte über außerordentliche telepathische Kräfte. Daher seine Krankenheilungen. Weiteres habe die Legende dazu getan. Der christliche Glaube aber anerkennt und bekennt ihn als den Heiland Gottes.

Eindeutig gehört sodann zur historischen Gestalt Jesu die Meisterschaft und Macht seines Lehrtums. Er war ein Lehrer, dessen Sprüche und Gleichnisse sich für immer dem Gedächtnis der Menschheit eingeprägt haben.

Dabei kann sich niemand rühmen, der Lehrer Jesu gewesen zu sein. Seine Lehre ist für die geistige und religiöse Geschichte der Menschheit von größter Bedeutung geworden. Einige Momente seien erwähnt.

Jesus begründet und verlangt eine neue Sittlichkeit, die gekennzeichnet ist als Sittlichkeit der Wahrhaftigkeit, Innerlichkeit und Ganzheit. Ein Beispiel ist die Ordnung und das neue Ethos der Ehe. Nach Dtn 24,1 hat Mose den Scheidebrief gestattet und vorgeschrieben. Er bedeutet, daß der Mann die Frau nicht einfachhin nach seiner Laune wegschicken kann. Er muß vor Zeugen eine Urkunde aufsetzen und sie der Frau aushändigen. Der Mann soll vor der Eheschließung und in der Ehe durch diese Vorschrift zur Überlegung veranlaßt werden. Und der Scheidebrief soll Recht und Würde der Frau schützen. Der Sinn des Scheidebriefs ist nicht die Scheidung, sondern der Schutz der ehelichen Gemeinschaft. In der Praxis war daraus das Gegenteil geworden. Es war daraus für den Mann ein Mittel und das vermeintliche Recht geworden, sich von den Pflichten der ehelichen Treue frei zu machen. Er meinte, er könne nach Belieben heiraten und mit Hilfe des Scheidebriefs wieder entlassen. Jesus fordert Besinnung und Neuordnung von Grund auf, indem er auf Wiederherstellung der Schöpfungsordnung drängt (Mk 10,2–12). Gott hat Mann und Frau geschaffen, und er hat sie auf einander hin geschaffen. In der Ehe vollzieht sich gottgewollte Verbindung. Was Gott aufeinander hingeordnet und verbunden hat, darf der Mensch nicht trennen. Darum ist der Scheidebrief Störung und Zerstörung der ursprünglichen Schöpfungsordnung und ist Abfall vom Gesetz Gottes. Wenn der Scheidebrief vor dem Notar in Ordnung ist, ist die Entlassung der Frau noch nicht vor dem Gewissen und vor Gott in Ordnung. Jesus fordert weiter die ganze eheliche Treue, nicht bloß äußerlich legale, sondern die innere, ausschließliche Verbundenheit (Mt 5,27): »Ihr habt gehört, daß zu den Alten gesagt wurde: Du sollst nicht ehebrechen. Ich aber sage euch: Ein jeder, der ein Weib ansieht, sie zu begehren, hat die Ehe im Herzen schon gebrochen.«

Die Religionsgeschichte weiß sodann und anerkennt, daß das von Jesus gepredigte Gebot der Liebe tiefste Kräfte geweckt hat. Die beiden Teile des Liebesgebotes, das Gebot der Gottesliebe und das Gebot der Nächstenliebe stehen auch im Alten Testament. Aber sie stehen weit auseinander in zwei verschiedenen Büchern: Deuteronomium (6,4f) und Levitikus (19,18), und als zwei Gebote unter zahllosen anderen. Jesus hat die beiden Gebote herausgehoben, sie in einem Spruch vereinigt und sie innerlich verbunden. Gottesliebe und Nächstenliebe sind eine Einheit. Man kann nicht behaupten Gott zu lieben, wenn man den Bruder nicht liebt. Man kann aber auch den andern als Bruder nur lieben, wenn man Gott liebt und darum weiß, daß die Kinder des einen Vaters unter sich Brüder sind (Mk 12,29–31).

Jesus begründet ein neues Gottesverhältnis, indem er Gott als den Vater verkündet. Die Religionsgeschichte weiß, daß auch andere Religionen, nicht nur das Neue Testament und der christliche Glaube, Gott den Vater zu nennen vermögen. Den Griechen ist Zeus »Vater der Götter und Menschen« (was freilich nur heißt, daß die Gottheit das physisch-zeugende Urprinzip der Welt ist). Auch in Israel wird Gott Vater genannt (Jes 64,7; Ps 102,13; Sir 51,5–10). Im Gebet wird er jedoch kaum als Vater angesprochen, sondern als der Herr oder der König. Demgegenüber sagt Jesus, daß Gott der Vater ist als der immer Nahe, der hilft, vergibt und tröstet. Der Vatername sagt, daß Gottes innerstes Wesen seine Liebe ist. Das kindliche Vertrauen vor Gott, das der christliche Glaube ist, ist der griechischen Gottesvorstellung völlig und dem jüdischen Gottesglauben wenigstens in dieser Gewißheit fremd.

Das Neue Testament selber sah in dieser Botschaft, daß Gott der Vater ist, das wesenhaft Neue des christlichen Glaubens. Im Neuen Testament steht darum das Vater Unser als Jüngergebet schlechthin (Mt 6,9–13). Und Paulus sagt zweimal (Gal 4,6; Röm 8,15), daß die Zuversicht des Christen ist, ja den Christen ausmacht, daß er rufen darf: Abba, Vater. Es fällt auf, daß Paulus das aramäische Wort beibehält. Sonst übersetzt doch das Neue Testament zum Beispiel die aramäischen Sprüche und Reden Jesu in den Evangelien ganz selbstverständlich ins Griechische. Warum ist hier das aramäische Urwort beibehalten? Die Antwort kann nur sein, weil es der Kirche teuer ist als jenes Wort aus dem Munde ihres Herrn, das den neuen Glauben bedeutet.

Ein weiterer wichtiger Inhalt der Lehre Jesu ist die Ankündigung der nahen Gottesherrschaft. Gott wird sein Reich auf Erden aufrichten und sein Heil heraufführen. Um dies zu verkündigen, beginnt Jesus nach den Evangelien seine Predigt (Mk 1,15): »Kehret um! Das Königtum Gottes ist herbeigekommen!« Manche Stellen des Neuen Testaments bezeugen, daß Christen diese Botschaft so verstanden haben, das Ende von Welt und Zeit sei gekommen und Christus werde demnächst auf den Wolken vom Himmel her wiederkehren, um seine Kirche aus aller Not zu befreien. Auch Paulus hat dies gehofft (1 Thess 5,5; Röm 13,12), wenn er auch wohl gegen Ende seines Lebens auch mit der anderen Möglichkeit rechnet, daß er sterben wird, ehe Christus wiederkommt (Phil 1,21; 2 Kor 5,8). Das Neue Testament ist mit dieser Erwartung der nahen Endzeit nicht allein gewesen. Auch die Gemeinde von Qumran hat mit drängender Hoffnung nach der nahen Vollendung der Welt ausgeschaut. Es ist – jedenfalls für den Historiker – eine sehr schwierige Frage, wie und was Jesus selber gelehrt hat. Einige Jesusworte (Mk 9,1; 13,30; Mt 10,23) können so aufgefaßt werden, daß auch er das Ende der Zeiten nahe glaubte. Die Worte sind jedoch bei den Evangelisten nicht ganz gleich überliefert. Sie haben selber daran gedeutet. Hat Jesus also die damaligen zeitgenössischen Vorstellungen übernommen? Nicht wenige Historiker sind geneigt, dies anzunehmen. Indessen hat Jesus nach einigen anderen Worten es nachdrücklich abgelehnt, die Tage der Endzeit zu berechnen, wie es allerdings damals viele versuchten. Als er von den Pharisäern befragt wurde, wann das Reich Gottes komme, antwortete er (Lk 17,20f): »Das Reich Gottes kommt nicht so, daß sich sein Heraufziehen beobachten ließe. Man wird nicht sagen hier und dort! Denn siehe, das Reich Gottes ist in eurer Mitte.« Jesus sagt weiter, daß die Endzeit festzusetzen und ihre Stunde zu kennen, der Souveränität seines Vaters vorbehalten ist (Mk 13,32: »Jenen Tag aber und jene Stunde weiß niemand, auch nicht die Engel im Himmel, auch nicht der Sohn, nur der Vater«). Jesus hat endlich gelehrt, daß das Reich in seiner Person und in seinem Heilswerk schon begonnen hat (Lk 11,20: »Wenn ich mit dem Finger Gottes die Dämonen austreibe, ist ja das Reich Gottes zu euch gekommen«). Das Ergebnis aller Überlegungen wird sein: Jesus hat die Nähe, ja die schon geschehende, wenn auch noch verborgene Ankunft der Königsherrschaft Gottes gelehrt. Er hat eindringlich verkündet, daß Gott immer vor der Türe steht, indem er als Richter und Erlöser immer in Zeit und Welt und in jedem gläubigen Leben ankommt. Er hat es aber abgelehnt, apokalyptische Stunden und Tage anzugeben. Seine Predigt ist wohl eschatologisch, aber nicht apokalyptisch. Sie verkündet dem Glauben die herandrängende Gegenwart Gottes, aber sie enthüllt nicht der Neugierde die Stunden der Zukunft.

Die Geschichte stellt fest, daß Jesus einer der größten Lehrer der Menschheit war. Kein Historiker wird dies bestreiten. Der christliche Glaube sagt freilich, er war nicht nur einer der großen Lehrer, sondern er war die Offenbarung Gottes, das Wort Gottes an die Menschen in Person.

Zur Geschichte Jesu gehört weiter, daß er Jünger und eine Gemeinde um sich sammelte. Unter den Jüngern hat er zwölf zu seinen Begleitern und Boten (Aposteln) gemacht. Die Zwölf sollten Repräsentanten der zwölf Stämme Israels sein. Sie bedeuteten, daß das alte erwählte Volk Gottes in die Gemeinde des Neuen Bundes eingeht. Über den engsten Kreis hinaus sammelte Jesus Jünger zu seiner Gemeinde, die das Neue Testament Ekklesia nennt und die wir die Kirche nennen (Lk 12,32: »Fürchte dich nicht, du kleine Herde! Meinem Vater hat es gefallen, euch das Königreich zu geben«;

Mt 16,18: »Auf diesem Felsen will ich meine Kirche bauen, und die Pforten der Hölle werden sie nicht überwältigen.«). Wieder mag bemerkt werden, daß auch in der Gemeinde von Qumran zwölf Männer den Rat der Gemeinschaft bildeten. Auch hier sind die Zwölf Vertreter der zwölf Stämme Israels und damit des ganzen Volkes. Jesus ist bei der Wahl von zwölf Aposteln nicht durch den Vorgang Qumrans bestimmt, sondern Jesus wie Qumran folgen gleichen Erwartungen in Israel. Die Bildung des Kreises der zwölf Apostel konnte also sehr wohl verstanden werden. Auch die Gemeinde von Qumran wird gepriesen als »fester Bau«, als »heiliges Haus«, als »feste Stadt, die den Anschlägen des bösen Feindes widerstehen wird«. Auch in Qumran erwartete man die Endzeit als nahe. Die festgebaute Gemeinde sollte in der endzeitlichen Bedrängnis Zuflucht und Hort sein. So gründete auch Jesus seine Gemeinde als festes Haus in der schon beginnenden endzeitlichen Not (Mk 13,29f).

Eine letzte Frage vermag der Historiker zu stellen, wie sie der Glaube stellt: Was hat Jesus von sich selber gehalten und von sich gesagt? Welches ist sein eigenes Selbstbewußtsein? Jesus trägt im Neuen Testament mehrere Namen und Titel, die seine alles überragende, gottheitliche Würde anzeigen. Einige dieser Namen werden Jesus von anderen gegeben. Sie nennen ihn den, der da kommen soll; den Heiligen Gottes; den Sohn Davids; den Propheten. Alle diese Titel drücken aus, daß Jesus der erwartete Messias ist.

Mit anderen Würdenamen spricht Jesus von sich selber. Jesus nimmt in den synoptischen Evangelien – wenn auch zögernd – den Titel Messias an. Er selber spricht oft von sich als dem Menschensohn und dem Sohn. Im Johannesevangelium gebraucht Jesus alle drei Titel fraglos. Nicht wenige protestantische Exegeten sagen zu diesem Befund, so häufig auch diese Titel Jesus im Neuen Testament zugesprochen seien, sei es doch fraglich, ob sie Jesus selber von sich gebraucht habe, oder ob sie nicht alle erst dem Bekenntnis der Kirche entstammen, die mit diesen Titeln ihren Glauben bezeuge, Jesus sei der Christus, der Sohn Gottes, der Menschensohn, der am Ende der Zeiten wiederkommen werde. Die katholischen Exegeten erachten wohl alle diese Titel als Namen, mit denen Jesus selber von sich sprach. Auch von heutigen protestantischen Exegeten halten nicht wenige an der Überlieferung fest, nach der Jesus selber mit diesen Namen seine Würde offenbarte. Soweit andere Exegeten die Würdentitel für Bekenntnis der Kirche halten, denken sie nicht daran, diese Namen Jesus abzusprechen. Sie halten daran fest, daß dieses Bekenntnis seine Gültigkeit hat auch für die heutige Kirche und den heutigen Glauben.

Die Fragen sind nicht leicht. Jeder der Würdenamen enthält je besondere

Probleme hinsichtlich Herkunft, Bedeutung und neutestamentlichem Gebrauch. Wenigstens zu einem der Namen, der besonders bedeutsam ist, nämlich zum Menschensohntitel, seien solche Fragen erörtert. Der Name Menschensohn bedeutet nicht, daß Jesus wahrer Mensch gewesen sei. Vielmehr ist er zu erklären nach Dan 7,13f. Dort sieht eine Vision den Menschensohn am Thron Gottes. Wenn der Titel von Jesus im Neuen Testament gebraucht ist, so besagt er, daß Jesus am Throne Gottes zu Hause ist, er ist also Aussage seiner göttlichen Würde. Der Titel Menschensohn erscheint als Würdename Jesu über achtzigmal in den vier Evangelien, die etwa in den Jahren 65 bis 90 geschrieben sein mögen. Der Titel erscheint aber nie in den Paulusbriefen, die alle erheblich früher, etwa in den Jahren 55 bis 65 anzusetzen sind. Wenn Paulus den Titel nicht verwendet, so ist dafür kein anderer Grund ersichtlich als der, daß der Titel zur Zeit des Paulus und in seinem Missionsgebiet, das heißt in der griechischen Welt, mißverstanden worden wäre. Ein Grieche hätte das Wort nicht anders verstehen können denn als Aussage, Jesus sei wahrer Mensch gewesen. Darum hat Paulus den Titel Menschensohn nicht mehr benützt. Aber in den Evangelien, die Jahrzehnte nach Paulus geschrieben sind und die der gleichen griechischen Welt wie die Paulusbriefe zugewandt sind, erscheint der Titel sehr häufig. Welches Interesse sollte die Tradition gehabt haben, den Titel über die Jesusworte der Evangelien hin nachträglich so massenhaft zu verbreiten? Der Befund ist am ehesten so zu erklären, daß der Menschensohntitel geschichtliche Erinnerung an die Predigt Jesus festhält, das heißt, daß Jesus den Titel verwandte, um seine Würde vor denen auszusprechen, die willens waren ihn zu hören. Für Mißgünstige aber verhüllte er, was Jesus sagen wollte. Eben darum war er für die Selbstaussage Jesu geeignet.

Ein weiteres kommt dazu. Die Gestalt und der Titel Menschensohn aus Dan 7 wurde in der dem Neuen Testament gleichzeitigen jüdischen Messiaserwartung kaum verwendet. Höchstens in ganz engen, von der breiten Masse getrennten Kreisen wurde er gebraucht. In den Evangelien, und nur hier, ist mit der Gestalt des Menschensohnes aus Dan 7 die Gestalt des leidenden Gottesknechtes aus dem zweiten Teil des Buches Jesaja verbunden. Darum ist in den Evangelien vom Menschensohn immer wieder gesagt, daß er in das Leiden hingegeben werden muß (Mk 8,31; 9,31; 10,33). Wer soll nun den Menschensohntitel in die Evangelien eingeführt und mit der Gestalt des Gottesknechtes verbunden haben, wenn dies nicht Jesus war, wie die Evangelien behaupten? Wenn es nicht Jesus selber war, müßte es ein großer Unbekannter gewesen sein. Auf ihn zu rekurrieren ist – nach den Gesetzen der historischen Kritik – keineswegs leichter, als die Überlieferung anzunehmen, wonach Jesus schöpferisch diesen Würdenamen bildete.

Die Frage nach dem Selbstbewußtsein Jesu ist endlich nicht nur die Frage nach den Würdenamen Jesu, in denen sich dieses Selbstbewußtsein ausspricht. Das Selbstbewußtsein Jesu offenbart sich auch in den anderen Worten und in seinen Handlungen. Jesus sagt in der Bergpredigt (Mt 5,21f u. ö.): »Zu den Alten ist gesagt worden ... Ich aber sage euch ...« Das Wort, das zu den Alten gesagt wurde, ist das Wort Gottes am Sinai. Christus stellt also sein Wort neben das Wort Gottes im Alten Testament. Er überbringt dieses Wort nicht wie die Propheten, die sagen, daß sie Gottes an sie ergangenes Wort weiterzugeben haben; sondern Christi Wort ist unmittelbar Gottes Offenbarung selber. Der gleiche Christus vergibt Sünden, indem er behauptet, daß in seinem jetzt gesprochenen Wort Gott selber die Sünden vergibt (Mk 2,10). Die Hingabe seines Lebens ist die Erlösung der Menschen (Mk 10,45). Er ist aus der Ewigkeit ausgegangen (Mk 1,39). Er nennt Gott seinen Vater, und er lehrt seine Jünger, sich als Kinder des Vaters im Himmel zu wissen. Aber er faßt sich in der Vateranrede nie mit ihnen zusammen. Seine Sohnschaft ist anderer Art als die Gotteskindschaft der Menschen (Joh 20,17: »Ich steige hinauf zu meinem Vater und zu eurem Vater«). Endlich steht auch in den alten Evangelien ein Wort wie Mt 11,27: »Alles ist mir von meinem Vater übergeben, und keiner kennt den Sohn als der Vater, und keiner kennt den Vater als der Sohn und wem es der Sohn offenbaren will.« Als der Sohn steht Jesus mit dem Vater in einem Verhältnis der Innigkeit und Ausschließlichkeit, das er mit niemand teilt.

Hier wird endlich auch die Überlieferung über Ursprung und Geburt Jesu möglich und sinnvoll. Deren Aussage ist, daß Jesus der Sohn der Jungfrau ist, daß er also keinen irdischen Vater hatte. Er ist gezeugt aus der schöpferischen Kraft des Geistes Gottes (Mt 1,20; Lk 1,35). Nicht etwa deshalb ist Jesus der Sohn der Jungfrau, weil die Reinheit und Heiligkeit des Erlösers dies gefordert hätte. Denn nirgendwo sagt das Neue Testament etwas davon, daß der Mensch durch Zeugung und Geburt mit Bösem belastet wäre, daß also Christus nicht hätte so in das Leben eintreten können. Vielmehr ist nach dem Neuen Testament die Ehe Gottes Schöpfung und Auftrag, der Mann und Frau in der Ehe verbindet (Mt 19,4–6; Mk 10,6–9). Die Überlieferung von der Jungfrauengeburt besagt etwas anderes. Bis in die leibliche Art hinein, wie das Leben des Christus entstand, ist damit zeichenhaft angekündigt, daß hier neue Schöpfung Gottes beginnt. Wenn Christus der eine liebe Sohn ist, wenn er das wesenhafte Gleichbild Gottes ist, wenn er der ganz neue Anfang ist, der allein noch dem Menschengeschlecht zu helfen vermochte; der Weg, die Wahrheit und das Leben, die verloren waren und vom Menschen nicht mehr gefunden werden konnten, dann ist auch die Aussage über seine irdische Vaterlosigkeit ein sinnvolles Geheimnis. Es sei hier ein Wort des protestantischen Theologen Karl Barth angeführt: »Die neutestamentlichen Stellen über die Jungfrauengeburt ziehen eine kaum angedeutete, aber doch bestimmte und trotz der quantitativen Dürftigkeit bestimmt sich geltend machende, für jeden Leser des Neuen Testaments eindrückliche und unvergeßliche Grenze um die Wirklichkeit Jesus Christus.« Halten wir diese wesentliche Aussage des Evangeliums als geschichtlich fest, so darf dennoch gesagt werden, daß die Art der Geschichtserzählung in den biblischen Kindheitsgeschichten Jesu nach Mt 1 und 2 und Lk 1 und 2 ihre Besonderheiten hat. Während die Evangelien die Geschichte Jesu ohne Verbundenheit mit himmlischen Mächten darstellen, ja diese ablehnen (vgl. Mt 26,53), berichten die Kindheitsgeschichten fortwährend vom Eingreifen himmlischer Boten, die bei den Menschen ein- und ausgehen, denen dies etwas fast Selbstverständliches ist. Lukas übernimmt in seine Kindheitsgeschichte eine judenchristliche Erzählung, wie die stilistischen Kriterien mit Sicherheit ergeben. Diese Quelle des Lukas hat offenbar ihre Reflexionen gerne in Liedern ausgesprochen (das Lied Marias Lk 1,46–55; des Zacharias Lk 1,67–79; des Simeon 2,29–32). Die Erzählungen von Mt 2 scheinen unter dem Einfluß der Mosegeschichten des Buches Exodus und der in der jüdischen Überlieferung noch weiter ausgedeuteten Mosegeschichte zu stehen, wie ja Mt 2,20 auf Ex 4,19 ausdrücklich Bezug genommen ist. Hat die Beschreibung des Sternes Mt 2,1–12 volkstümlich-wunderhafte Züge aufgenommen? Wenn das Matthäusevangelium und das Lukasevangelium in den Jahren 70 n. Chr. geschrieben sind, zeichnen sie Ereignisse auf, die schon 70 und mehr Jahre zurückliegen. Eben das Judentum jener Zeiten hat die Lehre von den Engeln reich ausgebildet. Sind Vorstellungen dieser Art benützt, um die Geburtsgeschichte Jesu deutend zu erzählen? Dies sind nicht Fragen des Unglaubens, sondern Fragen, die man jemandem, der Texte kritisch zu lesen gelernt hat und kritisch liest, nicht verwehren kann.

Unsere Überlegungen haben uns wesentliche Daten aus dem Leben und der Lehre Jesu vorgeführt, die auch der Historiker feststellt. Von diesem Jesus bekennt seine Gemeinde seit nun bald 2000 Jahren und heute auf der ganzen Welt: Er ist der Christus, der Herr. Dies bekennt nicht nur die strenge Dogmatik der römisch-katholischen, der orthodoxen und der reformierten Kirche. Dies bekennen auch die vielen anderen Gemeinschaften, die sich in ihrer Weise zu Jesus Christus bekennen. Sie alle bekennen sich damit nicht nur zur Geschichte Jesu, sondern auch zu seiner Nachgeschichte, die eine unvergleichliche Geschichte des Glaubens, des Geistes, des sittlichen Strebens ist, die vom Namen Jesu Christi ausgeht. Sie alle bekennen sich zur Erfahrung des Glaubens, der die Geschichte Jesu nicht nur als Historie kennt, sondern jenseits aller Historie des Christus als immer gegenwärtiger Macht gewiß wird.

Jesus – Lehrer und Prophet

Einer der maßgeblichsten Eindrücke, die die Evangelien von Jesus vermitteln, ist, daß er ein Lehrer mit großer Macht war[1]. Er lehrt auf Straßen und Plätzen, am Meer und vom Boot aus, wie auch in der Synagoge.

Ein Lehrer ist nichts Außerordentliches in der damaligen Welt. In den Städten mochte man auf lehrende und disputierende Philosophen treffen. In Israel lehrten die Rabbinen das Gesetz in der Öffentlichkeit, in den Lehrhäusern und in den Synagogen.

Jesus benützt übliche Lehrformen der Mahnungen und Warnungen, der Sprüche und Gleichnisse und handhabt das Wort mit großer Meisterschaft. Wie ein Rabbi sammelt Jesus Schüler um sich. Man wendet sich an ihn zur Entscheidung von Streitfragen, wie man sich an einen berühmten Rabbi wendet; so in der Frage der Ehescheidung (Mk 10,2–9), der Auferstehung (Mk 12,18–27), oder auch in einem Erbstreit (Lk 12,13f). Wie ein Rabbi übt Jesus in der Synagoge die Erklärung der Schrift (Mk 1,39; Lk 4,16). Jesus nimmt die Anrede Rabbi (= mein Großer, mein Herr) an. So wird er von den Jüngern angesprochen (Mk 9,5; 11,21). Judas begrüßt ihn so (Mk 14,45). Häufig wird diese Anrede für Jesus im Johannesevangelium gebraucht: von seiten der Jünger (1,38; 4,31 u.ö.), von Nikodemus (3,2), von der Menge (6,25). Das Gleiche bedeutet die verlängerte Form Rabbuni (Mk 10,51; Joh 20,16).

Andererseits unterscheidet sich Jesus von den Rabbinen. Jesus erscheint niemals im Disput oder im gemeinsamen Suchen der Lehre mit seinen Jüngern, sondern er lehrt mit unbestrittener Autorität. Er beruft sich nie, wie es die Rabbinen gerne tun, auf andere Lehrer oder Traditionsreihen, son-

---

[1] *Rengstorf, K. H.*, Art. *didaskō*, ThW II S. 138–168; ders., Art. *mathētēs*, ThW IV S. 392–465; *Krämer, H. – Rendtorff, R. – Meyer, R. – Friedrich, G.*, Art. *prophētēs*, ThW VI S. 781–863; *Lohse, E.*, Art. *rabbi*, ThW VI S. 962–966; *Fascher, E.*, Jesus der Lehrer, in: *ders.*, Sokrates und Christus, Leipzig 1959, S. 134–174; *Gils, F.*, Jésus prophète d'après les Évangiles synoptiques, Löwen 1957; *Meyer, R.*, Der Prophet aus Galiläa, Leipzig 1940 (Neudruck Darmstadt 1970); *Normann, F.*, Christos Didaskalos, Münster 1966; *Jüngel, E.*, Jesu Wort und Jesus als Wort Gottes, in: Parrhesia (Festschr. K. Barth z. 80. Geb.), Zürich 1966, S. 82–100.

dern er verkündet aus eigener Macht. »Ich aber sage euch« (Mt 5,21–48). Die Jünger wollen nie, wie es die Schüler der Rabbinen anstreben, selber Rabbi werden, sondern bleiben immer Schüler Jesu (Mt 23,8). Während Rabbinen den Unterricht von Frauen ablehnen, hat Jesus auch Frauen als Jüngerinnen (Lk 8,2f; 10,38–42). Sein Verkehr mit Zöllnern, Dirnen und Sündern mußte bei einem Rabbi aufs Äußerste befremden (Mt 11,19). Den Unterschied zwischen Jesus und den Rabbinen nehmen auch die Volksmassen wahr. Sie erschrecken über seine Lehre. Denn er lehrt sie mit Macht, anders als die Schriftgelehrten (Mt 7,28f; 13,54). Die Evangelien verwenden für Rabbi gern die Übersetzungswörter Lehrer (*didaskalos* Mk 4,38 u.ö.; Joh 1,38) oder Meister (*epistatēs* Lk 5,5; 9,33 u. ö.[2]). Das Wort Rabbi hätte der griechisch-römischen Welt fremd geklungen. Matthäus ersetzt im Munde der Jünger die markinische Anrede Rabbi stets durch Herr (*kyrie* Mt 8,25; 17,4; 20,33). Der Titel Rabbi genügt der Jüngergemeinde nicht mehr. Wenn Johannes die Anrede Rabbi betont verwendet, so zeigt dies im Sinne seines Evangeliums die Paradoxie an, daß dieser Rabbi Gottes Sohn ist.

Jesus selbst spricht von sich als Lehrer und von seinem Lehrtum. Nach dem Markusevangelium (1,35–38) ging Jesus am ersten Tag der Heilungen abends in die Einsamkeit, um zu beten. Simon und die anderen suchten ihn, um ihn zurückzuführen. Jesus antwortete ihnen: »Lasset uns in die anderen Dörfer gehen, damit ich auch dort predige. Dazu bin ich ausgegangen.« Das Lehren ist Jesu wesentliche Aufgabe. Die Wunder erscheinen hier dem Wort nachgeordnet. Das Wunder bedarf des Wortes zur Deutung. Denn das Wunder ist zweideutig. Man kann es auch dem Bösen zutrauen (Mk 3,22). Im Gleichnis vom Sämann (Mk 4,3–9) spricht Christus wohl zuletzt von sich selbst. Er streut den Samen des Wortes in den Acker der Welt. – Ein Herrenwort sagt schließlich: »Der Schüler ist nicht über dem Lehrer und der Knecht nicht über dem Herrn« (Mt 10,24). Jesus ist ein zunächst profanes Bildwort über die Verhältnisse in der Welt in den Mund gelegt. Es klingt aber Tieferes mit. Dieser Lehrer ist mehr als ein Lehrer; er ist der Herr. Der Jünger dieses Verhältnisses ist weniger als Jünger, er ist Knecht[3]. Darum vermittelt auch das Wort Jesu etwas anderes als nur Belehrung. Sein Wort wirkt Leben und Heil, indem es die Dämonen bannt (Mk 1,25) und

---

[2] *Oepke, A.*, Art. *epistatēs*, ThW II S. 619f; *Glombitza, O.*, Die Titel Didaskalos und Epistates für Jesus bei Lukas, ZNW 40 (1958) S. 275–278.

[3] In der Parallele von Lk 6,40 steht nur die erste Hälfte des Wortes Mt 10,24. Ist die zweite Hälfte zugewachsen, so spricht sich darin die Weiterentwicklung der Christologie der Gemeinde aus.

den ganzen Menschen heilt und errettet (Mk 1,41f), ja die Toten ins Leben zurückruft (Mk 5,41; Lk 7,14; Joh 11,43).

Jesus tritt auch als Lehrer in der Synagoge auf (Mt 9,35; Mk 1,39; 6,2). Lukas (4,16–30) schafft (aus Mk 6,1f) die eindrucksvolle Szene der ersten Predigt Jesu in seiner Heimatstadt Nazaret. Schon beim ersten Auftreten Jesu wird (was schwerlich historisch ist) offenbar, daß der Messias von Israel verworfen wird und das Evangelium zu den Heiden geht, wie Elija zur Witwe in Sarepta ging und Elischa den Syrer Naaman heilte. Das ist der Weg des Evangeliums, den Lukas in der Apostelgeschichte beschreiben wird. Anklänge an die Gottesknechtslieder (Jes 58,6 und 61,1) kennzeichnen Jesus als den messianischen Lehrer. Er wirkt in der Kraft des Geistes. Er ist gesalbt (*echrisen me* – es klingt der Titel Christus an), den Armen das Evangelium zu verkünden, die (von Dämonen) Gefangenen zu befreien, die Kranken zu heilen und die Heilszeit auszurufen.

In zwei einander ähnlichen Erzählungen wird aus den letzten Tagen Jesu berichtet, wie er zwei Jünger aussendet, die den Esel für den Einzug Jesu in Jerusalem suchen (Mk 11,1–3) beziehungsweise das Obergemach für das Abendmahl (Mk 14,12–16) bereiten sollen. Die Jünger sollen sagen: »Der Herr bedarf seiner« (des Tieres; Mk 11,3) und: »Der Lehrer sagt: Bei dir will ich das Ostermahl halten« (Mk 14,14). Wunderbarerweise weiß Jesus sein Geschick voraus. Er bejaht es, indem er selbst dazu Anstalten trifft. Er unterliegt nicht roher Gewalt, sondern geht freiwillig in die Passion. Jesus ist der Lehrer schlechthin und der Herr. So wird wohl vom Erhöhten gesprochen, der der Herr der Kirche ist. Die legendenhaften Erzählungen sind spätere Bildung.

In heftiger Auseinandersetzung mit den Pharisäern und Schriftgelehrten wird das Lehrtum Jesu vom Rabbinentum abgehoben: »Ihr sollet euch nicht Rabbi nennen lassen! Einer ist euer Lehrer; ihr alle aber seid Brüder. Ihr sollet niemand auf Erden euren Vater nennen! Einer ist euer Vater, der himmlische. Auch lasset euch nicht Meister nennen! Einer ist euer Meister, der Christus« (Mt 23,8–10). In die Anklage des Pharisäismus Mt 23 ist mit eingegangen der Streit zwischen Kirche und Synagoge, wie diese gegen Ende des 1. Jahrhunderts als verschiedene Religionen einander gegenüberstanden. Mt 23,1–10 setzt überdies schon eine institutionierte Gemeinde voraus, in der Amtsbezeichnungen und Titel nach dem Vorbild der Synagoge entstehen oder entstanden sind. Schwerlich waren zur Zeit Jesu und neben ihm seine Jünger versucht, sich Rabbi, Vater oder Lehrer nennen zu lassen. Zuletzt beansprucht Jesus einfachhin, der Christus zu sein. Hier bekennt der Glaube Jesus als den Lehrer der Kirche.

Das Lehrtum Jesu bekundet sich auch im Titel Prophet, den Jesus im Neuen Testament erhält. Die Propheten des Alten Bundes sind in Israel bekannt und berühmt als Lehrer, Wundertäter und Märtyrer. In dieser dreifachen Rücksicht ist auch Jesus als Prophet ausgewiesen: durch die Lehre (Mt 23,34; Lk 24,19), durch die Wunder (Lk 7,16; Joh 6,14) und durch das Leiden (Mt 23,29.37).

Hat Jesus selbst Auftrag und Titel eines Propheten für sich beansprucht? In Nazaret abgelehnt, sagt Jesus: »Ein Prophet ist nirgends mißachtet, außer in seiner Heimat und bei seinen Verwandten und in seinem Hause« (Mk 6,4). Ein Sprichwort benützend vergleicht Jesus sein Schicksal mit dem eines Propheten, nennt sich aber nicht selber geradezu Prophet. – Da die Pharisäer Jesus vor Herodes warnen, erwidert er ihnen: »Gehet hin, und saget diesem Fuchs: Siehe, ich werfe Dänomen hinaus und vollbringe Heilungen heute und morgen, und am dritten Tag werde ich vollendet. Indessen, ich muß heute und morgen und am dritten Tag wandern, da es nicht angeht, daß ein Prophet außerhalb von Jerusalem umkommt« (Lk 13,31–33). Die Erzählung enthält Biographisches. Die Pharisäer sind hier Freunde Jesu, nicht wie später seine Gegner schlechthin. Auch hat sich Erinnerung an das Verhältnis Jesu zu seinem Landesfürsten erhalten. Das ursprüngliche Wort Jesu ist dann wohl als Leidens- und Auferstehungsweissagung verdeutlicht worden. Die Klage über die Prophetenmorde wird wiederholt: »Jerusalem, Jerusalem, das du die Propheten tötest und steinigst, die zu dir gesandt sind, wie oft wollte ich deine Kinder versammeln« (Lk 13,34). In solchen Worten reiht sich Jesus den Propheten ein. Der Vorwurf, Israel sei des vielfachen Prophetenmordes schuldig, gibt jedoch Fragen auf[4]. Das Alte Testament berichtet zwar von der Verfolgung der Propheten wie des Amos, Elija, Jeremia, aber nur ausnahmsweise von der Ermordung von Propheten (Jer 26,20–23; 2 Chr 24,21). Israel selbst beschuldigt sich jedoch der Verfolgung der Propheten (2 Chr 36,16), ja des Mordes an ihnen (1 Kön 19,10; Neh 9,26). Vom Martyrium des Jesaja berichtet die spätjüdische Schrift »Himmelfahrt des Jesaja« (5,1–14). Prophetenmartyrien sind gesammelt in der spätjüdischen Schrift Prophetenleben (wohl 50–100 nach Christus entstanden). Israel selbst hat sich in strengem und überstrengem Selbstgericht des Prophetenmordes für schuldig erklärt. Der Vorwurf kehrt wieder in neutestamentlichen Summarien (Mt 5,12; 23,31f.34.37; Apg 7,52; 1 Thess

[4] *Schoeps, J. H.*, Die jüdischen Prophetenmorde, in: *ders.*, Aus frühchristlicher Zeit, Tübingen 1950, S. 126–134; *Steck, O. H.*, Israel und das gewaltsame Geschick der Propheten, Neukirchen 1967.

2,15f; Jak 5,10; Hebr 11,36f). Wir möchten fragen: Hat Jesus sich an der Weitergabe dieses Vorwurfs beteiligt oder spricht hier frühkirchliche Polemik gegen das Judentum (wie dies mit Grund für Mt 23 anzunehmen ist)? Ein Wort über die Verfolgung der Propheten, das Lk 11,49 als Weisheitsspruch angeführt ist, ist Mt 23,34 Jesus in den Mund gelegt. Tut die Kirche recht, diesen Vorwurf festzuhalten und ihn zu wiederholen?

Andere Herrenworte bedeuten, daß Jesus mehr ist als ein Prophet. Jesus hört die Mutmaßungen, er sei (der wiedererweckte) Johannes der Täufer, Elija, oder ein anderer Prophet. Namens der Jünger sagt Petrus, daß Jesus mehr ist als der messianische Prophet; er ist der messianische König (Mk 8,28f)[5].

Hat Jesus selbst beansprucht, ein Prophet zu sein? Die Texte gestatten keine sichere Beantwortung der Frage. Es ist jedoch eher unwahrscheinlich, wenn Jesus überzeugt war, daß mit Johannes dem Täufer die Zeit der Propheten abgeschlossen sei: »Das Gesetz und die Propheten gehen bis Johannes«; nunmehr hat Gottes Herrschaft begonnen (Lk 16,16). – In der Person des Täufers Johannes ist Elija, der letzte Bote vor der messianischen Heilszeit, gekommen. Jesus ist der vom letzten Propheten Angesagte als der Messias selbst (Mk 9,12f). Im Gleichnis von den bösen Winzern ist Christus nach der Reihe der Propheten »der eine liebe Sohn« (Mk 12,1–11). – Die Jünger sehen und hören, wonach die Kinder der Verheißung, die Propheten, und die Träger der Verheißung, die Könige, verlangt haben. Jetzt ist die Zeit der messianischen Erfüllung (Mt 13,16f). Der sie bringt, ist mehr als Propheten und Könige, da er ihre Verheißung einlöst. Endlich sagen Herrenworte geradezu: »Hier ist mehr als der Tempel« (Mt 12,6). Jesus ist mehr als die Gegenwart Gottes im Tempel, der in messianischer Zeit neu errichtet wird (Ez 40–48). »Hier ist mehr als Jona« (Mt 12,41). »Hier ist mehr als Salomo« (Mt 12,42). Dies ist wohl so zusammenzufassen: Hier ist der hohepriesterliche Messias! Hier ist der prophetische Messias! Hier ist der königliche Messias!

In Israel glaubte man, die Prophetie sei seit Generationen erloschen. »Zeichen für uns gibt es nicht; kein Prophet ist mehr da« (Ps 74,9). In der Zeit des Messias aber sollten wieder Propheten erweckt werden (Joël 3,1). Dies, so meinte man, sei jetzt geschehen. Im Urteil des Volkes sind Johannes der

[5] Die eben in neutestamentlicher Zeit höchstgespannte Erwartung eines Propheten veranlaßte das Auftreten von zahlreichen falschen Propheten und Messiasprätendenten, von denen das Neue Testament (Apg 5,36; 21,38) und noch mehr Flavius Josephus berichten.

Täufer wie Jesus Propheten[6]. Der Täufer war schon vom Vater Zacharias als Prophet angekündigt (Lk 1,76). Das Volk anerkennt ihn als solchen (Mk 11,32). Herodes fürchtet sich, Johannes zu töten; »denn sie hielten ihn für einen Propheten« (Mt 14,5). Auch Jesus anerkennt Johannes als Propheten; ja er ist mehr als einer der Propheten; er ist der letzte Prophet vor dem Messias selbst (Mt 11,9f). Von Jesus werden Zeichen gefordert, wie die alttestamentlichen Propheten Zeichen wirkten (Mk 8,11f; Lk 11,29; Joh 6,30). Jesus wirkt Wunder wie die großen Propheten. Er speist das Volk wunderbar wie Mose (Ex 16,4.11–17) und Elischa (2 Kön 4,42–44). Die Menge antwortet: »Er ist in Wahrheit der Prophet, der in die Welt kommen soll« (Joh 6,14). Jesus erweckt einen Toten, wie Elija (1 Kön 17,17–24) und Elischa (2 Kön 4,32–37) dies taten. Die Zuschauer bekennen danach: »Ein großer Prophet ist unter uns aufgestanden« (Lk 7,16). Im Johannesevangelium wird immer wieder vom Prophetentum Jesu gesprochen (Joh 4,19; 7,52; 9,17). Im Tempel in Jerusalem wird Jesus begrüßt als »der Prophet Jesus von Nazaret in Galiläa« (Mt 21,11). Seine Gegner wagen deshalb zunächst nicht, ihn zu ergreifen. »Sie fürchteten die Volksmassen, die ihn für einen Propheten hielten« (Mt 21,46). Der Evangelist freilich weiß, daß Jesus mehr ist; er ist der messianische Herr (Mt 21,4f).

Daß Jesus mehr ist als ein Prophet, ist bei Johannes deutlich gemacht, wenn er hier der Prophet heißt (Joh 6,14; 7,40; vgl. 1,21.25). Der scheidende Mose hatte Israel verheißen, daß das Prophetentum in Israel immer bleiben werde. »Einen Propheten wird dir der Herr, dein Gott erwecken, der mir ähnlich sein wird. Ihn sollet ihr hören« (Dtn 18,15). Dieses Wort wurde dahin verstanden, daß in der messianischen Zeit wieder Propheten, ja der große Prophet erstehen würde. Diese Erwartungen bezeugen sich 1 Makk 4,44–46; 14,41, wonach Entscheidungen verschoben werden, »bis ein wahrhaftiger Prophet erstehen wird«, auch Joël 3,1f, wonach der Geist wieder über Israel ausgegossen wird und »alle werden prophezeien«. Die Rollen von Qumran bekunden neuerdings, wie lebendig dort diese Erwartung war. Im messianischen Florilegium 4 QTest 5–7 steht auch Dtn 18,15–18. Die Satzung schreibt vor: »Die Männer der Gemeinde sollen in Zucht wandeln, bis der Prophet und die Gesalbten Aarons und Israels kommen« (1 QS 9,11). In Qumran galt wohl der große Lehrer der Gemeinde, »Lehrer der Gerechtigkeit« genannt, als der erwartete, nunmehr erschienene Prophet. Gott hat

[6] *Schnackenburg, R.*, Die Erwartung des Propheten nach dem Neuen Testament und den Qumrantexten, in: Texte und Untersuchungen 73 (1959) S. 622–639; *Teeple, H. M.*, The Mosaic Eschatological Prophet, Philadelphia 1957.

diesem Lehrer »alle Geheimnisse der Worte seiner Knechte, der Propheten, kundgetan« (1 QpHab 7,4f).

In der Erzählung von der Verklärung Jesu stellt Gottes Stimme selber Jesus als den erwarteten Propheten vor. Sie lautet: »Dieser ist mein geliebter Sohn. Ihn höret« (Mk 9,7). Die Bezeugung des Sohnes nach Ps 2,7 ist verbunden mit der Verheißung des Propheten nach Dtn 18,15. Der Sohn erfüllt die Verheißung über alle Erwartungen, wie der Sohn auch mehr ist als der höchste Prophet.

Die erste Predigt der Apostel hat Jesus als wahren Propheten bezeugt. In der Predigt auf dem Tempelplatz sagt Petrus, daß in Christus das Wort des Mose (Dtn 18,15) sich erfüllt hat. »So hat Mose gesagt: Einen Propheten wie mich wird euch der Herr, Gott, aus euren Brüdern erwecken«. Jesus ist jedoch mehr als ein Prophet, da er der Sohn ist (Apg 3,22–26). Ebenso sagt Stephanus, daß die Verheißung des Mose auf Jesus Christus ziele (Apg 7,37).

Das Neue Testament stellt Mose und Christus einander gegenüber in der Weise, daß Christus als der neue Mose den früheren weit übertrifft. Die Kindheitsgeschichte Jesu ist vor allem bei Matthäus nach der Mosegeschichte des Exodus (Mt 2,20 = Ex 4,19) wie nach der spätjüdischen Haggada dargestellt. In der Bergpredigt gibt Jesus die neue Tora, wobei er jedoch mit ganz anderer Autorität als Mose spricht: »Den Alten ist gesagt worden ... ich aber sage euch« (Mt 5,21–48). Mose hat das Gesetz, Christus die Gnade und Wahrheit geoffenbart (Joh 1,17). Er überhöht die Wunder des Mose beim Auszug: er spendet das lebendige Wasser (Joh 4,14). Er gibt mehr als das Manna, da er das vom Himmel kommende Brot des Lebens selber ist (Joh 6,31–35). Der Durchzug durch das Meer mit Mose, die Speisung durch Manna und die Tränkung aus dem Felsen sind Vorbilder der Taufe und des Herrenmahles. »Der Fels war Christus« (1 Kor 10,1–4). »Gott hat mit den Vätern durch die Propheten gesprochen; jetzt am Ende der Tage hat er mit uns gesprochen durch den Sohn« (Hebr 1,1f). Mose war Diener im Hause Gottes; Christus ist als Sohn Herr über das Haus (Hebr 3,2–6). Die Erlösten singen das Lied des Mose und des Lammes (Offb 15,3). Beider Heilswerke sind in eins zusammengesehen[7].

Jesus ist als Lehrer und Verkünder eine geschichtliche Gestalt. Die Geschichte wird im Neuen Testament interpretiert und vertieft. Jesus ist über

---

[7] *Jeremias, J.*, Art. *Mōysēs*, ThW IV S. 852–878; *Bentzen, A.*, Messias – Moses redivivus – Menschensohn, Zürich 1948; Moses in Schrift und Überlieferung, deutsche Übersetzung hrsg. v. *Stier, F.* u. *Beck, E.*, Düsseldorf 1963.

alles menschliche Lehrtum erhoben. Die Wahrheit seines Wortes ist verbürgt durch seine göttliche Sohnschaft. »Alles ist mir übergeben von meinem Vater, und niemand erkennt den Sohn als nur der Vater, und den Vater erkennt niemand als nur der Sohn, und wem es der Sohn offenbaren will« (Mt 11,27). Der Christus des Johannesevangeliums sagt dies immer wieder: »Meine Lehre ist nicht meine, sondern dessen, der mich gesandt hat« (Joh 7,16; weiter 8,28.38).

Jesus sagt im Evangelium nie, daß er das Wort Gottes zu übermitteln habe, wie dies die Propheten beteuerten. Die Evangelien sagen von ihm auch nicht, daß er das Wort verkündete, wie dies sehr oft von den Aposteln gesagt ist. Eine solche Aussage wäre für Christus als unangemessen empfunden worden. Der tiefste Grund für beides ist, daß er das Wort selber ist (Joh 1,14).

Außerhalb der Evangelien und der Apostelgeschichte ist Jesus im Neuen Testament weder Lehrer noch Prophet genannt. Daß die Titel bei Paulus fehlen, verwundert nicht. Er weiß zwar um die entscheidende Wichtigkeit von Herrenworten (1 Kor 7,10; 9,14), aber er führt doch nur selten solche Worte an. Dem entspricht es, daß Jesus von ihm nicht als Lehrer vorgestellt wird. Auch hätte der Titel Lehrer für Christus nicht genügt, um das auszusagen, was Paulus von ihm aussagen wollte. Nach Kreuz und Auferstehung ist Jesus nunmehr der erhöhte Herr.

Ignatius von Antiochia (An die Epheser 15,1) nennt Jesus im Anklang an Mt 23,8 den »einen Lehrer, der da sprach, und es geschah«. Die Apologeten des 2. Jahrhunderts, die die christliche Religion als »die wahre Philosophie« verstehen, heißen Christus den einen Lehrer (Justin, 1. Ap 4,7; Dial 108,2). Als ewiger Logos war Christus bei den jüdischen Propheten wie den heidnischen Philosophen (1. Ap 62,3f; 2. Ap 13,2f). Bei den Vätern, die in der Auseinandersetzung mit der Gnosis stehen, wie Irenäus und Clemens Alex., ist Christus der wahre und universale Lehrer und Erzieher der Menschen[8].

Der Titel Christi als des Lehrers lebt endlich fort in der kirchlichen Dogmatik, die im Anschluß an alttestamentliche hierarchische Ordnungen wie das Neue Testament und die Kirchenväter das dreifache Amt Christi als das des Propheten, Priesters und Königs lehrt. Diese Lehre wird zunächst systematisch vorgetragen in der Theologie der Reformation und später dann auch von der katholischen Theologie aufgenommen[9].

---

[8] *Normann,* Christos Didaskalos S. 137–177.

[9] *Pannenberg, W.,* Grundzüge der Christologie, Gütersloh 1964, S. 218–232.

Aufklärung und liberale Theologie des 19. und 20. Jahrhunderts begriffen Christus als weisen Lehrer und Religionsstifter, wobei sie unter einseitiger Benützung der biblischen Quellen andere christologische Aussagen verkürzten. Indem heutige biblische und dogmatische Theologie wieder nachdrücklich von der Heilsmacht des Wortes spricht, stellt sie auch wieder betonter Christus als Lehrer dar.

Auferstehung Jesu – Geschichte und Deutung

Aus der Auferstehungsgeschichte Jesu wird Geschichtswissenschaft als sicheren und bleibenden Befund und Tatbestand die *Versicherung* der Jünger festhalten, den gekreuzigten Jesus als geheimnisvoll-geisthaft Lebenden (wieder) gesehen zu haben (Mk 16,7; Joh 20,18; 1 Kor 9,1). Sie bezeugen, Jesus habe sich »sehen lassen«, er sei »erschienen« (Lk 24,34; Apg 13,31; 1 Kor 15,3–8). Die Zeugen sagen nicht, Jesus sei in das irdische Leben zurückgekehrt. Darum begegnet er ihnen in »Erscheinungen«. An der persönlichen Glaubwürdigkeit dieser Aussagen wird niemand zweifeln. Das am frühesten niedergeschriebene Zeugnis hierüber ist der Bericht des Apostels Paulus 1 Kor 15,3–9: »Ich habe euch überliefert, was auch ich empfangen habe, daß Christus für unsere Sünden starb nach den Schriften, und daß er auferweckt wurde am dritten Tag nach den Schriften, und daß er dem Kephas erschien, dann den Zwölfen. Hernach erschien er mehr als fünfhundert Brüdern auf einmal ... Zuletzt aber von allen erschien er, gleichsam als der Fehlgeburt, auch mir.« Dieser Brief ist etwa 55/56 n. Chr. geschrieben, also Jahrzehnte vor den vier Evangelien. Paulus sagt aber, daß er Überlieferung weitergebe. In der Tat trägt der Text auch die Züge älterer, formelhafter Gestaltung. Wir erkennen bereits das in der Kirche bis heute weitergegebene Glaubensbekenntnis. Der Text führt über die Jahre der Niederschrift des Briefes wohl um längere Zeit zurück und damit in verhältnismäßige Nähe zu den Ereignissen selbst. Der Bericht ist in kurzen Sätzen katechismusartig abgefaßt.

Er wird, die Heilsereignisse einprägsam zusammenfassend, der Lehre gedient haben. Er mag aber auch schon in der frühesten Kirche, wie noch heute, als Glaubensbekenntnis in der Liturgie vorgetragen worden sein, damit das gemeinsame Bekenntnis den Glauben jedes einzelnen und aller festigte und trug.

Der Bericht des Paulus ist dadurch besonders wertvoll, daß er nicht bloß über Erlebnisse anderer berichtet, wie dies die vier Evangelien tun, sondern auch persönliches Zeugnis des Paulus über eigene Erfahrung des Auferstandenen ist. Von der Erscheinung des Auferstandenen, die er erhalten hat, kann Paulus auch sagen: »Habe ich nicht Jesus, unseren Herrn, gesehen?«

(1 Kor 9,1). Er bezeichnet die Erfahrung des Erhöhten hier also als Vision. Wiederum sagt Paulus von der Erscheinung des Auferstandenen: »Es gefiel Gott durch seine Gnade, seinen Sohn *in mir* zu offenbaren« (Gal 1,15f). Hier beschreibt er die Erfahrung ganz als inneres Erlebnis. Gott offenbarte, d. h., er enthüllte, was Paulus verborgen war, daß nämlich Jesus als der Erhöhte in der Herrlichkeit Gottes lebt. Paulus erfuhr die Erscheinung ohne Vorbereitung und wider alle Erwartung als Überwältigung. Er sagt selbst: »Ich wurde von Christus ergriffen« (Phil 3,12). In der Apostelgeschichte (9; 22; 26) wird die Erscheinung dreimal nach Vorbildern des Alten Testaments (wie 2 Makk 3,24–40; vgl. auch 4 Makk 4,1–14) als Bekehrungslegende beschrieben. Blendendes Licht erstrahlt vom Himmel her; Paulus hört die Stimme Jesu: Saul, was verfolgst du mich? Er stürzt vom Pferd und wird als hilflos nach Damaskus geführt, wo er getauft und wieder sehend wird. Ist dies ein Beispiel dafür, wie aus innerer Erfahrung eine äußere, sichtbare Geschichte werden kann?

Wiewohl nun der formelhafte Katechismus in 1 Kor 15 in verhältnismäßig frühe Zeit zurückreicht, ist er doch keineswegs einfachhin historischer Bericht, sondern bekundet schon vielfache theologische Besinnung und Deutung. Indessen sagt uns jede Theorie der Erkenntnis, daß es keine reine Erkenntnis gibt, sondern wir alle in jeder Wahrnehmung das Wahrgenommene immer bereits mittels des Wissens und der Vorstellungen deuten, die wir bei der Wahrnehmung schon zu eigen hatten. Die vielen Menschen, denen wir begegnen, ordnen wir aus unserer Menschenkenntnis immerzu unwillkürlich ein. Die Jünger Jesu nun deuteten ihre visionären Erlebnisse notwendig aus der Erinnerung an *den* Jesus, mit dem sie zusammengelebt, dessen Wort sie gehört und dessen Taten sie erlebt hatten. Es war aber Glaube und Predigt Jesu, daß Gott Recht und Leben des Gerechten bewahrt, ja, daß Gott als der Vater für seine Kinder immer Sorge trägt und sie beschützt. Lebendig war der Glaube an die Verkündigung Jesu, daß Gottes Königsherrschaft drängend nahe sei, ja schon begonnen habe. Gottes Herrschaft aber ist die Vollendung der jetzigen Welt in dem endzeitlichen Heil. Geblieben war den Jüngern die Erinnerung an die Taten Jesu, in der er aus der Macht des Vaters das Böse und die Zerstörung überwand und Gottes heile Welt heraufführte. Wenn die Jünger in dieser Gewißheit ihre visionären Erlebnisse deuteten, dann konnten sie, ja mußten sie fast notwendig zum Glauben kommen, daß der Gekreuzigte durch Gottes Macht und in Gottes Herrlichkeit im Leben sei.

Deutung ist in dem Bericht des Paulus die Formel, daß Christus »erschien«. »Er erschien« ist jenes Wort, mit dem in der Bibel des Alten Testaments die Offenbarung Gottes beschrieben wird. Gott erschien nach den alten Erzählungen den Vätern Abraham, Isaak, Jakob wie dem Mose. Nach dem Wort des Propheten wird in der messianischen Heilszeit »die Herrlichkeit des Herrn erscheinen« (Jes 40,5). Mit dem Wort: »Christus ist erschienen«, werden die Erfahrungen des Auferstandenen als Offenbarung Gottes in Christus bekannt.

Die besondere und unverwechselbare Art dieser Erscheinungen ist dies, daß sie nicht Erscheinungen in der Nacht, im Schlaf oder im Traum sind, wie etwa Engelserscheinungen in den Kindheitsgeschichten der Evangelien (in Mt 1 und 2) oder auch andere Erscheinungen des Christus in der Apostelgeschichte (9,10; 27,23) beschrieben sind. Vielmehr sind die Erscheinungen des Auferstandenen solche am hellen Tage. Dies gibt ihnen nach der Überzeugung der Jünger ihre besondere Bedeutung, ihre Klarheit und Wahrheit.

Die Zahl derer, die Erscheinungen erfahren, nimmt zu, vom einen Petrus über die Zwölf zu den fünfhundert Brüdern auf einmal. Dies besagt, daß die Erscheinung des Auferstandenen die Jünger wieder sammelt und zur Gemeinde verbindet.

Fortschreitende Deutung der Erscheinungen des Auferstandenen spricht sich aus in der Aussage: »Er wurde auferweckt. Er ist auferstanden.« Das Ereignis ist hier verstanden und gedeutet aus der im späteren Alten Testament wie im damaligen Judentum weithin gültigen Erwartung einer allgemeinen Totenerweckung am Ende der Zeiten. Gemäß dieser Erwartung folgert der Glaube, daß der Christus, wenn er den Jüngern als lebend erschien, von den Toten erweckt wurde. Wenn Paulus in seinem Zeugnis sagt, daß Christus auferweckt wurde »gemäß den (alttestamentlichen) Schriften«, weist er selbst in diese alttestamentlich-jüdische Erwartung zurück. In diesem Horizont verstanden, war die Erweckung Jesu der Anfang der als nahe erwarteten Totenerweckung. »Christus wurde auferweckt aus den Toten als Erstling der Entschlafenen« (1 Kor 15,20).

Die Predigt der Auferstehung Jesu erscheint sowohl in der Aussage: »Gott hat ihn von den Toten auferweckt« wie: »Christus ist auferstanden«. »Er wurde auferweckt« betont das Werk Gottes. »Christus stand auf« betont die selbstmächtige Tat Christi. Das bedeutet wohl, daß die Aussage über die göttliche Selbstmacht Christi von der früheren zur späteren Formel fortgeschritten ist.

Das Zeugnis von der Auferstehung Jesu ergänzte sich in weiterdrängender Folgerichtigkeit des Glaubens um die Überzeugung und das Bekenntnis von der Aufnahme des Auferstandenen in die göttliche und himmlische

Herrlichkeit. Frühe Texte in der Apostelgeschichte sagen: »Gott hat ihn als Herzog und Heiland erhöht zu seiner Rechten« (Apg 5,31). Auch dafür gilt, was Paulus sagt, daß es geschah »nach den Schriften«. Texte des Alten Testamentes, die man auf die Auferstehung Christi deutete, formten und gestalteten die Aussage weiter. Eine solche Prophetie las man in dem auch von der zeitgenössischen jüdischen Exegese auf den Messias gedeuteten Psalm 110: »Der Herr spricht zu meinem Herrn: Setze dich zu meiner Rechten, bis ich deine Feinde zum Schemel deiner Füße mache.«

Bedeutsam ist in dem Bericht des Paulus in 1 Kor 15 die Zusammenordnung von Tod und Auferstehung Jesu: »Er starb und wurde auferweckt.« Im Jahre 63 v. Chr. sagte der römische Redner und Rechtsanwalt Cicero auf dem Forum in Rom in der Verteidigung eines Statthalters, der angeklagt war, er habe in der Provinz römische Bürger ans Kreuz schlagen lassen: »Das Wort Kreuz soll nicht nur dem Leib römischer Bürger, sondern schon ihren Gedanken, ihren Augen, ihren Ohren ferne sein.« Man darf von diesem schmählichen Sklaventod überhaupt nicht sprechen. Auf diesem Forum und im ganzen römischen Reich sollte 100 Jahre später das Kreuz als Evangelium verkündet werden. Dies konnte nur geschehen, wenn das brutale historische Ereignis von Anfang in seiner Bedeutung erklärt wurde. Diese Theologie des Kreuzes wurde von der Kirche der Apostel in erstaunlich kurzer Zeit geschaffen. Ein Zeugnis dessen ist auch die Formel im 1. Korintherbrief, daß »Christus *für unsere Sünden* starb nach den Schriften«, und daß er »auferweckt wurde nach den Schriften«. Gemäß der Deutung des Martyriums, das Israel in den Jahrhunderten zuvor gewonnen hatte, ist hier gesagt, daß der Heilige, der Christus war, sein Leben hingab als Sühne für Schuld und Sünde anderer, ja für die Welt. »Er starb für unsere Sünden.« Diese Aussage ist schwerwiegend und es ist nicht leicht zu begreifen, daß der Tod dieses einen Christus Erlösung war und ist für alle Geschlechter zuvor und nachher. Aber wir dürfen das, was uns schwer verständlich ist, nicht allzu schnell als bedeutungslos abtun, sondern wir müssen uns bemühen, es zu verstehen. Weiter sagt die alte Formel, daß Christus »starb gemäß den Schriften«. In der Bibel des Alten Testaments las die Kirche die Lieder vom Gottesknecht, der sein Leben für die vielen dahingab (Jes 49), und ähnliche Texte. Man erkannte sie als im Kreuz erfüllt, das damit nicht gegen die messianische Würde des Christus zeugte, sondern das Kreuz als Erfüllung der Prophetie erwies. Endlich aber besagt die Formel, daß das Kreuz nur zusammen mit der Auferstehung verkündet werden kann. Es konnte nur ertragen werden in der Herrlichkeit der Auferstehung, in der sich der ewige Gott zum Gekreuzigten als seinem Sohn bekannte. Von dieser Einheit sagt Paulus: Wir verkünden »Christus den Gestorbenen, nein vielmehr den, der erweckt wurde« (Röm 8,34).

Zu den frühen, bekenntnismäßig kurzen Aussagen über die Auferstehung Jesu treten Berichte der vier Evangelien, in denen die Auferstehung als Geschichte ausführlich und immer ausführlicher geschildert wird. Diese Erzählungen wurden im Gottesdienst der Gemeinde gelesen und besinnlich gehört. Sie sollten den Inhalt des Glaubens anschaulich machen. Diese Geschichten nun berichten, daß am Morgen des dritten Tages, also am Ostermorgen, einige Frauen, die in Galiläa Jesu Jüngerinnen gewesen waren, zum Grabe gingen. Auch die Apostel Petrus und Johannes besuchten das Grab. Die Besucher aber fanden das Grab leer, und Engel verkündeten ihnen, »Christus ist auferstanden«. Verschiedene Erzählungen schildern weiterhin Erscheinungen des Auferstandenen vor den Frauen wie vor den Aposteln in Jerusalem und Galiläa.

Manche Einzelheiten dieser Erzählungen lassen sich nicht völlig ineinanderfügen. Sie wollen jedoch nicht, wie die Evangelien insgesamt, vom historischen Jesus berichten, sondern in der Mitte der Gemeinde den vergegenwärtigen, der jetzt als der Erhöhte der Herr in Kirche und Welt ist. Eine Geschichte berichtet mit erzählerischer Kunst, wie Jesus sich zwei Jüngern auf dem Wege nach Emmaus anschloß. Den zunächst Fremden erkannten sie am Brotbrechen, also in der Feier des Herrenmahles (Lk 24,18–35). Die Erzählung gestaltet das alte Motiv, daß Gott als Freund unter den Menschen weilt, so wie Gott bei den Vätern Israels eingekehrt war und dabei offenbar wurde. Andere Auferstehungsgeschichten berichten, daß Jesus mit verklärten Wundmalen in der Mitte der Jünger erschien, die die Male betasten durften (Lk 24,36–39; Joh 20,19–29). Die Erzählung soll die Gewißheit der Auferstehung sichern, sodann aber in ihrer Weise, wie die alten Bekenntnisformeln, die Einheit von Kreuz und Auferstehung kundmachen. Der Gekreuzigte ist der Auferstandene und der unschuldig Getötete, der zu Gott Erhöhte. Das Lukasevangelium (24,37) berichtet, daß die Jünger über Jesu Erscheinung *erschraken,* da sie meinten, es sei ein Geist; das Johannesevangelium (20,20), daß sich die Jünger *freuten,* da sie den Herrn sahen. Darin wird sich eine Entwicklung erkennen lassen von der Erschütterung über die Ungeheuerlichkeit der Auferweckung des Toten zur sicheren Gemeinschaft mit dem erhöhten Herrn.

Zu diesen Berichten stellt die Geschichtsschreibung ihre Fragen, und sie tut es mit Recht, da sie nach ihrem Grundsatz versuchen muß, alles aus natürlichem Ablauf der Dinge zu erklären. Die Berichte vom leeren Grab Jesu bekunden wohl als sicher, daß die Jüngergemeinde ein leeres Grab Jesu kannte und in Ehren hielt. Ist das leere Grab eine legendäre Verdeutlichung des Auferstehungsglaubens? Wenn man von rationalistischen Behauptungen absieht, die Jünger Jesu hätten den Leichnam Jesu beseitigt, so ist die Überlieferung nicht leicht als rein ungeschichtliche Legende zu erklären. Doch legt das Neue Testament auf das leere Grab nicht Gewicht. Der Glaubensgrund für die Auferstehung Jesu ist nicht der Befund des leeren Grabes, sondern die Erscheinung des Erhöhten. In den Erzählungen vom leeren Grab erscheinen Engel als Vermittler der Botschaft Gottes. Sind sie einfachhin historische Gestalten, oder sind sie Deute- und Offenbarungsengel, wie sie zum Beispiel in der Johannesapokalypse des Neuen Testaments in großer Zahl auftreten? Die Begegnung mit den Engeln wird in der herkömmlichen Weise von Epiphanien beschrieben. Ihre Erscheinung erschreckt. Die Engel sind wie ein Blitz, und ihr Gewand ist weiß wie Schnee (Mt 28,3), was offenbar die schwerelose Schnelligkeit und die Herrlichkeit der himmlischen Boten ausdrücken soll.

In den Geschichten wird dann immer wieder berichtet, daß Jesus durch verschlossene Türen ein- und ausging, und so in der Mitte der Jünger erschien. So ereignet sich nicht profane Geschichte, sondern es ist Bericht der Glaubenserfahrung. Das Johannesevangelium sagt am Ende einer Erzählung, wie Jesus dem Apostel Thomas erschien: »Weil du mich (als Auferstandenen) gesehen hast, hast du geglaubt. Selig, die nicht sehen und doch glauben« (Joh 20,29). Damit erscheinen zuletzt die Wunder in ihrem Wert für den Glauben bestritten. Die Erfahrung der leiblichen Wirklichkeit der Auferstehung, die den *ersten* Zeugen gewährt wurde, kann den künftigen Geschlechtern nicht mehr zuteil werden. Ihr Glaube glaubt nicht dem historischen Beweis, sondern wagt auf das Wort des Evangeliums hin, trotz aller Kritik und Apologetik.

Noch einmal in anderer Weise wird die Erhöhung des Christus aus dem Tod dargestellt in einem hymnischen Lied, das Paulus in seinen Brief an die Kirche in Philippi (Phil 2,6–11) aufgenommen hat: »Er war in Gottesgestalt und hielt nicht gewaltsam daran fest, Gott gleich zu sein, sondern er entäußerte sich selbst, nahm Knechtsgestalt an und ward der Menschen Gleichbild. Der Erscheinung nach wie ein Mensch erfunden, erniedrigte er sich selbst und ward gehorsam bis zum Tode, dem Tod aber am Kreuz. Darum hat ihn Gott überhoch erhöht und ihm den Namen gegeben, der über alle Namen ist, auf daß im Namen Jesu sich beuge jedes Knie derer im Himmel, auf Erden und unter der Erde.« Die Verse heben sich aus dem Zusammenhang durch feierlichen Rhythmus heraus und sind als selbständiges Lied zu erkennen. Es ist das älteste Christuslied der Kirche, das Paulus aus dem Gottesdienst der Gemeinde übernommen hat. Christus ist als der ewige Gottessohn prädiziert. Als wie ein Knecht, ein Sklave, ward er aber allen Zwängen des menschlichen Daseins der Umwelt und Welt unterworfen, bis zur äußersten Vernichtung des Todes am Kreuz. Die Formel bedeutete im ursprünglichen Lied vielleicht den Abstieg in das Totenreich; Paulus jedenfalls deutet sie auf den Kreuzestod. Doch Gott tritt handelnd in die Geschichte ein und führt die völlige Wende herauf. Sein Handeln geht über alles menschliche Maß hinaus. Er erhöht den Geschändeten zur göttlichen Herrlichkeit, indem er ihm einen neuen Namen gibt, nämlich den Namen des Herrn über Kirche und Welt. Das All ist ihm unterworfen. In dem Hymnus wird allenfalls mit dem Wort Kreuz an irdische Geschichte erinnert. Die Auferweckung ist nicht beschrieben. Vielmehr wird nach dem Kreuz unmittelbar die Erhöhung verkündet. Damit ist das Ziel erreicht.

Theologische Überlegungen fragen bisweilen, ob die Auferstehung als historisches Ereignis bezeichnet werden könne. Das soll nicht heißen, es habe sich nichts ereignet, sondern daß das, was geschah, die Grenzen und Ordnungen der Historie sprengt, über alle Historie hinausreicht, und nicht von der Geschichtsschreibung, sondern nur vom Glauben begriffen und ergriffen werden kann. Dies scheint das Neue Testament selber zu besagen: »Gott hat Christus am dritten Tage auferweckt und hat ihn sichtbar werden lassen *nicht* dem ganzen Volk, sondern den von Gott erwählten Zeugen« (Apg 10,40f). Nur die erwählten Zeugen konnten den Auferstandenen sehen und erfahren. Eine historische Persönlichkeit kann von allen gesehen werden. So scheint es begründet, zu sagen, der Auferstandene sei keine historische Persönlichkeit gewesen.

Historisches Datum sind Gewißheit und Bezeugung der Jünger, Jesus sei ihnen nach seinem Tod erschienen. Nach übereinstimmenden Berichten des Neuen Testaments waren die Jünger nach dem Kreuzestod Jesu ohne Hoffnung und wurden gegen ihre Erwartungen und Dispositionen von den Erscheinungen überwältigt. Sie antworteten auf die ersten Botschaften mit Zweifel und Unglauben. Die Erscheinungen sind danach nicht aus heimlichem Glauben der Jünger, sondern ihr Glaube ist aus den Erscheinungen zu erklären.

Was aber geschah in den Erscheinungen? Wir können kaum anderes sagen, als daß sich Gottes Wirklichkeit zur Geltung brachte. Es ist aber die Wirklichkeit des Gottes, der, wie Paulus sagt, »die Toten lebendig macht, und das Nichtseiende als Seiendes ruft« (Röm 4,17).

Unbestritten historisch ist, daß vom Evangelium der Auferstehung eine unabsehbare Wirkung in der Geschichte ausging. Es wird ebenso historisch sein, daß auch von anderen Religionen größte Wirkungen in die Geschichte ausgingen. Christlicher Glaube wird auch hierin Macht und Wahrheit des Heiligen erkennen.

Wir können nur versuchen, Deutungen zu deuten und Interpretationen zu interpretieren.

Was in allen Deutungen der Auferstehung bleibt, ist Hoffnung und Zusage des Lebens und der Vollendung, deren Urgestalt die Auferweckung Christi ist. Er ist »Herzog des Lebens« (Apg 3,15). Als der »Erstgeborene aus dem Tode« (Offb 1,5) ist er die Verheißung der Totenauferstehung. Sie aber meint nicht leibliche Wiederbelebung, sowenig die Auferstehung Jesu eine solche war, sondern Geborgenheit und Erfüllung alles Wahren und Guten, all dessen, was Liebe zu heißen verdient, in der Liebesmacht Gottes. Auf einem altchristlichen Totenband steht: »Überall ist Auferstehung!« Sie ist aber jetzt schon Wirklichkeit. »Wer an ihn glaubt, ist aus dem Tod in das Leben hinübergeschritten« (Joh 5,24).

Lange behauptete Sicherheit von Lehre und Dogmatik ist tief erschüttert. Der Glaube ist in die Unmittelbarkeit zum Wort Gottes gewiesen, eine Unmittelbarkeit, die nicht verwaltet werden kann. Das Evangelium (Joh 6,45) sagt: »Es steht bei den Propheten geschrieben: Sie werden alle belehrt sein von Gott«*.

* Vortrag im Kirchenfunk des Südwestfunks Baden-Baden

Das Herrenmahl

Ernst Käsemann hat bedeutsame Veröffentlichungen zur Geschichte und Theologie des Abendmahls vorgelegt. Die nachfolgenden Überlegungen, die den Vorarbeiten zum abschließenden Band meiner Theologie des Neuen Testaments entstammen, mögen im Anschluß daran verstanden werden. Ich freue mich, mit ihnen an der Festschrift des verehrten und befreundeten Kollegen beteiligt zu sein. Auch wenn ich, anders als Käsemann, das Abendmahl im Kern als Stiftung Jesu betrachte und meine, daß die Kirche als Leib Christi aus der Sühne und dem Opfertod Jesu, wie sie im Herrenmahl begangen werden, erwächst, weiß ich mich, wie der Leser bemerken wird, in wichtigen Einzelzügen der Abendmahlsinterpretation und vor allem auch in der Grundüberzeugung mit Ernst Käsemann einig, daß in und mit dem Herrenmahl das den Sündern zuvorkommende Heilshandeln Gottes verkündigt wird, und zwar des Gottes, der als der Gott Israels auch der Gott des Neuen Bundes ist, und der auf Grund des Todes und der Auferweckung Jesu als der Gott der lebenspendenden, den Menschen neuschaffend umfangenden Gnade geglaubt werden darf (Röm 4,17)[1].

---

[1] *Literatur: Betz, J.*, Die Eucharistie in der Zeit der griechischen Väter, I,1; II,1, 1955, ²1964; *Bittlinger, A.*, Das Abendmahl im Neuen Testament und in der frühen Kirche, 1969; *Feld, H.*, Das Verständnis des Abendmahls, 1976; *Feneberg, R.*, Christliche Passafeier und Abendmahl, StANT 27, 1971; *Gerken, A.*, Theologie der Eucharistie, 1973; *Hahn, F.*, Die alttestamentlichen Motive in der urchristlichen Abendmahlsüberlieferung, EvTh 27, 1967, 337–374; *Jeremias, J.*, Die Abendmahlsworte Jesu, ⁴1967; *Käsemann, E.*, Das Abendmahl im Neuen Testament, in: Abendmahlsgemeinschaft? BhEvTh 3, ²1938, 60–93; *Marxsen, W.*, Das Abendmahl als christologisches Problem, 1963; *Patsch, H.*, Abendmahl und historischer Jesus, CThM 1, 1972; *ders.*, Abendmahlsterminologie außerhalb der Einsetzungsberichte, ZNW 62, 1971, 210–231; *Sandvik, B.*, Das Kommen des Herrn beim Abendmahl im Neuen Testament, AThANT 58, Zürich 1970; *Schürmann, H.*, Das Mahl des Herrn, in: *ders.*, Ursprung und Gestalt. Erörterungen und Besinnungen zum NT, 1970, 77–196; *Schweizer, E.*, Das Herrenmahl im Neuen Testament, in: *ders.*, Neotestamentica, Zürich 1963, 344–370; *Wanke, J.*, Beobachtungen zum Eucharistieverständnis des Lukas, EThS 8, 1973.

Der ursprüngliche Mensch empfindet, daß nichts so Menschen einigt wie ein gemeinsames Mahl. Die am Mahl gemeinsam teilnehmen, empfangen alle Kraft und Leben aus einer gemeinsamen Speise. Das Mahl hat von Anfang an religiöse Gestalt. Denn die Speisen werden empfangen als Gabe Gottes mit Dank gegen Gott als den Geber des Mahles. Die Gottheit wird auch beim Mahl als Gast anwesend geglaubt. Sind die Elemente des Mahles von göttlichen Kräften und Mächten in Besitz genommen, kann der Mensch sie mit der Speise sich einverleiben.

1. Unter den Papyri haben sich Einladungen zu Mahlzeiten mit der Gottheit gefunden. (Die Papyri gehören wohl dem 2. Jh. nChr an.) So Papyrus Oxyrhynchus 1,110: »Chairemon bittet dich zum Mahl an die Tafel (den Divan) des Herrn Sarapis morgen im Serapeum, dh am 15., von 9 Uhr an«; ähnlich Papyrus Oxyrhynchus 3,523: »Antonios, Sohn des Ptolemaios, lädt dich zum Mahl als sein Gast an der Tafel (am Divan) des Herrn Sarapis in den Räumen des Klaudios Serapion am 23. von 9 Uhr an«. Der Rhetor Aelius Aristides (8. Rede) sagt in einer Rede auf Sarapis, daß die Menschen »die Gemeinschaft des Opfers mit diesem Gott begehren, indem sie ihn zum Mahl rufen, sich unter seinen Schutz stellen als des Tischgenossen und Gastgebers«. Eine Weiheinschrift lautet: »Dem Sarapis und der Isis einen Tisch.« In heiligen Mählern des Mithraskultes wurden Fleisch und Blut des geopferten Stieres, aber wohl auch Brot und Wein genossen. Auch die römische Religion beging kultische Mahlfeiern. Eines der vornehmsten römischen Feste war das *Epulum Iovis* auf dem Kapitol, wobei Jupiter und Juno repräsentiert waren durch ihre festlich geschmückten Bilder[2].

Auch das Neue Testament weiß von diesen Mählern mit den Göttern. Paulus warnt: »Ich will nicht, daß ihr in Gemeinschaft mit den Dämonen kommt. Ihr könnt nicht den Kelch des Herrn trinken und den Kelch der Dämonen; ihr könnt nicht am Tisch des Herrn Anteil haben und am Tisch der Dämonen« (1 Kor 10,20f). Paulus spricht von heidnischen Kultmählern, die man in Gemeinschaft mit der Gottheit feierte. Die heidnischen Götter sind freilich für Paulus, wie für das späte Judentum, Dämonen (Dtn 32,17; Ps 96,5; 106,37; Jub 1,11; 22,17).

2. Dem Alten Testament sind kultische Mähler etwas Selbstverständliches. Das Opfermahl wird so beschrieben: »Vor Gott dem Herrn essen und

[2] *Bammel, F.,* Das heilige Mahl im Glauben der Völker, 1950; *Cumont, F.,* Die Mysterien des Mithra, [3]1923.

sich freuen« (Dtn 12,7–12; 16,10–17). Mahlgemeinschaften verbinden mit Gott und vor Gott. Mose, Aaron und die Ältesten Israels halten das Opfermahl vor Jahwe (Ex 18,12). Nach dem Bundesschluß am Sinai steigen Mose und die Ältesten Israels auf den Berg. »Sie schauten Gott, aßen und tranken« (Ex 24,11). Ein Mahl besiegelt Verträge (Gen 26,30; 31,46; Ex 18,12). Die Einsetzung des Saul als König wird mit einem Mahl gefeiert (1 Sam 11,15). Die Priester halten im Tempel tägliche Opfermahle (Lev 2,2f; 3; 6,7–11; 7,9f.29–36; 10,12–15). Ein festliches Mahl ist jährlich das Paschamahl, das Israel seit seiner nomadischen Zeit feiert. Dieses Mahl ist nicht nur Erinnerung, sondern durch den Ritus tritt der Teilnehmer des Mahles in die Gemeinschaft des Heiles, das Gott an den Vätern in Ägypten wirkte, und das er immer gibt.

Die eschatologisch-messianische Vollendung wird als Mahl Gottes mit den Erlösten vorgestellt (Jes 25,6; Zef 1,7; äthHen 62,14; slHen 42,5).

In Qumran[3] wird die tägliche Hauptmahlzeit als kultisches Mahl gefeiert. Die Teilnehmer nehmen zuvor ein Tauchbad. Sie kleiden sich in weißes Leinen. Ein Priester führt den Vorsitz und spricht den Segen über Brot und Wein. Neueintretende dürfen erst nach zweijährigem Noviziat daran teilnehmen (1 QS 6,2–5.20f; Jos Bell 2,8,5.7 §§ 129–133.139). Auch die künftige Endzeit wird als Mahl beschrieben. Dieses findet statt unter dem Vorsitz des priesterlichen und des königlichen Messias. Das kultische Mahl ist als Vorausbild des eschatologischen Mahles in der Königsherrschaft Gottes zu verstehen (1 QSa 2,17–22). Vermittelt oder verbürgt die Teilnahme am jetzigen Mahl die Teilnahme am endzeitlichen Mahl? Hat das jetzige Mahl also sakramentale Kraft? Wir werden erinnert an den eschatologischen Ausblick beim letzten Mahl Jesu mit seinen Jüngern (Mk 14,25; 1 Kor 11,26). Das eucharistische Mahl ist Sinnbild des eschatologischen Mahles. Die genauen Vorschriften für die Ordnung des Mahles in Qumran erinnern an die Vorschriften des Paulus (1 Kor 11,17–34). Es kann nicht angenommen werden, daß die Mähler von Qumran einen unmittelbaren Einfluß auf die neutestamentlichen Mahlfeiern genommen haben. Der Unterschied liegt zutage: Das neutestamentliche Mahl des Herrn ist Gedächtnis des Todes des Herrn, darauf durch die Deuteworte bezogen. Doch die Mahlfeiern von Qumran bekunden die große Bedeutung des Mahles für die Begründung und das Leben einer Gemeinschaft.

[3] *Braun, H.,* Qumran und das Neue Testament, II 1966, 29–54; *Gnilka, J.,* Das Gemeinschaftsmahl der Essener, BZ NF 5, 1961, 39–55; *Kuhn, K. G.,* Über den ursprünglichen Sinn des Abendmahls und sein Verhältnis zu den Gemeinschaftsmahlen der Sektenschrift, EvTh 10, 1950, 508–527.

II. Neutestamentliche Berichte über das Herrenmahl

1. Das Neue Testament enthält vier Berichte über das letzte Mahl Jesu mit seinen Jüngern: Mk 14,22–25; Mt 26,26–29; Lk 22,15–30; 1 Kor 11,23–25. Diese Berichte sind nicht einfachhin Erzählungen aus dem Leben Jesu. Die nächste Quelle aller Berichte ist die Feier des Herrenmahles in der Gemeinde, bei der die Berichte rezitiert wurden. Die Perikopen wurden daher auch außerhalb der Leidensgeschichte gesondert überliefert. Dies ist offenkundig für 1 Kor 11,23–25. Es ist noch erkennbar auch Mk 14,22 und Mt 26,26, da beide Evangelien, wiewohl sie schon seit Mk 14,17 und Mt 26,20 das stattfindende Mahl schildern, nun neu einsetzen mit der Bemerkung: »Da sie aßen ...« Alle Berichte lassen feierliche und immer feierlicher werdende liturgische Stilisierung erkennen.

Nach der heute üblichen Datierung der neutestamentlichen Schriften ist der am frühesten niedergeschriebene Bericht jener des Paulus im 1. Korintherbrief, der um 55 verfaßt sein wird. Paulus sagt aber, daß er den Abendmahlsbericht den Korinthern bei seinem dortigen Aufenthalt übergeben habe. Er wird 49 in Korinth gewesen sein. Er übergab den Korinthern, was er schon selbst aus der Überlieferung empfangen hatte (1 Kor 11,23). Die Überlieferung war also schon in den Jahren 40–50 ausgeformt[4]. Paulus ist überzeugt, daß die Überlieferung bis in die Geschichte Jesu zurückreicht. Er hat sie »vom Herrn her empfangen« (1 Kor 11,23). Der Bericht des Markus mag demgegenüber um 70 niedergeschrieben sein, noch später die Berichte des Matthäus und Lukas. Der Bericht des Paulus trägt in der Tat noch Züge des Alters, wenn in mancher Beziehung auch die jüngeren Berichte der Evangelien älteres bewahrt haben. Noch ursprünglich ist, wenn 1 Kor 11,25 das Essen des Brotes und das Trinken des Weines noch durch das Mahl getrennt sind: Jesus nahm »den Kelch nach dem Mahle«. In den Evangelien ist die Einheit des mit Brot und Wein gefeierten Mahles erkannt und zusammengefügt. Sodann sind die Worte über Brot und Wein bei Paulus noch ungleich stilisiert, da sie lauten: »Dies ist mein Leib für euch« – »Dieser Kelch ist der Neue Bund in meinem Blute« (1 Kor 11,24f). In den Evangelien ist die Gleichheit hergestellt: »Dies ist mein Leib« – »Dies ist mein Blut«.

---

[4] Die Texte haben Semitismen bewahrt, die hohes Alter und Ursprung in der judenchristlichen Gemeinde vermuten lassen; *Jeremias, J.*, Die Abendmahlsworte Jesu, 165 bis 179; *Kuhn, K. G.*, aaO. 513; *Schürmann, H.*, Die Semitismen im Einsetzungsbericht bei Markus und Lukas (Mk 14,22–24/Lk 22,19–20), ZKTh 73, 1951, 72–77.

Anderseits ist spätere Entwicklung bei Paulus zu erkennen, wenn dem Wort Mk 14,22: »Dies ist mein Leib« in 1 Kor 11,24 beigefügt ist: »Dies ist mein Leib für euch.« Hier ist die theologische Deutung fortgeschritten. Die Formel der Hingabe lautet Mk 14,24/Mt 26,28: »für viele« (= für die vielen; für alle); 1 Kor 11,24 aber: »für euch«. Jenes ist ein ursprünglicher, dem Griechentum unverständlicher Semitismus, dies eine allgemeinverständliche, spätere Formulierung. Ebenso ist Zeichen fortschreitender Reflexion, wenn der Bund 1 Kor 11,25 als »der Neue Bund« bezeichnet wird. Hier sind alter und neuer Bund schon unterschieden. Gegenüber Markus und Matthäus bringt Lk 22,19 einmal, 1 Kor 11,24f zweimal den Stiftungsbefehl. Er macht explizit, was bei Markus und Matthäus vorausgesetzt ist, wenn ihre Berichte aus der Liturgie stammen. Die liturgische Feier setzt ja voraus und ist überzeugt, daß Jesus die Wiederholung geboten hat. Der Auftrag gilt der Kirche, nicht nur den zwölf Aposteln. Die ganze priesterliche Kirche hat die Vollmacht, das Mahl zu feiern, nicht etwa nur ein engerer Kreis von Priestern.

Zwischen Markus und Matthäus ist ein Fortschritt in der parallelen Stilisierung zu bemerken. Mk 14,22f heißt es: »Und er gab ihnen und sagte: Nehmet! Das ist mein Leib. Und er gab ihnen den Kelch ... Und sie tranken alle daraus.« Mt 26,26f schreibt gleichmäßig: »Nehmet und esset ... Trinket ihn alle.« Mt 26,28 ist der Zusatz: »zur Vergebung der Sünden« sachlich durchaus richtige, doch fortgeschrittene theologische Ausdeutung.

Lukas berichtet 22,15–20 von zweimaliger Darreichung eines Kelches. Den ersten Kelch reicht Jesus zu Beginn des Mahles (22,17; dies ist vielleicht der dritte Becher des Paschamahles, getrunken zwischen Mahl und Umtrunk). Der zweite Kelch wird gereicht als der Kelch des Blutes (22,20; dies ist dann wohl der vierte Becher des Paschamahles). Ein Kurztext 22,15–19a nennt nur einen Kelch. Der Kurztext galt lange als ursprüngliche, wertvolle Überlieferung, die später aus 1 Kor 11 aufgefüllt worden wäre, da Lk 22,19b.20 und 1 Kor 11,25 fast genau übereinstimmen. Doch gilt heute fast allgemein die Auffassung, der ganze Text Lk 22,15–20 sei ursprünglich. Ins Gewicht fallen wird, daß Papyrus 75 als weitaus ältester Text (aus dem 2.–3. Jh.) den Langtext bietet. Der Kurztext steht in der westlichen Textüberlieferung (D), die nicht wenige sekundäre Kürzungen enthält. Der längere Text wurde wohl gekürzt, weil man die zweimalige Nennung eines Kelches vermeiden wollte.

2. Die Exegese bemüht sich um die Frage, ob das letzte Mahl Jesu ein Paschamahl war[5]. Zur Zeit des Neuen Testamentes fand das Paschamahl am Abend des 14. Nisan, dem Rüsttag auf das Paschafest statt, das am 15. Ni-

san begangen wurde. Nach den synoptischen Evangelien war das letzte Mahl Jesu ein Paschamahl (Mk 14,12–16; Mt 26,17ff; Lk 22,7–15). Danach feierte Jesus das letzte Mahl mit den Jüngern am Abend des 14. Nisan, während er am 15. Nisan starb. Nach dem Johannesevangelium wurde Jesus am Tag vor dem Rüsttag (am 13. Nisan) gefangengenommen, am folgenden 14. Nisan, an dem die Juden abends das Paschamahl hielten, von Pilatus verurteilt (Joh 18,28), und am Rüsttag selber gekreuzigt (Joh 19,14). Da die Synoptiker im allgemeinen gegenüber dem Johannesevangelium als historisch zuverlässiger gelten, mag man auch hier geneigt sein, ihren Zeitangaben zu folgen. Die Synoptiker erwähnen bei der Schilderung des letzten Mahles Jesu nichts von den besonderen Zeremonien des Paschamahles. Der Segen über Brot und Wein gehört zur Sitte jedes jüdischen Mahles. In den über Brot und Wein gesprochenen Deuteworten könnte man immerhin einen Bezug auf die beim Paschamahl gegebene Deutung des Paschalammes und anderer Zeremonien finden. Doch erwähnen die Synoptiker nicht das Essen des Paschalammes. Man erklärt dies so, daß die Einzelheiten des Paschamahles für das in der kirchlichen Liturgie gefeierte Herrenmahl ohne Bedeutung waren. Dieses rein Historische trat daher zurück und wurde endlich abgestreift. Nach der Chronologie des Johannesevangeliums stirbt Jesus zu der Stunde am Kreuz, da die Paschalämmer im Vorhof des Tempels geschlachtet wurden. Diese Symbolik bestimmt, so nimmt man oft an, die johanneische Datierung. Auch Paulus kennt diese Symbolik, und sie scheint ihm schon überliefert zu sein, wie man aus der kurzen Formel schließen mag: »Unser Pascha ist geopfert, Christus« (1 Kor 5,7).

Man hat versucht, die verschiedenen Datierungen auszugleichen. Man sagte etwa, Jesus habe kraft göttlicher Vollmacht das Paschamahl um einen Tag vorverlegt und es am 13. Nisan gehalten, wie Johannes berichtet. Neuerdings wurde die Annahme vertreten[6], es habe damals bei den Juden hinsichtlich des Paschafestes zwei Kalender gegeben. Nach dem (auch in Qumran üblichen) Sonnenkalender sei dieses Fest zwei Tage vor dem Pas-

---

[5] Daß das letzte Mahl Jesu ein Paschamahl war, vertritt nachdrücklich *Jeremias, J.*, Art. *pascha*, ThW 895–903; *ders.*, Die Abendmahlsworte Jesu, 35–82. Anderen ist dies fraglich; so *Feneberg, R.*, aaO. (Anm. 1) und *Patsch, H.*, Abendmahl und historischer Jesus, 33–36. Wenigstens fand Jesu letztes Mahl »in der Atmosphäre des Paschamahles statt«, dessen Gegebenheiten Jesus benutzte.

[6] So *Jaubert, A.*, La date de la Cène. Calendrier biblique et liturgie chrétienne, Paris 1957; *dies.*, Jésus et le calendrier de Qumran, NTS 7, 1960/61, 1–30.

Nachdem die Hypothese zunächst manche Zustimmung gefunden hatte, gilt sie neuerdings doch als fraglich; vgl. *Braun, H.*, Qumran und das Neue Testament II, 1966, 43–54.

cha gemäß dem offiziellen, in Jerusalem gültigen Mondkalender begangen worden. Jener Berechnung folgend habe Jesus das Paschamahl mit seinen Jüngern schon am »Dienstag abend« gehalten. Nach dem offiziellen Kalender sei Jesus am »Freitag«, dem 14. Nisan gestorben. So wären beide Datierungen der Synopse wie des Johannesevangeliums möglich. – Die Fragen werden hier auf sich beruhen können.

III. Wörter und Begriffe

1. Die Erklärung mag ausgehen von den wesentlichen Wörtern Leib und Blut. In Sprache und Menschenbild der Bibel lebt und west der eine Mensch als Fleisch und Blut (Mt 16,17; 1 Kor 15,50); nicht sind Fleisch und Blut zwei voneinander trennbare Teile des Menschen. Leib *(sōma)* übernimmt die Bedeutung von *bāśār,* was sonst durch Fleisch *(sarx)* wiedergegeben wird. *bāśār* bedeutet den ganzen Menschen in seinem Leben vor Gott; so Lk 3,6: »Alles Fleisch wird das Heil Gottes schauen«; Gal 2,16: »Aus Werken des Gesetzes wird kein Fleisch gerechtfertigt werden.« Leib *(sōma)* kann dabei den Menschen bezeichnen, insofern er das Sterben erleidet. So wird das Wort akzentuiert sein Mk 14,8; 15,43; Joh 2,21. Ausdrücklich ist so gesagt Hebr 10,10: »Wir sind ein für allemal geheiligt durch die Opfergabe des Leibes Jesu Christi; und 1 Petr 2,24: »Er hat unsere Sünden an seinem Leibe auf das Holz hinaufgetragen.« Die Abendmahlstexte verwenden deshalb vielleicht statt des sonst üblichen Wortpaares Fleisch und Blut *(sarx* und *haima)* das Wort Leib *(sōma),* weil damit schon an das im Tode hingegebene Leben gedacht ist. In den Abendmahlstexten soll das Wort Leib die Person, das Ich Jesu als im Opfer hingegeben beschreiben. Auch Blut *(haima)* bedeutet nach hebräisch-aramäischem Sprachgebrauch das Leben, da das Blut als Sitz des Lebens gilt (Lev 17,11.14). »Das Blut ist das Leben« (Dtn 12,23). In der Opfersprache ist Blut das hingegebene Leben (Ex 29,16.21). Das Opferblut hat sühnende (Lev 16,6–17), reinigende (Lev 14,14) und heiligende Kraft (Ex 29,20f). Die beiden Wörter Leib und Blut bezeichnen im Abendmahl den sich dahingebenden und hingegebenen Herrn. Diese beiden wesentlichen Wörter stellen das Geschehnis der Hingabe Jesu als Sühne und Heiligung für die Menschen dar. Dieser Sinngehalt wird weiter verdeutlicht durch die Beifügungen: »Dies ist mein Leib für euch« (1 Kor 11,24; Lk 22,19); »Dies ist mein Blut des Bundes, das für die vielen vergossen wird« (Mk 14,24); das »vergossen wird zur Vergebung der Sünden« (Mt 26,28);

»das für euch vergossen wird« (Lk 22,20); »Dieser Kelch ist der Neue Bund in meinem Blute« (1 Kor 11,25).

Diese Deuteworte erhalten ihre Tiefe aus der alttestamentlichen Opfersprache. Bei der Einweihung des Sinaibundes sprengte Mose das Opferblut hälftig an den Altar, hälftig über das Volk mit den Worten: »Siehe das Blut des Bundes, den Gott mit euch schloß« (Ex 24,8). Einen neuen, den messianischen Bund, verheißt Jer 31,31–33: »Es kommen Tage, da schließe ich mit dem Hause Israel und dem Hause Juda einen neuen Bund.« Vom Knecht Gottes sagt der Prophet: »Er gab sein Leben in den Tod dahin ..., da er die Sünde der vielen trug und für die Schuldigen eintrat« (Jes 53,12). Durch diese alttestamentlichen Bezüge wird die Todeshingabe Jesu als Stellvertretung, Sühne und Opfer ausgelegt. Solcher Sinn der Abendmahlsworte konnte Israel in neutestamentlicher Zeit verständlich sein, da es, zumal seit den Martyrien der Makkabäerzeit (4 Makk 6,29; 7,8; 17,22), den Tod der Heiligen zu begreifen suchen mußte, wie auch die Frommen von Qumran sich als »Sühne für das Land« verstanden (1 QS 8,6–10; 9,4).

2. Der zeichenhafte Sinn von Brot und Wein, Leib und Blut kann durch die begleitende Handlung als verdeutlicht verstanden werden[7]. Das in Fladen gebackene Brot wird nicht geschnitten, sondern gebrochen. Soll damit beim letzten Abendmahl das Zerbrochenwerden des Leibes und Lebens Jesu angedeutet werden? Wenn, allerdings spätere, Lesarten zu 1 Kor 11,24 hinzufügen: (der Leib) »für euch gebrochen«, so wird damit jener Sinn erhoben sein. Der Wein aber verströmt im Kelch. So verströmt das Blut Jesu am Kreuze. Alle Texte betonen dies mit dem Wort: »ausgegossen«. War Jesu letztes Mahl ein Paschamahl, wäre die Symbolik noch verstärkt, da für das Paschamahl roter Wein vorgeschrieben war. »Kelch« aber ist überlieferter Ausdruck für Geschick des Leidens (Mk 10,38; 14,36; Offb 14,10; 16,19).

So ist es sinnvoll, wenn die Abendmahlshandlung Jesu als Gleichnishandlung bezeichnet wird, wie die Propheten ihr Wort in Handlungen darstellten. Jeremia soll einen Krug zerschlagen. So zerschmettert Jahwe Volk und Stadt Israel (Jer 19). Ezechiel soll Haupthaar und Bart scheren lassen. So

[7] Zeichenhaftigkeit der Gabe von Brot und Wein wird immer wieder angenommen; s. den Bericht von *Lessig, H.*, Die Abendmahlsprobleme im Lichte der neutestamentlichen Forschung seit 1900. Masch. Diss. Bonn 1953. Zeichenhaften Sinn erkennen zB *Schürmann, H.*, Das Mahl des Herrn (s. Anm. 1), 93–99; *Moltmann, J.*, Kirche in der Kraft des Geistes, 1975, 276; eher ablehnend *Patsch, H.*, Abendmahl und historischer Jesus (s. Anm. 1), 40–50.

wird Jahwe Jerusalem verunstaltet darstellen (Ez 5). Bedeutet der Kessel Jerusalem, so der Rost daran Jerusalems Schuld, das Feuer unter dem Kessel die Leiden der Belagerung (Ez 24).

Die Abendmahlstexte betonen die Darreichung: »Er gab ihnen« Brot und Kelch (Mk 14,22f). Diese Darreichung beinhaltet die Gabe des Heiles. Die Aufforderung zu nehmen, zu trinken (Mk 14,22f; Mt 26,26f) ist die Aufforderung, das Heil zu ergreifen. Die Aneignung geschieht in der Form des kultischen Mahles.

3. Der irdische Jesus hat oft Mahl mit den Seinen gehalten. Da er mit den Jüngern wanderte, nahm er mit ihnen auch die Speise. Er hielt auch Mahl mit angesehenen Pharisäern (Lk 7,36; 11,37) wie mit den Sündern (Mk 2,16; Mt 9,10f; Lk 19,7). Er hielt mit den Jüngern das Mahl am Abend vor dem Tode, dann wieder als der Auferstandene zusammen mit ihnen (Lk 24,13–43; Joh 21,12f; Mk 16,14). Die Erinnerung an alle diese Gemeinschaft geht mit ein in die liturgische Feier des Herrenmahles. Es ist neue Gemeinschaft mit dem nun hingegebenen und erhöhten Herrn.

Erheblich nachgewirkt hat die von H. Lietzmann[8] aufgestellte, von E. Lohmeyer wie R. Bultmann[9] aufgenommene und weiter entwickelte These, in der Zeit der Apostel habe es zwei Typen des eucharistischen Mahles gegeben: Die Urgemeinde in Jerusalem habe in ihrem Mahl, das als »Brotbrechen«, allenfalls ohne Wein, begangen wurde, die Tischgemeinschaft mit dem irdischen Jesus fortgesetzt (Apg 2,42), wie auch die »Eucharistie« der Didache (9,1–10,6) Fleisch und Blut, Hingabe und Tod Jesu nicht erwähne. Did 10,6 deute allenfalls den Übergang zur Eucharistie des Todesmahles an. Die hellenistische Gemeinde und Paulus haben – unter Einfluß der Kultmahle hellenistischer Mysterienreligionen – das Gedächtnis des letzten Mahles Jesu mit Brot und Wein als Sinnbildern des Leibes und Blutes Christi und als Vergegenwärtigung seines Todes begangen. Jedoch weisen die Abendmahlstexte sprachlich und inhaltlich in die palästinensische Gemeinde zurück (s. Anm. 3), während das Mahl der Mysterien historisch nicht hinreichend auszumachen ist, wie überhaupt die scharfe Trennung zwischen palästinensischer und hellenistischer Gemeinde neuerdings als unbewiesen und fraglich erscheint. Mit F. Hahn[10] mag man als Ergebnis der

---

8 *Lietzmann, H.,* Messe und Herrenmahl, AKG 8, [1]1926 ([3]1955).

9 *Lohmeyer, E.,* Vom urchristlichen Abendmahl, ThR NF 9, 1937, 168–227. 273 bis 312; 10, 1938, 81–99; *Bultmann, R.,* Theologie des Neuen Testaments, [6]1968, 61f, 146–153.

10 *Hahn, F.,* Die alttestamentlichen Motive in der urchristlichen Abendmahlsüberlieferung, EvTh 27, 1967, 337–374.

Diskussion zusammenfassen: Man kann mehrere, deutlich drei Wurzeln des Herrenmahles unterscheiden: die Mahlgemeinschaften des irdischen Jesus mit Sündern und Jüngern, die Feier des letzten Abendmahles, die Mahle mit dem Auferstandenen. Dazu wirken ein die Überlieferung vom Speisewunder wie die Gleichnisse vom eschatologischen Mahl. Das Herrenmahl ist Gabe und Vermächtnis der ganzen Geschichte Jesu. Liturgie und Theologie des Herrenmahles werden nicht von Anfang an überall gleich akzentuiert und gleich intensiv gewesen sein, sondern sich entwickelt und endlich vereinheitlicht haben.

Bei Paulus[11] (1 Kor 11,26) ist das Gedächtnis des Todes herausgestellt in der Erinnerung: »Ihr verkündiget (*kataggelete*) den Tod des Herrn.« Dieses Verkündigen hat Anteil an der Kraft des Wortes und der Verkündigung in der gesamten biblischen Wertung. Im Wort ereignet sich, was angesagt ist. »Verkündigen« ist im antik-liturgischen Sprachgebrauch nicht nur Bekanntgabe eines zuvor geschehenen Ereignisses, sondern feierliche Ansage und Ausrufung von etwas, was eben in der Proklamation wirklich wird. *Kataggellein* kann im Kaiserkult für *euaggelizein* stehen. Die Verkündigung des »Evangeliums« macht das Heil geschehen. Das Verkündigen ist zugleich schon Bekenntnis des in seiner Epiphanie gegenwärtigen erhöhten Herrn.

4. Alle Berichte über das letzte Mahl Jesu betonen die eschatologische Erwartung. In Gleichnisreden hatte Jesus, rabbinische Redeweise aufnehmend, die Vollendung unter dem Bild des Mahles geschildert (Mt 8,11; 22,2–14; Lk 14,15–24). Beim letzten Mahl schaut Jesus auf jenes Mahl voraus: »Ich werde nicht mehr vom Gewächs des Weinstocks trinken bis zu jenem Tag, da ich es aufs neue (mit euch) trinke in der Königsherrschaft Gottes« (Mk 14,25 = Mt 26,29). Im Lukasevangelium erscheint der eschatologische Ausblick zweimal (Lk 22,16.18). Das Verheißungswort steht bei Matthäus und Markus am Ende des Mahles, bei Lukas zwischen dem von ihm berichteten Paschamahl und dem eucharistischen Mahl. Lk 22,15–18 ist schwerlich alte Überlieferung, sondern Schöpfung des Lukas, der 22,14–20 historisierend das Paschamahl und das neue Herrenmahl scheidet. Er setzt die eschatologische Verheißung je zu beiden Handlungen des

[11] *Bornkamm, G.*, Herrenmahl und Kirche bei Paulus, in: *ders.*, Studien zu Antike und Christentum, Ges. Aufs. II, ²1963, 138–176; *Conzelmann, H.*, Der erste Brief an die Korinther, MeyerK V ¹1969, 200–206.226–240; *Käsemann, E.*, Anliegen und Eigenart der paulinischen Abendmahlslehre, in: *ders.*, EVB I 11–34; *Neuenzeit, P.*, Das Herrenmahl, Studien zur paulinischen Eucharistieauffassung, StANT 1, 1960.

Pascha, da er vom Pascha sagen kann, Jesus werde es erst wieder bei seiner Vollendung im Reiche Gottes feiern. Lukas vermeidet es, diese Verheißung dem Herrenmahl anzufügen, da es ja immerzu aufs neue in der Kirche gefeiert wird.

Wenn die Verheißung bei Matthäus und Markus am Ende des Mahles erscheint, so wird dies in jedem Fall der Feier des Mahles in der Gemeinde entsprechen. Paulus zeichnet das Wort nicht auf, wohl aber läßt er erkennen, daß die Liturgie des Herrenmahles von der eschatologischen Erwartung erfüllt war, wenn er 1 Kor 11,26 sagt: »Sooft ihr dieses Brot esset und diesen Kelch trinket, verkündiget ihr den Tod des Herrn, bis er wiederkommt.« Der Schluß des 1. Korintherbriefes wird nach der Verlesung des Paulusbriefes zum Mahl überleiten. Die eschatologische Spannung bricht hier in den Ruf aus: Marana tha (1 Kor 16,22). Drängend ist die Erwartung im Mahlgebet Did 9,4: »Wie das Brot zerstreut war auf den Bergen und zusammengebracht eins wurde, so laß auch deine Kirche von den Enden der Erde in dein Reich gebracht werden«; wieder Did 10,5f. Das Wort der nahen Erwartung der Königsherrschaft Gottes wird zum wesentlichen und alten Bestand des letzten Mahles Jesu gehören. Die Erwartung des neuen Mahles in der nahen Vollendung durch die Königsherrschaft Gottes steht mit der immer neuen Wiederholung des Mahles in einer sich erstreckenden Geschichte der Kirche in Spannung. Das eine scheint das andere auszuschließen. Sind zwei verschiedene Auffassungen und Überlieferungen zu erkennen? Das Neue Testament jedenfalls hat die Spannung durchgehalten. Der kirchlichen Liturgie freilich ging die eschatologische Grundhaltung verloren.

5. Das Herrenmahl fand zunächst im Rahmen eines wirklichen Sättigungsmahles statt. Das Judentum pflegte die Sitte profaner und sakraler Mahlzeiten in kleineren und größeren Gemeinschaften. In der griechisch-römischen Antike feierten Kultgenossenschaften ihre Mähler. Auch die Christen hielten so gemeinsame Mähler. Sie werden Apg 2,42–46 erwähnt: »Sie brachen das Brot in Hausgemeinschaften und nahmen die Speise in Frohlocken und Einfalt des Herzens.« Unter dem Brotbrechen als der Eingangszeremonie wird das ganze Mahl begriffen sein. In Korinth wurde das Herrenmahl im Verlauf eines wirklichen Mahles gefeiert, wobei dieses sogar wichtiger scheinen konnte als jenes, so daß Paulus die Ordnung wiederherstellen mußte (1 Kor 11,20f). Der Judasbrief (12) tadelt heftig Irrlehrer. »Sie sind es, die bei euren Liebesmahlen als Schandflecke mitschmausen, ohne Scheu sich selbst weiden.« Hier tragen die Gemeinschaftsmähler, die ebenso Sakrament wie Speisung sind, den Namen

»Liebesmahle« (Agapen), welchen Namen auch Ignatius (Sm 8,2) kennt. Im 2. Jahrhundert wurden Herrenmahl und Sättigungsmahl getrennt, wofür erster Zeuge Justin (Apol I 67) ist.

6. Im 1. Korintherbrief handelt Paulus zweimal vom Herrenmahl, 1 Kor 10,1–5 und 11,17–34. 1 Kor 10,1–5 findet er Vorbilder der Taufe und des Mahles in der Geschichte Israels. Vom Mahl sagt Paulus: »Alle aßen dieselbe geistliche Speise und tranken denselben geistlichen Trank. Sie tranken nämlich aus dem geistlichen Felsen, der ihnen folgte. Der Fels aber war Christus.« Paulus findet die beiden Teile des Herrenmahles, Essen und Trinken, schon in der wunderbaren Speise des Manna (Ex 16,4–36) wie in der Tränkung Israels in der Wüste. Sowohl Ex 17,6 wie Num 20,2–11 wird berichtet, daß Israel in der Wüste durch Wasser aus dem Felsen getränkt wurde. Unsere Exegese wird hier literarische Dubletten annehmen. Die rabbinische Theologie meinte, der Fels sei mit dem Volk gewandert: »Der Brunnen, der mit Israel in der Wüste war, ging mit ihnen hinauf auf die Berge und stieg mit ihnen hinunter in die Täler« (Bill. III 406–408). Jener Brunnen aber war gemäß jüdischer Theologie vorzeitlich erschaffen. Nach Philo (Leg All 2,86) ist »der hochzackige Fels die Weisheit Gottes«. Paulus verbindet rabbinische Exegese mit der Theologie des vorzeitlichen ewigen Seins des Christus (1 Kor 8,6; Phil 2,6–11). Wenn aber Paulus von geistlicher Speise und geistlichem Trank für Israel spricht, dann wird er vom Herrenmahl ausgehen. Dieses zuerst ist für ihn geistliche Speise und geistlicher Trank. Von der Taufe sagt Paulus 1 Kor 12,13, daß sie »im Geiste« geschehe. Eine schon verbreitete Auffassung wird deutlich, wenn die Didache 10,3 die Eucharistie »geistliche Speise und geistlichen Trank« nennt. Auch Joh 6,63 spricht vom notwendigen geistlichen Verständnis der Eucharistie. »Der Geist und das Wasser und das Blut legen Zeugnis ab« (1 Joh 5,8). Dies geschieht im Leben Jesu wie in den Sakramenten der Taufe und des Mahles. – »Der Herr ist der Geist« (2 Kor 3,17). Der Erhöhte ist in Weise und Kraft des Geistes in der Kirche anwesend und wirksam. In späterer Sprache möchte man sagen: Die Realpräsenz ist Präsenz in und durch den Geist.

Die Väter haben die Kraft des Geistes in der Eucharistie weiterhin erkannt. Nach Vätern wie Ephraem, Gregor von Nyssa, Cyrill von Alexandria, Johannes Chrysostomus, Theodor von Mopsuestia verbindet sich der Logos durch das Pneuma mit den dargebrachten Gaben Brot und Wein, so daß diese ihre natürliche Eigenständigkeit verlieren und in Leib und Blut Christi verwandelt werden. In griechischer Liturgie heiligt und verwandelt der auf die Opfergaben herabgerufene Geist die Gaben. Dieser »Epiklese«

wird von den Vätern große Bedeutung beigemessen. Nach Augustinus (Serm 57,7) werden die Gläubigen durch die Eucharistie der Lebensgemeinschaft mit dem Geist Christi immer aufs neue teilhaftig.

Paulus muß in Korinth Mißbräuche beim Herrenmahl abstellen und Ordnung schaffen (1 Kor 11,17–34). Die Korinther haben das Mahl profaniert. Paulus wendet sich nun nicht etwa an einen einzelnen Amtsträger, indem er ihn auffordert, für Ordnung Sorge zu tragen, sondern er spricht die ganze Gemeinde an. Daraus wird man folgern, daß es solche Amtsträger, die das Mahl als »Priester« vollzogen hätten, noch nicht gab. Propheten – Männer oder Frauen – sprachen Verkündigung und Liturgie (1 Kor 11,4f). Noch in Did 10,7 feiern die Propheten die Eucharistie als die »Hohenpriester« (13,3). Das Wir der Kirche begeht das Mahl. »Wir segnen den Kelch ... Wir brechen das Brot« (1 Kor 10,16). Damit wird der Stiftungswille Christi vollzogen, der die Feier des Mahles der ganzen Kirche aufgetragen hat (1 Kor 11,24f; 14,24). Die ganze Gemeinde feiert geistigen Opferdienst (Röm 12,1f)[12] im gemeinsamen Priestertum (1 Petr 2,5.9; Offb 1,6). Zwar sagen Apostelgeschichte (14,23) wie Pastoralbriefe (2 Tim 1,6), Paulus habe durch Handauflegung Priester und Bischöfe eingesetzt. Doch dürften mit solchen Angaben spätere Ordnungen in die Zeit des Paulus übertragen sein. Endlich aber wird zu bedenken sein, daß in jedem Fall, auch wenn der ordinierte Priester die Eucharistie mitfeiert, nicht er aus seinem, ja doch menschlichen Vermögen das Herrenmahl darstellt, sondern immer der erhöhte, im Geist wirkende Christus das Mahl begeht und erfüllt. So ist er der Hohepriester, der sein Selbstopfer vollzog (Hebr 7,2f; 9,14) und nun im himmlischen Heiligtum Priester in Ewigkeit ist (Hebr 7,3.24), um als Mittler für die Kirche einzutreten (Hebr 7,25; 9,24; 12,24). Väter sagen immer wieder, daß Christus selbst im Mahl waltet und speist.

Paulus warnt vor dem unwürdigen Genuß des Mahles, der schwere Strafe zur Folge hat: »Wer unwürdig ißt und trinkt, ißt und trinkt sich das Gericht, da er den Leib nicht unterscheidet. Darum gibt es bei euch viele Kranke und Schwache, und manche sind entschlafen« (1 Kor 11,29f). Trotz der harten Sprache darf man Paulus nicht massiv-magisches Denken unterstellen, als ob die Gabe des Mahles sich in Gift verwandelte, an dem man krank wird und stirbt. Der unwürdige Genuß ruft das Gericht Gottes herbei. Er also ist es, der straft. Man mag vergleichen Offb 2,22f: »Ich werde sie aufs Krankenlager werfen und die mit ihr buhlen, in große Trübsal, wenn sie nicht umkehrt von ihren Werken. Und ihre Kinder will ich des Todes

---

[12] *Käsemann, E.*, Gottesdienst im Alltag der Welt, in: *ders.*, EVB II 198–204.

sterben lassen.« Die Strafe ist hier wie dort sehr realistisch als Krankheit und Tod beschrieben. Gott, der Schöpfer, ist der Spender allen Lebens. Zerstörung des Lebens in Krankheit und Tod kann nicht Gottes Wille und Werk sein. Sie können nur als von ihm zugelassene Strafe verstanden werden.

So sagt das Evangelium (Lk 13,16), daß durch die Heilung der Satan in der Krankheit überwunden wird. Nicht Sünde überhaupt macht des Mahles unwürdig, so daß also nur Sündlose das Mahl nehmen dürften. Vielmehr soll das Mahl ja eben die Sünde tilgen (Mt 26,28). Die Schuld ist Versündigung am Leib Christi. Es wird aber nicht gesagt, welcher Leib nicht unterschieden und also verkannt wird. Gemeint ist wohl entweder der eucharistische Leib oder der Leib der Kirche. Die Korinther unterscheiden den eucharistischen Leib nicht mehr von gewöhnlicher Speise; oder aber sie versündigen sich am Leib, der die Kirche ist. Unwürdig ist der Genuß, wenn der Sinn des Mahles durch Selbstsucht beim Mahl aufgehoben und verkehrt wird. Dann wird das Mahl, das Gemeinschaft mit dem und in dem Leib Christi ist, zerstört. – Die Warnung des Paulus vor den schweren Folgen des unwürdigen Genusses lassen seine Überzeugung von der wirklichen Gegenwart des Herrn im Mahle erkennen. Wiewohl Paulus nicht von vorheriger Sünde, die der Teilnahme am Mahl unwürdig machen würde, spricht, wird doch hier ein Ansatz für die Forderung der Buße vor dem Mahle liegen. So verlangt schon Did 14,1: »Am Herrentage sollt ihr zusammenkommen, Brot brechen und danken, nachdem ihr zuvor eure Sünden bekannt habt, damit euer Opfer rein sei.« Die Reinheit des Opfers verlangt die Reinheit des Teilnehmers.

Paulus lehrt die Bedeutung des Herrenmahles für die Kirche. Die Gemeinschaft mit dem Herrn des Mahles ist nicht nur ein persönliches Ereignis der Einkehr des Herrn in der Seele, wenn auch diese Erfahrung des Mahles eine hohe Mystik erzeugt hat, die man gewiß nicht leichthin abtun darf. Der Bezug des Herrenmahles auf die Kirche ist in den Abendmahlsworten in der Betonung der Hingabe »für die vielen« wie in der Stiftung des Bundes (Mk 14,24) angegeben. Paulus begründet die Bedeutung des Mahles für die Gemeinschaft der Kirche (1 Kor 10,15ff; 11,23–30). Das Mahl ist in dreifachem Sinn Darstellung des Leibes Christi. Im Mahl wird der Leib des geschichtlichen Christus in den Tod gegeben: »Dies ist mein Leib für euch« (1 Kor 11,24). Im Mahl sind Brot und Wein der Leib und das Blut Christi: »Der Kelch, den wir segnen, ist er nicht die Gemeinschaft des Blutes Christi? Das Brot, das wir brechen, ist es nicht die Gemeinschaft des Leibes Christi?« (1 Kor 10,16). Das eine Brot bewirkt die Einheit des Leibes Christi, der die Kirche ist. »Weil ein Brot, sind wir, die vielen, ein Leib« (1 Kor 10,17). Die Gemeinschaft mit Christus erfährt der Glaube (1 Kor 1,9). Sie ist Gemeinschaft der Leiden mit Christus (Phil 3,10). Sie besteht als »Gemeinschaft des Heiligen Geistes (2 Kor 13,13). Die Gemeinschaft des Blutes und Leibes Christi ist eine neue, sakramental vermittelte Wirklichkeit (1 Kor 10,16). Paulus erläutert und begründet mit der Erinnerung an religiöse Umwelt. Israel feiert das Mahlopfer und Opfermahl um den Altar des Tempels. Dadurch wird das Volk zu einer großen Gemeinschaft um den Altar als Mitte (1 Kor 10,18). Auch das Heidentum ist eine Gemeinschaft um seine Opferaltäre. Zwar ist die Mitte nicht der wirkliche Gott; denn es ist nur *ein* Gott (1 Kor 8,4–6). Hinter dem Opferdienst agieren die Dämonen. Dadurch ist das Heidentum eine furchtbare Wirklichkeit. Von ihr ist die Gemeinschaft durch das Sakrament Christi radikal geschieden. Der in den Tod gegebene Leib Christi bildet und schafft die Kirche. Denn die Selbsthingabe Jesu wirkt Erlösung, Rechtfertigung, Heiligung, Heil, worin eben die Kirche besteht. Darum kann das Mahl nicht gefeiert werden, wenn die Gemeinschaft verletzt oder zerstört wird. Paulus rügt eben im Hinweis auf das Mahl, daß in der Gemeinde Spaltungen bestehen (1 Kor 1,10–12). Er tadelt, daß in Korinth jeder »sein eigenes Mahl vorwegnimmt«. Dieses ist eine Verachtung der Gemeinde (1 Kor 11,21 f). – Von den Vätern hat zumal Augustinus die ekklesiologische Bedeutung der Eucharistie betont. Sie ist Zeichen und Mitte der Einheit zwischen Christus und der Kirche und damit der Kirche selbst. Der sakramentale Leib Christi hat geistliche Bedeutung, wie Paulus sagt: »Ihr seid der Leib Christi und seine Glieder. Wenn also ihr der Leib Christi seid und seine Glieder, so seid ihr selbst als Geheimnis auf dem Tisch des Herrn; ihr empfanget euch selbst im Geheimnis. Das eine Brot, der eine Leib sind wir, die vielen« (Serm 227, MPL 38,1246–1248).

7. Im Johannesevangelium[13] wird im Bericht über das letzte Mahl Jesu mit den Jüngern die Einsetzung des Herrenmahles nicht erwähnt. Doch klingen in den Abschiedsreden Bezüge darauf an (Joh 13,34 f; 15,1–8.12;

---

[13] *Borgen, P.,* Bread from Heaven, NT.S 10, Leiden 1965; *Klos, H.,* Die Sakramente im Johannesevangelium, 1970; *Nearon, J.,* My Flesh for the Life of the World. Diss. Rom 1959.

Die Rede Joh 6,28–59 ist oben als Einheit erklärt; *Bultmann, R.,* Das Evangelium des Johannes, Meyer K III [19]1968, 174–177, beurteilt Joh 6,51b–58 jedoch als spätere Einfügung gemäß der Sakramentstheologie der Kirche; ihm stimmt zu: *Lohse, E.,* Wort und Sakrament im Johannesevangelium, in: *ders.,* Die Einheit des Neuen Testaments, 1973, 193–208.

17,17–19). Joh 6 aber ist geschrieben auf dem Hintergrund der Feier der Eucharistie in der Kirche. Das Evangelium berichtet zunächst von der wunderbaren Speisung der Tausende durch Christus, die als Vorwegnahme der Eucharistie geschildert ist (Joh 6,5–13). Das Mannawunder ist Vorausbild für die Speise der Eucharistie, wie für jene, die Christus selber ist (6,31–35.49–51.58). Christus ist das wahre Brot vom Himmel, das man im Glauben empfangen muß (6,31–63). Er gibt das bleibende Brot des Lebens, das sein »Fleisch für das Leben der Welt« ist. Das Essen des Fleisches und das Trinken des Blutes des Menschensohnes verheißt die Auferweckung am Jüngsten Tage und gibt ewiges Leben (6,50–58). Die sakramentalen Gaben werden vom Erhöhten gespendet (6,62). In letzter Wahrheit wirkt in allen der göttliche Geist (6,63; 7,38f). Das sichtbare Sakrament wird mit höchst realistischen Worten beschrieben als »Kauen« und »Trinken« der Elemente (6,56). Tieferhin aber wird die Eucharistie der Kirche dargestellt in den Zusammenhängen mit der Christologie, insbesondere dem Heilstod Jesu, der Lehre vom Geist und der Eschatologie. Wort, Sakrament und Geist werden eine Einheit.

Wie andere Reden des Johannesevangeliums hat auch die Eucharistierede von Joh 6 ihren Ort in der theologischen Auseinandersetzung zu Ende des 1. Jahrhunderts. Die Spiritualität des Sakraments wird gegen ein grob materialistisches Mißverständnis verteidigt (6,63). Anderseits wird aber auch eine doketische Bestreitung der wahren Menschheit und Geschichtlichkeit Christi wie des Sakraments widerlegt (6,53)[14].

IV. Dogmatische Auslegung[15]

Die dogmatische Theologie des hohen Mittelalters verwandte zur Erklärung der wirklichen Gegenwart Christi in der Eucharistie die aristotelisch-scholastische Begrifflichkeit von der Substanz als dem nicht materialen, nicht erfahrbaren Wesen der Dinge, und der Species als der Summe der Akzidentien, welche die sichtbaren und wahrnehmbaren Eigenschaften der

---

[14] *Leroy, H.*, Rätsel und Mißverständnis, BBB 30, 1969, 100.124.191ff.

[15] *Rahner, K.*, Die Gegenwart Christi im Sakrament des Herrenmahles, in: *ders.*, Schriften zur Theologie 4, Einsiedeln 1960, 357–385; *Powers, J.*, Eucharistie in neuer Sicht, 1968; *Schillebeeckx, E.*, Die eucharistische Gegenwart, ²1968; *Schneider, T.*, Gewandeltes Eucharistieverständnis? Einsiedeln ²1970; *Beinert, W.*, Die Enzyklika »Mysterium fidei« und die neueren Auffassungen über die Eucharistie, ThQ 147, 1967, 159–176.

Dinge sind. Die Dogmatik bildete das Kunstwort »Transsubstantiation«. Das Wort wird zum erstenmal vom 4. Laterankonzil 1215 kirchenamtlich gebraucht, dann vom Konzil von Trient 1551 wiederholt: »Die Katholische Kirche nennt die Wandlung sehr zutreffend Transsubstantiation.« Kraft der Konsekration von Brot und Wein wird die Substanz von Brot und Wein verwandelt in die Substanz von Leib und Blut Christi. Die Akzidentien bleiben. Wenn aber die Substanz keine erfahrbare, sondern eine geistige Präsenz ist, dann wäre der Sinn vielleicht vergleichbar mit Aussagen wie 1 Kor 10,4 und Joh 6,63, wonach die Gegenwart Christi in der Eucharistie eine geistig-geistliche ist.

Duns Scotus (und wohl die Dogmatik weithin) lehrt, die Transsubstantiation sei aus der Schrift nicht beweisbar, vielmehr nur aus der Tradition der Kirche. Es ist eine Entlastung für die Exegese, wenn sie nicht den Schriftbeweis für die Lehre von der Transsubstantiation erbringen muß. Ist diese nur aus der Tradition erweisbar, so besagt das wohl, daß die Transsubstantiation eine zeit- und kulturgeschichtlich bedingte, wenn auch dogmengeschichtlich sehr bedeutsame Erklärung der Realpräsenz ist. Wenn das Tridentinum sagt, der Begriff der Transsubstantiation sei »sehr zutreffend«, so ist er wohl nicht unbedingt notwendig und nicht einzig möglich.

Die Problematik ist offenbar nicht zum wenigsten hermeneutischer Art, ob man biblische Worte, Begriffe und Daten unmittelbar in Begriffe griechischer Metaphysik überleiten und damit fassen kann. Die Problematik wird für uns dadurch vermehrt, daß wir Brot und Wein heute nicht mehr als Substanz bezeichnen. Nach heutiger Auffassung sind sie eine Menge von Substanzen als Menge von Elementarteilchen.

Heutige Dogmatik versucht darum teilweise neue Formulierung. Sie erwägt für die Eucharistie das Wort »Transsignifikation«. Brot und Wein werden Zeichen, signa, einer anderen tieferen Wirklichkeit. Sie sind Zeichen der Wirklichkeit der Hingabe Christi in den Tod, aber auch in das Mahl der Gemeinschaft mit den Menschen. Oder Dogmatik benutzt den Begriff »Transfinalisation«. Brot und Wein erhalten neuen Zweck und neues Ziel, neuen *finis.* Sie erhalten den Sinn, die Hingabe Christi darzustellen und das geistige Mahl zu gewähren. (Als Vergleich wird gesagt, daß ein rotes Tuch als rote Fahne einen wesentlich anderen, neuen Sinn hat.) Zeichen und Gestalt von Brot und Wein gehen über allen natürlichen Inhalt und Wert hinaus, transzendieren die Täglichkeit, indem sie eschatologisch endgültiges Heil darstellen und verheißen.

Israel und Kirche im Neuen Testament

Israel und Kirche sind miteinander verbunden und voneinander getrennt. Das Verhältnis muß immer neu verstanden und neu versucht werden. Dies möge im Folgenden mit einer Besinnung auf den Ursprung, das Neue Testament, geschehen.[1]

I. Gemeinsamkeit und Verbundenheit

Über Jesus als der Mitte steht die Kirche in tiefer Gemeinschaft mit Israel. Er stammt aus dem jüdischen Volk. Israel hat der Welt den strengen Monotheismus übermittelt, der auch Religion der Kirche ist. Der eine Gott ist der, der schafft, erlöst, vollendet. Jahwe, der Gott Abrahams, Isaaks und Jakobs, ist auch der Vater Jesu Christi. Mit dem Namen Jesus, der bedeutet: Jahwe ist Heil, bleibt für immer gesagt, daß der Gott des Alten Bundes auch der Gott des Neuen Bundes ist. Die Hoheitstitel Jesu (Davidssohn, Messias, Menschensohn, Sohn, Heiland, Herr) sagen die Erfüllung alttestamentlicher Hoffnung aus. Daß sie freilich im zeitgenössischen Judentum für den endzeitlichen Heilbringer nicht (oder kaum) gebraucht wurden, läßt zugleich einen bedeutsamen Unterschied zwischen der Gemeinde Jesu und diesem Judentum erkennen.

Das Buch des Alten Bundes ist Quelle des Glaubens und Ordnung des Lebens auch des Neuen Bundes, der Kirche. Wie das frühe Judentum nennen wir die Bibel »Heilige Schrift«, welche Bezeichnung durch 2 Tim 3,15 der Kirche vermittelt ist. Das Alte Testament wird als Zeugnis der Heilsgeschichte, als Gesetz und als Verheißung vom Neuen Testament anerkannt und, allerdings kritisch (so Mk 7,2–6.14–23; 10,2–9; 2 Kor 3,6), aufgenommen. Zwei Bewegungen, die aus dem Judentum auf das Neue Testament zuführen, das Rabbinentum im Pharisäismus und die Gemeinde von

---

[1] Es möge gestattet sein, als Literaturhinweis lediglich anzuführen: *Schelkle, K. H.*, Theologie des Neuen Testaments 2, Düsseldorf 1973, 33–57 (Altes Testament im Neuen Testament); und ebd. 4,2, Düsseldorf 1976, 156–185 (Israel und Kirche).

Qumran, bemühen sich in besonderer Weise, die Schrift auszulegen und zu vergegenwärtigen. Die Exegese des ehemaligen Pharisäers Paulus läßt nicht selten erkennen, daß er die Methode rabbinischer Exegese wie auch ihre Inhalte benutzt. Der »Lehrer der Gerechtigkeit« in Qumran verstand und lehrte die Überlieferung der Propheten (1 Qp Hab 7,4f). Die Angehörigen der Gemeinde »sollen den dritten Teil aller Nächte des Jahres gemeinsam wachen, um im Buch zu lesen und nach dem Recht zu forschen« (1 QS 6,6f). Manche biblische Texte finden sich im messianischen Beweis in Qumran wie im Neuen Testament (so Dtn 18,18 in 4 Qtest 5 und Apg 3,22; Am 9,11 in 4 Q flor 1,12 und Apg 15,16). Wie von den Frommen Israels gilt von der Urgemeinde in Jerusalem, daß sie »in den Schriften forschten« (Apg 17,11). Die neutestamentliche Kirche erweiterte die Hochschätzung der Heiligen Schrift vom Alten Testament auf das Neue Testament.

Das kirchliche Sakrament der Einweihung ist die Taufe. In vielen heiligen Strömen wird getauft. Die Jüngergemeinde setzte aber zunächst die von Johannes dem Täufer angeführte Taufbewegung fort. Die Gemeinde von Qumran übte ein vielfaches System von Waschungen und Bädern. Auch die jüdische Proselytentaufe mag, wenn sie auch erst vom 1. Jahrh. n. Chr. an sicher nachweisbar ist, nachwirken.

Das Mahlsakrament der Kirche bewahrt die Form des jüdischen Mahles. Auch dieses wurde als Danksagung, Eucharistie, gefeiert. Qumran beging das tägliche Mahl in strengen und feierlichem Ritus. Die Teilnehmer erschienen nach einem Tauchbad in weißen Linnengewändern. Ein Priester sprach Dank und Segen über Brot und Wein und begann das Mahl (1 QS 6,4f; 1 QSa 2,1–22).

Ausschluß und Wiederaufnahme ist für die neutestamentliche Gemeinde Mt 18,15–18 geregelt. Eine Zurechtweisung soll zunächst unter zwei Brüdern, dann unter Zuziehung zweier Zeugen erfolgen. Dann mag der Fall vor die Gemeinde gebracht werden. Der Instanzenzug hat eine genaue Parallele in der Regel von Qumran (1 QS 5,25–26). Man muß wohl annehmen, daß diese Ordnung von der neutestamentlichen Gemeinde übernommen wurde.

Unter den Ämtern der Kirche stammen nach Bezeichnung und Art aus dem Alten Testament und der Synagoge das Amt des Ältesten und das Amt der Propheten. In der alttestamentlichen Volksgemeinde waren Älteste zunächst Sippenhäupter, dann Amtsträger überhaupt (Dtn 19,12; Esra 10,8). Im Synedrium zu Jerusalem waren die Ältesten die Vertreter der Laien (Mk 11,27). In den Ortsgemeinden bildeten sieben Älteste den Rat der Synagogen (Lk 7,3). In der Gemeindeversammlung zu Qumran hatten die Ältesten ihren Sitz nach den Priestern und vor dem Volk (1 QS 6,8–10). War Ältester ursprünglich eine Altersbezeichnung, so war es längst ein Würdetitel geworden. Danach waren Älteste Amtsträger auch in den judenchristlichen Gemeinden (Apg 11,30). Sie bildeten den Rat um Jakobus, den Leiter der Urgemeinde (Apg 21,18). Sie waren die Hirten der Gemeinde nach dem 1. Petrusbrief (5,1–4). Gemäß dem Alten Testament, in dem die Propheten von großer Bedeutung sind, treten Propheten im Neuen Testament als charismatische Verkündiger hervor (Mt 10,41; 23,34; Apg 11,27; 1 Kor 12,28f). Sie tragen die Gottesdienste mit (1 Kor 14,3–39).

Nach aller Kritik am gegenwärtigen Israel erscheint die vollendete Kirche unter der Gestalt des idealen vollendeten Israel. Die in der eschatologischen Not zu ihrem Schutz Versiegelten (Offb 7,3–17) sind 144 000, das sind zwölfmal 12 000 aus den zwölf Stämmen Israels. Johannes schaut sie als die große Schar vor dem Throne Gottes und vor dem Lamm. Die herrliche Frau, die am Himmel erscheint (Offb 12,1–12), trägt auf ihrem Haupt eine Krone von zwölf Sternen und ist damit als Israel, das Volk der zwölf Stämme, gekennzeichnet. Die Frau gebiert den Messias. Ihre Nachkommen bewahren das Zeugnis Jesu. Das Volk Gottes des Alten und Neuen Bundes, Israel und Kirche sind in eins gesehen. In anderen Bildern ist die vollendete Kirche die Versammlung auf dem Berg Zion (Offb 14,1–5), wie das vom Himmel herabsteigende neue Jerusalem (Offb 21,2). Die Geretteten singen das Lied des Mose, das zugleich das Lied des Lammes ist (Offb 15,2f).

Das geschichtliche Judentum mag den Anspruch auf den Ehrennamen Jude verloren haben (Offb 2,9; 3,9). Er ist Ehrenname der Christen geworden (Röm 2,29). Die Christen sind Abrahams Söhne (Gal 3,29; 4,22), die Christinnen Töchter der Sara (1 Petr 3,6). Die Kirche ist die wahre Beschneidung (Phil 3,3). Die Kirche verwirklicht das schon immer im Himmel vorhandene präexistente Jerusalem. Es ist unsere freie Mutter (Gal 4,26f). Diese Kirche ist das Volk der zwölf Stämme in der Zerstreuung (Jak 1,1).

II. Gegensatz und Trennung

Mehr als von Gemeinschaft und Verbundenheit berichtet das Neue Testament von Trennung und endlicher Gegnerschaft zwischen Israel und der Kirche. Die Auseinandersetzung beginnt in den Reden Jesu. Die Gleichniserzählung von den bösen Winzern (Mk 12,1–12) bedeutet den Übergang von Berufung und Heil von Israel zu den Völkern. Schrifttheologie der Gemeinde betont die Verwerfung Israels mit Ps 118,22 (wie Mk 12,10 so Apg 4,11; 1 Petr 2,4.7, Barnabas 6,2). Auch das Gleichnis vom Mahl (Mt 22,1–14; Lk 14,16–24) handelt von der verlorenen Erwählung Israels und der Berufung der Heiden an seiner Stelle.

Schwerwiegende Worte Jesu nennen Israel, das immerzu sein Glaubensbekenntnis: »Höre Israel, unser Gott ist ein Herr« (Dtn 6,4) aufsagt, ein »ungläubiges und verkehrtes Geschlecht« (Mt 17,17). Die Heiden werden in Gottes Königtum eingehen, die erstberechtigten Söhne des Reiches werden in die äußerste Finsternis verworfen werden (Mt 8,11f). Im Gericht werden die Völker weit besser als Israel bestehen (Mt 11,20–24).

Ein strenges Wort Lk 13,25–28 überweist jene, die mit Jesus gegessen und getrunken haben, und auf deren Straßen er gelehrt hat, also die zeitgenössischen Juden, dem Gericht und der Verdammung. Ist dies ein ursprüngliches Wort Jesu oder ein späteres Wort über das ungläubige Israel?

Die Gegnerschaft zwischen Israel und Kirche ist eingezeichnet in die Aussendungsrede Mt 10,17–23. Die Jünger werden den Synedrien ausgeliefert und in den Synagogen gegeißelt. Diese sind »ihre (der Juden) Synagogen«. Es ist schon die Situation der christlichen Mission dargestellt (2 Kor 11,24f).

Im Laufe des öffentlichen Wirkens Jesu entstand ein heftiger Gegensatz zwischen Jesus und den Pharisäern. Da diese mit frommem Ernst, Eifer und Opferwillen sich um das Gesetz Gottes in Lehre und Tat bemühten, stellt sich zunächst die nicht einfachhin zu beantwortende Frage, wie diese Gegnerschaft entstehen konnte. Es schiene doch leichter zu erklären, wenn Jesus und unreligiöse und amoralische Juden Feinde geworden wären. Die Evangelien berichten denn auch zunächst, daß Jesus die Gemeinschaft mit Pharisäern fand (Lk 7,36–50; 11,37–43; 14,1–5; Joh 3,1). Die Evangelien nennen als Gründe der Auseinandersetzung ein verschiedenes Gesetzesverständnis. Die Pharisäer steigern die äußeren Reinheitsgesetze, vergessen aber die innere Haltung (Mk 7,9–13). Sie kritisieren, daß Jesus am Sabbat heilt (Mt 12,1–14). Schweren Anstoß nehmen sie daran, daß Jesus die Gemeinschaft mit den Sündern aufnimmt (Mt 9,11; Lk 7,36–50). Jesus rechtfertigt sein Verhalten mit den drei Gleichnissen vom Verlorenen (Lk 15,3–32). Im Gleichnis vom Pharisäer und Zöllner (Lk 18,9–14) wird der Sünder gerechtfertigt, nicht der Fromme. Dies alles wird man so erklären dürfen: Nach dem Urteil der Frommen gefährdet Jesus die Ordnung des Gesetzes, zutiefst aber den jüdischen Gottesbegriff, in dem Gott als der Gott der Gerechten verstanden war.

Der Gegensatz ist im Evangelium dargestellt in der großen Rede gegen die Schriftgelehrten und Pharisäer Mt 23,1–7.13–33. Die Rede ist eine höchst wirkungsvolle Schöpfung des Evangelisten, insbesondere durch die Reihe der sieben sich steigernden Weherufe. Über den Tempelplatz hinhallend (Mt 24,1) rechnen sie mit dem Judentum in der Mitte seiner Existenz ab.

Die Rede Jesu anerkennt zunächst (Mt 23,2f) in erstaunlicher Vorbehaltlosigkeit das Lehramt der Lehrer Israels. Sie haben den Lehrstuhl des Mose inne. Ihre Lehre ist gültig. »Alles, was sie euch sagen, tuet.« Doch, »sie tun nicht, was sie sagen«. Hier mag das Judenchristentum sprechen, das das Lehramt in Israel anerkennt (vergleichbar Mt 5,17ff). Doch Wort und Werk widersprechen einander. Die Frömmigkeit wird zur Schau gestellt (Mt 23,5ff). Mt 23,13–22 werden die Schriftgelehrten und Pharisäer auch falscher Lehre beschuldigt. In den sieben Weherufen (Mt 23,13–32) werden die Gegner als »Heuchler« verurteilt. Diese Heuchelei muß freilich nicht immer bewußte und gewollte subjektive Unwahrhaftigkeit sein. Sie kann auch im objektiven Widerspruch zwischen Ideal und Wirklichkeit bestehen. Die jüdischen Missionare werden beschuldigt, sie machen den Proselyten »zu einem Sohn der Hölle, doppelt so schlimm wie sie selbst« (Mt 23,15). Ist der Vorwurf gerecht? Die christliche Mission ging oft auf den vorbereiteten Wegen der jüdischen Mission, wie Paulus nach der – vielleicht schematischen – Darstellung der Apostelgeschichte regelmäßig zuerst in der Synagoge predigte, wobei er, wenn er auch von den Juden abgewiesen wurde, oft unter den »Gottesfürchtigen« erste Jünger gewann (Apg 13,5.14; 14,1; 17,1.12.17; 18,4.19). Ist der Vorwurf gegen die jüdische Mission vielleicht deshalb so hart, weil jüdische und christliche Mission sich in ihren Gebieten als feindliche Konkurrenz begegneten? Ging der Jude so leichtfertig mit dem Eid um, wie die ihm unterstellte Kasuistik Mt 23,16–22 behauptet? Für den wahren Juden galt: »Jeden bindenden Eid, den jemand auf sich genommen hat, um etwas vom Gesetz zu tun, soll er selbst um den Preis des Todes nicht lösen« (Damaskusschr. 16,7f). Die Pharisäer werden angeklagt, daß sie die Denkmäler der Propheten und Gerechten bauen. Sie bekunden aber damit nur, daß sie Söhne der Prophetenmörder sind (Mt 23,29–32). In nicht wenigen Völkern und Zeiten mögen Nachfahren Denkmaler zu sühnender Erinnerung errichten. Darf man den Späteren vorhalten, sie seien Söhne der Verbrecher? Die Weherufe haben teil an zeitgenössischer Kritik des Pharisäertums (Himmelfahrt d. Mose 7,3–10; wohl auch 1 QH 4,10–16). Worte Jesu mögen in die Rede miteingegangen sein. Einige Angaben (Mt 23,15.17.27.29) setzen wohl Verhältnisse vor der Verwüstung durch den römisch-jüdischen Krieg

66–70 voraus. Andere Sprüche lassen wohl aber auch schon Erfahrung christlicher Mission erkennen. Als ganze bezeugt die Rede den Gegensatz zwischen Israel und Kirche als zwei feindlichen Religionen. Dies ist der Zustand zur Zeit der Niederschrift des Matthäusevangeliums etwa der Jahre 80 bis 90.

In der Rede erscheint auch der Vorwurf der Prophetenmorde (Mt 23,30–37). Israel selbst klagte sich so an (Neh 9,26; Prophetenleben 3 u. 13–15; Himmelfahrt d. Jesaja 5). Die Beschuldigung ist in dieser Allgemeinheit nicht aus der Geschichte zu erweisen. Israel ging in dieser Selbstanklage mit sich überstreng ins Gericht. Die Anklage wird vom Neuen Testament aufgenommen (auch Mk 12,5; Apg 7,52; 1 Thess 2,15; Hebr 11,36f). Darf sie von der Christenheit weitergegeben werden?

Zwischen Israel und der Kirche stand die Frage der Schuld am Tode Jesu auf. Mögen Einzelheiten der rechtlichen Zuständigkeiten und Machtverhältnisse zwischen der römischen und jüdischen Regierung unklar sein, so hatte doch damals allein Rom in Jerusalem das Recht, in einem Gerichtsverfahren die Todesstrafe auszusprechen, wie denn nach den Evangelien der römische Prokurator Jesus zum Tode verurteilte und die Kreuzigung durch römische Soldaten vollstreckt wurde. Die Evangelien haben aber die Tendenz, die Römer zu entlasten (Mt 27,24; Lk 23,4–22; Joh 18,38; 19,6–12) und die Juden zu belasten. Gemäß den Leidensweissagungen sind es »die Ältesten, Hohenpriester und Schriftgelehrten«, die Jesus »töten« (Mk 8,31; 10,33). Im Prozeß beabsichtigen sie von Anfang an, »Jesus zu töten« (Mk 14,1). Die Kirche erhebt von Anfang an die Anklage gegen die Juden, daß sie die Mörder des Messias geworden sind (Apg 2,36; 4,10; 7,52). »Sie haben den Herrn getötet und die Propheten« (1 Thess 2,15). Die antijüdische Tendenz verstärkt sich grob in nachkanonischer Überlieferung im Petrusevangelium. In der Pascha-Homilie des Meliton von Sardes (96) begegnet auch zum erstenmal der unheilvolle Vorwurf des Gottesmordes. »Gott ist ja getötet worden«.

Die wichtigste Urkunde der Auseinandersetzung zwischen Synagoge und Kirche sind die Briefe des Apostels Paulus. Daß sein eigenes Volk das Heil ablehnte und verlor, war für ihn »große Traurigkeit und unablässiger Schmerz« (Röm 9,2). Bei aller Mühe der Heidenmission hatte er sein Volk im Sinn, das er auf das Heil der Heiden eifersüchtig machen wollte (Röm 11,13f). Zunächst muß Paulus die Freiheit seiner Gemeinden gegen die Judaisten verteidigen, die jener das Gesetz aufzwängen wollen (so in Galatien nach Gal 4,10; 5,3.12; 6,12). Er schließt (Gal 6,15): »Weder Beschneidung ist etwas, noch Unbeschnittenheit, sondern allein neue Schöpfung«. Auch in Philippi kämpft Paulus gegen judaistische Umtriebe (Phil 3,2). Im Römerbrief ringt Paulus mit der bedrängenden Frage Israel. Eben jetzt, da Israels Herrlichkeit ganz verdunkelt werden soll, breitet Paulus noch einmal dessen Reichtum aus (Röm 9,4f). Er gibt sich und der Kirche eine Antwort auf jene Frage mit der Besinnung darauf, daß Gott immer der souveräne Herr ist, der frei wählt und sein Wort ans Ende führt. Dies weist er aus Israels Geschichte nach (Röm 9,6–21). Paulus bestätigt Israel, daß es Eifer für Gott hat – und das ist nicht wenig –, freilich »ohne Einsicht« (Röm 10,2). Es versuchte, durch selbstgerechtes Werk seine Begnadung umzudeuten in eigene Würdigkeit und Größe. Das Alte Testament aber weist schon auf den Heilsweg der Gerechtigkeit durch Glauben (Röm 10,1–13). Israel bleibt jedoch das erwählte Volk. »Gott gereut es nicht seiner Gnadengaben und Berufung« (Röm 11,29). Paulus vermag das Geheimnis zu enthüllen, daß, nachdem die Fülle der Völker in das Heil eingegangen ist, »ganz Israel gerettet wird« (Röm 11,25). Eine schwere Beschuldigung Israels steht 1 Thess 2,14ff. Paulus klagt die Juden an: »Sie haben Jesus, den Herrn, getötet und die Propheten. Sie haben uns verfolgt. Sie gefallen Gott nicht und sind allen Menschen feind ... Doch der Zorn Gottes ist über sie gekommen bis zum Ende«. Die Vorwürfe, daß die Juden die Propheten und Jesus gemordet haben, begegneten uns wiederholt (s. o.). So wie Paulus, beschuldigt profane Judenfeindschaft des Altertums die Juden der Gottlosigkeit und des Menschenhasses. Ihr Gesetz verbot den Juden die Teilnahme an heidnischen Kulten, während sie selbst einen bildlosen Gottesdienst des reinen Wortes pflegten. Das Gesetz erschwerte oder verunmöglichte ihnen Ehe, Handel und Verkehr mit den Heiden. Mochten diese daher ihre Vorwürfe der Gottlosigkeit und des Menschenhasses herleiten, doch bedachte auch Paulus jene Gründe nicht?

Was besagt endlich der geheimnisvolle Satz, daß der Zorn Gottes über sie gekommen ist bis zum Ende? Sollte gesagt sein, daß der Zorn Gottes über sie bis ans Ende der Zeit dauern wird, oder daß er bis zum Höchstmaß über sie gekommen ist? Wie verhält sich diese Unheilsdrohung zur Heilszusage Röm 11,26: »Ganz Israel wird gerettet werden«? Der 1. Thessalonicherbrief mag im Jahr 50 geschrieben sein, der Römerbrief wohl 57/58. Hat sich das Urteil des Paulus geändert? Hat ihm etwa die Offenbarung des Geheimnisses über Israel (Röm 11,25) neue Einsicht gewährt? Seit Ferdinand Christian Baur den 1 Thess eben wegen 2,14–16 Paulus abgesprochen hat, wird immer wieder die Annahme vertreten, 1 Thess 2,14ff sei ein späterer, fremder Zusatz zum Brief des Paulus. 2,16 sollte danach schon auf das Ende Jerusalems im Jahre 70 zurückblicken. Ist es wirklich möglich, Paulus von 1 Thess 2,14ff zu entlasten?

Das Johannesevangelium läßt die Ferne erkennen, die – um 100 – zwischen Kirche und Synagoge bestand. Die Fremdheit bekundet sich, wenn die Rede ist »von den Gebräuchen der Juden« (2,13; 5,1; 6,4; 7,2; 11,55; 19,42) oder vom Gesetz als »eurem Gesetz« (8,17; 10,34). Merkwürdig sind die Sätze, daß sich viele »aus Furcht vor den Juden« nicht zu Jesus zu bekennen wagten (7,13; 20,19). Jesus und seine Jünger wie die Gegner waren ja doch Juden in gleicher Weise. »Die Juden« sind von Anfang an feindselig und ungläubig (1,19; 2,18.20), entschlossen, Jesus zu töten (5,16.18, 7,1; 10,31ff). Es ist sicherlich geschichtlich genauer, wenn die älteren Evangelien berichten, daß die Scheidung zwischen Jüngern und Gegnern Jesu sich erst nach einiger Zeit bildete und erkennbar wurde.

Die Auseinandersetzung zwischen Jesus und den Juden im Johannesevangelium ist ein dogmatischer Streit um die Person des Christus. Das Evangelium bezeugt ihn als den Sohn, der in der Einheit des Vaters war und ist. Dieser Anspruch ist für die Juden Gotteslästerung (10,31ff). Die Auseinandersetzung zwischen Synagoge und Kirche um Jesus als den Messias wird sich in jenen Streitgesprächen niedergeschlagen haben. Der Streit war oft ein solcher um das rechte Schriftverständnis (5,37.45f; 6,31; 7,42.51; 8,56; 10,34ff). Die Kirche will der Synagoge die Schrift entwinden.

Der Streit verläuft immerzu in Mißverständnissen (2,20; 3,3f; 4,10–15.32f; 6,33f; 7,34f; 8,21f.32f; 14,4.7f; 16,16ff). Dies ist literarisch-theologische Darstellungsart. Die Welt begreift das Wort Gottes nicht, und sie nimmt den, der Gottes Wahrheit und Offenbarung ist, nicht an. Die Juden stellen die ungläubige Welt dar.

Die Auseinandersetzung erreicht äußerste Schärfe 8,30–59. Die Juden behaupten, als Abrahams Söhne frei, niemandens Knechte, ja Gottes Kinder zu sein (8,41). Jesus erwidert, daß sie als Abrahams wahre Söhne wie dieser Gottes Wort gehorchen und an den Messias glauben müßten. In Wahrheit ist nicht Abraham ihr Vater, sondern der Teufel (8,44). Die Juden haben des Teufels Art und gehören ihm zu, wie er der Fürst dieser Welt ist (14,30).

In alldem aber anerkennt das Johannesevangelium die einstige und bleibende Würde und Bedeutung Israels. Jesus schließt sich mit diesem Volk zusammen: »Wir beten an, was wir kennen. Denn das Heil kommt von den Juden« (4,22). Die Geschichte Israels ist die Geschichte des wahren, offenbarenden Sprechens und Handelns Gottes mit der Welt.

Kirche und Synagoge schließen sich als Feinde aus. Wie die Christen sich von den Juden trennen, so verstoßen die Juden die Christen aus den Synagogen (9,22; 16,2). Um das Jahr 90 war in das Achtzehn-Bitten-Gebet als 12. Bitte eine Verfluchung aufgenommen worden: »Es mögen die Nasoräer (d. h. Christen) und die anderen Abtrünnigen in einem Augenblick vergehen. Sie seien aus dem Buch des Lebens getilgt und mit den Frommen sollen sie nicht aufgeschrieben werden. Gepriesen seist du, Herr, der du die Frechen beugst.«

Kirchenväter haben bisweilen die strengen Urteile des Neuen Testaments über die Juden bekräftigt oder noch gesteigert. Aber andere Väter haben Warnungen mahnend auf ihre eigene Kirche bezogen. So Origenes zu Röm 11,8f (J. P. Migne, Patrologia Graeca 14,1183f): »Jeder von uns muß fürchten, daß nicht der Tisch der göttlichen Worte, von dem wir die Speise des Wortes Gottes nehmen, uns zur Schlinge werde oder Vergeltung oder Anstoß, wenn wir nicht verständig und rein, wie es würdig ist, uns reine göttliche Speise der Weisheit davon nehmen.«

Die »Selbstverfluchung« Israels nach Matthäus 27,23–25

Der Text Mt 27,23–25 hat seinen Schwerpunkt in 27,25: »Und das ganze Volk antwortete und rief: Sein Blut auf uns und auf unsere Kinder!« Diesem Vers soll vor allem die Auslegung zugewandt werden. Er kann unter vierfachem Aspekt betrachtet werden:

1. Der Sinn des Verses nach seinem Wortlaut
2. Seine Bedeutung in der Darstellung des Matthäusevangeliums
3. Die Geschichtlichkeit
4. Die Geltung

1. Der Sinn des Verses nach seinem Wortlaut

Im Gang der Leidensgeschichte des Matthäus sträubt sich Pilatus, Jesus zum Tod am Kreuz zu verurteilen. Als er sieht, daß er nichts ausrichtet, wäscht er sich vor dem Volk die Hände und sagt: »Ich bin unschuldig am Blute dieses Gerechten. Sehet ihr zu!« Und das ganze Volk antwortete und rief: »Sein Blut auf uns und auf unsere Kinder!«

Dieser Ruf benützt eine alte und im Alten Testament häufige Form und Formel sakralen Rechtes, wodurch Gott als Vollstrecker der Vergeltung angerufen wird. Die Formel kann lauten: Wenn einer Vater oder Mutter flucht: »Sein Blut auf ihn« (Lev 20,9); oder im Wort Davids zum Mörder Sauls: »Dein Blut auf dein Haupt« (2 Sam 1,16); so Salomo in der Verfluchung Joabs: »Jahwe lasse sein Blut zurückkehren auf sein (Joabs) Haupt ... Es kehre zurück ihr Blut auf das Haupt Joabs« (1 Kön 2,32f). Die Formel bedeutet: Der mit einem solchen Spruch Bedrohte und Belastete muß die Verantwortung und Strafe für seine Tat tragen. Er ist selber schuld an seinem Tod als einer Strafe[1].

Mt 27,25 kommt nahe die Formulierung Jos 2,19: Die Kundschafter vereinbaren mit Rahab in Jericho, daß die in ihrem Hause Weilenden bei der Eroberung der Stadt verschont werden sollen. »Wenn jemand im Hause ge-

---

[1] Die Formel erscheint auch Apg 5,28; 18,6; 20,26.

tötet wird, sein Blut auf unser Haupt.« Die Kundschafter nehmen die Schuld und Strafe auf sich, wenn ein Bewohner des Hauses der Rahab getötet wird[2].

Dann will also der Ruf Mt 27,25 besagen: Wenn Pilatus keine Schuld an Jesus findet, ist das Volk bereit, die Verantwortung für die geforderte Verurteilung auf sich zu nehmen. Der Inhalt des Rufes meint zunächst die Gegenwart, nicht eine Zukunft. Die Rufenden sind dabei von der Gerechtigkeit ihrer Forderung überzeugt. Sie rechnen darum nicht damit, daß die Verurteilung Jesu für sie eine Schuld, gar eine bleibende Blutschuld sein wird. Darum ist es schwerlich richtig, den Ruf als Selbstverfluchung der Juden zu bezeichnen, wie dies oft geschieht[3]. Dann ist auch die übliche Übersetzung: »Sein Blut komme über uns und unsere Kinder« mißverständlich oder unrichtig. Sie wendet die Bedeutung des Rufes in die Zukunft. Im ursprünglichen Text fehlt das Zeitwort. Es sollte nicht ohne weiteres durch die Übersetzung »Sein Blut komme über uns« ergänzt werden. Man wird die Ellipse auch in der Übersetzung belassen. Sachlich richtig wäre zu übersetzen bzw. zu ergänzen: »Sein Blut nehmen wir auf uns und unsere Kinder.«

Die Nennung der Kinder entspricht der alttestamentlichen Auffassung der Volksgemeinschaft, in die das einzelne Schicksal sich einfügt. Für unseren Zusammenhang ist vergleichbar 1 Kön 2,33: »Ihr Blut kehre zurück auf das Haupt Joabs und seiner Nachkommen für immer.« Im Mischnatraktat Sanhedrin 4,5 ist diese Überzeugung so ausgesprochen: Bei Kapitalprozessen haftet das Blut des Hingerichteten und seiner (möglichen) Nachkommen am Zeugen bis ans Ende der Welt[4].

2. *Die Bedeutung von Matthäus 27,25 in der Leidensgeschichte des Matthäusevangeliums*

Mt 27,24 – die Händewaschung des Pilatus – und 27,25 – der Ruf des Volkes – sind Sondergut des Matthäusevangeliums. Der Evangelist hat die Verse – darüber wird noch zu handeln sein – in der Tradition vorgefunden und sie in seine Erzählung aufgenommen. Die Verse fügen sich seinem besonderen Interesse ein und verstärken die Tendenz seiner Darstellung. Der

---

[2] *Reventlow, H. G.*, Sein Blut komme über sein Haupt, in: VT 10, 1950, 311–327.

[3] *Isaac, J.*, Jésus et Israel, 1959², 468–502.

[4] *Strack-Billerbeck*, 1922, 267 u. 1033.

Evangelist will die bedeutungsschwere und für dessen weitere Geschichte verhängnisvolle Entscheidung des Volkes Israel darstellen. Diese Absicht zeigt sich in vielfachen kleinen und größeren Besonderheiten des Textes.

Mt 27,19 sagt, daß Pilatus auf dem Richterstuhl sitzend die Entscheidung trifft. Ist die Verhandlung bei Markus formlos, so ist sie bei Matthäus ein höchstrichterliches Urteil Roms. Pilatus nennt Mt 27,11 und 22 Jesus den Christus. Der Würde- und Amtsname Jesu wird ausgesprochen, der Anspruch, den Israel ablehnt, was die Entscheidung bedeutet. Mt 27,25 steht dem Pilatus gegenüber *pās ho laos,* das ganze Volk. Israel wird mit dem Wort *laos* bezeichnet, also seinem alttestamentlichen amtlichen Titel gemäß der Septuaginta[5]. Dieser Titel befaßt das gegenwärtige Israel in sich. In seiner Erstreckung in die Zeit ist es begriffen mit der Formel: »auf uns und unsere Kinder«. Pilatus wirkt dem Volk Israel gegenüber fast nur noch wie Statist. Während die Menge Mk 15,13f ruft: »Kreuzige ihn«, heißt der Ruf Mt 27,22f: »Er soll gekreuzigt werden.« Pilatus soll aus der aktiven Handlung und Verantwortung herausgehalten werden. Der Träger des Geschehens ist das Volk Israel. Im gleichen Sinn wird zu verstehen sein, wenn als Akteure bei Mk 15,3 und 10f nur die Hohenpriester genannt sind, in den Parallelen Mt 27,12 und 20 aber die Hohenpriester und die Ältesten. Dies bedeutet die Gesamtheit der verantwortlichen Hierarchie. Die tumultartigen Züge werden bei Matthäus zurückgedrängt. Die Entscheidungen fallen als endgültige gemäß Berufung und Amt beider Partner. Dabei wird Pilatus entlastet und das Volk Israel immer mehr belastet.

Dieser allgemeinen Tendenz der Darstellung fügen sich die Motive und Züge des Sondergutes des Matthäus ein. Mt 27,19 ist berichtet, daß die Frau des Pilatus nach einem angstvollen Traum ihren Mann warnt. Sie steht auf der Seite Jesu, den sie ausdrücklich einen »Gerechten« nennt. Die Händewaschung des Pilatus Mt 27,24 macht augenfällig, daß er nur der Gewalttätigkeit und der Wut der Juden nachgebend, aber gegen seine Überzeugung Jesus verurteilt. Das Volk Israel aber nimmt im Ruf Mt 27,25 die Verantwortung und Schuld auf sich.

Das Gefälle der Tradition ist hinsichtlich der Verteilung der Verantwor-

[5] *Strathmann, H.,* Art *laos,* in: ThW IV, 29–57, weist die Bedeutung von *laos* als Bezeichnung Israels auf, meint aber, Mt 27,25 bedeute *laos* ausnahmsweise Volkshaufen, wie zuvor 27,24 *ochlos.* Doch wird der Wechsel des Wortes bedeutsam sein. Die Kommentare erklären allgemein *laos* Mt 27,25 als Namen Israels; so *Lohmeyer, E.,* Das Evangelium des Matthäus, *Meyer, K.,* Sonderband. 1962[3], zSt; *Blinzler, J.,* Der Prozeß Jesu, 1960[3], 230; *Strecker, G.,* Der Weg der Gerechtigkeit, FRLANT 1962, 115f; *Baum, G.,* Die Juden und das Evangelium. 1963, 107f; *Trilling, W.,* Das wahre Israel, STANT 10,82.

tung und Schuld zwischen Pilatus und Israel unbestreitbar. Die Juden werden immer mehr belastet. Dies gilt schon für Lukas und Johannes. Lk 23,2 und 5 wird die schwere Anklage der Hierarchen und der Menge formuliert, während Pilatus dreimal Lk 23,4.14.22 ausdrücklich die Unschuld Jesu feststellt. Bei Joh 18,29 – 19,16 bemüht sich Pilatus in langer Verhandlung um die Freilassung Jesu. Im apokryphen Petrusevangelium, das in die Mitte des zweiten Jahrhunderts datiert wird, ist Pilatus völlig unschuldig, die Juden aber sind massiv belastet. Hier heißt es: »Von den Juden aber wusch sich keiner die Hände, weder Herodes noch einer seiner Richter« (V. 1). Der König Herodes gibt den Befehl, Jesus zur Hinrichtung zu führen (V. 2). Das Volk der Juden ergreift den Herrn, sie »stoßen und schleifen« ihn auf dem Wege. Die Juden schreiben die Überschrift über dem Kreuz (V. 11). Endlich verlangen die römischen Soldaten, die Zeugen der Auferstehung wurden, daß darüber geschwiegen werde. Sie wollen lieber »der größten Sünde vor Gott schuldig werden, als in die Hände des Judenvolkes fallen und gesteinigt werden« (V. 48). Pilatus aber stellt fest: »Ich bin rein am Blute des Sohnes, ihr habt solches beschlossen« (V. 46)[6].

Diese Darstellung ist weit von den kanonischen Evangelien entfernt, auch vom Matthäusevangelium. Aber es ist doch kaum zu bestreiten, daß die kanonischen Evangelien am Anfang der Entwicklung daraufhin stehen. So hat Matthäus dem Evangelium seine Sonderüberlieferungen eingefügt und in diesem Sinn hat er auch den Ruf des Volkes (27,25) interpretiert. Matthäus wird sagen wollen, daß das Volk Israel die Schuld am Blut Jesu auf sich nimmt und sich und seine Kinder, das heißt seine fernere Geschichte, damit belastet. »Das Volk ist zu dem blutbefleckten Träger seines eigenen Verderbens geworden.« Auch des Pilatus Wort: »Sehet ihr zu« mag den Doppelsinn haben: »Ihr werdet es erleben.«[7]

Das Matthäusevangelium gibt damit das Urteil der Kirche seiner Zeit wieder: Israel als Nation hat den Messias verworfen und damit das Gericht auf sich geladen.

Eine Frage wird noch zu stellen sein. Was bedeutet Mt 27,25 der Ruf: »auf (uns und) unsere Kinder«? Das Matthäusevangelium ist der Überzeugung, daß das Ende der Zeiten nahe herangekommen ist. Eben im Matthäusevangelium stehen Worte drängender Naherwartung (Mt 10,23; 16,28; 24,39.44). Also denkt das Evangelium mit der Nennung der Kinder

---

[6] *Winter, P.,* On the Trial of Jesus, 1961, 51–61; *Lohse, E.,* Die Geschichte des Leidens und Sterbens Jesu, 1964, 91–93.

[7] *Lohmeyer, E.,* aaO., zSt.

nicht an eine unabsehbar lang sich erstreckende Zeit, in der Israel durch ungezählte Generationen die Blutschuld tragen und für sie sühnen müßte. Das Matthäusevangelium hat seine endgültige Gestalt nach dem Jahre 70, nach der Zerstörung des Tempels und dem Untergang Jerusalems erhalten. Meint das Evangelium, an dieser, auf die Kreuzigung Jesu folgenden Generation der Kinder habe sich das Gericht Gottes erfüllt, das die Väter herabgerufen haben? Dies ist wohl möglich, da das Matthäusevangelium wiederholt auf die Katastrophe Jerusalems als Strafe für Israel Bezug nimmt. Mt 22,7 wird in das Gleichnis vom Hochzeitsmahl der offenbar auf die Zerstörung Jerusalems anspielende Vers eingefügt: »Der König aber war zornig und sandte seine Heere aus, ließ jene Mörder verderben und ihre Stadt anzünden.« Auch Mt 23,35 ist wohl so zu verstehen, daß die Zerstörung Jerusalems die Strafe für alle Blutschuld Israels ist.

Nach alldem wird aber doch noch zu erinnern sein an Mt 23,39 als an ein anderes Wort: »Ihr werdet mich von jetzt an nicht mehr sehen, bis ihr sprechen werdet: Gepriesen, der da kommt im Namen des Herrn.« Das Wort ist dunkel, seine Auslegung ist umstritten. Wenn es aber besagt – was doch wahrscheinlich ist –, daß auch Israel bei der – nahen – Parusie den zuvor verworfenen Messias als den Gesegneten Gottes erkennen und anerkennen wird, spricht das Evangelium zuletzt die Hoffnung und Überzeugung aus, daß Schuld und Fluch Israels in der eschatologischen Heilszeit Vergebung und Erlösung finden[8].

---

[8] So ua *Goppelt, L.*, Christentum und Judentum im ersten und zweiten Jahrhundert, BFChTh II, 1954, 185, wie mehrere Kommentare, von denen genannt seien: *Lagrange, J. M.*, L'Evangile selon St. Matthieu, 1948, zSt; *Schmid, J.*, Das Evangelium nach Matthäus, RNT, 1959[4], zSt. Anders ua *Strecker, G.*, aaO., 114f. Er versteht Mt 23,39 dahin, daß Israel beim Endgericht Jesus als Messias gezwungenerweise anerkennen müsse; ihm folgt *Trilling, W.*, aaO., 87. Beide geben zu bedenken, daß Mt 23 die Linie der Gerichtsrede bis zum Schluß steigt und so sei auch der letzte Vers 23,39 zu verstehen. Doch scheint Mt 23,37–39 selbständig gewesen und erst von Matthäus den Weherufen in Kap. 23 angefügt worden zu sein. Mt 23,37–39 ist Klage über Jerusalem, 23,1–36 Anklage des Judentums. 23,37–39 muß also für sich allein und darf nicht von 23,1–36 her ausgelegt werden.

Die Frage, wie die Aussagen des Matthäusevangeliums über die Schuld und das Heil Israels zusammengehen, gilt ebenso dafür, wie 1 Thess 2,15f und Röm 11,26f zusammenstimmen.

Es wird daran zu erinnern sein, daß prophetische Rüge und Drohpredigt oft mit einem Wort der Verheißung schließt. So auch Dtn 4,1–40; 32,46f.

Matthäus hat die besonderen Züge seiner Darstellung 27,23–25 nicht selber geschaffen, sondern sie aus der Tradition übernommen.

Die Exegese stellt die Frage nach der Geschichtlichkeit von Mt 27,25 (und die weitere nach der Geschichtlichkeit des ganzen Sondergutes in 27,19–25). Nicht wenige Exegeten[9] beurteilen wie dieses ganze Sondergut, so auch 27,25 als legendären Zuwachs; andere[10] halten an der Historizität fest.

Es wäre vorschnell zu sagen, das Sondergut in Mt 27,19–25 sei als solches von vornherein als späterer legendärer Zuwuchs gekennzeichnet. Sehr viel Sondergut des Evangeliums kann Anspruch auf historische Zuverlässigkeit erheben. Immerhin ist die Bezeugung schmal. Weiter wird gesagt, das Pilatusbild der Evangelien stimme nicht mit der profanen Überlieferung überein. Darnach war Pilatus ein rücksichtsloser und grausamer Gewaltmensch, in den Evangelien wäre er ein sanfter, ja schwächlicher Zauderer, der den Launen der Juden nachgibt, die er doch sonst nur verachtet. Zur Händewaschung Mt 27,24 bemerkt schon Origenes (Commentariorum in Matthaeum series latina 2,124 = Griechische Christliche Schriftsteller 38,259), daß eine solche Geste nicht als römischer Brauch, sondern nur als jüdische Sitte erklärt werden könne. Heutige Exegese kann dies nur wiederholen, wenn sie auch auf vereinzelte griechisch-römische Zeugnisse eines solchen Brauches verweist. Dagegen ist eine Handlung der Händewaschung Dtn 21,1–9 gesetzlich vorgeschrieben. Findet man einen unbekannten Erschlagenen, so soll am Wildbach eine junge Kuh getötet werden, und die Ältesten jener Stadt, bei der der Erschlagene gefunden wurde, sollen über der Kuh die Hände waschen und dabei sprechen: »Unsere Hände haben dieses Blut nicht vergossen ... Rechne, o Herr, unschuldig vergossenes Blut nicht Deinem Volke an«. In den Psalmen (25)26,6; (72)73,13 ist es ein wiederholtes Sprichwort: Die Hände in Unschuld waschen. Die Exegese fragt, ob vielleicht eine solche Bildersprache in der anschaulichen Szene der Händewaschung des Pilatus Mt 27,24 dargestellt wurde[11].

---

[9] So *Dibelius, M.*, Die Formgeschichte des Evangeliums, 1933², 137; *Bultmann, R.*, Die Geschichte der synoptischen Tradition, 1964⁶, 305; *Klostermann, E.*, Das Matthäusevangelium, HzNT4, 1927², zSt; *Isaac, J.*, aaO., 489–493; *Trilling, W.*, aaO., 72 (»Ein dogmatisches Theologumenon, in der Form einer kleinen Szene gestaltet«).

[10] *Lohmeyer, E.*, aaO., zSt; *Lagrange, M. J.*, aaO., zSt; *Blinzler, J.*, aaO., 230–232; *Goppelt, L.*, Art.*hydōr* in: ThW VIII, 313ff.

[11] *Dahl, N. A.*, Die Passionsgeschichte bei Matthäus, in: NTSt 2, 1955–56, 17–32.

Dann wäre naturgemäß auch der mit Mt 27,24 zusammenhängende Ruf 27,25 in seiner wörtlichen Historizität fraglich. So oder so muß man jedenfalls annehmen, daß der dem »ganzen Volk« in den Mund gelegte, alte sakrale Rechtsformeln benützende Ruf stilisiert ist, da ein ganzes Volk kaum einstimmig einen solchen Ruf erheben wird. Die Worte des Pilatus aber scheinen nach Num 5,31; 2 Sam 3,28 formuliert zu sein; fast gleich lautet der Spruch des Richters Daniel in Dan 13,46 (Theodotion). Der römische Prokurator wird sich nicht mit den Worten des Alten Testamentes ausgedrückt haben.

Wie die Frage der genauen Historizität von Mt 27,24f beantwortet wird, der Bericht bleibt als Aussage des Evangelisten bestehen. Doch wird man nicht auf den Wortlaut insistieren.

4. *Die Geltung von Matthäus 27,25*

Eine letzte Frage bleibt zu erwägen, die wir die Frage nach der Geltung und Kraft des Rufes Mt 27,25 nennen können.

Christliche Judengegnerschaft hat wohl oft behauptet, das in der Geschichte sichtbare, nie aufhörende Unheil des jüdischen Volkes sei eine Erfüllung der Selbstverfluchung Mt 27,25. Es ist nicht gestattet, ein schweres Schicksal als Strafe für eine Schuld zu deuten. Nach den Evangelien sind Verwerfung und gewaltsamer Tod Teil des Lebensweges des Sohnes Gottes gewesen. Die Jünger aber werden das gleiche wir ihr Herr erfahren (Joh 15,18–25; 16,1–4). Die Verfolgung der Juden hat bisweilen wohl geglaubt, an der Erfüllung des Fluches mitwirken zu sollen, und so einen Freispruch für eigene Taten zu finden gemeint. Es braucht nicht gesagt zu werden, daß Gottes Gerichte zu seiner souveränen Vorbehaltenheit gehören und keiner menschlichen Mithilfe bedürfen[12].

Die Geschichte der Auslegung des Matthäusevangeliums[13] stellt fest, daß

---

[12] Der Jude *Montefiore, C. G.*, The Synoptic Gospels 2. 1927, 346, merkt zu Mt 27,25 an: »Ein schrecklicher Vers; eine entsetzliche Erfindung. Bitterer Haß läßt den Evangelisten schreiben: das ganze Volk. Das ganze Volk ist als anwesend vorausgesetzt. So sind alle furchtbaren Dinge, die christliche Herrscher und Völker, bisweilen, das muß gesagt werden, mit Mißbilligung der Kirche über die Juden gebracht haben, von den Juden selbst auf ihre Häupter herabgerufen. Dies ist einer jener Sätze, die schuldig sind an Meeren von Menschenblut, und an einem ununterbrochenen Strom von Elend und Verzweiflung.«

[13] Sie wurde für die ersten Jahrhunderte umfassend dargestellt von *Massaux, E.*, L'influence de l'Evangile de St. Matthieu sur la littérature chrétienne avant St. Irénée, 1950.

die Kirchenväter der ersten Jahrhunderte, wenn sie auch aus dem Neuen Testament die Schuld der Juden beweisen und so ihre schon damals oft bedrängten Verhältnisse erklären wollten, doch nie auf Mt 27,25 Bezug nehmen. Erst nach dem vierten Jahrhundert, also erst als profaner Judenhaß in die Kirche einzuströmen begann, führen Väter jene Stelle an, um die Bedrückung der Juden als Strafe gemäß ihrer Selbstverfluchung zu erklären[14].

Nach alttestamentlicher und jüdischer Auffassung lastet vergossenes Blut als Fluch auf dem Mörder (Num 35,33; Jos 2,19; 2 Sam 3,28f; Ez 9,10f). Aber sind dies nicht, wenn auch urtümliche, so doch magische und mythische Vorstellungen, die die Religionsgeschichte überall in alten Religionen nachweist? Wollen wir solche Anschauungen teilen?

Nach Lk 23,34 hat Christus für seine Mörder gebetet. Lk 23,34 steht nur in einem Teil der Handschriften. Der Vers ist also entweder von einem Teil der Handschriften gestrichen oder aber in einem Teil später hinzugefügt worden. Die älteren Handschriften und deren Mehrzahl lesen den Vers. Er ist also wohl gestrichen worden. Warum? Es kann dafür kaum ein anderer Grund genannt werden, als daß Judenfeindschaft nicht dulden wollte, daß Jesus am Kreuz für die Juden gebetet hat. Freilich fehlt Lk 23,34 schon in der ältesten Handschrift, dem vor wenigen Jahren ans Licht getretenen Papyrus 75, der um 200 datiert wird. Schon damals wollte christliche Judenfeindschaft den Text nicht stehen lassen. Der Christ muß fragen, was mehr wiegt: Der Schrei der Juden oder das Gebet des Erlösers.

Vom Blut Jesu, das – nach mancher Auslegung von Mt 27,25 – als Strafe auf Israel zurückfallen soll, sagt das Neue Testament, daß es Vergebung, Sühne und Heil sei. Mt 26,28 lautet der Abendmahlstext: »Das ist mein Blut des Bundes, das für die vielen vergossen wird zur Vergebung der Sünden.« Das mag ein Interpretament des Matthäus sein. Aber es ist ein sehr altes und durchaus sachgemäßes Interpretament. Das gleiche meint ja doch die wohl ursprüngliche, kurze Formel 1 Kor 11,25: »Dieser Kelch ist der Neue Bund in meinem Blute.« Einige weitere Stellen seien angefügt. So Kol 1,19: »Friede wurde gestiftet durch das Blut des Kreuzes, um durch Christus alles, Irdisches wie Himmlisches zu versöhnen.« Dann Eph 1,7: »In Christus haben wir Erlösung durch sein Blut, die Vergebung der Sünden nach dem Reichtum seiner Gnade.« Endlich Hebr 12,24: »Das Blut Christi redet wirk-

[14] *Lovski, F.*, Antisémitisme et mystère d'Israël. 1955, 432–451; *Baum, G.*, aaO., 101–110; *Pfisterer, R.*, Im Schatten des Kreuzes, 1966, 38–42.

samer als das Blut Abels.«[15] Christi Blut verlangt nicht Strafe, sondern Vergebung. Das Blut Christi ist nicht Unheil, sondern Gnade und Segen.

Nach Hebr 6,6 sind es Unglaube und Abfall, die den Sohn Gottes zum Gespött machen und ihn ans Kreuz bringen. Nach der Lehre des Apostels Paulus wie des ganzen Neuen Testamentes sind alle in gleicher Weise Sünder und alle bedürfen der geschenkten Gerechtigkeit. Um sie zu erwerben, hat sich Christus an das Kreuz gegeben.

---

[15] Vgl Joh 6,54–56; Röm 5,9; 1 Kor 10,16; Hebr 9,14; 1 Petr 1,2; 1 Joh 1,7; Offb 1,5. Die Stellen sind anzuführen, wiewohl sie freilich zunächst von dem im Glauben Gerechtfertigten gelten, der das Kreuz annimmt.

Paulus, Lehrer der Völker

Paulus vor Damaskus

»Zuletzt aber von allen erschien er gleichsam als der Fehlgeburt auch mir« (1 Kor 15,8)[1]. Mit diesen Worten reiht Paulus die Erscheinung des auferstandenen Christus, die er auf dem Weg nach Damaskus erfuhr, den Erscheinungen des Auferstandenen vor den übrigen Aposteln an.

In der Apostelgeschichte (9,1–19; 22,3–21; 26,9–20) stehen über diese Erscheinung vor Paulus drei ausführliche Erzählungen, die den Vorgang in sichtbarem und hörbarem Geschehen darstellen. Paulus stürzt vom Pferd zu Boden, wird vom Lichtglanz der Erscheinung geblendet, hört die Stimme Christi und empfängt eine zunächst noch rätselhafte Berufung. Auch die Begleiter fallen nieder und nehmen die Epiphanie wahr. In seinen Briefen spricht Paulus selbst wiederholt von der Christuserscheinung vor Damaskus, wobei er jedoch das Ereignis als inneren Vorgang beschreibt. Wie im schon angeführten Wort an die Korinther, so im Galaterbrief (1,13–17): »Ihr habt ja von meinem früheren Wandel im Judentum gehört, daß ich die Gemeinde Gottes über die Maßen verfolgte und sie zerstörte ..., indem ich in besonders hohem Maße ein Eiferer für die Überlieferungen meiner Väter war. Doch dem, der mich von meiner Mutter Leib an ausgesondert und durch seine Gnade berufen hat, gefiel es, seinen Sohn in mir zu offenbaren.« Paulus wird auch an die Christuserscheinung vor Damaskus denken, wenn er im zweiten Korintherbrief (4,6) sagt: »Gott, der gesagt hat: Aus der Finsternis strahle das Licht auf, er ist es, der es in unseren Herzen hat aufstrahlen lassen, so daß wir erleuchtet wurden durch die Erkenntnis von der Herrlichkeit Gottes auf dem Angesicht Christi«. Überall, wo Gott ist, ist Licht. Und überall, wo Licht ist, ist Gott. Dies erkennt Paulus in einer Durchschau durch die Geschichte des Heils. Gottes Licht strahlte am Schöpfungsmorgen aus der Finsternis auf, seine Herrlichkeit wurde in der Welt offenbar in der Gestalt und im Werk Christi, und Gott ist jetzt das Licht, das aufleuchtet, wo immer der Glaube ist. Diese Offenbarung Gottes überwältigte auch Paulus vor den Toren von Damaskus.

---

[1] Ansprache in der Katholischen Morgenfeier des Süddeutschen Rundfunks am 15. Mai 1966.

Profane Historie wie Glaube und Theologie fragen, was damals geschah. Nach seiner eigenen Überzeugung ist Paulus in jener Stunde vom erhöhten Christus ergriffen worden. Er erkannte, daß Gott Jesus als den Messias gesandt und damit dem bisherigen Heilsweg des alttestamentlichen Gesetzes ein Ende bereitet und zugleich allen, Juden wie Heiden, den Weg des Glaubens eröffnet hatte. Die in Christus geschehene Wende der Zeiten hat ihn mit andringender Gewalt erreicht und besiegt. Man hat versucht, die Bekehrung des Paulus aus angeblichen psychologischen Voraussetzungen verständlich zu machen. Etwa, Paulus habe Jesus doch schon gekannt und sei von seiner Gestalt schon ergriffen oder er sei von der Gläubigkeit und dem Leidenswillen der ersten Christen beeindruckt gewesen, und diese fortwirkenden Eindrücke hätten ihn zuletzt überwunden. Oder Paulus hätte etwa schon länger an der Möglichkeit der Gerechtigkeit aus Gesetzeswerken gezweifelt. Er sei ein durch Gewissensangst gequälter Sünder gewesen, und er habe nun endlich die Erlösung zu Wahrheit und Freiheit erfahren. Von all dem steht in den neutestamentlichen Texten nichts. Die Quellen lassen nur die Auslegung zu, daß Paulus seine Bekehrung wider alle Erwartung als Berufung durch den auferstandenen Christus erfuhr. Nach des Apostels Überzeugung war hier nicht menschliche Entwicklung, sondern göttliche Tat am Werk.

Die Tat Gottes zerstörte nicht die natürliche Mitgift des Menschen Paulus, sondern nahm diese auf, um sie zu verwenden und zu vollenden. Als dieser Mensch aber war Paulus durch seine Umwelt geformt, als die wir erkennen können: das strenge Judentum, die griechische Bildung, das Römische Reich.

Paulus war in Tarsus im südlichen Kleinasien als Jude geboren. Seine Familie war streng gläubig. Er sagt selber (Phil 3,5): »Ich bin am achten Tag beschnitten, bin vom Geschlecht Israel, vom Stamm Benjamin, ein Hebräer von Hebräern.« Nach seinem Stamm Benjamin trug Paulus seinen jüdischen Namen Saulus, da der berühmteste Sohn des Stammes Benjamin Israels großer König Saul gewesen war. Die jüdische Erziehung in der Familie wurde vertieft und beendet in einem wohl entscheidenden Aufenthalt des Paulus in Jerusalem, wo er längere Zeit in der Schule des Rabbinentums dem Studium von Gesetz und Überlieferung oblag. Paulus hat sich stets, zumal wenn er vom Gegner herausgefordert wurde, mit Stolz zur Herkunft aus dem Volk Israel bekannt, für ihn das edelste, von Gott erwählte Volk. »Wir sind von Geburt Juden, nicht Sünder aus den Heiden« (Gal 2,15).

Freilich entstammt Paulus dem Diasporajudentum. Seine Heimatstadt Tarsus war eine Stadt der griechischen Kultur, sogar Sitz einer angesehenen griechischen Schule. Im Hause des Paulus wird man hebräisch (aramäisch) gesprochen haben. Er erlernte aber sicherlich auch die griechische Umgangssprache. Nach Ausweis seiner Briefe denkt und spricht Paulus griechisch. Er las auch die Bibel des Alten Testaments in der griechischen Übersetzung und benützte sie so für seine Theologie. Paulus war darum als Missionar ohne Schwierigkeit in der griechischen Welt und in den Weltstädten zu Hause. Er kannte und benutzte griechische Gedanken, Wörter und Begriffe. Seine Briefe konnten darum ohne äußere Hindernisse in die griechische Welt eintreten und von ihr aufgenommen werden. Nicht wenige bedeutende Wörter griechischer Kultur und Geistigkeit wurden wohl von Paulus in die christliche Begrifflichkeit und die kirchliche Sprache eingeführt, Worte wie Erkenntnis, Weisheit, Freiheit, Gewissen, Tugend. Der Apostel hat vielleicht die christliche Überlieferung auch mit Vorstellungen griechischer Religion erklärt, so etwa im Römerbrief (Röm 6) die Taufe oder im ersten Korintherbrief (8 u. 10) das Mahl des Herrn. Paulus trieb dabei nach seiner Auffassung nicht Religionsmengerei, sondern er benützte Sprache und Vorstellungen seiner Zeit, um von ihr verstanden zu werden, aber auch in der Absicht, die nunmehrige Erfüllung der Erwartung zu predigen, so wie er nach der Apostelgeschichte (17,23) auf dem Areopag in Athen gesagt hat: »Was ihr, ohne es zu kennen, verehrt, das verkündige ich euch«.

Paulus war endlich römischer Bürger, der etwas von der Größe Roms und des Römischen Reiches ahnte und erkannte. Er hatte das römische Bürgerrecht mit der Geburt erhalten, und er berief sich darauf und benützte den Schutz, den es ihm lieh (Apg 16,37; 22,25). Darum legte Paulus zuletzt – von den Gerichten weg, wo er für sein Recht fürchtete – Berufung bei dem Kaiser in Rom ein, und dieser Berufung wurde stattgegeben (Apg 25,11). In seinem Brief an die Römer (13,1–7) spricht Paulus mit hohen Worten vom Staat, der in der ganzen Mittelmeerwelt der römische Staat war. Dieser Staat ist für den Apostel Setzung Gottes. In Gottes Auftrag und Dienst belohnt er die Guten und bestraft er die Bösen. Die Sätze des Paulus sind erstaunlich vorbehaltlos, da er doch selber von römischen Behörden manche Unbill erlitten hatte, und da er doch wußte, was Christus auf Grund des Richterspruches des Pilatus erfahren hatte. Paulus drängte es, nach Rom, in die Hauptstadt der Welt, zu kommen. »Er mußte Rom sehen«, so sagt die Apostelgeschichte (19,21; 23,11) wiederholt vom Ziel seines Weges. Wenn der Apostel den Völkern das Evangelium zu bringen hatte, dann mußte er es in Rom als der Hauptstadt verkünden. In diesem seinem Verhältnis zum Römischen Reich trennte sich Paulus von einem großen Teil des Judentums, das dem Römischen Reich gegenüber, durch dessen Macht gezwungen, allenfalls in passiver Loyalität verharrte, dieses aber doch weithin in nationalem Fanatismus ablehnte und entschlossen war, jeden Widerstand und jede Gegnerschaft gegen Rom heimlich oder offen zu unterstützen.

Die Dreiheit Judentum – Griechentum – Rom hat Wesen und Werk des Paulus schicksalhaft bestimmt. Er ist der im Gesetz geschulte und geübte Rabbi und vermag darum ganz anders als die anderen, aus einfachen Verhältnissen stammenden Apostel zu erfassen, welche Bedeutung und Gewicht das Gesetz hatte, aber auch welchen Gegensatz zur jüdischen Welt das Evangelium Jesu in sich beschließt. Vor vielen strengen Juden aber hat Paulus wieder voraus, daß er aus dem Diasporajudentum kommt und damit der weiten Welt der griechischen Bibel zugewandt ist. Paulus bejaht endlich den römischen Staat und lebt in ihm und versteht daher von den Mächten der politischen Welt mehr als die Hüter des Gesetzes im engen Jerusalem.

Dies sind die natürlichen und menschlichen Voraussetzungen für die geschichtliche Leistung des Apostels. Ohne die erste wäre er nicht der große Lehrer des Evangeliums von der Gnade Gottes ohne des Gesetzes Werke geworden; ohne die zweite und dritte nicht der große und erfolgreiche Apostel in der griechisch-römischen Welt.

Paulus hat damit aber auch der Kirche eine Gestalt gegeben, die ihr immer wesensgemäß zu eigen ist. Sie muß immer die Kirche sein, die nicht auf ihr Werk, sondern auf die Gnade vertraut; die Kirche, die offen ist für die Besinnung der Kritik und für die Güter geistiger Bildung und die immer eine Kirche in der Welt und für die Welt ist.

Das persönliche Zeugnis, das uns vom Apostel Paulus geblieben ist, sind seine Briefe im Neuen Testament. Alle seine Briefe sind echte Briefe, nicht lehrhafte Abhandlungen. Gewiß sind diese Briefe keine Alltagsbriefe. Sie erheben sich weit darüber durch die Sorgfalt der Form, den Ernst des Gespräches, die Bedeutung des Inhaltes und die Tiefe des Geistes. Der Apostel kann nicht schreiben, ohne auch das Kleine und Alltägliche in einen großen Zusammenhang zu rücken. Alles, ob es bedeutend oder unbedeutend scheint, beurteilt er »in Christus«. Die Arbeitsscheu in Thessaloniki, die Parteiungen in Korinth, Heidenlaster und Judenstolz, der dem Philemon entlaufene Sklave, der Streit zweier Frauen in Philippi, der Schleier der Christinnen beim Gottesdienst, das Tragen kurzer oder langer Haare durch die Frau, Fleisch oder vegetarische Kost, die Geldsammlung für Jerusalem, Herrenmahl und Götzenmahle, dies alles wird beurteilt in Christus, in der Klarheit und Tiefe des Glaubens, wie in der Verbundenheit der alle umfassenden Liebe. Dadurch sind die Briefe, so sehr sie einzelnes behandeln und vom Zufällig-Konkreten ausgehen, zeitüberlegenes, immer gültiges Wort, Verkündigung von Christus und wahrhaftes Evangelium.

Paulus hat nicht die Absicht gehabt und nicht das Ziel verfolgt, mit seinen Briefen Bücher und Literatur zu schaffen. Die Briefe sollten nach seinem Willen ihren Dienst für besondere Aufgaben und kurze Dauer tun. Doch diese Briefe sind unvergänglicher Besitz der Kirche geworden und haben so eine unabsehbare Wirkung ausgeübt. Sie haben sich als nie erschöpfte und nie zu erschöpfende Quelle für Glaube, Geist und Theologie erwiesen. Diese Briefe sind ebenso persönlichste Bekenntnisse des großen Seelsorgers, Denkers, Beters, Mystikers und Heiligen, wie nächst den Evangelien die wichtigste Urkunde der christlichen Offenbarung. Freilich sagt schon das Neue Testament in einer späteren Schrift, daß die Briefe des Paulus mißverstanden und mißdeutet wurden und die Kirche schon die Last und Not ihrer Auslegung zu tragen hatte (2 Petr 3,15f). Davon mag der Kirche immer etwas geblieben sein, bis heute. Die Paulusbriefe sind nie bequeme Lehre und Mahnung. Aber eben darum muß die Kirche immerzu diese Briefe lesen und hören, um von ihrem Wort geprüft und gerichtet, aber auch getröstet und geheilt zu werden.

Dieses Leben und das Werk des Apostels Paulus aber nahmen ihren Anfang und hatten ihren Grund in jener Stunde, da der auferstandene Christus dem Christenverfolger Paulus auf dem Weg nach Damaskus erschien. Da wurde Paulus »neue Schöpfung« (2 Kor 5,17).

Die Theologie des Apostels Paulus

Der Glaube des Apostels Paulus und seine Theologie als reflektierter Glaube haben Grund und Mitte in der Christusvision des Paulus vor Damaskus, in der Paulus den von ihm verfolgten gekreuzigten Jesus als den Messias und jetzt erhöhten Herrn erkannt und erfahren hatte (1 Kor 9,1; Gal 1,16). Durch diese Offenbarung erhellt sich dem Paulus Geschichte und Gegenwart. Darum wird eine Darstellung der Theologie des Paulus Mitte und Grund in der Christologie haben müssen (1 Kor 2,2). Formale Elemente und Struktur paulinischer Theologie stammen zum großen Teil aus der alttestamentlichen und rabbinischen Überlieferung, zum viel kleineren Teil aus der hellenistischen Umwelt. Nicht selten benützt Paulus aber auch schon festgewordene Überlieferungen und Formulierungen der christlichen Gemeinde (Glaubensformeln, liturgische Vollzüge, Hymnen, Bekenntnisse). Paulus fügt solche Formeln seinen Briefen ein, indem er sie auslegt und seinen Gedanken anpaßt.

I. Jesus Christus, Werk und Gestalt

Paulus war kein persönlicher Jünger Jesu. Da er die Gemeinde Jesu verfolgte, hatte er aber irgendwie Kunde und Kenntnis von Jesus. Ob er Jesus je gesehen hat, ist fraglich. (2 Kor 5,16 läßt sich keine Entscheidung zu dieser Frage entnehmen.) Doch ist dies alles unwesentlich. Nach seiner eigenen Überzeugung empfing Paulus seine Kenntnis von Christus in der Christuserscheinung vor Damaskus. Ausführliche Erzählungen der Apg (9,1–19; 22,3–21; 26,9–20) stellen den Vorgang als sichtbares und hörbares Geschehen dar. Paulus selbst beschreibt das Ereignis als innere Erfahrung. Gott offenbarte ihm seinen Sohn (Gal 1,17). Paulus zählt die Erscheinung Christi vor Damaskus zu den österlichen Erscheinungen des Auferstandenen (1 Kor 15,8). Sie offenbarte ihm, daß Gott Jesus als Messias gesandt und damit den bisherigen Heilsweg des alttestamentlichen Gesetzes beendet und zugleich allen, Juden wie Heiden, den Weg des Glaubens eröffnet hatte (Phil 3,7ff). Theologie wie Psychologie und Geschichte haben gefragt, ob das Ereignis auch oder wenigstens teilweise aus natürlichen Voraussetzungen erklärt werden könnte. Paulus wäre etwa vom Glauben und der Hingabe der ersten Christen beeindruckt gewesen, und die Erinnerung daran hätte ihn zuletzt überwunden. Oder Paulus hätte schon länger an der Möglichkeit der Gerechtigkeit aus Gesetzeswerken gezweifelt. Doch war Paulus nach Phil 3,5 überzeugter Pharisäer. Die neutestamentlichen Quellen lassen nur die Auslegung zu, daß Paulus Bekehrung und Berufung wider alle Erwartung durch den auferstandenen Christus erfuhr.

Durch die Offenbarung Christi dessen Jünger geworden, wurde Paulus Mitglied der Gemeinde in Damaskus (Apg 9,19). Er hatte teil an ihrem Glauben, ihrer Lehre, ihrem Gottesdienst. Paulus schloß sich nicht an die judenchristliche Urgemeinde Jerusalems, sondern an eine Gemeinde der jüdisch-christlichen Diaspora an. Die jüdische Diaspora war Jerusalem und seinem Tempel gegenüber freier als andere Juden, anderseits dem Griechentum geöffnet. Eine solche christliche Gemeinde mag in Lehre und Kult eigene Auffassungen und Formen entwickelt haben. Vielleicht waren hier beispielsweise die Sakramente der Taufe und des Mahles wichtigere Feiern als in der streng jüdischen Urgemeinde.

Drei Jahre nach der Bekehrung verweilte Paulus 15 Tage in Jerusalem, wo er mit Petrus und Jakobus zusammentraf (Gal 1,18). Er suchte hier nicht eine Bestätigung seines Evangeliums – dessen benötigte er als unmittelbar vom Herrn berufener Apostel nicht (Gal 1,12) –, wohl aber suchte er die Gemeinschaft mit der Gemeinde, die für ihn die Mutterkirche war (Röm 15,25ff; 1 Kor 16,1–4; 2 Kor 8,1–4).

1. Jesus und Paulus

Paulus spricht wenig vom Menschen Jesus. Die daraus sich ergebende Frage wurde bisweilen zur Behauptung gesteigert, Paulus habe ohne Verbindung mit dem geschichtlichen Jesus eine neue Christologie des Erhöhten geschaffen. Doch ist folgendes zu bedenken: Die Predigt des Paulus nach Ostern und Pfingsten konnte nicht einfachhin die einstigen Worte Jesu wiederholen. Sie mußte immer mit aussagen, daß dieser Jesus durch die Auferstehung als Messias und Sohn erwiesen und nunmehr als Herr eingesetzt war. Das Wort Jesu führte auf die Wende der Zeiten hin, indem es die nahe Gottesherrschaft verkündete. Die Predigt nach Ostern schaute nach der Wende der Zeiten auf die Offenbarung des Heiles in Christus zurück. Die Briefe des Paulus geben sodann nicht seine Missionspredigt wieder, sondern sie ordnen die Fragen und Verhältnisse bestehender Gemeinden. In der Missionspredigt mochte die Erinnerung an Jesus wichtiger sein. (Im 1. Johannesbrief ist vom historischen Jesus kaum die Rede, sehr viel aber im Johannesevangelium.) Die Briefe des Paulus lassen jedoch erkennen, daß seine Predigt von Jesus sprach: von seinem Eintritt in die Geschichte (Röm 15,8; Gal 4,4), der Herkunft aus Davids Geschlecht (Röm 1,3), seiner Familie (1 Kor 9,5; Gal 1,19), dann aber vom Erbarmen des Erlösers (Phil 1,8), seiner Milde (2 Kor 10,1), seiner Armut (2 Kor 8,9), seiner Liebe (Röm 8,35.37; 2 Kor 5,14f), seiner Wahrheit (2 Kor 11,10), seiner Heiligkeit (2 Kor 5,21), vor allem vom Heilsgeschehen des Todes und der Auferstehung Christi (Röm 8,34; 1 Kor 1,18.23; Gal 3,1.13; Phil 2,6ff). Paulus führt auch Worte Jesu an. Sie entscheiden fundamental wichtige Fragen, wie die Ordnung der Ehe (1 Kor 7,10f), die Gestalt und Bedeutung des Herrenmahles (1 Kor 11,23ff), auch die Ordnung der Mission (1 Kor 9,14). In den Mahnungen des Apostels klingen wohl Worte Jesu nach; so im befreienden Urteil über rein und unrein (Röm 14,14), in der Mahnung, für die Feinde zu beten (Röm 12,14), auch im Gebot der Liebe als dem Hauptgebot (Röm 13,9; Gal 6,2).

2. Das Werk Christi

Paulus deutet Leben und Werk Christi mit Bildern, Begriffen und Reflexionen verschiedener Herkunft, vornehmlich aber aus dem Alten Testament. Er setzt den schon von der Urkirche begonnenen Schriftbeweis fort (Gal 3,13 u. ö.). Der Heilstod Christi wird mit der Begrifflichkeit des jüdischen Kultes erklärt. Sein Tod ist Sühnopfer (Röm 3,25f; 5,9), Bundesopfer (1 Kor 11,24f) und Paschaopfer (1 Kor 5,7). Eine kürzeste Formel sagt, daß Christus für andere (Röm 5,6) und für die Sünden (1 Kor 15,3; 2 Kor 5,21) starb. Der Tod Jesu befreit aus der bisherigen Verfallenheit an Gesetz (Gal 3,13; Kol 2,14), an Sünde (Röm 5,15; 6,10) und Tod (Röm 6,8) und an die Mächte dieser Zeit insgesamt (1 Kor 2,6; Kol 2,15). Das bisherige Unheil wird in seinen Mächten hypostasiert. Doch folgt Paulus der Überlieferung der Urgemeinde, die überzeugt war, die Deutung, die Jesus seinem Tod gegeben hatte, ihrerseits weiterzugeben (Mk 10,45; 14,24). Paulus legt freilich die Überlieferung in ihrer Tiefe und Breite aus.

Das Sein in Christus wird mit alttestamentlichen Begriffen beschrieben als Versöhnung (Röm 5,11; 2 Kor 5,18), Gerechtigkeit, Heiligung und Erlösung (1 Kor 1,30), Friede (Röm 5,1; Kol 1,20), Heil (Röm 1,16). Die

Aufnahme der alttestamentlichen Begriffe ist nicht literarische Ausschmückung. Paulus sagt damit vielmehr, daß Hoffnungen und Mühen Israels nun erfüllt sind.

In anderer Weise erklärt Paulus die Heilsbedeutung des Todes Jesu, wenn er von der Einverleibung der Gläubigen in Tod und Leben Jesu spricht. Die Taufe vollzieht Jesu Tod und Auferstehung am Glaubenden (Röm 6,3f). Was im Sakrament geschah, muß im persönlichen sittlichen Leben vollzogen werden (Röm 6,11). Das Herrenmahl ist immer neue Vertiefung der Gemeinschaft mit dem Gekreuzigten. Der Kelch ist Teilnahme am Blute Christi. Das Brot stellt den am Kreuz hingegebenen Leib des Herrn dar und verwirklicht den einen Leib der Kirche (1 Kor 10,16f). Die Exegese erwägt, ob Paulus zur Darstellung und Erklärung der Sakramente Wörter und Begriffe orientalischer und hellenistischer Erlösungsreligionen, insbesondere vielleicht der Mysterienkulte, verwendet. Eine nun schon etwas zurückliegende religionsgeschichtliche Exegese nahm dies wohl an. Der neueren Exegese wird es doch wohl fraglich. Sie sucht das neutestamentliche Verständnis der Sakramente eher aus eigenen biblischen Voraussetzungen zu erklären.

3. Die Gestalt Christi

In der Erklärung des Heilswerkes Christi deutet und beschreibt Paulus auch den Träger des Werkes. Christus ist nach seiner Erscheinung Mensch. Doch sein Menschentum ist nicht das allgemeine. Er ist darüber nicht bloß erhaben, wie ein außerordentlicher Mensch über das Gewöhnliche erhaben ist, sondern er ist geheimnisvoll ausgesondert. Christus ist von der Menschheit geschieden als der eine Sündelose (2 Kor 5,21). Jesus nahm nicht schlechthin eine der Sünde unterworfene Leiblichkeit und Menschlichkeit an, sondern nur die »Gleichgestalt der Menschlichkeit« (Röm 8,3; Phil 2,7). Christus steht in der Reihe der Geschlechter. Aber er ist größer auch als der Größte der geschichtlichen Menschen, nicht nur dem Grade, sondern dem Wesen nach. Nur die Gegenüberstellung mit dem Ur-Menschen Adam ist möglich (Röm 5,12–21; 1 Kor 15,45). Adam ist Stammvater der Menschheit, Christus Anfang einer neuen Menschheit. Beide sind Schicksal und Entscheidung für die ganze Menschheit, freilich ganz gegensätzliche; dort Entscheidung zum Tod, hier Entscheidung zum Leben. Alle Gläubigen und Erlösten sind in Christus enthalten und von ihm umgriffen (Röm 5,15; Gal 3,28). Christus ist Haupt des Leibes. Als dieser Leib mag ursprünglich das

All verstanden sein (Kol 1,19f; 2,17ff). In weiterentwickelter Interpretation ist der Leib die Kirche (Eph 1,22ff).

Zwischen Christus und dem ewigen Gott besteht die Verbundenheit unvergleichlicher Enge, Innigkeit und Ausschließlichkeit. In einer Steigerungsformel wie 1 Kor 3,22f: »Alles ist euer, ihr aber seid Christi, Christus aber ist Gottes«, ist Christus wohl dem Vater nachgeordnet, aber ihm so zugeordnet, daß alles Geschöpfliche weit zurückbleibt (ähnlich 1 Kor 11,3). Christus ist »Bild Gottes« (2 Kor 4,4; Kol 1,15), d.h., er ist Gottes Offenbarung und Epiphanie in Welt und Zeit. Gott war (2 Kor 5,19) und ist in Christus (Röm 8,39). »In ihm wohnt die Fülle der Gottheit leibhaftig« (Kol 2,9). Vor seiner Menschwerdung war er himmlisches Wesen in »gottgleicher Gestalt« (Gal 4,4; Phil 2,6). Schon in Israels Geschichte war er wirksam (1 Kor 10,3f). Er war und ist Gottes Sohn (Röm 1,3.9; 8,3). Nun ist er, zu Gott erhöht, »Herr« über Kirche und Welt. Er wird als Richter wiederkommen (1 Thess 1,10). Christus eignet göttliche Ewigkeit, Würde und Macht. Der Schritt zur expliziten Aussage ewiger gottheitlicher Existenz wäre möglich. Ob Paulus diese Aussage gemacht hat, ist nicht sicher, da Röm 9,5 nicht eindeutig ist. Der Satz »Gott, hochgelobt in alle Ewigkeit« kann auf Christus bezogen, aber auch eine selbständige Doxologie sein.

Diese hohen Aussagen des Paulus erscheinen in seinen Briefen in älteren, von ihm übernommenen Glaubensformeln (Röm 1,3f; 10,9; Phil 2,6–11). Der aramäische Gebetsruf Maranatha (= Der Herr ist da, oder: Herr, komme; 1 Kor 16,22) bezeugt, daß schon die aramäisch sprechende Urgemeinde Christus als den Herrn verehrte. (Das gleiche bekundet das Gebet des Stephanus Apg 7,59). Die Christologie des Paulus ist die gleiche wie jene der Kirche vor ihm und mit ihm.

In anderer Weise beschreibt Paulus das Herrsein Christi, wenn er die Inexistenz zwischen Christus und den Glaubenden darstellt. Christus ist im Glaubenden (Röm 8,10; Gal 2,20; 4,19). Der Erlöste, die Kirche und die ganze Schöpfung sind in Christus (Röm 6,11; 12,5; 2 Kor 5,17; Gal 1,22; 3,28; 1 Thess 2,14). Von dieser Seinsweise Christi sagt Paulus endlich: »Der Herr ist der Geist« (2 Kor 3,17). In geistiger Weise und Kraft durchdringt, erfüllt, besitzt und beherrscht Christus alles.

II. Die Welt

Von Gestalt und Werk Christi aus erklärt und ordnet Paulus die Erscheinungen der Welt und der Geschichte. Als Jude versteht Paulus die Welt als Gottes Schöpfung (Röm 4,17). Den Glauben Israels führt Paulus weiter durch seine Christologie der Schöpfung. »Durch den Herrn Jesus Christus ist alles und wir durch ihn« (1 Kor 8,6; Kol 1,16–19). (Die Christologie der Schöpfung ist fortgeführt Hebr 1,2.10; Joh 1,3; Offb 3,14). Die neutestamentliche Lehre von der Schöpfung in Christus ist zu verstehen als Glaubensaussage vom Ende her. Christus ist jetzt der Herr. Er wird wiederkommen als der Richter (1 Thess 1,10; Phil 2,10ff). Von Anfang an muß er seinen Ort im Plan Gottes gehabt haben. Der Glaubensschluß war vorbereitet durch die alttestamentliche Weisheitslehre, wonach vom Anbeginn Gott die Weisheit zugehört, die schon bei der Schöpfung der Welt zugegen war (Spr 3,19f; 8,22.27–31; Sir 24,5). Christus ist die offenbarte Weisheit Gottes (1 Kor 1,24–30). Was im Alten Testament von der Weisheit gesagt war, wird im Neuen Testament Christus zugeeignet. Auch wird die Erlösung als neue Schöpfung in Christus (2 Kor 4,6; 5,17) verstanden. Der christliche Schöpfungsglaube hat danach seinen letzten Grund nicht in den Erzählungen von Gen 1 und 2, sondern im Christusglauben. Durch Christus als Gottes Offenbarung und Wort ist der Schöpfungsglaube getragen, und durch ihn ist dessen Gewißheit begründet. Der Schöpfungsglaube ist darum nicht nur etwa fromme Spekulation Israels oder, noch ungewisser, der Versuch einer religiös-mythologischen Welterklärung, sondern christliche Wahrheit. Von der Mitte Christus aus ist die ganze Geschichte von der Schöpfung bis zur Vollendung als Einheit zu begreifen.

III. Israel

Ein bedrängendes Phänomen der Geschichte ist für Paulus Israel, sein Gesetz, sein Heil und Unheil. Der Unglaube seines Volkes ist für Paulus ein tiefer Schmerz und eine quälende Frage (Röm 9,2). Er war stolz, zum Volk der Erwählung zu gehören (Röm 11,1f; 2 Kor 11,22). Er war ein Israelit, eifriger als viele andere (Gal 1,14; Phil 3,5). Israels Gesetz ist als Gottes Gabe heilig, gerecht und gut (Röm 7,12). Das Gesetz war für Israel ja nicht eine Last, sondern Erwählung und Begnadung (Röm 2,20–24; 9,4). Dem Gesetz verdankte es seinen reinen Gottesglauben inmitten des heidnischen Götzendienstes, die Ordnung des Lebens und der Gemeinschaft inmitten der heidnischen Unsittlichkeit. Das Alte Testament und Judentum sprechen die Gesetzesfreude in vielen Zeugnissen aus (so Ps 119). Darf der Mensch, gar der Fromme, darf die Kirche sich vom Gesetz Gottes befreien? Mußten nicht die Folgen allgemeine Auflösung und Unheil sein? Wenn aber der erhöhte Christus in der Erscheinung vor Damaskus Paulus zu den Heiden sandte, so enthielt wohl schon dieser Missionsbefehl, daß für diese das alttestamentlich-jüdische Gesetz nicht mehr gelten konnte. Die Frage löst sich für Paulus vom Kreuze her. Der gekreuzigte Christus ist, am Holze hängend, verurteilt und gerichtet nach dem Gesetz (Gal 3,13 nach Dtn 21,23). Als der Heilige ist er dieser Strafe nicht schuldig. Er erträgt sie für andere, für die Sünde nach dem Gesetz. Damit ist jetzt der Verfluchung durch das Gesetz genuggetan, ja das Gesetz und seine Forderung ist abgetan. Christus ist des Gesetzes Ende (Röm 10,4). Die Anerkennung des Gesetzes und zugleich das Bekenntnis zu dem nach dem Gesetz Gekreuzigten war ein untragbarer Widerspruch. Die Offenbarung des Heiles in Christus läßt aber nun das Unheil des früheren Äons erkennen (2 Kor 3,16). Die Kirche ist vom Gesetz frei, oder richtiger: sie vermag jetzt die eigentliche und wesentliche Forderung des Gesetzes zu erfüllen, die die Liebe ist (Röm 3,31; 8,4). Doch bleibt Israel Gottes erwähltes Volk. Gott »reut es seiner Gnade nicht« (Röm 11,29). Gott nimmt seine Gabe nicht zurück. Durch Offenbarung hat Paulus die Gewißheit empfangen, daß auch das ganze Israel am Ende der Zeit das Heil finden wird (Röm 11,26). Paulus hoffte aber die Vollendung der Zeit sehr nahe. Bald also wird auch Israel Erlösung erfahren.

IV. Der Mensch

Auch des Paulus Bild und Lehre vom Menschen führt Israels Überlieferung im Christusglauben fort. Als der neue Adam (Röm 5,12) ist Christus Anfang und Grund neuen Menschseins und einer neuen Menschheit. Während der erste Adam irdisch ist und animalisches Leben vermittelt, ist dieser letzte Adam lebenschaffender Geist, der vom Himmel stammt (1 Kor 15,45ff). Auch die alte Lehre von der Gottebenbildlichkeit (Gen 1,27) wird christologisch gedeutet. In Christus ist der Mensch neu geschaffen zur wahren Ebenbildlichkeit mit dem Schöpfer (Kol 3,9ff). Der alte adamitische Mensch war in Begierden gefangen. Der neue Mensch ist wiedergeschaffen zum Leben in Gerechtigkeit und Frömmigkeit (Eph 2,10). Nun ist Christus der »Erstgeborene unter vielen Brüdern« (Röm 8,29). Die Gestalt des Erlösten soll vollendet werden zur gleichen Herrlichkeit des Urbildes Christi (1 Kor 15,49; Phil 3,21).

Aus dem neuen Sein in Christus folgt das Ethos des neuen Sollens. Es wirkt sich in vielerlei Weise aus. Als grundlegende Haltungen können und sollen genannt werden Glaube, Gerechtigkeit, Freiheit, Hoffnung.

1. Der *Glaube* anerkennt und ergreift das Handeln Gottes in Christus. »Weil wir wissen, daß ein Mensch nicht aufgrund von Gesetzeswerken gerecht wird, sondern nur durch den Glauben an Christus Jesus, deshalb sind wir an Christus gläubig geworden, damit wir gerechtfertigt werden aus dem Glauben Christi« (Gal 2,16). (Von der Christusbezogenheit des Glaubens sprechen ebenso Röm 10,17; 2 Kor 3,4). Der Glaube ist nicht Verdienst des Menschen, sondern Gabe Gottes an ihn. »Es wurde euch geschenkt, nicht nur an Christus zu glauben, sondern für ihn zu leiden« (Phil 1,29). Wenn Gott handelt, ist der Mensch nicht der Verantwortung enthoben, sondern in sie hineingewiesen. »Mit Furcht und Zittern wirket euer Heil. Denn Gott ist es, der in euch das Wollen wie das Wirken wirkt nach seiner Gnade« (Phil 2,12). Doch ist der Glaube als Entscheidung auch Tat des Menschen. Er ist Gehorsam gegen das Wort Gottes, das den Menschen in der Predigt der Kirche erreicht (Röm 1,5; 1 Thess 2,13). Der Glaube muß sich bewähren in der Tat der Liebe (Gal 5,6). Allein der Glaube kann die Gerechtigkeit des Menschen schaffen, der von sich aus immer Sünder ist (Röm 1,18–3,20). Ist der Glaube Gehorsam, so doch kein blinder Gehorsam. Er hat sein »Wissen«. Der Glaube erkennt das Werk Gottes. »Wir glauben, und deshalb predigen wir, wissend, daß der, der den Herrn Jesus erweckt hat, auch uns mit Jesus erwecken wird« (Röm 6,8f). Dem Glaubenden eröffnet sich ein neues Selbst- und Daseinsverständnis. »Ich weiß und bin überzeugt im Herrn Jesus, daß nichts an sich unrein ist« (Röm 14,14; vgl. Röm 5,3; 2 Kor 1,7; 5,6; Phil 1,19). Dem Glauben ist das Fragen nicht verboten. Er soll immer fortschreiten in Einsicht und Erkenntnis Gottes (Kol 1,9f). Glaube und Wissen sind eine gegensätzliche Einheit. Der Glaube ist Gläubigkeit und Glaubenskraft des ergriffenen Menschen. Aber der Glaube hat immer seinen Inhalt, auf den er bezogen ist. Er ist Glaube an und Bekenntnis zu Jesus Christus (Röm 10,9–14; Gal 2,16; Phil 1,29; 1 Thess 4,14). Schon bilden sich Glaubensnorm und Glaubensregel. Schon entsteht das kirchliche Symbol (1 Kor 15,3; vgl. Röm 12,6; Gal 1,23; Eph 4,5; weiterhin in den Pastoralbriefen 1 Tim 2,7; 3,9; 4,6; Tit 1,1).

2. Der Glaube empfängt die *Gerechtigkeit.* Israel strebte danach, die Gerechtigkeit vor Gott zu erreichen. Durch lange Zeiten hat es darum unsägliche Mühen und Leiden auf sich genommen. Zur Zeit des Neuen Testa-

ments bemüht sich die Gemeinde von Qumran um neue, strenge Befolgung des Gesetzes. Aber der Fromme dort weiß, daß auch er auf die Gabe der göttlichen Gerechtigkeit angewiesen bleibt. »Meine Rechtfertigung steht bei der Gerechtigkeit Gottes in Ewigkeit« (1QS 9,12). Dieser Bemühung und Hoffnung sagt Paulus die Erfüllung zu. Wie für jeden Juden steht für Paulus fest, daß Gott gerecht ist (Röm 3,4–8). Von daher enthält der Begriff der Gerechtigkeit Gottes bei Paulus ein juridisches Moment. Für den Menschen entscheidet sich alles damit, ob er vor Gott als Gerechter bestehen kann. »Der aus Glauben Gerechte wird leben« (Röm 1,17). In einem langen Beweisgang Röm 1,18ff kommt Paulus zum Ergebnis, daß es Gerechtigkeit vor Gott nie gab und nicht gibt. Das gilt für Juden wie für Heiden. Nun aber bietet sich dem Menschen die Möglichkeit und einzige Möglichkeit des Lebens. »Nun wird die Gerechtigkeit Gottes offenbart im Evangelium« (Röm 1,17; 3,21). Im Evangelium wird Gott als der offenbar, der gerecht ist und gerecht macht (Röm 3,24.26). Die Gerechtigkeit Gottes verlangte Versöhnung der Schuld. Gott hat Christus »für uns zur Sünde gemacht, auf daß wir Gerechtigkeit Gottes in ihm würden« (2 Kor 5,21). Der ist nun gerecht, der Gottes Heilswillen und Heilswerk anerkennt und annimmt. »Ich habe nicht meine eigene Gerechtigkeit, die aus dem Gesetz, sondern die durch den Glauben an Christus, die Gerechtigkeit aus Gott aufgrund des Glaubens« (Phil 3,9). Der Glaube ist nicht die Rechtfertigung, sondern nach dem Zugeständnis des Nichthabens und der Preisgabe des Sichrühmens die Annahme der Gabe Gottes. Dies ist »der Gehorsam zur Gerechtigkeit« (Röm 6,16). Ist die Gerechtigkeit nicht sittliche Leistung, sondern Geschenk, so wird sie doch, wenn sie angenommen ist, sofort Ursprung neuer Sittlichkeit. Die Gerechtigkeit muß ihre »Frucht« bringen (Phil 1,11). Nun kann und muß die Rechtsforderung des Gesetzes erfüllt werden (Röm 8,4). Die Echtheit der Gerechtigkeit wird einst offenbar im Gericht (Röm 2,13; Gal 5,5). Die Gerechtigkeit ist schon gegeben, aber sie ist auch noch erwartetes künftiges Gut, indem sie im Endgericht zugesprochen wird. Die Predigt des Paulus ist Aufforderung zur fortgesetzten Begegnung mit Gottes Gericht wie Gottes Gnade. Wenn die Gerechtigkeit für Paulus ein zentraler Begriff ist, so hat er doch nichts Fremdes zum Evangelium hinzugetan. Er stimmt überein mit den Synoptikern, indem er sie freilich nach Kreuz und Auferstehung fortsetzt. Nun sind »die Königsherrschaft und Gottes Gerechtigkeit« (Mt 6,33) gekommen. Nun ist die Zusage der Gerechtigkeit ohne Werke (Lk 18,14) wirklich.

3. Eine Wirkung der Gerechtigkeit ist die *Freiheit.* Der Mensch findet sich

in der Unfreiheit des Gesetzes (Röm 7,23), der Sünde (Röm 6,20) und des Todes (Röm 6,23; 8,2) vor. Ohnmächtig, sich selber zu helfen, wird der Mensch nun befreit durch die Tat Jesu Christi, der Sünde und Tod stellvertretend für die Menschen auf sich nahm (Röm 8,3; 2 Kor 5,21; Gal 3,13). »Zur Freiheit hat uns Christus freigemacht« (Gal 5,1). Der Glaubende verwirklicht die Freiheit, da er den Ruf zur Freiheit hört und ihm folgt (Gal 5,13). Die Freiheit ist keineswegs ungebunden und zügellos. Sie ist nicht nur und nicht so sehr Freiheit wovon, sondern Freiheit wofür: als Freiheit vom Gesetz für das Evangelium; als Freiheit vom Fleisch für den Geist; als Freiheit von der Sünde für die Gnade; als Freiheit vom Tod für das Leben; als Freiheit für den Nächsten (Gal 5,13) und für Gott (Röm 6,22). Die neue Existenz lebt »nach dem Gesetz des Geistes des Lebens in Jesus Christus« (Röm 8,2). Sie erfüllt jetzt »das Gesetz Christi« (Gal 6,2). Die Freiheit vom Gesetz wird je wahr und wirklich in der Erfüllung des Gesetzes der Freiheit (Jak 1,25). Die Freiheit ist jetzt in besonderer Weise die Offenheit des Glaubens in der Rede vor Gott (2 Kor 3,12; Eph 3,12) wie in der Rede vor den Menschen (2 Kor 7,4; Eph 6,19). Die ganze Freiheit ist erst eschatologische Gabe als Befreiung aus der Knechtschaft der Vergänglichkeit zur Freiheit der Herrlichkeit der Kinder Gottes (Röm 8,21). Wenn dem Neuen Testament und Paulus zumal Sache und Wort der Freiheit überaus wichtig sind, so wird dies in der Hinwendung zur gleichzeitigen griechischen Welt geschehen, der die Freiheit ein kostbares, in Philosophie, Ethik und Religion gesuchtes und erstrebtes Gut war. Die Umwelt wird für das Neue Testament Anlaß, im Evangelium die wahre Freiheit zu erkennen und sie zu predigen. Dabei begegnen und scheiden sich Welt und Evangelium. Dort (so in der Stoa) wird die Freiheit durch eigene Kraft des Weisen gewonnen; hier ist sie Geschenk der befreienden Gnade Gottes.

4. Die *Hoffnung* gehört so wesenhaft zum Glauben, daß Paulus die Christen einfachhin »die sich in Hoffnung Freuenden« (Röm 12,12) nennen kann, während die Heiden jene sind, »die keine Hoffnung haben« (1 Thess 4,13). Der biblische Gott ist »der Gott der Hoffnung« (Röm 15,13). Wurzel und Grund der Hoffnung ist der Glaube. »Abraham glaubte gegen alle Hoffnung auf Hoffnung hin« (Röm 4,18). Ist der Glaube Gottes Gabe, so auch die Hoffnung. »Gott selbst ist es, der uns geliebt und uns ewigen Trost und gute Hoffnung in Gnaden gegeben hat« (2 Thess 2,16). Begriff und Inhalt der Hoffnung werden entfaltet. »Auf Hoffnung hin wurden wir gerettet. Eine Hoffnung aber, die man schon erfüllt sieht, ist keine Hoffnung mehr. Das, was einer sieht, was braucht er das noch zu erhoffen? Wenn wir aber

das erhoffen, was wir nicht sehen, dann warten wir« (Röm 8,24f). Hoffnung ist immer auf die Zukunft gerichtet. Ihr Gegenstand ist nie erfahrbar gegenwärtig. Sonst wäre sie nicht mehr Hoffnung, sondern Besitz. Dies bedeutet aber keine Minderung, sondern bürgt für Größe und Wert der Hoffnungsgüter. Die Hoffnung wählt nicht das Sichtbare als das anscheinend Sichere, indem sie das andere, was unsichtbar ist, für unsicher hielte und es preisgäbe. Die Hoffnung darf überhaupt nicht auf Sichtbares gehen, weil alles Sichtbare zeitlich ist. »Wir schauen nicht aus nach dem Sichtbaren, sondern nach dem Unsichtbaren. Denn das Sichtbare ist vergänglich, das Unsichtbare ist ewig« (2 Kor 4,18). Die Hoffnung richtet sich auf die Zukunft, die Gott ist. So sehr ist sie auf das Unverfügbare gerichtet, daß sie der Welt als paradox erscheinen kann als »Hoffnung wider alle Hoffnung« (Röm 4,18). Sie gründet auf der von Gott in Christus gewirkten Heilstat. »Wir haben Hoffnung durch Christus zu Gott« (2 Kor 3,4). Die Hoffnung hat ihre Gewißheit in der je persönlichen Zuwendung Gottes. »Die Hoffnung läßt nicht zuschanden werden. Denn die Liebe Gottes ist ausgegossen in unsere Herzen durch den Heiligen Geist, der uns gegeben ist« (Röm 5,5). Wenn die gegenwärtige Bedrängnis nicht den Glauben zerstört, so weil sie die Hoffnung erweckt (Röm 5,4), die Hoffnung aber Freimut (2 Kor 3,12) und Freude (Röm 12,12). Die Hoffnung ist in Gott gründende Existenz, die der Welt entnommen ist (Tit 2,11–14). Hoffnung umfaßt die ganze Schöpfung. Angst und Sehnsucht sind jetzt die sichtbaren und hörbaren Phänomene allen Lebens. Dieser Zustand ist nicht Gottes ursprüngliche Schöpfung, sondern Verschuldung, verschuldet nicht von der vernunftlosen Schöpfung, sondern mitverschuldet vom schuldigen Menschen. Das Klagen der Kreatur ist Zeichen, daß sie auf Erlösung und Verherrlichung wartet und hofft (Röm 8,20). Ihre Hoffnung wird nicht enttäuscht werden. Die Erlösung des Menschen ist für Paulus nicht Erlösung aus der Welt – dies mag östliche wie platonische Erlösungslehre sein –, sondern Erlösung mit der Welt. In Christus nahm die Schöpfung ihren Anfang (s. o.), in ihm hat sie ihren Bestand, in ihm wird sie jetzt und künftig vollendet (Kol 1,16f; Hebr 1,2f). In allem gilt: »Christus in euch, die Hoffnung der Herrlichkeit« (Kol 1,27).

V. Die Kirche

Die messianische Gemeinde ordnet sich in den Briefen des Paulus als Kirche. In vielen Bezeichnungen und Namen spricht sie ihr Selbstverständnis wie ihren Reichtum aus. Die Christen nennen sich die »Heiligen« (Röm 1,7

u. o.), was die Berufung und Weihe bezeichnet, ebenso auch die »Brüder« (Röm 16,14; 1 Kor 16,20; 1 Thess 5,26), was die Enge der Gemeinschaft anzeigt. Die Gemeinde ist Gottes Eigentumsvolk (Röm 9,25f; 1 Kor 10,11; 2 Kor 6,16). So wird die messianische Gemeinde schon von den Propheten (Hos 2,25; Dtn 7,6) genannt, und so erfüllt sich Israels Hoffnung. Die Kirche ist das neue und wahre Israel (Gal 6,16; Phil 3,3), das geistige Jerusalem (Gal 4,26). Sie ist der neue gottgestiftete Bund (1 Kor 11,25; 2 Kor 3,6). Der Name der Gemeinde ist bei Paulus vor allem Ekklesia, Kirche Gottes (etwa 100mal). Indem das Wort die Bezeichnung der Gemeinde des Alten Bundes aufnimmt, nennt es wiederum die neue Gemeinde das wahre Israel. Kirche bezeichnet zunächst die ganze ökumenische Gemeinschaft der Erwählten und Geheiligten, nicht die einzelne Gemeinde. In der einzelnen Ortsgemeinde wird die ganze Kirche offenbar und gegenwärtig (1 Kor 1,2). Die Christen sind aber nicht in der Kirche, noch weniger ist die Kirche eine den Gläubigen gegenübergestellte Größe, sondern die Gläubigen sind die Kirche. Des Paulus großes Anliegen ist es, die Einheit der Kirche zu wahren und zu stärken (Röm 12,5; 1 Kor 10,17; 12,9–20; Eph 4,4ff). Mit nicht biblischem Bildwort wird in den Paulusbriefen die Kirche »Leib Christi« genannt (Röm 12,5; 1 Kor 12,27). Der reale Leib des gekreuzigten Herrn, der sakramentale Leib im Herrenmahl und der Leib, der die Kirche ist, bilden in tiefen Bezügen eine Einheit (1 Kor 10,16f). Die Begrifflichkeit wird weiterentwickelt in späteren Briefen (Kol 1,24; Eph 4,16: Christus ist Haupt des Leibes). Die Exegese fragt, ob hier gnostische Vorstellungen vom kosmischen Urmenschen mitwirken, die allerdings erst nach dem Neuen Testament deutlicher ausgesprochen sind. In der Gemeinde werden viele Dienste und Ämter versehen (Röm 12,6ff; 1 Kor 12,7–11.28; Phil 1,1). Sie sind Charismen, verstanden als Schöpfungen Gottes (1 Kor 12,28–31), als Gaben Christi (Eph 4,11f), als Wirkungen des Geistes (Röm 12,6; 1 Kor 12,11). Durch die Dienste wird in der Kirche das Wort verkündet, in dem Gottes Wort hörbar und wirksam wird (1 Thess 2,13; 2 Kor 5,18f; Phil 2,16). Dieses Wort berichtet nicht bloß vom einst geschehenen Heil, sondern in der Verkündigung ereignet sich das Heil. So wirkt das Wort der Versöhnung (2 Kor 5,18f), des Heiles (Apg 13,26), der Gnade (Apg 14,3; 20,32), des Lebens (Phil 2,16) das, was es verkündet. Das Wort hat sakramentale Kraft. (Es dürfte daran erinnert werden, daß auch das Vaticanum II so von der Macht des Wortes spricht; so in der Konstitution über die Liturgie n. 7.) Das Wort wird auch gesetzt in den heiligen Begehungen der Taufe (Eph 5,26) und des Mahles (1 Kor 11,26). Die Kirche ist Kirche aus Wort und Sakrament.

Paulus gebraucht auch das der synoptischen Verkündigung wesentliche Wort von der Königsherrschaft Gottes (= Reich Gottes), wenn auch selten. Diese Königsherrschaft ist schon jetzt in der Kirche anwesend (1 Kor 4,20; Kol 1,13), aber sie ist auch künftig als Ziel des Glaubens und Lebens (1 Kor 6,9f; 15,50; Gal 5,21; 2 Thess 1,5). Die synoptische Predigt der Königsherrschaft war auf die Zukunft des Heiles ausgerichtet. Es ist nun schon wirklich in Christus. Darum tritt das Wort von der Königsherrschaft zurück hinter dem Evangelium vom Christus.

Mit der Kirche der ersten Zeit erwartet Paulus die baldige Wiederkunft des Herrn, welche die mit der Totenauferstehung beginnende Endzeit und Vollendung heraufführen wird. Er beschreibt die Eschatologie mit den apokalyptischen Bildern und Vorstellungen seiner Zeit (Röm 13,11f; 1 Kor 15,23–28.35–53; 1 Thess 4,14–18). Der Naherwartung ist nicht der Kalendertag wesentlich, sondern die stete Bereitschaft (1 Kor 16,13) und die Distanz gegenüber der Welt (1 Kor 7,29). Paulus ist sich dessen bewußt, daß menschliche Erkenntnis bei der eschatologischen Beschreibung an der Grenze ihrer Möglichkeiten anlangt. Denn jene Welt ist unsichtbar und unvorstellbar (Röm 8,24f; 2 Kor 4,18). Hier beginnt das Geheimnis Gottes (1 Kor 15,51). Fragen kann Torheit werden (1 Kor 15,36). Die alttestamentlich-jüdische Überlieferung wird durch Paulus auf Christus bezogen und in ihm neu gegründet. Die Auferstehung Jesu ist Bürgschaft der Auferstehungshoffnung (Röm 8,11; 1 Kor 15,22; 2 Kor 4,14; 1 Thess 4,14). Der Christ ist im Leben wie im Tode mit Christus verbunden (Röm 8,38; 1 Thess 4,17). Auch die Toten sind »in Christus« (1 Kor 15,18; 1 Thess 4,16). Sterben bedeutet Gehen zum Herrn (Phil 1,21–24) und Daheimsein beim Herrn (2 Kor 5,8). Die Christozentrik mündet in die Theozentrik. Gott, der die Fülle des Lebens ist, läßt nicht im Tode enden. »Wir vertrauen auf Gott, der die Toten erweckt« (2 Kor 1,9). Endlich wird sein »Gott alles in allem« (1 Kor 15,28).

Eigenartig ist der Gegensatz von 2 Kor 4,7–18 und 5,1–10. Letzterer Abschnitt stellt das apokalyptische Welttheater in überlieferter Weise dar; im ersten Abschnitt ist die Eschatologie personhaft-mystisch aufgefaßt und präsentisch interpretiert. Sagte Paulus zuerst, daß im jetzigen täglichen Sterben die Vereinigung mit dem Herrn Christus nur immer stärker und inniger werde (2 Kor 4,11.16), so sagt er dann, daß das Leben im Leibe die Trennung vom Herrn bedeutet (2 Kor 5,6–10). Im ersten Abschnitt spricht Paulus voll Zuversicht von der jetzt schon gewissen, ja schon gewirkten

Überwindung des Todes (2 Kor 4,16f), im anderen aber mit Bangen von dem noch zu überwindenden Sterben (2 Kor 5,2–5). Paulus sind ganz verschiedene Betrachtungs- und Lehrweisen über den gleichen Inhalt möglich.

VII. Gott

Auch der Gottesbegriff des Paulus wird endlich christologisch bestimmt. Gott ist der in Jesus offenbare. Er ist der »Vater Jesu Christi« (Röm 15,6; 2 Kor 1,3; Kol 1,3). Gottes Herrlichkeit ist erschienen auf dem Angesicht Christi (2 Kor 4,6). Der Glaube an den einen Gott ist für Paulus eine fraglose Gewißheit aus Israels Geschichte. »Wir wissen, daß kein Gott ist als der eine« (1 Kor 8,4 = Dtn 6,4; Röm 16,27; Gal 3,20). Paulus teilt den Dank seines Volkes für diesen Glauben. Vom jüdischen Gottesglauben aus verurteilt er den heidnischen Götzendienst (Röm 1,18–32). Der Gottesglaube ist aber kein theoretisches Bekenntnis, sondern wesentlich ist sein »Sein für uns« (1 Kor 8,4ff). Die Bekenner des einen Gottes dürfen keine Götter neben ihm haben; selbstverständlich keine Götzenbilder (1 Kor 10,21; 2 Kor 6,16), aber auch nicht irgendeine Anerkennung fremder Mächte ist möglich, sei es in Angst (Kol 2,8.20), sei es in heimlicher Verehrung (Röm 1,25; 1 Kor 8,5).

Das streng monotheistische Gottesbekenntnis wird gemäß dem einmaligen und dauernden Heilsgeschehen mit dem Christusbekenntnis verbunden, so daß sich zweigliederige Formeln bilden: »Gnade sei euch und Friede von Gott unserem Vater und dem Herrn Jesus Christus« (Röm 1,7; 1 Thess 1,1). Die zweigliederige Formel ergänzt und erweitert sich zur dreigliederigen: »Die Gnade unseres Herrn Jesus Christus und die Liebe Gottes und die Gemeinschaft des Heiligen Geistes sei mit euch« (2 Kor 13,13; ähnlich Röm 15,30; 1 Kor 12,4ff; Gal 4,6; 2 Thess 2,13; außerdem Mt 28,19; 1 Petr 1,2). Solche Sätze bilden die Grundlage für die spätere trinitarische Dogmatik der Kirche, die mit Hilfe griechischer Philosophie ausgebildet wird. Die Sätze des Neuen Testaments sind nicht Aussagen über das in sich ruhende und metaphysische Wesen Gottes, sondern sie sind heilsgeschichtlich zu verstehen. Der ewige Gott wurde und ist offenbar in seinem Sohn Jesus Christus, der in der Kirche gegenwärtig ist durch die Kraft des Heiligen Geistes.

Die Theologie des Apostels Paulus ist wesentlich Christologie. So mag sie zusammengefaßt werden in dem Satz: »Der herabstieg ist derselbe, der auch hinaufstieg über die Himmel, damit er alles erfülle« (Eph 4,10).

Literatur: Schoeps, H.-J., Paulus. Die Theologie des Apostels im Lichte der jüdischen Religionsgeschichte (T 1959); *Maier, F. W.*, Paulus als Kirchengründer und kirchlicher Organisator (Wü 1961); *Daniélou, J., Prat, F.*, La Théologie de S. Paul, 2 Bde. (P 1961); *Amiot, F.*, Die Theologie des hl. Paulus (Mz 1962); *Jüngel, E.*, Paulus und Jesus (T 1962); *Wegenast, K.*, Das Verständnis der Tradition bei Paulus und in den Deuteropaulinen (Neukirchen 1962); *Cerfaux, L.*, Christus in der paulinischen Theologie (D 1964); *Whiteley, D. E. H.*, The Theology of St. Paul (O 1964); *Bormann, P.*, Die Heilswirksamkeit der Verkündigung nach dem Apostel Paulus (Pa 1965); *Bultmann, R.*, Theologie des NT (T ^{5}1965); *Delling, G.*, Die Botschaft des Paulus (B 1965); *Thüsing, W.*, Per Christum in Deum (Mr 1965); *Gütgemanns, E.*, Der leidende Apostel und sein Herr (FRLANT 90) (Gö 1966); *Stuhlmacher, P.*, Gerechtigkeit Gottes bei Paulus (FRLANT 87) (Gö ^{2}1966); *Fitzmyer, J. A.*, Pauline Theology (Prentice Hall 1967); *Hierzenberger, G.*, Weltbewertung bei Paulus nach 1 Kor 7,29–31 (D 1967); *Kertelge, K.*, »Rechtfertigung« bei Paulus (NTA NF 3) (Mr 1967); *Paillard, F.*, Ringen mit Paulus (F 1967); *Sand, A.*, Der Begriff »Fleisch« in den paulinischen Hauptbriefen (Rb 1967); *Conzelmann, H.*, Grundriß der Theologie des Neuen Testaments (Mn 1967) 175–221; *Blank, J.*, Jesus und Paulus (Mn 1968); *Dülmen, van A.*, Die Theologie des Gesetzes bei Paulus (St 1968); *Grabner-Haider, A.*, Paraklese und Eschatologie bei Paulus (NTA NF 4) (Mr 1968); *Schelkle, K. H.*, Theologie des NT, I: Schöpfung (D 1968); II: Christologie (D 1973); III: Ethos (D 1970); IV, 1: Vollendung (Eschatologie) (D 1974); IV, 2: Jüngergemeinde und Kirche (D 1976); *Schelkle, K. H.*, Paulus (Darmstadt 1981).

Paulusbriefe

Unter den 27 »Büchern« des Neuen Testaments sind 21 Briefe. Dieser Befund erklärt sich aus literarischen Gepflogenheiten des Altertums, insbesondere auch der Umwelt des Neuen Testaments, wo Briefe und Briefsammlungen ein häufig gebrauchtes Mittel zur Verbreitung philosophischer, ethischer, politischer und künstlerischer Anschauungen waren. So sind uns Briefsammlungen von Platon, Aristoteles, Cicero, Epikur, Seneca, Horaz, Ovid überkommen. An die Sammlung der Paulusbriefe schließen sich in der Kirche an die Briefe des Ignatius, Cyprian, Augustinus.

Sobald Briefe geschrieben werden, entwickeln sich konventionelle Formen. Der antike Brief nennt zunächst den Namen des Absenders, nennt und grüßt dann den Empfänger. Der Brief schließt mit Wünschen und Grüßen. Davon gibt es zahlreiche Beispiele in der Literatur und auf Papyri. Paulus benutzte die gebräuchliche Form, wandelte sie jedoch oft erheblich ab. Die Briefe des Paulus sind jedoch nicht systematische Abhandlungen (wie manche Briefe der genannten Sammlungen), sondern echte Briefe aus dem Dienst und der Not des Apostels, der in seinen Gemeinden nicht überall und immer gegenwärtig sein kann, wie er dies wünschte (2 Kor 1,15; Gal 4,20; 1 Thess 2,12f.18). Er sendet dafür einen Mitarbeiter (2 Kor 2,13; 7,6f; 8,6; 1 Thess 3,1) oder wenigstens einen Brief (Gal 6,11). Die Briefe stammen aus und sprechen zu einmaligen Situationen der Gemeinden. Diese Voraussetzungen waren den ursprünglichen Empfängern bekannt, uns sind sie oft dunkel oder unbekannt. Darum bleibt in der Erklärung nicht weniges unsicher.

Wir besitzen nicht alle Briefe, vielleicht nur den kleineren Teil der Briefe, die Paulus geschrieben hat. Die erhaltenen Briefe stammen ungefähr aus den Jahren 50 bis 60. Erhalten sind nur Gemeindebriefe; allenfalls der Philemonbrief ist ein persönlicher Brief. Die zwei kanonischen Korintherbriefe lassen erkennen, daß Paulus wenigstens 4 Briefe nach Korinth geschrieben hat. Auch ein Kol 4,16 genannter Brief nach Laodizea ist verloren. Die Briefe des Paulus wurden, soweit sie erreichbar waren, einige Jahrzehnte nach seinem Tode aus den Archiven der Kirchen gesammelt. Die Herausgeber mochten dabei beabsichtigen, nichts vom Vorgefundenen verlorengehen zu lassen. So fügten sie etwa Teile und Fragmente zusammen. Möglicherweise sind manche heutige Briefe (wie 2 Kor, Phil, auch andere?) erst vom Herausgeber zur heutigen Einheit zusammengefaßt.

Im Neuen Testament stehen 14 Briefe unter dem Namen des Paulus; 13 tragen seinen Namen als den des Absenders (über Hebr s. u.). Das Altertum hat uns zahlreiche Schriften unter fiktiven Namen überliefert. Schriftstellerei unter anderem Namen war eine literarische Möglichkeit, kaum anders als bei uns Pseudonymität. Philosophenschulen etwa stellten ihre Schriften unter den Namen des Gründers oder eines Meisters, um damit zu bekunden, daß sie ihre Einsicht diesem Vorgänger verdanken. Außerhalb des Kanons sind ein dritter Korintherbrief des Paulus, ein Laodizenerbrief, ja ein Briefwechsel zwischen Paulus und Seneca überliefert. Diese Briefe stammen sicher nicht von Paulus. Die Exegese mußte fragen, ob alle Paulusbriefe des Kanons unmittelbar auf ihn zurückgehen. Heute gelten Römerbrief, 1. und 2. Korintherbrief, Galaterbrief, Philipperbrief, 1. Thessalonicherbrief, Philemonbrief als unbestreitbar echt. 2. Thessalonicherbrief, Epheserbrief, Kolosserbrief wie Pastoralbriefe sind mehr oder weniger umstritten und gelten z. T. als nachpaulinisch. Die Fragen sind nicht Glaubensfragen, sondern literarhistorische Fragen. Die Fragen der »Echtheit« der Briefe dürfen überhaupt nicht überbewertet werden. Alle Schriften des Neuen Testaments sind echte Zeugnisse des Glaubens und Lebens der neutestamentlichen Kirche. Die Paulusbriefe sind in allen alten Handschriften wie in unserem Neuen Testament nach dem Umfang der Briefe gereiht, wobei ein zweiter Brief jeweils einem ersten der gleichen Anschrift angeschlossen ist. Im folgenden sollen sie nach der wahrscheinlichen Abfolge der Entstehung behandelt werden.

1. Thessalonicherbriefe

Paulus hatte die Gemeinde in Thessalonich auf seiner zweiten Missionsreise, etwa 49, gegründet. Timotheus und Silvanus waren seine Gefährten. Die beiden Briefe an die Thessalonicher schrieb Paulus 50 oder 51 in Korinth, nachdem er durch Timotheus gute Nachrichten aus Thessalonich erhalten hatte (1 Thess 3,6). Paulus bekundet deshalb Freude und Dank. Wie die ganze neutestamentliche Kirche erwarteten auch die Christen in Thessalonich mit drängender Hoffnung die baldige Wiederkunft Christi. Nun aber waren Christen gestorben. Sind sie zu beklagen, weil sie die Vollendung nicht miterlebten? Mit den Vorstellungen seiner Zeit entwirft Paulus ein Gemälde vom Jüngsten Tag mit den Ereignissen der Totenauferstehung, der Ankunft Christi und des allgemeinen Gerichtes. Zuletzt tröstet er: »Wir werden alle Zeit beim Herrn sein« (1 Thess 4,17). Wer einmal von Christus ergriffen wurde und ihn ergriffen hat, den entläßt er nicht mehr aus seiner Liebe. Sie ist mächtig und treu, auch durch den Tod hindurch in das Leben zu führen. Die Gewißheit der Verantwortung vor Gott muß nüchternen sittlichen Ernst bewirken (1 Thess 5,6–11). Im zweiten Brief (3,6–12) mahnt Paulus erneut angesichts der endzeitlichen Erwartung zur Besinnung, Arbeit und Geduld. Vor der Wiederkunft des Herrn wird der Antichrist kommen. Er wirkt schon im geheimen, wird aber durch eine andere Macht zurückgehalten (2 Thess 2,3–12). Was Paulus damit meint, ist nicht deutlich. Wie in Thessalonich so ist die Kirche auf ihrem Weg durch die Zeiten immer vom Schwärmertum begleitet (wie heute durch die vielen Sekten). Darin ist Ernst des Bekenntnisses, sind Glaube und Liebe. Die Trennung davon mag für die Kirche oft nicht leicht sein. Aber sie muß in der Hoffnung leben, ohne der Schwarmgeisterei zu verfallen. – Mit umfangreichen Teilen gehören beide Briefe zur apokalyptischen Literatur, die im späteren Judentum eine große Bedeutung hatte. Im Neuen Testament sind dieser Art neben weiteren Abschnitten der Paulusbriefe apokalyptische Teile der Evangelien (Mt 24 u. 25 und die Offenbarung des Johannes).

Das Verhältnis von 1 und 2 Thess, die sich teils nahekommen, teils verschieden sind, ist nicht deutlich. Manche halten 2 Thess für eine nachpaulinische Dublette, ein großer Teil der Exegese hält an der paulinischen Verfasserschaft fest.

2. *Galaterbrief*

Der Brief ist wohl nicht an die Gemeinden der Provinz Galatien im südlichen Kleinasien, sondern an galatische Völkerschaften im nördlichen Kleinasien gerichtet. Paulus hat bei ihnen auf der 2. und 3. Missionsreise (Apg 16,6; 18,23) missioniert. Den Brief schrieb er, wohl 54 oder 55, während seines längeren Aufenthaltes in Ephesus (Apg 19,21). Wie allen Gemeinden hatte Paulus auch den Galatern das Evangelium der Gnade und damit auch der Freiheit vom Gesetz gepredigt. Doch nun verlangten »falsche Brüder« (2,4), die aus Israel kamen, alle Christen, auch die aus dem Heidentum, müßten sich beschneiden lassen und das ganze alttestamentlich-jüdische Gesetz halten, wenn sie selig werden wollten (5,2f; 6,12). Darauf antwortet Paulus bewegt und erregt, in Zorn und Liebe. Durch Gesetzeswerke ist nicht etwas zu gewinnen, was der Glaube an Christus nicht schon hätte. Der verliert Christus ganz, der sich halb von ihm abwendet, um andere und bessere Gerechtigkeit zu gewinnen (3,5; 5,2). Das Gesetz hatte nur Sinn als Erziehung und Führung auf Christus hin (3,15–29). Die Galater mögen nicht ihre Freiheit und Sohnschaft mit der Knechtschaft unter dem Gesetz vertauschen (4,8–11). Es bleibt freilich das immer gültige Gesetz der Liebe (5,6). In seiner Darlegung benutzt Paulus hier, wie oft, rabbinische Beweise. Aber er gibt eine zeitüberlegene Antwort auf die der Kirche von jeher aufgegebene Frage, was wesentlich und gültig sei: Bindung der Überlieferung oder schöpferische Neuheit des Glaubens, Gesetz oder Geist, Enge oder Freiheit, Werk oder Gnade, Leistung und Lohn oder Geschenk und Glaube, zuletzt Mensch oder Gott. Paulus hat diese Frage entschieden für die Freiheit des Glaubens, für Gnade und Geist. Er hat diese Antwort nicht aus menschlicher Kühnheit gegeben. Seine Lehre von der Gerechtigkeit bedeutet im Wesen das gleiche wie die Predigt Jesu von Gottes Königreich, das dem Kind geschenkt wird. – Der Brief ist von großer geschichtlicher Bedeutung als Urkunde der Freiheit der Kirche. Ohne diese Freiheit wäre das Christentum eine jüdische Sekte geblieben, nicht die Kirche der Welt geworden. Der Brief ist nicht nur ein Dokument einstiger Entscheidung. Er wehrt für immer leerer Gesetzlichkeit in der Kirche.

3. Korintherbriefe

In der griechischen Großstadt Korinth hatte Paulus, dort 1½ Jahre (wohl Herbst 50 bis Frühjahr 52) auf der zweiten Missionsreise verweilend, eine ansehnliche Gemeinde gegründet, deren Leben sich reich entfaltete (Apg 18,1–18). Auf der dritten Missionsreise war Paulus 3 Jahre in Ephesus (54 bis 57) über das Ägäische Meer mit Korinth verbunden (Apg 19,1–20,1). Boten und Briefe gingen hin und her. Paulus schrieb wenigstens 4 Briefe nach Korinth, von denen 2 erhalten sind. Sie bekunden die Geschichte der christlichen Mission in der griechischen Welt. Beim Überschritt in die andere Geistigkeit und in die neuen Lebensverhältnisse stellten sich viele Fragen und waren viele Entscheidungen zu treffen.

a) Den *1.* (erhaltenen) *Korintherbrief* schrieb Paulus in Ephesus (1 Kor 16,8). Zunächst mußte er sich um die Eintracht in der Gemeinde bemühen. Wie die Griechen ihre Philosophie in Schulen pflegten, so bildeten sich auch in Korinth Gruppen und Parteien. Manche verlangten tiefere Weisheit und sonderten sich von den einfachen Gläubigen ab (1,10 – 4,21). Paulus erinnert daran, daß es nur eine Weisheit gibt, die göttliche Torheit des Kreuzes (1,18 – 2,16). Die ganze Gemeinde aber gehört dem einen Christus als dem Herrn der Kirche und Christus dem einen Gott (3,1–22). Was Paulus hier schreibt, ist einer der Texte über die Einheit der Kirche (wie Joh 17; Eph; Jud; 2 Petr), die uns heute eine besonders eindringliche Mahnung sind. – Die Stadt Korinth war berüchtigt wegen ihrer Üppigkeit und Laster. Sittliche Mißstände müssen auch in der christlichen Gemeinde gerügt und gebessert werden (5,1–13; 6,12–20). Fragen des bürgerlichen Lebens sind zu regeln. Christen tragen ihre Rechtshändel vor heidnischen Richtern aus (6,1–11). In einem großen Teil des Briefes (7,1 – 15,58) beantwortet Paulus Anfragen der Korinther. In der überreichen und schon fast überreifen Kultur der Antike entstanden, wie dies unter ähnlichen Verhältnissen bisweilen geschieht, mancherlei asketische Strömungen, die Abstinenz von der Welt verlangten. Manche zweifelten, ob nicht Ehe und Geschlechtlichkeit böse seien und nicht geschlechtliche Enthaltsamkeit geboten wäre. Paulus verteidigt grundsätzlich das Recht der Ehe gegen falsche Askese. In der Ehe wird der ungläubige Gatte durch den gläubigen geheiligt, weshalb ja auch die Kinder heilig sind (7,14). Die Ehe ist also dauernder heiliger Vollzug, wie ein dauerndes Sakrament. Paulus warnt vor jedem asketischen Experiment oder Zwang (7,9). Berufene Ehelosigkeit freilich ist in der Kirche das Zeichen ihrer endzeitlichen Erwartung (7,29–31). Eine andere Frage war, ob der Christ auf dem Markt Fleisch kaufen und es essen darf, wenn es vielleicht von einer religiös-rituellen Schlachtung stammt. (Für antike Religiosität ist das Leben Gott heilig, und der Mensch darf ein Tier nur töten, indem er es Gott opfert.) Paulus antwortet mit großer Freiheit, daß die Erde und ihre Fülle des Herrn ist und damit auch dem Christen gehört. Er steht unter der Allmacht des wahren Gottes und unter dem Schutz des einzigen Herrn Christus und fürchtet sich darum nicht vor angeblichen dämonischen Mächten (8,1 – 11,1). Ernstlicher Weisungen des Apostels bedurfte die Ordnung des Gottesdienstes. Das Herrenmahl wurde durch den Übermut einiger gefährdet, die daraus ein üppiges Gelage machten. Paulus erinnert an den ernsten Sinn des Mahles. Das gebrochene Brot bedeutet den im Tode zerbrochenen Leib des Herrn, und der Wein im Kelch sein verströmendes Blut. Das Mahl verkündet den Tod des Herrn (11,17–34). Die Sakramente sind keine magische Sicherung des Heils. Sie müssen im Ethos vollzogen werden (10,1–13). Mehr als pneumatischer Überschwang ist Dienst an der Gemeinde (12,12–31), Verwirklichung der Liebe (13) und Wort und Rede zur Erbauung (14). Endlich handelt Paulus noch über die Auferstehung. Griechische Philosophie lehrte zwar die Unsterblichkeit der

Seele, der Leib aber war für sie das Gefängnis des Geistes. Darum verstand sie die Lehre von der Auferstehung des Fleisches nur schwer. Paulus legt die Auferstehung Christi aus als Grund des christlichen Glaubens und Lebens (15,1–58). Wendet sich Paulus etwa auch gegen Gnosis, die körperliche Auferstehung leugnete, indem sie gegenwärtige Auferstehung im Geiste lehrte (2 Tim 2,18)?

b) Zwischen 1 Kor und 2 Kor liegen schwere Auseinandersetzungen des Paulus mit der Gemeinde in Korinth, die wenigstens z. T. falschen Aposteln Eingang und Einfluß verstattete. Wie es scheint, vertraten auch sie die Forderung des alttestamentlichen Gesetzes, dazu aber auch gnostische Lehren. Die Gegner waren also vielleicht judaistische Gnostiker. Sie griffen Paulus persönlich an und suchten die Gemeinde von ihm zu trennen. Paulus muß im 2. *Korintherbrief* seine Berufung zum Apostel wie seinen Dienst verteidigen. Aus dieser Verteidigung wird eine umfassende und eindringende Theologie des Amtes überhaupt. Paulus stellt die Herrlichkeit des neutestamentlichen Amtes dar im Vergleich mit dem Amt im Alten Bund (3,1 bis 4,6). Er beschreibt das neutestamentliche Amt sodann besonders als Dienst am Wort. Dieses wirkt, was es ansagt. Im Wort der Kirche handelt Gott selbst (5,19f). Die Gegner zwingen Paulus, von sich und seinem Dienst zu sprechen. So spricht er von seinem Schwachsein, ja immerwährenden Sterben (4,7 – 6,10) wie auch von höchsten Offenbarungen, die ihm zuteil wurden (12,1–6). In keinem anderen Brief spricht Paulus so viel von sich wie in 2 Kor. So ist dieser Brief auch ein höchst bedeutsames autobiographisches Dokument.

Neben anderen Briefen ist 2 Kor ein Zeugnis dafür, wie Paulus um eine Gemeinde kämpft. Paulus will die Gemeinde nicht an seine Person binden, sondern sie für Christus gewinnen (11,2f). Doch er, der ruhelose und heimatlose Wanderer, hatte nichts als die Gemeinden, die er mit der Predigt des Evangeliums geschaffen hatte und denen er mit letzter Hingabe diente. Eine Störung oder ein Zerfall des Vertrauens mit der Gemeinde mußte ihm daher schwerstes persönliches Leid sein.

4. *Römerbrief*

Im Winter 57/58 schrieb Paulus von Korinth aus (Röm 15,25f; 1 Kor 16,6) an die Christen in Rom, um ihnen seine baldige Ankunft anzuzeigen. Verschiedenste Wege hatten Christen in die Großstadt und Hauptstadt des Reiches geführt, so daß in Rom schon eine bedeutende Gemeinde bestand.

Paulus wollte dort nicht selbst missionieren. Aber wenn ihm die Mission in der Völkerwelt aufgetragen war, mußte er endlich auch deren Mitte besuchen (Apg 19,21; 23,11). Alsdann wollte Paulus von Rom aus nach Spanien weiterreisen (Röm 15,24). Durch den Brief will sich Paulus bei der römischen Kirche einführen. Deshalb legt er die Hauptteile seiner Lehre und Predigt programmatisch dar. Das große Thema des ersten, vorwiegend lehrhaften Teiles (1,18 – 11,36) ist die Gerechtigkeit Gottes und des Menschen. Der zweite Teil (12,1 – 15,33) enthält Mahnungen für die gesamte Gemeinde wie das je einzelne Leben. Jener erste Teil behandelt das im Galaterbrief entworfene Thema der Rechtfertigung eindringend und allseitig. Der Römerbrief ist damit die mächtige Auseinandersetzung zwischen einer Religion der Gerechtigkeit aus Werken, die sich Paulus im Judentum darstellt, und dem Evangelium der Gerechtigkeit aus Gnade, Paulus findet dies schon ausgesprochen Hab 2,4: »Der aus Glauben Gerechte wird leben«, wie Röm 1,17 dieses Wort anführt. Mag Paulus dem Wort des Habakuk auch eine Tiefe geben, die es beim Propheten noch nicht hat, so hat doch Paulus mit seiner Deutung Gefälle und Sinn des Alten Testaments durchaus richtig verstanden, insofern das Alte Testament seiner Entwicklung durch die Jahrhunderte immer mehr und deutlicher vom Werk des Menschen weg auf die Gnade Gottes weist. Wenn Paulus die Vergeblichkeit des Heidentums wie des Judentums aufweist, so handelt es sich nicht um vergangene Dinge. Jede Religion ist immer auch in der Versuchung des Heidentums, d. h. der natürlichen Religion, insofern der Mensch immer versucht, aus eigener Tugend Gott zu finden und aus eigener Kraft vor Gott gerecht zu sein. Jede Religion ist aber auch immer in der Versuchung des Judentums, insofern sie immer versucht, durch Erfüllung des Gesetzes Gott als den Schuldner zu verpflichten. Paulus sagt, daß beide Versuche vergeblich sind, weil der Mensch als Sünder sich nicht selber helfen kann, sondern es für den Menschen nur die eine Gerechtigkeit und das eine Heil gibt, die Gott schenken will.

5. *Gefangenschaftsbriefe*

Die Briefe an die Philipper, an Philemon, an die Kolosser und Epheser sind nach ihren eigenen Angaben alle vom gefangenen Paulus geschrieben, nennen jedoch nicht den Ort der Gefangenschaft. Er kann, muß aber nicht für alle Briefe der gleiche sein. Die Apg (23,35–26,32; 28,16–31) berichtet von längeren Gefangenschaften des Paulus in Cäsarea und Rom; Paulus selbst erwähnt andere, deren Umstände uns nicht bekannt sind (Röm 16,7; 2 Kor 11,23). Ein Teil der Exegese nimmt an, daß Phil in Ephesus (ist eine dortige Gefangenschaft 1 Kor 15,32 angedeutet?), die anderen Gefangenschaftsbriefe in Rom geschrieben sind. Phil wird danach auf 54/55, die anderen Briefe werden auf 62/63 datiert. Die Briefe kommen alle aus dem Gefängnis, wobei eine damalige Gefangenschaft noch viel härter war als heutiger Freiheitsentzug. Die Briefe sind aber alle Zeugnis der Freiheit (Phil 4, 10–13), ja der Freude (so bes. Phil 1,4.18; 2,17f; 3,1; 4,4). Phil ist ein Brief der Freundschaft und Verbundenheit zwischen Paulus und der ihm besonders teuren Gemeinde. Paulus dankt für die ihm ins Gefängnis übermittelte Hilfe. Mit 2,6–11 nimmt er ein Christuslied der Gemeinde auf, das vom vorzeitlichen göttlichen Sein Christi, der Entäußerung des Gekreuzigten und seiner Erhöhung zur Herrlichkeit handelt. Mit Berufung darauf mahnt Paulus die Gemeinde zu einträchtigem Dienst und Gehorsam. Mit heftigen Worten warnt Paulus auch hier (3,1 – 4,1) vor judaistisch-gnostischen Irrlehrern. Dies alles ist wertlos. Christus allein ist zu gewinnen (3,18). Von der Wahrheit des Evangeliums und der Reinheit der Lehre darf nichts nachgelassen werden. – Nach Kol waren in Kolossä Sonderlehrer aufgetreten, die wohl jüdischer Gnosis angehörten. Christus erachteten sie als eines der vielen Mittelwesen zwischen Gott und der Welt. In der Auseinandersetzung damit entwickelt Paulus die Christologie weiter. Christus ist erhaben über alle Mächte. In ihm wohnt die Fülle der Gottheit. Er ist Mittler der Schöpfung und jetzt Haupt der Kirche (Kol 1,13–23). Paulus nimmt dabei Schlagworte der Gnosis auf. Der Missionar findet dort also nicht nur Irrlehre, sondern erkennt echte Fragen, richtige Sehnsüchte und gültiges Verlangen nach Wahrheit, welchem allem er Erfüllung in Christus zusagen kann. – Der Epheserbrief war vielleicht ein Rundschreiben an die Kirchen Kleinasiens. Er spricht von den unmeßbaren Höhen und Tiefen der Erlösung (Eph 3,18). Christus ist Anfang und Haupt einer neuen Menschheit (Eph 5,23). In der Kirche, dem Leib Christi (Eph 1,10), wird die Einheit der Menschheit wiederhergestellt (Eph 4,3–16). Wer in der Kirche ist, ist in Christus. – Im kurzen Phlm bittet Paulus für Onesimus, einen flüchtigen Sklaven, nunmehrigen Schüler des Apostels. Der Flüchtling hat nach dem Gesetz schwere Strafe zu erwarten. Paulus anerkennt die bestehende gesetzliche Ordnung, überwindet sie aber doch zugleich, da er den Sklaven »geliebten Bruder im Fleisch wie im Herrn« (Phlm 16) nennt. Der Brief ist wie ein Manifest für die Abschaffung der Sklaverei, freilich nicht durch Gewalt, sondern durch die christliche Liebe.

Im Kol ist die Theologie, vor allem die Christologie, über die älteren Paulusbriefe hinaus entwickelt. Doch dies wurde durch die Auseinandersetzung mit der kolossischen Sonderlehre verursacht. So ist der Brief doch wohl als späterer Paulusbrief zu verstehen. Kol und Eph stimmen im Thema, weithin bis in den Wortlaut miteinander überein, wobei dieser jenen ausführt, auch vertieft. Übereinstimmung wie Unterschiede müssen erklärt werden. Vielleicht wurde Eph durch einen Schüler des Paulus als selbständigen Verfasser ausgeführt.

6. *Pastoralbriefe*

Die zwei Briefe an Timotheus, Bischof in Ephesus, und der Brief an Titus, Bischof auf Kreta, werden als Pastoralbriefe bezeichnet, weil sie Rat und Mahnung für die Verwaltung des Hirtenamtes geben. Sie unterscheiden sich in Sprache und Stil von den anderen Paulusbriefen. Die Ämter – genannt sind Bischöfe, Priester, Diakone, aber auch Witwen – sind weiterentwickelt und haben eine erheblich größere Bedeutung als in den älteren Briefen. Auch die Lehre erscheint da und dort anders akzentuiert und dogmatisch gefestigt. Die Exegese urteilt daher großenteils, daß diese Briefe schwerlich im gleichen unmittelbaren Verhältnis zu Paulus stehen wie die älteren Paulusbriefe. Bisweilen wird die Erklärung versucht, ein Schüler und Sekretär des Paulus habe die Briefe in dessen Auftrag selbständig gestaltet. Die in den Briefen deutlich vorliegende Entwicklung verlangt aber doch wohl eher die Annahme, daß in ihnen sich ein Späterer des Mittels der Pseudepigraphie bedient, um im Geist des Paulus und aufgrund seiner echten Briefe der Kirche Weisung und Mahnung zu geben. Der Verfasser war mit den Briefen des Paulus vertraut und benützte sie mit Verständnis, wenn er auch bisweilen vereinfacht. Die Briefe des Paulus sind schon ein Besitz der Kirche, aus dem Einsichten und Normen für neue Verhältnisse gewonnen werden. In den Pastoralbriefen stellt sich das Paulusbild einer späteren Generation dar. Paulus ist der hilfreiche Freund seiner Freunde, Vater seiner Schüler, Gründer und Ordner der Kirchen, der große Mensch und Heilige, der durch Leiden nicht gebeugt wird. Im Gefängnis betet er, und er meditiert die Heilige Schrift (2 Tim 4,13). Zuletzt ist er der Zeuge Christi vor dem Richter (2 Tim 1,16f; 2,9; 4,16f). Die Christen alle müssen für gleiche Prüfungen und Verfolgungen bereit sein (2 Tim 3,12). Sind diese Andeutungen so zu verstehen, daß die Kirche Bedrängnisse und Verfolgungen als nahe erwartet und daß Paulus den Christen, insbesondere aber den Vorstehern der Gemeinden, als treuer Zeuge vor Augen gestellt werden soll?

Dann wären die Pastoralbriefe wohl erst in die Zeit der beginnenden Kirchenverfolgungen, also in die letzten Jahrzehnte des 1. Jahrhunderts, zu datieren.

7. *Hebräerbrief*

In liturgischen und anderen amtlichen Büchern der Kirche steht unter dem Namen des Paulus auch der Hebräerbrief. Der Brief nennt keinen Verfasser. Er ist in einem sehr sorgfältigen Griechisch mit wohllautenden Rhythmen geschrieben. Zahlreiche (140) Wörter des Briefes sind den Paulusbriefen fremd. Das Alte Testament wird kunstvoll allegorisch ausgelegt. Christus ist in Hebr dargestellt als der Hohepriester, der im himmlischen Heiligtum für die Menschen eintritt. Unterschiede zu den Paulusbriefen sind unbestreitbar. Hebr trat wohl unter den Namen des Paulus, weil er 13,23 durch die Nennung des Timotheus in die Kreise um Paulus weist. Zwar galt der Brief der griechischen Kirche vom 3. Jahrhundert an als paulinisch. Doch bemerkten auch die Väter die Unterschiede und äußerten Zweifel an der (unmittelbaren) paulinischen Verfasserschaft (so Klemens von Alexandria, Origenes, Tertullian, Augustinus). Die heutige Exegese erachtet ihn wohl allgemein als Werk eines unbekannten Verfassers. Der Brief gehört dem griechisch gebildeten Judenchristentum zu. Der uns namentlich unbekannte, geistvolle Lehrer der Kirche hat das Evangelium selbständig aufgenommen, sich zu eigen gemacht und überzeugend gelehrt. Der Brief läßt einen Einblick tun in den Reichtum der Erkenntnis und des Wortes, der der Kirche neben dem urapostolischen Zeugnis gegeben war. Hebr ist eine in briefliche Form gekleidete Homilie und eben als so frühes Beispiel einer christlichen Predigt zu schätzen. Der Brief legt das Alte Testament eindringlich aus. Ist die Methode auch oft eine andere als die unsrige heute, so wird der Brief doch durch seine Liebe zur Schrift dem heutigen Bibelleser kostbar. Hebr ist sodann der Kirche wertvoll und für die Dogmatik bedeutsam durch seine ausführliche und tiefe Lehre vom Opfer und Priestertum Christi. Mit großem Ernst mahnt er angesichts von Anzeichen der Ermüdung zu Ausdauer und Treue (6,12; 12,12f). Vor zu erwartenden Verfolgungen, in denen die Kirche sich wird bewähren müssen (10,32–39), ist der Brief wie ein Flammenzeichen. »Denn unser Gott ist ein verzehrendes Feuer« (12,29). Diese Verhältnisse setzen eine schon längere Geschichte der Kirche voraus. Hebr wird darum in die Jahre 90 datiert.

Paulus war überzeugt, wenn er die Gemeinden lehrt und leitet, »durch das Erbarmen des Herrn Vertrauen zu verdienen« (1 Kor 7,25), »aus Gottes Geist« zu sprechen (1 Kor 7,40) und die Gebote des Herrn auszulegen (1 Kor 14,37). In dieser Überzeugung hat er auch seine Briefe geschrieben, die indessen nach seiner Absicht Gemeinden und Menschen in ihrer jeweiligen, einmaligen Stunde dienen sollten. Er dachte nicht daran, bleibende literarische Werke zu schaffen. Der die Kirche erfüllende Geist erkannte in den Schriften des Apostels den gleichen Geist (1 Kor 14,37). Diese Kirche nahm die Briefe des Apostels in ihre Heilige Schrift auf. So sind sie eine immer ursprüngliche, nie zu erschöpfende Quelle für Glaube und Theologie. Freilich sagt schon eine spätere Schrift des Neuen Testaments, daß die Briefe des Paulus mißverstanden und verdeutet wurden und die Kirche von Anfang an die Fragen und Nöte ihrer Auslegung zu tragen hatte (2 Petr 3,16). Dies ist bis heute geblieben. Die Paulusbriefe sind nie leichte und bequeme Lesung, Lehre und Mahnung. Aber ebendarum muß die Kirche diese Briefe immerzu lesen und hören, um von ihrem Wort geprüft und gerichtet, aber auch getröstet und geheilt zu werden.

Literatur: Vgl. die Einleitungswerke in das NT: *Michaelis, W.; Wikenhauser, A.; Robert, A. – Feuillet, A.; Feine, P. – Behm, J. – Kümmel, W. G.; Marxsen, W.; Schelkle, K. H.* mit Bibliographien. – *Roller, O.*, Das Formular der paulinischen Briefe: BWA(N)T 4/6 (1933); *Ricciotti, G.*, Der Apostel Paulus (Bas 1950); *Brunot, A.*, Die Briefe des Apostels Paulus (Aschaffenburg 1955); *Fascher, E.*, Paulus: Sokrates und Christus (L 1959) 245–308; Studia Paulina Congressus Internationalis Catholici 1961, 2 Bde. (R 1963); *Dibelius, M. – Kümmel, W. G.*, Paulus (B ³1964); *Rengstorf, K. H.* (Hrsg.), Das Paulusbild in der neueren deutschen Forschung (Darmstadt 1964); *Rigaux, B.*, Paulus und seine Briefe: Biblische Handbibliothek II (Mn 1964); *Morton, A. Q.*, The Authorship of Pauline Corpus: Essays G. H. C. Macgregor (O 1965) 209–235; *Schlier, H.*, Der Brief an die Epheser (D ⁵1965); *Seidensticker, Ph.*, Paulus, der verfolgte Apostel Jesu Christi (Stuttgarter Bibel-Studien 8) (St 1965); *Gnilka, J.*, Der Philipperbrief: HThK 10/3 (1968).

Nachtrag: Bultmann, R., Der zweite Brief an die Korinther: Meyer K – Sonderband (1976); *Lohse, E.*, Der Brief an die Kolosser und an Philemon: Meyer K 9,2 (²1977); *Gnilka, J.*, Der Epheserbrief: HThK 10/2 (²1977); *Wilckens, U.*, Der Brief an die Römer (Röm 1–5): EKK 6/1 (1978); *Schlier, H.*, Der Römerbrief: HThK 6 (²1979); *Gnilka, J.*, Der Kolosserbrief: HThK 10/1 (1980); *Käsemann, E.*, An die Römer: HNT 8a (⁴1980); *Trilling, W.*, Der zweite Brief an die Thessalonicher: EKK 14 (1980); *Wilckens, U.*, Der Brief an die Römer (Röm 6–11): EKK 6/2 (1980); *Schweizer, E.*, Der Brief an die Kolosser: EKK 12 (²1981); *Stuhlmacher, P.*, Der Brief an Philemon: EKK 18 (²1981); *Mußner, F.*, Der Galaterbrief: HThK 9 (⁴1981); *Gnilka, J.*, Der Philemonbrief: HThK 10/4 (1982).

Im Leib oder außer des Leibes

Paulus als Mystiker

Der Apostel Paulus stellt sich in seinen Briefen wie in den Berichten der Apostelgeschichte dar als Mann des großen missionarischen Werkes. In der Zuwendung zur diesseitigen Wirklichkeit lebte Paulus jedoch in der Verbundenheit zu einer anderen, jenseitigen Welt, zu der hin er im Schauen und Hören offen war[1].

Ganz allgemein spricht Paulus von seiner Geistbegabung und beruft sich darauf: »Ich glaube, den Geist Gottes zu haben« (1 Kor 7,40). Sein Dienst ist »Erweis des Geistes und der Kraft« (1 Kor 2,4). Ekstatisches Vermögen ist ihm zu eigen. »Sind wir in Ekstase, ist es für Gott; sind wir verständig, ist es für euch« (2 Kor 5,18). Die Erfahrungen und Erweise dieses Vermögens sind für gewöhnlich Sache zwischen Gott und dem Apostel. In der »Überfülle der Offenbarungen« (2 Kor 12,7) ist Paulus für die Gemeinde »Bruder« und »Mensch in Christus« (2 Kor 1,8; 12,2).

Durch die Umstände gezwungen spricht Paulus einmal 2 Kor 12,1–6 von seinen »Schauungen und Offenbarungen«, und er gibt – wenigstens teilweise – eine Schilderung der wohl größten ihm zuteil gewordenen Offenbarung, einer Entrückung in die Himmel[2]. »Ich weiß, daß ein Mensch in

---

[1] *Baruzi, J.*, Création religieuse et pensée contemplative (9–96: La mystique paulinienne et les données autobiographiques des épîtres). Paris 1951; *Benz, E.*, Paulus als Visionär. Eine vergleichende Untersuchung der Visionsberichte des Paulus in der Apostelgeschichte und in den paulinischen Briefen (Akademie d. Wissenschaften u. Literatur Mainz, Abhandlungen d. Geistes- u. Sozialwissenschaftlichen Klasse, 1952, 2). Wiesbaden 1952; *Dibelius, M.*, Paulus und die Mystik, in: *Rengstorf, K. H.*, Das Paulusbild in der neueren deutschen Forschung (Wege d. Forschung 24). Darmstadt ²1969, 447–474; *Ellis, E.*, Prophecy and Hermeneutic in Early Christianity. New Testament Essays (Wissenschaftliche Untersuchungen z. Neuen Testament 18). Tübingen 1978; *Reitzenstein, R.*, Paulus als Pneumatiker, in: *Rengstorf, K. H.*, Das Paulusbild in der neueren deutschen Forschung (Wege d. Forschung 24). Darmstadt ²1969, 246–303; *Schweitzer, A.*, Die Mystik des Apostels Paulus. Tübingen 1930.

[2] Wichtigster Kommentar: *Bultmann, R.*, Der zweite Brief an die Korinther, hrsg. v. *Dinkler, E.*, (H. A. W. Meyer, Krit.-exeget. Kommentar). Göttingen 1976, 220–226; *Bousset, W.*, Die Himmelsreise der Seele, in: Archiv f. Religionswissenschaft 4 (1901) 136–169 u. 229–273 (= Libelli 71. Darmstadt 1960); *Käsemann, E.*, Die Legitimität des Apostels,

Christus vor 14 Jahren – ob im Leib, ich weiß es nicht, ob außer des Leibes, ich weiß es nicht, Gott weiß es –, daß dieser entrückt wurde bis in den dritten Himmel. Und daß dieser Mensch – ob im Leib, ob außer des Leibes, ich weiß es nicht, Gott weiß es –, daß er ins Paradies entrückt wurde und unaussprechliche Worte hörte, die ein Mensch nicht aussagen darf.« Paulus berichtet gezwungenermaßen, um sein Amt und seinen Dienst zu verteidigen (12,1). Er spricht wie von einem anderen. Den Grund nennt er: »Meiner selbst will ich mich nicht rühmen« (12,5). Nicht der natürlich-irdische Mensch hat dies erlebt, sondern der erlöste Mensch »in Christus«. Darum ist es auch nicht wichtig, wie dies alles geschah, ob im Leib, also in der Weise einer Himmelsreise des ganzen Menschen mit Leib und Seele, oder außer des Leibes, also in der Weise einer Himmelsreise der Seele allein, während der Leib auf Erden zurückblieb. Für dieses Erlebnis gibt Paulus ein genaues Datum an: »vor 14 Jahren«. Auch für ihn ist ein solches Erlebnis eine einmalige, außerordentliche Begnadigung, nicht beliebiger Alltag.

Für die Schilderung der Entrückung benützt Paulus überlieferte Vorstellungen und Formen des damaligen Judentums. Die zeitgenössische jüdische Apokalyptik beschreibt in zahlreichen Beispielen solche Himmelsreisen (Äthiop. Henoch 39,3–8; 52,1–57,3; 71,1–17; Slav. Henoch 3–23; Griech. Apok. d. Baruch 2–17; Apok. d. Mose 37; Testamente der Zwölf, Levi 2,5–8,19). Die Tradition berichtet auch von vier berühmten Rabbinen, daß sie Entrückung ins Paradies erfahren haben (Bab. Talmud, Traktat Chagiga 14b, 15a: »Vier sind in das Paradies eingedrungen ... Ben Asai schaute und starb; Ben Soma schaute und wurde getroffen [d. h. geistesverwirrt]; Acher schnitt die Pflanzungen ab [d. h. wohl, er wurde Ketzer]; Rabbi Akiba allein kam im Frieden wieder heraus«). Entrückungen zu Himmelsreisen galten also als nicht ungefährlich.

Auch andere Weltanschauung weiß von solchen Vorstellungen. Platon, Staat 10,614 B–621B, berichtet von der Jenseitsfahrt der Seele des für tot geglaubten Pamphyliers Er, der das Totengericht schaute. Philon, Einzelgesetze 3, 2, beschreibt die philosophische Schau gleichsam als Blick aus den Ätherhöhen auf die Erde.

Damaligem Weltbild entspricht es, wenn Paulus vom dritten Himmel und vom himmlischen Paradies berichtet. Die Apokalyptik nahm an, es

---

in: K. H. Rengstorf, Das Paulusbild in der neueren deutschen Forschung (Wege d. Forschung 24). Darmstadt ²1969, 475–521; *Saake, H.*, Paulus als Ekstatiker. Pneumatologische Betrachtungen zu 2 Kor 12,1–10, in: Biblica 35 (1972) 404–410 (= Novum Testamentum 15 [1973] 153–160).

gebe eine Mehrzahl von übereinanderliegenden Himmeln, zuunterst den sichtbaren Himmel, dann Himmel, in denen Selige und Engel wohnen, als höchsten den Himmel Gottes. So zählte man drei, oder fünf, oder sieben, oder zehn Himmel. Wenn Paulus vom dritten Himmel spricht, wird dies für ihn der höchste Himmel gewesen sein. Woran er diesen dritten Himmel erkannte, sagt Paulus nicht. Erkannte er ihn gemäß üblicher Beschreibungen oder gemäß einer Offenbarung? Es ist auch nicht sofort zu erkennen, ob das Paradies im dritten Himmel ist,so daß also Paulus nur von *einer* Entrückung berichten würde, oder ob er zwischen drittem Himmel und Paradies unterscheidet, so daß er also zwei Entrückungen erfahren hätte. Ersteres ist wahrscheinlicher. Jedenfalls galt die Vorstellung, nach dem Sündenfall im Paradies der Schöpfung sei dieses von der Erde zum Himmel entrückt worden und sei nun dort der Ort der Seligen (so auch Lk 23,43). Dritter Himmel und Paradies sind bisweilen ausdrücklich gleichgesetzt. So in der Himmelsreise im Slav. Henoch 8,1 (entstanden um 70 n. Chr.), das offenbar der Vorstellung des Paulus nahekommt: »Die zwei Männer (Engel) nahmen mich, trugen mich in den dritten Himmel und setzten mich hier mitten im Paradies an einem überaus schönen Ort ab.« Auch in der Apokalypse des Mose 37,5 ist der dritte Himmel das Paradies.

Auch wenn Paulus sagt, daß Gottes Geheimnisse verschlossen bleiben müssen (2 Kor 12,4), gebraucht er überlieferungsbedingte Aussagen. Jes 8,16 will seine Botschaft auf einen kleinen Jüngerkreis beschränken: »Ich will die Offenbarung verwahren und die Weisung in meinen Jüngern versiegeln.« Dan 12,4 erhält die Weisung: »Verschließe die Worte und versiegle das Buch bis auf die Endzeit.« Nach Philon (Allegorie der Gesetze 2, 5, 7) »darf man nicht allen gestatten, Gottes Geheimnisse zu schauen, sondern nur denen, die sich in sie hüllen und sie bewahren können«. In den Mysterienreligionen bleiben geheim die Erlebnisse wie die Lehren. Der Eingeweihte redet bei Apuleius (Metamorphosen 11,23) den Leser an: »Vielleicht wünschtest du mit Neugier zu wissen, was gesagt und was gesehen wurde. Ich wollte es dir sagen, wenn es zu sagen erlaubt wäre; du solltest es hören, wenn es zu hören erlaubt wäre. Aber beide, deine Ohren und meine Zunge, müßten die gleiche Strafe ertragen.«

Schildert Paulus seine Erfahrung der Entrückung mit ausgebildeten, ihm verfügbaren Vorstellungen, so tut er nur, was alle Erkenntnis immerzu tut, nämlich sich und anderen Neues mit Bekanntem zu deuten. Die Schilderung des Paulus unterscheidet sich aber andererseits in bedeutsamer Weise von anderen, vergleichbaren Darstellungen. Während die Apokalypsen ausführlich über Aufstieg und Abstieg der Himmelsreise, so dann Erfahrungen, Schauungen und gehörte himmlische Reden berichten, übergeht Paulus dies alles. Er überläßt sich nicht der Phantastik und will nicht der Neugier dienen. Während die anderen Beschreibungen von Himmelsreisen Dichtungen sein wollen und so verstanden werden, beansprucht Paulus, eigenes wahres Erlebnis zu berichten.

Paulus spricht 2 Kor 12,1 von ihm zuteil gewordenen »Gesichten und Offenbarungen des Herrn«. Da er jedoch nicht berichtet, bei der Entrückung den Herrn Christus gesehen zu haben,wird »des Herrn« nicht ein *genetivus obiectivus,* sondern ein *genetivus auctoris* sein, also von Christus geschenkte und bewirkte Offenbarungen bezeichnen wollen.

Die 2 Kor 12,1–6 erwähnte Entrückung war für Paulus Widerfahrnis höchster Begnadung. Denen solche Erfahrungen und Erkenntnisse nicht zuteil werden, werden sich nicht darin eindrängen wollen und über ihre Wirklichkeiten kaum urteilen können. Dies gilt nicht zum wenigsten auch von der wissenschaftlichen Exegese[3].

Paulus gibt ein genaues Datum seines damaligen Erlebnisses an: »vor 14 Jahren« (2 Kor 12,2). Ist der zweite Korintherbrief etwa im Jahre 57 geschrieben, geschah die Himmelsreise ungefähr im Jahre 43. Das Christuserlebnis des Paulus vor den Toren von Damaskus kann etwa auf 35 angesetzt werden. Das Jahr 43 gehörte in jene Zeit, da Paulus unbekannt in Tarsus lebte. Dort suchte ihn Barnabas auf und gewann ihn für die Arbeit in der Mission (Apg 11,25f). Wenn die Entrückung des Paulus zu Beginn jenes Missionswerkes geschah, war dann etwa dieses Erlebnis für Paulus mit Entscheidung und Antrieb hierfür?

Paulus erwähnt weitere Bekundungen seiner pneumatischen Begabung. Er besaß die Gabe der verzückten Zungenrede: »Ich danke Gott, daß ich mehr in Zungen reden kann als ihr alle« (1 Kor 14,18). Der Apostel schränkt jedoch den Wert der ekstatischen Rede ein. Sie ist unverständlich und bedarf der Deutung durch die klare Prophetie (1 Kor 14,22). Darum gilt von der Zungenrede, daß sie für Gott, nicht für Menschen gesprochen ist (1 Kor 14,2). Paulus sind jedoch eben auch diese anderen Weisen pneumatischer Rede gegeben, Offenbarung, Erkenntnis (Gnosis), Prophezeiung

---

[3] *Stolz, A.,* Theologie der Mystik. Regensburg 1936, 26–46; 118; 144f, ordnet 2 Kor 12,1–6 der späteren christlichen Mystik zu. Das Erlebnis des Paulus wird als mystische Erfahrung verstanden. Sie war Entrückung in das Paradies, ob dieses nun lokal-örtlich oder existential-religiös zu denken ist. Dies bedeutet »eine zeitweilige Wiederherstellung der adamitischen Gottesvereinigung, zugleich darüber hinaus eine Anteilnahme an der Gottesnähe, deren sich die Seelen der Abgestorbenen nach vollendeter Reinigung erfreuen«. – Die andere, dogmatische Begrifflichkeit ist deutlich.

(1 Kor 14,6). Paulus hat teil »an Gottes Weisheit im Geheimnis« und spricht diese »unter Vollkommenen« aus (1 Kor 2,4f). Dabei wird von Paulus selbst zumal gelten: »Was kein Auge gesehen und kein Ohr gehört hat, hat Gott denen (zur Erkenntnis) bereitet, die ihn lieben« (1 Kor 2,9).

Mehrere Male spricht Paulus davon, daß ihm eschatologische und apokalyptische Geheimnisse enthüllt sind. So hat er über das endliche Heil Israels geheimnisvolle Einsicht erhalten (Röm 11,25)[4].

Über die Totenauferstehung hat Paulus der Gemeinde ein Geheimnis zu sagen: »Wir werden nicht alle entschlafen, wir werden aber alle verwandelt werden« (1 Kor 15,51). Wenn Paulus über das Schicksal der Lebenden und der Toten »mit einem Wort des Herrn« (1 Thess 4,15) trösten kann, so könnte dies ein durch die Überlieferung weitergegebenes Wort des geschichtlichen Jesus sein. Es enthüllte dann jedoch apokalyptische Einzelheiten, die weit hinausgehen über andere Worte Jesu. So mag jenes Wort eher eine Offenbarung des erhöhten Herrn enthalten, die Paulus selbst zugesprochen ist oder die durch Propheten der Gemeinde mit Benützung alttestamentlich-jüdischer Motivik formuliert wurde.

»Aufgrund einer Offenbarung« ging Paulus von Antiochia zur Versammlung der Apostel nach Jerusalem hinauf (Gal 2,2). Wieder wird zu sagen sein, daß diese Weisung von oben Paulus unmittelbar zugekommen sein kann. Sie könnte aber auch durch Propheten in der Gemeindeversammlung in Antiochia (Apg 15,2) ausgesprochen worden sein (vergleichbar Apg 11,28; 13,2; 21,4.10f).

»In Wort und Werk, in der Kraft von Zeichen und Wundern, in der Kraft des Geistes« (Röm 15,19; 2 Kor 12,12; 1 Thess 1,5) tut Paulus den Dienst in der Kirche. Dies ist »der Beweis des Geistes und der Kraft« (1 Kor 2,4). Die Machttaten mögen als pneumatische Wunder kund werden in der Gründung der vielen Gemeinden unter den Völkern, in der Erweckung des Glaubens und in der wirkmächtigen Verkündigung des Evangeliums, doch auch in physischen Wundern (Hebr 2,4; legendenhaft gesteigert Mk 16,17f).

Unter den Visionen des Paulus ist besonders zu nennen und zu interpre-

---

[4] Röm 11,25; 1 Kor 8,9; 15,51 gebraucht Paulus das Wort *mystērion*. Es bezeichnet in der griechischen Übersetzung des Alten Testaments (Dan 2,18f; 27–30.47) künftige Geheimnisse, die Gott vorbehalten sind und die Erwählten durch Entrückung oder Gesichte enthüllt werden. Die Vorstellung entwickelt sich weiter in der frühjüdischen Apokalyptik (4 Esra 10–12, 26–48; 12–14, 5–8; Syr. Apok. d. Baruch 20,3). – *Bornkamm, G.*, Art. *mystērion*, in: Theolog. Wörterbuch z. Neuen Testament (hrsg. v. *G. Kittel – G. Friedrich)* 4,1942, 809–834; *Luz, E.*, Das Geschichtsverständnis des Paulus. München 1968, 286–300.

tieren die ihn vor Damaskus zuteil gewordene Erscheinung des erhöhten Christus. Sie unterscheidet sich von den 2 Kor 12,1 gemeinten »Offenbarungen und Gesichten«. Paulus erfuhr die Offenbarung vor Damaskus nicht in der Weise der Entrückung in den Himmel, sondern der erhöhte Christus erschien dem Apostel auf der Erde. Paulus spricht daher von der Erscheinung des Auferstandenen (1 Kor 15,8). Diese Erscheinung hat für Paulus die gleiche Bedeutung wie die Erscheinungen des Auferweckten vor Kephas und den Zwölfen, vor 500 Brüdern, Jakobus und allen Aposteln, wobei Paulus dieses Wort im weiteren Sinn von allen durch Christus bevollmächtigten Glaubensboten verstehen dürfte. »Zuletzt aber von allen erschien er gleichsam als einer Fehlgeburt auch mir« (1 Kor 15,8). Paulus fügt die Bezeugung dieser Erscheinung der schon festen Glaubensformel 1 Kor 15,3–7 an, obwohl er sicherlich weiß, daß jene Ostererscheinungen sich in den wenigen Tagen nach der Auferstehung ereigneten, die ihm zuteil gewordene Erscheinung aber durch Jahre davon getrennt ist. Wie die Ostererscheinungen die Apostel bevollmächtigten, so hat diese Erscheinung Paulus als Apostel der Völker beauftragt (1 Kor 9,1; Gal 1,15f). Der Erscheinung des Erhöhten entspricht das Sehen des Paulus: »Habe ich nicht Jesus, unseren Herrn gesehen?« (1 Kor 9,1), wie die Jünger den Auferstandenen sahen (Mk 16,7; Mt 28,17; Joh 20,18).

Paulus selber berichtet weiter wiederholt von der Erscheinung des erhöhten Christus. »Als es Gott gefiel, der mich vom Mutterleib an auserwählt und mich durch seine Gnade gerufen hat, seinen Sohn in mir zu offenbaren, damit ich unter den Völkern das Evangelium verkündige!« Paulus beschreibt hier seine Berufung vom Mutterleib an in der Weise und mit Worten alttestamentlicher Propheten wie Jeremia (1,5) und Jesaja (49,1). Die ihm zuteil gewordene Erscheinung Christi bezeichnet er als Offenbarung, wie er sonst die Selbstmitteilung Gottes in Christus jetzt (Röm 1,17f; 1 Kor 2,10) oder die künftige Kundwerdung Gottes im Gericht und in der endlichen Enthüllung Gottes (Röm 8,18) bezeichnet. Die Christuserscheinung berief ihn zum Apostel der Völker. Darum nennt er sich Paulus »Apostel, nicht von Menschen, noch durch einen Menschen, sondern durch Jesus Christus und Gott Vater, der ihn erweckt hat von den Toten« (Gal 1,1).

Paulus wird an seine Berufung auch denken 2 Kor 4,6, da er schildert, wie das Licht Gottes, das er am Schöpfungsmorgen rief, in der Herrlichkeit Gottes auf dem Antlitz Christi erschien, und nun aufleuchtet in jedem Herzen in der Erkenntnis des Glaubens.

In der Christuserscheinung wurde der Apostel von Christus ergriffen. In diesem Bezug sagt er Phil 3,12: »Ich jage dem nach, ob ich wohl ergreifen möchte, wie ich ergriffen bin von Christus Jesus.« Die Erscheinung verpflichtet den Apostel fortan. Sie bedeutet eine gänzliche Umkehr seines Lebens. »Was mir Gewinn war, das habe ich um Christi willen für Schaden erachtet ... Um seinetwillen habe ich alles preisgegeben, und ich halte alles für Unrat, damit ich Christus gewinne und in ihm erfunden werde, nicht mit meiner Gerechtigkeit aus dem Gesetz, sondern mit der durch Glauben an Christus, mit der Gerechtigkeit aus Gott aufgrund des Glaubens« (Phil 3,7–9). Zu dem, was Paulus durch die Offenbarung des Christus als wertlos erkennt, gehört auch und wesentlich die Gerechtigkeit durch das Gesetz und seine Werke. Diese Erkenntnis verpflichtet Paulus zur Verkündigung der Gerechtigkeit, die dem Glauben an Christus geschenkt ist (Röm 3,24–28).

Im übrigen beschreibt Paulus seine Berufung durch die Christuserscheinung vor Damaskus als inneren Vorgang. Damaskus als Ort wird immerhin angedeutet (2 Kor 11,23; Gal 1,17). Die Apostelgeschichte beschreibt in ausführlicher Darstellung ein sichtbar und hörbar erfahrenes Ereignis.

Angefügt sei 2 Kor 3,18 als ein Text, der eine allgemeine visionäre Schau des Glaubens andeutet: »Wir schauen (wie im Spiegel, doch) hüllenlosen Angesichts die Herrlichkeit des Herrn und werden in dasselbe Bild verwandelt von Herrlichkeit zu Herrlichkeit als vom Herrn des Geistes.«[5] Die Kirche darf unverhüllten Antlitzes vor Gott stehen, ja seine Herrlichkeit schauen (wenn Gott auch nur gleichnishaft sichtbar und erkennbar wird). Die ganze Kirche ist visionär. Der lebendige Gott ist immer wirkmächtig. Die Schau bewirkt Verwandlung in eine neue Gestalt. Die Züge der Sünde und des Todes werden getilgt zur göttlichen Herrlichkeit. Dies ist »das Licht Gottes, das im Herzen aufleuchtet zur Erleuchtung der Erkenntnis der Herrlichkeit Gottes auf dem Antlitz Christi« (2 Kor 4,6). Der »Augenblick des Schauens ist für Paulus primär der christliche Kult, in dem das Evangelium verkündet wird« (R. Bultmann).

Daß Paulus Visionär und Offenbarungsempfänger war, weiß auch die Apostelgeschichte[6]. Sie berichtet ausführlich (Apg 9,1–19; 22,4–16;

---

[5] Es ist fraglich, wie *katoprizomenoi* (2 Kor 3,18) zu übersetzen ist. Bedeutet es: wie im Spiegel, gleichnishaft schauen (so *Kittel, G.*, in: Theolog. Wörterbuch z. Neuen Testament, hrsg. v. *Kittel, G.*, Art. *ainigma [esoptron]* 1,1933, 177–179) oder einfachhin: schauen (so *Bultmann, R.*, Der zweite Brief an die Korinther, hrsg. v. *Dinkler, E. [Meyer, H. A. W.*, Krit.-exeget. Kommentar]. Göttingen 1976, 93–99)?

[6] Wichtigster Kommentar: *Haenchen, E.*, Die Apostelgeschichte (*Meyer, H. A. W.*, Krit.-exeget. Kommentar). Göttingen, [17]1977; *Burchard, Ch.*, Der dreizehnte Zeuge. Tra-

26,9–18) von der Erscheinung des Christus, die Paulus auf dem Weg nach Damaskus empfangen hat. Die deimalige Wiederholung fällt zumal beim Verfasser der Apostelgeschichte auf, der als Evangelist darauf bedacht ist, doppelte Überlieferungen, die sich etwa aus seinen Vorlagen, Markus und der Spruchquelle ergaben, zu vermeiden (»Dublettenscheu«). Die Wiederholung läßt erkennen, wie wichtig diese Geschichte Lukas ist, da eben Gestalt und Geschichte des Paulus für ihn ein wesentliches Ereignis der apostolischen Zeit und Kirche ist. Die Mission unter den Völkern ist nicht nur eigener Entschluß der Kirche, sondern Sendung Christi selbst. Die drei Berichte stimmen nicht in allen Einzelheiten überein. Apg 9,7 hören die Begleiter des Paulus die Stimme, sehen aber niemand, 22,9 sehen sie das Licht, hören aber die Stimme nicht. Das Gespräch zwischen dem Herrn und Paulus ist 26,12–18 gegenüber den anderen Berichten bedeutsam erweitert. Der Auftrag der Mission an Hananias ist verschieden dargestellt. Die missionarische Sendung des Saulus ist 9,15 Wort des Herrn an Hananias, 22,14f Wort des Hananias an Saulus, 22,16–18 Wort des Herrn selber. Im Gang der Erzählung berichtet die Apostelgeschichte von verschiedenen Visionen. Christus erscheint Paulus. Er erscheint auch dem Hananias und fordert ihn auf, Paulus aufzusuchen (9,10). Paulus sieht visionär den Besuch des Hananias (9,12). Lukas scheint verschiedene Tradition zu benützen und gestaltet und akzentuiert die Überlieferung je nach den Erfordernissen des Zusammenhangs. Die Differenzen muß er wohl auch wahrgenommen haben. Die Wörtlichkeit der Berichte scheint ihm unwesentlich zu sein.

Die ausführliche Erzählung nimmt legendenhafte Motive auf. Epiphanien haben ihre Formgeschichte. Aus biblischem Bereich werden verglichen Erzählungen wie 2 Makk 3,23–30 und 4 Makk 4,10–14: Heliodor wie Apollonius werden beim Versuch, den Tempel in Jerusalem zu berauben, erschreckt und bestraft und stürzen nieder. Heliodor erhebt sich geblendet und wird von seinen Begleitern weggetragen. Die Gespräche mit Anruf und Antwort sind in der Überlieferung gleich geformt (Gen 22,1f; 1 Sam 3,4–14; 4 Esra 12 [14] 2–37). Weitere vergleichbare Züge zeigt in der Ge-

---

ditions- und kompositionsgeschichtliche Untersuchungen zu Lukas' Darstellung der Frühzeit des Paulus (Forschungen z. Religion u. Literatur d. Alten u. Neuen Testaments 105). Göttingen 1970, 52–105; *Lohfink, G.*, Paulus vor Damaskus. Arbeitsweise der neueren Bibelwissenschaft, dargestellt an den Texten Apg 9,1–19; 22,3–21; 26,9–18 (Stuttgarter Bibelstudien 4). Stuttgart 1965; *Löning, K.*, Die Saulustradition in der Apostelgeschichte (Neutestamentliche Abhandlungen NF 9). Münster 1973; *Michel, O.*, Das Licht des Messias, in: *Barret, C. H.*, (Hrsg.), Donum Gentilicium (Festschrift *Daube, D.*). Oxford 1978, 40–50.

schichte von Josef und Asenat eine Erscheinung des Engels vor Asenat. Der Engel erscheint mit himmlischem Licht, Asenat stürzt zu Boden, hört ihren Namen, antwortet und erhält den Auftrag (Josef und Asenat 14,2–13). (Weitere religionsgeschichtliche und literarische Parallelen in den Kommentaren.)

Die Apostelgeschichte (26,16) weiß Paulus als beständigen Empfänger himmlischer Gesichte und Worte: »Dazu bin ich dir erschienen, um dich zum Diener und zum Zeugen dessen zu bestellen, was du gesehen hast und was ich dir noch offenbaren werde.« Die Apostelgeschichte berichtet demnach immer wieder von einzelnen entscheidenden Offenbarungen an Paulus. Nach Apg 16,9 sah Paulus des Nachts im Traum auf der Missionsreise in Troas einen Mazedonier, der ihn aufforderte, den entscheidenden Schritt nach Europa zu tun. Der im Traum Erscheinende ist für Paulus von Gott gesandt und beauftragt. Er ist bevollmächtigter Vertreter seines Volkes, vielleicht vergleichbar jenen Engelsfürsten, die Völker vertreten (Dan 10,13.20f). Dabei mag bedacht werden, daß neben der Leitung der Mission durch Visionen in gleicher Weise von der Führung durch den Geist die Rede ist (Apg 16,9f). Offenbarung in Vision und Offenbarung durch den Geist sind im Verständnis der Apostelgeschichte unter sich verbunden. – Apg 18,9f berichtet vom Anfang der Mission des Paulus in Korinth: »Da sprach der Herr in der Nacht in einem Gesicht zu Paulus: Fürchte dich nicht, sondern rede, schweige nicht ... Denn ich habe ein großes Volk in der Stadt.« Damit wird das lange Wirken des Paulus in Korinth unmittelbar durch das Wort des erhöhten Christus begründet.

In einer Erzählung der Apostelgeschichte (22,17–21)[7] sagt Paulus in seiner Rede vor den Juden im Tempelvorhof, daß er »im Tempel in Verzükkung geriet und den Herrn sah, der zu ihm sprach: Beeile dich und gehe schnell aus Jerusalem fort. Denn sie werden dein Zeugnis über mich nicht annehmen ... Ich werde dich weit zu den Völkern senden.« Die Vision wurde danach Paulus zuteil bei der Rückkehr nach Jerusalem, die nach Gal 1,18f drei Jahre nach der Bekehrung des Paulus geschah. Christus erschien dabei dem Apostel zu Jerusalem, der heiligen Mitte Israels, und von hier aus wurde Paulus zu den Völkern gesandt. Das Werk des Paulus ist also nicht Abfall von Israel, sondern geschieht nach dem Unglauben Israels gegen den göttlichen Herrn.

---

[7] *Betz, O.*, Die Vision des Paulus im Tempel von Jerusalem. Apg 22,17–21 als Beitrag zur Deutung des Damaskuserlebnisses, in: *Böcher, O. – Haacker, K.* (Hrsg.), Verborum Veritas (Festschrift *Stählin, G.*) Wuppertal 1970, 113–123.

Eine andere trostvolle Verheißung erfuhr Paulus in schwerster Gefährdung, als er in der Burg von Jerusalem in römischem Gewahrsam gehalten wurde (Apg 23,11). Da »trat in der Nacht der Herr zu ihm und sprach: Sei getrost; wie du in Jerusalem von mir Zeugnis abgelegt hast, so sollst du auch in Rom Zeuge sein«. Paulus wird das Ziel seines Weges, Rom, die Hauptstadt der Völkerwelt, erreichen. – Nach Apg 27,23f kann Paulus auf der Seereise nach Rom der Schiffsbesatzung während des Sturmes vor Malta kundmachen, daß in der Nacht ein Engel Gottes zu ihm trat, der ihm versicherte, daß er, der Apostel selber, zum Kaiser nach Rom gelangen werde und daß ihm das Leben aller Mitreisenden geschenkt sei (wohl als Gnade für seine Zuversicht und sein Gebet).

Die Apostelgeschichte erwähnt immer wieder Erscheinungen von Engeln (5,19; 8,26; 10,3.10; 11,5; 12,7). Auch Paulus erscheint ein Engel (27,23). Möglichkeit und Ereignis übernatürlicher Offenbarungen sind der Apostelgeschichte etwas Frageloses. Der Geist gießt über die Gemeinde Prophetie und Schauung aus (Apg 2,17f). Durch Offenbarungen lenkt Gott die Kirche und ihre Geschichte. In solcher Welt ist auch Paulus für solche Erlebnisse immer offen. Immer und überall ist Christus als der himmlische Herr in Leben und Dienst des Paulus schützend und weisend gegenwärtig. Der Apostel selbst wirkt durch den Geist, der der Geist Jesu Christi ist (Phil 1,19). Ja, »der Herr ist der Geist« (2 Kor 3,17).

Der Glaube der Kirche

Neutestamentliche Eschatologie

Das Neue Testament enthält zahlreiche, darunter umfangreiche, eschatologische und apokalyptische Texte[1] mit mannigfachen Vorstellungen und Aussagen. Das Neue Testament ist dabei in hohem Maße durch Überlieferung aus dem Alten Testament und dem frühen Judentum bestimmt. Dies wird offenkundig durch Sprachgebrauch und Begrifflichkeit, wie durch inhaltliche Motive. Das Neue Testament gibt dabei nicht nur die Überlieferung weiter, sondern erklärt die alttestamentliche Erwartung als der Erfüllung nahe oder erfüllt. Jetzt sind die letzten Tage (Apg 2,17; Hebr 1,2); es ist die letzte Stunde (1 Joh 2,18). Jesus Christus ist der endzeitliche Adam (1 Kor 15,45). Gott umfaßt als Schöpfer und Vollender alle Zeiten. Er ist über allem »der Erste und der Letzte« (Offb 1,17). Neutestamentliche Eschatologie versteht sich darnach nicht als Belehrung über ein fernes Ende der Zeiten, sondern als Erhellung und Verkündigung der Gegenwart.

Die Auslegung der eschatologischen Texte des Neuen Testaments hat ihre besonderen und großen Schwierigkeiten. Die Welt jenseits von Raum und Zeit ist für uns, die wir alles in Raum und Zeit erfahren, gänzlich unvorstellbar. Die Bibel des Alten und Neuen Testaments versucht, jene Welt mit bildhaften Aussagen anschaulich und begreiflich zu machen. Insoweit sind dies menschliche Vorstellungsversuche, nicht göttliche Offenbarung verborgener Geheimnisse. Die Größe christlicher Hoffnung ist, daß die Güter der Hoffnung über alle Erfahrung hinausliegen. »Wir schauen nicht aus nach dem Sichtbaren, sondern nach dem Unsichtbaren. Das Unsichtbare ist ewig« (2 Kor 4,18).

Eine einigermaßen lösbare Aufgabe der Religionsgeschichte wie der biblischen Exegese wird es sein, die Geschichte der eschatologischen und apokalyptischen Motive zum Teil vom Alten Orient und sodann maßgeblich vom Alten Testament und aus dem Judentum her darzustellen und zu erklären. Man kann jedoch nicht die einzelnen Motive topographisch ordnen

[1] Heutige Unterscheidung bezeichnet mit Eschatologie das Daß der endzeitlichen Vollendung, mit Apokalyptik das Wie und die Fülle der einzelnen endzeitlichen Ereignisse. Die Bibel unterscheidet die Wörter noch nicht in dieser Weise.

oder in chronologische Reihenfolge bringen, um so die Weltgeschichte der Zukunft und das Ende von Welt und Zeit zu beschreiben, wie man etwa die Einzelheiten der alten Überlieferung über das Ende Jerusalems in der Geschichtsschreibung zusammenstellen kann. Es gibt keinen Reporter und keinen Report weder über den absoluten Anfang noch über das absolute Ende der Geschichte. Jener Anfang ist aller zu berichtenden Geschichte voraus, dieses Ende jenseits solcher Geschichte. Der Sohn aber, »die Weisheit Gottes« (Lk 11,49), hat es immer abgelehnt, der Neugierde die verborgene Endzeit zu enthüllen, die dem Vater vorbehalten ist (Mk 13,32; Lk 17,20f; Apg 1,7).

Wie viele Motive literarischer und geistesgeschichtlicher Überlieferung haben die Motive der biblischen Eschatologie symbolischen Gehalt und solche Aussageabsicht. Es ist nicht leicht, diesen Aussagewert zu erheben und zu deuten. Darüber hinaus ist es eine schwierige Aufgabe theologischer Exegese, die biblischen Texte auf ihre Offenbarungsaussage hin zu interpretieren.

Im Anschluß an die alttestamentliche und frühjüdische Eschatologie soll im folgenden zunächst die eschatologische Botschaft von Gottes Herrschaft und Reich dargestellt werden. Weitere Themen werden in ihrer Entwicklung innerhalb des Neuen Testaments erörtert und beschrieben. Der ganze neutestamentliche Abschnitt soll abgeschlossen werden durch Überlegungen, die den anthropologischen und existentialen Bezug herstellen: Tod und Leben.

I. Königsherrschaft Gottes

Ziel neutestamentlicher Endhoffnung ist die Königsherrschaft Gottes. Das Neue Testament gebraucht teils die Bezeichnung »Königsherrschaft Gottes« *(basileia tou theou)*, teils »Königsherrschaft der Himmel« *(basileia tōn ouranōn)*.[2] Die ursprüngliche Formel ist wohl »Königsherrschaft Gottes«. Auch Jesus wird diese gebraucht haben. Die Formel »Königsherrschaft Gottes« erscheint im Markusevangelium (dem ältesten Evangelium) 1,15;

---

[2] *Kleinknecht, H. – von Rad, G. – Kuhn, K. G. – Schmidt, K. L., basileus:* ThW I (1933) 562–595; *Flender, H.,* Die Botschaft Jesu von der Herrschaft Gottes (München 1968); *Klein, G.,* »Reich Gottes« als biblischer Zentralbegriff: Evang. Theologie 30 (1970) 642–670; *Schnackenburg, R.,* Gottes Herrschaft und Reich (Freiburg [4]1965); *Staehelin, E.* Die Verkündigung des Reiches Gottes in der Kirche, 7 Bde. (Basel 1951–1965).

10,14f.24f. Sie ist für die Spruchquelle Q zu erschließen nach Mt 12,28 = Lk 11,20. Auch Lk 6,20; 9,2 wird Q »Königsherrschaft Gottes« geboten haben. Auch Mt verwendet viermal »Königsherrschaft Gottes« (12,28; 19,24; 21,31.43). In der großen Mehrzahl der Fälle gebraucht Matthäus die Formel »Königsherrschaft der Himmel«, während das übrige Neue Testament (Markus, Lukas, Johannes, Paulus, Die Offenbarung des Johannes) stets »Königsherrschaft Gottes« sagt. Das zwischentestamentliche Judentum, wie jenes der Zeit Jesu, vermied es aus Ehrfurcht, den Namen Gottes zu gebrauchen. Dem folgend spricht Matthäus meist, statt von der »Königsherrschaft Gottes«, von der »Königsherrschaft der Himmel«. Das Neue Testament in seiner Gesamtheit teilt die Scheu, den Namen Gottes zu nennen, nicht. Dies gehört zur christlichen Freiheit der Rede (Eph 3,12). Nach dem Wortlaut könnte *basileia tou theou* im Neuen Testament mit »Königreich Gottes« und mit »Königsherrschaft Gottes« übersetzt werden. Mit Königreich verbindet sich die Vorstellung eines räumlich und zeitlich erstreckten Reiches. Die Übersetzung »Königtum«, »Königsherrschaft Gottes« besagt, daß Gottes Herrschaft ein Zustand ist, und daß sie dort ist, wo Gott beruft, und wo dem Ruf Glaube und Liebe antworten. Dabei bildet sich Gemeinde, und insofern kann von Gottes Bereich und Reich gesprochen werden.

Seit Jahrhunderten erwartete Israel die Königsherrschaft Gottes. Es erhoffte diese mit drängender Ungeduld, als es seine politische Freiheit verloren hatte. Mit der fremden Gewaltherrschaft regierten die heidnischen Götzen und der Satan. Wenn in dieser Stunde Johannes der Täufer auftrat und Jesus ihm folgte, und beide das nahe Königtum Gottes ausriefen (Mt 3,2; 4,17), mußte dies eine wahrhaft erregende Botschaft sein. Die Erwartung hatte sich erfüllt.

Die Verkündigung, daß die Königsherrschaft Gottes herbeigekommen ist, ist nach Mk 1,15 der erste Satz der Predigt Jesu. »Jesus kam nach Galiläa, das Evangelium Gottes ausrufend. Die Zeit ist erfüllt, und herbeigekommen ist die Königsherrschaft Gottes. Kehret um und seid gläubig im Evangelium.«[3] Die Predigt Jesu wird als »Evangelium Gottes« bezeichnet. Dies ist Wort und Begriff der Mission, insbesondere wird in den Evangelien schon der intensive Gebrauch des Wortes bei Paulus (Röm 1,1; 15,16; 2 Kor 11,7;

---

[3] *Preisker, H.*, Art. *eggys:* ThW II (1935) 329–332; *Delling, G.*, Art. *plēroō:* ebd. VI (1959) 285–296; *Mußner, F.*, Gottesherrschaft und Sendung Jesu, = Praesentia Salutis (Düsseldorf 1967) 81–98; *Pesch, R.*, Anfang des Evangeliums Jesu Christi. Eine Studie zum Prolog des Markusevangeliums (Mk 1,1–15): *Bornkamm, G. – Rahner, K.* (Hrsg.), Die Zeit Jesu (Freiburg 1970) 108–144.

1 Thess 2,2.8) vorausgesetzt sein. So ist Mk 1,15 wohl als erfülltes, schon zurückblickendes Summarium zu bezeichnen, das der Evangelist als Überschrift über die Predigt Jesu wie der Kirche setzt. Die Heilsbotschaft von der Ankunft der Gottesherrschaft wird bei Markus sogleich im Wort und in der Tat Jesu wirklich.

Weitere Sprüche der Evangelien wiederholen die Zusage, daß Gottes Herrschaft gekommen ist. Die Boten sollen ausgehen und verkünden: »Die Königsherrschaft der Himmel ist herbeigekommen« (Mt 10,7). Wie der Sommer nahe ist, wenn der Feigenbaum grünt, so künden die Ereignisse der Gegenwart den baldigen Einbruch der Gottesherrschaft an (Mk 13,28f). Die Gottesherrschaft ist nahe und wird als Gericht plötzlich hereinbrechen wie die Sündflut über jenes Geschlecht (Mt 24,38). Gleichnisreden sagen die unerwartet plötzliche Ankunft des Reiches an. Es kommt wie der Dieb in der Nacht (Mt 24,43f), wie der Hausherr zu nicht erwarteter Stunde (Mt 24,46), wie der Bräutigam zur Hochzeit ruft (Mt 25,6).

Die nahe Zukunft der Gottesherrschaft ist schon in der Gegenwart wirksam. Die Dämonen werden überwunden in den Austreibungen aus den Besessenen, aber auch in den Heilungen der Kranken, da Krankheit und Tod als Störung und Zerstörung der Schöpfung Gottes Werk des Satans sind. Der Satan hat die gekrümmte Frau gebunden (Lk 13,16). Die Heilungen sind Zeichen und Anfang der Gottesherrschaft, die die wiederum heile Welt ist. »Wenn ich durch den Finger Gottes die Dämonen austreibe, ist ja die Gottesherrschaft zu euch gelangt« (Lk 11,20). Der Sturz des Satan ist apokalyptisches Motiv (Offb 19,19f). Dies ist jetzt geschehen: »Ich sah den Satan wie einen Blitz vom Himmel fallen« (Lk 10,18). Hier ist schwerlich gesagt, daß der präexistente Christus den Satanssturz sah (Offb 12,8f), sondern jetzt in der Tätigkeit Jesu und der Jünger wird der Satan überwunden.

Das Reich, das ankommt, ist unlösbar mit der Person Jesu verbunden. Er ist der, »der da kommen soll« (Mt 11,13), d. i. der Messias. Er erfüllt in Krankenheilung, Totenerweckung, Evangeliumsverkündigung die messianische Erwartung (Mt 11,5). Von den gegenwärtigen Zuhörern gilt: »Selig, ihr Armen! Denn euer ist die Gottesherrschaft!« (Lk 6,20). Dem Vater hat es gefallen, der Jüngergemeinde, »der kleinen Herde, das Reich zu geben« (Lk 12,32). Das bereits gegenwärtige Reich wird bekämpft. »Die Gottesherrschaft leidet Gewalt« (Mt 11,12f). So gilt: »Die Gottesherrschaft ist mitten unter euch« (Lk 17,21). Die Entscheidung, die die Hörer jetzt gegenüber der Person Jesu treffen, entscheidet über das Schicksal der Hörer in der eschatologischen Scheidung (Mt 7,24–27; 10,32).

Vom Reich Gottes handeln die Gleichnisse von der selbstwachsenden Saat (Mk 4,26–29), vom Senfkorn (Mk 4,30–32), vom Sauerteig (Mt 13,33). Sie beschreiben den Gegensatz zwischen der verborgenen Kleinheit des Anfangs und der Größe des Endes, das ganz Gottes Werk ist. Wie die Frucht aus der Erde, so kommt das Reich »von selbst«, ohne Zutun des Menschen.

Das Reich ist Gabe Gottes. Es wird den Armen, die nichts haben, geschenkt (Mt 5,3). Die Kinder gehen darum in das Reich ein (Mk 10,15). Da ist nicht die Rede von kindlicher Unschuld, die den Himmel verdiente. Die Kinder sind als jene gemeint, die wissen, daß sie sich von den überlegenen Erwachsenen nur beschenken lassen können. Weil das Reich nie verdient, sondern immer geschenkt ist, gehen Sünder, Dirnen und Zöllner vor den Gerechten in das Reich ein (Mt 21,32). Als Erbe (Mt 25,34) ist es immer Geschenk, wie Erbe immer unverdiente Gabe ist.

Doch sind die Hörer der Botschaft aufgerufen, sich auf die Gottesherrschaft hin auszurichten, um endlich in sie einzugehen. Der Mensch trifft auf die Königsherrschaft wie der Pflüger, der einen Schatz im Acker entdeckt, und der alles verkauft, um den Acker zu kaufen (Mt 13,44). Oder er soll sein wie der Kaufmann, der eine kostbare Perle findet und alles hingibt, um sie zu erwerben (Mt 13,45f). Das Reich zu finden, ist eine überwältigende Freude. Entscheidend ist, daß der Mensch die Kostbarkeit des Reiches sehe. Dann kann er alles dafür hingeben. Für den Eingang in das Reich ist immerzu die Umkehr als Kehr von der Welt zu Gott notwendig (Mk 1,15). Verlangt ist sittliche Bemühung: die Gebote Gottes zu halten (Mt 19,17), den Willen Gottes zu tun (Mt 7,21).Verlangt ist eine neue Grundhaltung der Gerechtigkeit. »Wenn eure Gerechtigkeit nicht mehr ist als die der Schriftgelehrten und Pharisäer, werdet ihr nicht eingehen in die Königsherrschaft der Himmel« (Mt 5,20). Gefordert ist die radikale Absage an alles, was den Menschen zum Bösen verführen kann, ob Hand oder Fuß oder Auge (Mt 18,8f). Güter und Werte der Welt können Hindernis sein für den Eingang in die Gottesherrschaft. »Wie schwer werden die Reichen in das Reich Gottes hineingelangen« (Mk 10,23). Für viele gilt das harte Wort, daß sie wohl hineinzukommen suchen, es aber nicht vermögen (Lk 13,24). Das Reich ist immer geschenkt, und doch ist der Eingang in das Reich an die Erfüllung der Forderungen sittlicher Bemühung gebunden. Der innere Grund ist einsichtig. Da Gott der Heilige ist, kann in seinem Reich keine Sünde sein.

In der Botschaft Jesu unterbleibt jede ausmalende Schilderung des Reiches, wie diese in der jüdischen Apokalyptik versucht wird. Was ist die Königsherrschaft Gottes? In der Verheißung Jesu ist das Reich von allen nationalen und materiellen Elementen gesäubert. Das Reich wird oft mit einem Mahl verglichen. Dies gehört zur rabbinischen Motivik (Billerbeck I, 878f), ist aber offenbar hier wie dort als Gleichnis verstanden. Das Bild bedeutet Gemeinschaft mit Gott und in ihr die Gemeinschaft mit den Seligen. Insofern im Gebet des Herrn die einzelnen Bitten die Hauptbitte um die Ankunft des Reiches auslegen, enthält die Gottesherrschaft die Heiligung des göttlichen Namens, die Erfüllung des Willens Gottes, die Vergebung der Schuld und die Erlösung vom Bösen (Mt 6,9–13). Diese Bitten sollen sich erfüllen jetzt in der Zeit und endlich und ganz in der eschatologischen Wirklichkeit des Reiches. Eine gewisse Füllung erhält der Begriff des Reiches durch Parallelbegriffe. Es ist Aufnahme in das Vaterhaus (Lk 15,18ff), Eingehen in die Freude (Mt 25,21.23), Teilhabe am Licht (Lk 16,8) und an der Herrlichkeit (Mk 10,37), Eingehen in das Leben (Mk 9,43–47), Erben des Lebens (Mk 10,17). Die Gottesherrschaft wird aber zuletzt als neue Schöpfung erwartet (s. u. 2, f u. 5, e). Diese ist Gottes Werk über alle menschliche Schöpfung und Erwartung hinaus. Darum kann das künftige Reich nicht beschrieben werden.

Mit der Parusie wird im Neuen Testament die Königsherrschaft Gottes mit drängender Hoffnung als sehr nahe erwartet. Vor allem in drei Herrenworten spricht Jesus und mit ihm die Gemeinde die nahe Erwartung aus: Mk 13,30 (und Parallelen), Mk 9,1 (und Parallelen) und Mt 10,23.

Der Spruch Mk 13,30 lautet: »Wahrlich, ich sage euch, dieses Geschlecht wird nicht vergehen, bis all dies geschieht.« Nach dem Zusammenhang ist gesagt, daß Zerstörung des Tempels und Ende der Welt innerhalb der Generation Jesu sich erfüllen werden. Ist die Naherwartung durch Mk 13,32 eingeschränkt, wenn sogleich gesagt ist, daß jenen Tag und jene Stunde niemand weiß?

Gegenüber Mk 13,30 scheint die Erwartung in Mk 9,1 gedämpft zu sein. »Wahrlich, ich sage euch, daß einige von den hier Stehenden den Tod nicht kosten werden, bis sie die Königsherrschaft Gottes gekommen sehen in Macht.« Es ist nicht mehr gesagt, daß die Königsherrschaft vor dem Geschlecht als ganzem offenbar wird, sondern vor einigen. Hat die Gemeinde schon zahlreiche Todesfälle erfahren? Stellte sie sich auf weitere Verzögerung der Ankunft der Königsherrschaft ein? Was bedeutet Offenbarung »in Macht« *(en dynamei)?* Deutungsversuche auf die nach sechs Tagen stattfindende Verklärung Jesu (Mk 9,2) oder auf die Zerstörung Jerusalems scheinen unmöglich zu sein. Die Wunder Jesu heißen in den Evangelien »Machttaten« (*dynameis* = Mt 11,20; Mk 6,2; Lk 4,36). Die Königsherrschaft Gottes ist nach Lk 11,20 in den Wundertaten Jesu gegenwärtig. Kann Mk 9,1 dahin verstanden werden, daß etliche die volle Offenbarung der Macht des Messias und in ihr die Königsherrschaft Gottes erfahren werden? Die anderen Evangelien suchten Mk 9,1 zu verdeutlichen. Dabei versteht Mt 16,28 das Wort von der Parusie: »Etliche von denen, die hier stehen, werden den Tod nicht kosten, bis sie den Menschensohn gekommen sehen in seiner Königsherrschaft.« Anders jedoch Lk 9,27: »Etliche von denen, die hier stehen, werden den Tod nicht kosten, bis sie die Königsherrschaft Gottes sehen.« Da eben Lk 11,20 in den Wundertaten Jesu die Königsherrschaft Gottes gekommen sieht, kann das Wort 9,27 in dieser Formulierung verstanden werden von der vollen Offenbarung Christi, »der ein Prophet war, mächtig in Werk und Wort« (Lk 24,19), und weiter von der Offenbarung Gottes in der Kirche, in der Lukas »Zeichen und große Machttaten« (Apg 8,13) geschehen sieht. Matthäus und Lukas geben dem Herrenwort je eigene Form. Ist es bei Markus in seiner Ursprünglichkeit erhalten? Wieweit ist der ursprüngliche Sinn des Herrenwortes festzustellen?

Nicht leicht zu erklären ist auch das Wort Jesu an die Jünger bei der Aussendung: »Wenn sie euch in einer Stadt verfolgen, fliehet in eine andere. Wahrlich, ich sage euch, ihr werdet mit den Städten Israels nicht ans Ende kommen, bis der Menschensohn kommt« (Mt 10,23).[4] Ein radikal apokalyptisches Verständnis erklärt, Jesus habe gemeint, ehe die Jünger zurückkehren, werde die Parusie eintreten und er selber werde als Menschensohn offenbart sein. Nach der Enttäuschung dieser Erwartung habe Jesus gedrängt, nach Jerusalem zu kommen, um dort – äußerstenfalls durch seinen Tod – die Ankunft des Reiches herbeizuzwingen. Konnte Matthäus den Spruch so verstehen? Der Evangelist hätte gewußt, daß der Spruch sich so nicht erfüllt hatte. Hätte er ihn gleichwohl berichtet? Sein Evangelium schließt mit dem Missionsbefehl, der in lange weitere Geschichte vorausschaut (Mt 28,19f). Der Menschensohn muß nach Matthäus (16,21; 17,22) immer durch die Passion hindurchgehen. Träfe die genannte radikale eschatologische Erklärung von Mt 10,23 zu, wäre hier der Weg Jesu ganz anders beschrieben. Vielleicht ist Mt 10,23 zu erklären als Rückblick auf den Mißerfolg der Judenmission der Kirche und als geheimnisvolle Ankündigung des Unglaubens Israels (Mt 23,28f). Ist also das Wort Mt 10,23 ein Trostwort an die Kirche und ihre Missionare? Wenn es scheint, daß sie schutzlos sind und ihre Not ausweglos ist, wird der Menschensohn bei ihnen sein. Vielleicht müssen wir uns dabei bescheiden, daß uns der ursprüngliche Sinn des Herrenwortes Mt 10,23 dunkel bleibt. Insoweit das Wort schon Missionserfahrung andeutet, wird es spätere Formulierung erkennen lassen.

Die Exegese bemüht sich um die Erklärung des Befundes. Die Jüngergemeinde Jesu erwartete die Königsherrschaft Gottes als nahe, und sie stützte ihren Glauben auf Worte ihres Herrn. Da Ursprünglichkeit und Wortlaut der angeführten apokalyptischen Herrenworte ungewiß oder wenigstens ihr Sinn ungewiß scheint, nimmt die Exegese zum Teil an, erst die Jüngergemeinde habe Worte Jesu, die ursprünglich gemahnt hatten, sich der Nähe des Gerichtes bewußt zu sein, auf einen Zeitpunkt hin verschärft. Die Terminangaben in Mk 9,1; 13,30 seien spätere Gemeindebildungen. Die akute eschatologische Erwartung wäre aus der Umwelt in die Gemeinde Jesu eingedrungen. Die überlieferten Worte lassen aber doch wohl erkennen, daß

---

[4] *Künzli, M.,* Das Naherwartungslogion Matthäus 10, 23. Geschichte seiner Auslegung (Tübingen 1970).

Jesus die drängende Nähe der Königsherrschaft Gottes verkündete. Er teilte die Anschauungen seiner Zeit und Umwelt. Auch so und eben so war er der Sohn, in dem sich der Vater offenbarte. Dabei wäre aber wohl zu bedenken, daß Jesus die Ankündigung des Tages und der Stunde der Ankunft der Gottesherrschaft nicht wesentlich wichtig war. Die Gottesherrschaft ragt nach seiner Botschaft in die Gegenwart hinein. Der zeitliche Abstand zur Gottesherrschaft und die Differenz zwischen dem Schon-Jetzt und dem Noch-Nicht ist darin aufgehoben. Jesus verkündet die immerwährende Nähe des auf den Menschen in Gericht und Gnade zukommenden Gottes. Die Naherwartung ist nicht temporal, sondern personal zu verstehen.[5]

Außerhalb der synoptischen Evangelien findet sich der dem Matthäusevangelium eigene Ausdruck »Königsherrschaft der Himmel« nie, der Ausdruck »Königsherrschaft Gottes« verhältnismäßig selten. Im Johannesevangelium steht das Wort im Gespräch Jesu mit Nikodemus: »Wenn einer nicht wiedergeboren wird, kann er die Königsherrschaft nicht sehen« (Joh 3,3.5).[6] Israels Frage geht nach dem eschatologischen Heil. Das Wort Jesu setzt es gleich mit der Königsherrschaft Gottes. Sie ist eine eschatologische Gabe. Das Johannesevangelium wird hier mit der Formel »Königsherrschaft Gottes« überlieferte Sprache gebrauchen.

In der Apostelgeschichte begegnet das Wort von der Königsherrschaft Gottes bisweilen (1,3; 8,12; 14,22; 19,8; 20,25; 28,23). Es meint immer das künftige Reich. So spricht Jesus zwischen Auferstehung und Himmelfahrt von der Königsherrschaft Gottes (1,3). Die Apostel predigen: »Durch viele Drangsale müssen wir eingehen in die Königsherrschaft Gottes« (14,22). Nicht mehr wird die Ankunft des Reiches erwartet, sondern wir hoffen, in dieses einzugehen.

---

[5] Zum Problem der Naherwartung: *Gräßer, E.*, Die Naherwartung Jesu (Stuttgart 1973); *Kümmel, W.*, Die Naherwartung in der Verkündigung Jesu – Heilsgeschehen und Geschichte (Marburg 1965) 457–470; *Michaelis, W.*, Der Herr verzieht nicht die Verheißung. Die Aussagen Jesu über die Nähe des Jüngsten Tages (Bern 1942); *Schürmann, H.*, Die Christusoffenbarung. Das hermeneutische Hauptproblem der Verkündigung Jesu: Traditionsgeschichtliche Untersuchungen zu den synoptischen Evangelien (Düsseldorf 1968) 13–35; *Strobel, A.*, Untersuchungen zum eschatologischen Verzögerungsproblem (Leiden-Köln 1961).

[6] *anōthen gennēthēnai* Joh 3,3 kann bedeuten »von neuem geboren werden«, oder »von oben geboren werden«. Sprachlich und sachlich sind beide Übersetzungen möglich. Die erstere Übersetzung wird wohl zu wählen sein, weil der Gedanke der Wiedergeburt der christlichen Tradition schon vertraut war (1 Petr 1,3.23; Tit 3,5).

In der Sammlung der Paulusbriefe steht der Ausdruck »Königsherrschaft Gottes« zehnmal, und dies in der Mehrzahl in den älteren, »echten« Briefen. Paulus hat das Wort in seiner Verkündigung fraglos gebraucht. Wie die Synopse verwendet er den Ausblick auf das künftige Reich als Mahnung, sich auf dieses Reich hin auszurichten und seiner würdig zu leben. Fünfmal kehrt die Formel wieder, daß der Christ »das Reich Gottes erben« soll (1 Kor 6,9f; 15,50; Gal 5,21; Eph 5,5). Das Reich ist also künftig und, wie immer das Erbe, unverdientes Geschenk. Einlaßbedingungen werden negativ formuliert, indem die Laster genannt werden, die den Eingang in das Reich verhindern; so 1 Kor 6,9: »Ungerechte werden keinen Anteil haben an der Gottesherrschaft«; ähnlich Gal 5,21; Eph 5,5. Paulus erinnert an die Berufung in das Reich. »Wir ermahnen euch, euren Wandel zu führen würdig des Gottes, der euch berief zu seinem Reich und zu seiner Herrlichkeit« (1 Thess 2,12). Die Berufung in das jenseitige Reich ist ebenso Verpflichtung wie Bürgschaft des Heiles. Der Eingang in das Reich geschieht mit der Auferstehung. »Doch Fleisch und Blut kann das Reich Gottes nicht erben, noch die Verweslichkeit die Unverweslichkeit« (1 Kor 15,50). Die irdisch-menschliche Existenz muß zum Eingang in das Reich verwandelt werden. Dieses ist jenseitig-eschatologisch.

An anderen Stellen wird gesagt, daß das Reich in die Gegenwart hereinwirkt. Gegenüber solchen, die »mit Worten aufgebläht tun«, sagt Paulus: »Nicht in Reden besteht die Königsherrschaft Gottes, sondern in Kraft« (1 Kor 4,20). Damit ist das Reich beschrieben, wie es sich jetzt in der Gemeinde und im Apostolat darstellen muß. Da in Rom Parteiungen entstanden waren über Essen und Nichtessen von gewissen Speisen, erklärt Paulus: »Das Reich ist nicht Speise und Trank, sondern Gerechtigkeit, Friede und Freude im Heiligen Geist« (Röm 14,17). Essen oder Fasten sind für die Gottesherrschaft gleichgültige Dinge. Sie tut sich kund und wird wirklich in der menschlichen und mitmenschlichen Existenz. Gerechtigkeit, Friede und Freude sind nicht Tugenden, die einfachhin durch menschliche Mühe zu erwerben sind, sondern dies sind eschatologische Gaben. Das deutet der Zusatz »im Heiligen Geist« an, ob er nun zur ganzen Trias oder zum letzten Glied allein zu beziehen ist. Gerechtigkeit ist bei Paulus die dem Glauben geschenkte Gerechtigkeit. Friede ist Versöhnung mit Gott, die er gibt. Doch sind diese Gaben auch Verpflichtung zur Verwirklichung. »Wer hierin Christus dient, ist Gott wohlgefällig und bei den Menschen anerkannt« (Röm 14,18). Der Friede dient der Freude und der gegenseitigen Erbauung (Röm 14,19). Die Gottesherrschaft hat in dieser Zeit und Welt soziale Bedeutung.

Wohl etwas anders akzentuiert ist der Begriff des Reiches in den Deuteropaulinen. Das Reich ist eine von Gott geschaffene Umkehrung zwischen hier und dort. Durch »das gerechte Gericht Gottes« werden die Christen »des Gottesreiches gewürdigt werden, für das sie jetzt leiden« (2 Thess 1,5).[7] Das Reich ist jenseitiger Lohn. Christus wird »in sein himmlisches Reich retten« (2 Tim 4,18). Die spätere und heutige Ausdrucksweise wird erreicht, wonach der Fromme »in den Himmel kommen« will.

Die Königsherrschaft Gottes ist in den späteren Schriften des Neuen Testaments längst nicht mehr ein so wichtiger Begriff wie in den synoptischen Evangelien. Andere Wörter und Begriffe treten auf. Mit dem Begriff der Kirche wird die Gottesherrschaft als schon gegenwärtig dargestellt. Die künftige Vollendung wird mit neuen Worten benannt: als Leben, Heil, Gerechtigkeit, Gnade, Herrlichkeit. Damit werden Worte und Werte genannt, die schon in der Synopse mit der Königsherrschaft verbunden wurden. Diese Wandlung der Begrifflichkeit wird mit ihren Grund haben im Übergang des Evangeliums aus Israel in die griechische Welt, der der Begriff des Reiches fremd war.

Mit dem Fortschritt der Christologie wird das Reich Gottes als Reich Christi aufgefaßt und verkündet. Jesus erhält in der Leidensgeschichte zunächst aus dem Mund der Feinde den Titel König. Aber er nimmt ihn an und stirbt als König Israels (Mk 15,26). Er ist als Davids Sohn der neue König David (Mt 22,42, Röm 1,3). Da die Predigt auf Grund der Auferstehung zu bezeugen hat, daß Jesus als der Erhöhte Herr der Kirche wie der Welt ist, hat sie auch zu verkünden, daß die Königsherrschaft Gottes in Christus ihr Haupt hat.

Der Ausdruck dringt in das Evangelium ein, wenn Mk 9,1 von der Königsherrschaft Gottes spricht, Mt 16,28 aber vom »Menschensohn in seiner Königsherrschaft«. Die (spätere) Deutung des Gleichnisses vom Unkraut unter dem Weizen sagt ähnlich: »Der Menschensohn wird seine Engel aussenden, und sie werden aus seinem Königreich alle Ärgernisse sammeln« (Mt 13,41). In der Predigt der Apostel ist das Reich Gottes das Reich Christi. Die Verbindung ist angedeutet, wenn das »Evangelium« des Philippus bezeichnet wird als die Botschaft »vom Reich Gottes und des Namens Jesu Christi« (Apg 8,12). Die Verbindung ist hergestellt, wenn »Gott versetzt in das Reich des Sohnes seiner Liebe« (Kol 1,13). Nun kann gesprochen werden vom »Reich des Christus und Gottes« (Eph 5,5). Vom Him-

[7] In meiner Schrift: Das Neue Testament. Eine Einführung (Kevelaer [4]1970) 134–137, war ich noch geneigt, den 2. Thessalonicherbrief Paulus zuzuschreiben. Ich meine aber nun eher, daß der Brief nachpaulinisch und in das Ende des 1. Jh.s zu datieren ist; vgl. vor allem *Trilling, W.*, Untersuchungen zum 2. Thessalonicherbrief (Leipzig 1972).

mel her wird verkündet: »Über die Welt ist wirklich geworden die Königsherrschaft unseres Herrn und seines Christus« (Offb 11,15). Christus nimmt auf »in sein himmlisches Königreich« (2 Tim 4,18; weiter 2 Tim 4,1; 2 Petr 1,11). In der Vollendung der Zeit gibt Christus die vom Vater empfangene Herrschaft diesem zurück (1 Kor 15,25–28). Das Reich Christi geht in das Reich Gottes auf (Offb 5,10; 20,4.6; 22,5).

In welchem Verhältnis stehen Gottes Herrschaft und Reich zur gegenwärtigen Kirche? Im Gebet des Herrn wird die Jüngergemeinde für immer angewiesen, zu bitten: »Es komme dein Königtum« (Mt 6,10). Eine Kirche, die so betet, ist nicht schon Gottes Reich. Dieses ist vielmehr etwas noch Jenseitiges und Künftiges, das erst in der Endzeit offenbar wird. In der Kirche wird jedoch das Königtum Gottes verkündet. In der Kirche wird das himmlische Reich geöffnet und verschlossen (Mt 16,19; 18,18). Der Jüngergemeinde ist verheißen, das Reich zu erben. »Fürchte dich nicht, du kleine Herde! Eurem Vater hat es gefallen, euch das Reich zu geben« (Lk 12,32). Die Ausrichtung auf das Reich ist der kleinen Gemeinde Schutz in der Welt. Doch die Zugehörigkeit zur Gemeinde ist noch keine Gewähr für die dereinstige Aufnahme in die Königsherrschaft. Zwischen der jetzigen Kirche und dem künftigen Reich steht die Entscheidung Gottes, die er einst im Gericht vollziehen wird. Dies besagt das Gleichnis vom Fischnetz (Mt 13,47–50) wie das Gleichnis vom Unkraut unter dem Weizen (Mt 13,24–30.36–43). – Große Versuchung für die Kirche scheint es zu sein, sich als Herrschaft und Reich Gottes auf Erden zu erachten und auszugeben.

2. *Eschatologie der Synopse*

a) Endzeit

Das Neue Testament kennzeichnet die auf die Königsherrschaft als das Ende zuführende Zeit als angefüllt mit apokalyptischen Bedrängnissen.[8] Ausführliche Schilderungen sind gegeben in Jesus in den Mund gelegten

[8] *Bertram, G., saleuō:* ThW VII (1964) 65–71; *Conzelmann, H., skotos:* ebd. 424–446; *Delling, G., telos:* ebd. VIII (1969) 50–88; *Feuillet, A.*, Le discours de Jésus sur la ruine du temple d'après Marc XIII et Luc XXI, 5–36: RB 55 (1948) 481–502; 56 (1949) 61–92; *Geiger, R.*, Die Lukanischen Endzeitreden (Bern 1973); *Lambrecht, J.*, Die Redaktion der Markus-Apokalypse (Rom 1967); *Pesch, R.*, Naherwartungen. Tradition und Redaktion in Mk 13 (Düsseldorf 1968); *Vögtle, A.*, Das Neue Testament und die Zukunft des Kosmos (Düs-

Reden Mk 13,1–37 (= Mt 24,1–36; Lk 21,5–36). Nach der überwiegenden Meinung der Exegese gilt für Mk 13, daß das Kapitel, wie das ganze Markusevangelium, abgesehen von etwaigen späteren Nachträgen, geschrieben ist in der drohenden Nähe des jüdisch-römischen Krieges, doch vor der Zerstörung Jerusalems und seines Tempels im Jahre 70 n. Chr.[9]

Die darauf bezüglichen Weissagungen Mk 13 entsprechen nicht genau den wirklichen Ereignissen. Der Tempel wurde nicht durch Schleifung zerstört, wie Mk 13,2 vorausgesetzt scheint, sondern durch Brand vernichtet. Die Schändung des Tempels geschah nicht so, wie dies Mk 13,14 geheimnisvoll angesagt scheint (s. u.). Die Möglichkeit einer Flucht im Winter (Mk 13,18) ist noch offengelassen. Tempelzerstörung und Bedrängnisse in Judäa einesteils, die kosmische Katastrophe, die der Parusie vorangeht, andernteils, sind Mk 13,24 noch nicht zeitlich voneinander abgesetzt, was dann Mt 24,29 und Lk 21,25 geschieht. Die Geschichtlichkeit des Drohwortes gegen den Tempel kann begründet werden (s. u.). Die Ankündigungen und Voraussagen in Mk 13 können nicht einfachhin als fiktive Weissagungen nach dem Ablauf der Ereignisse erklärt werden.

Mit dem Drohwort gegen den Tempel Mk 13,2 nimmt Jesus teil an prophetischer Kultkritik. Die Evangelien berichten, wie von dieser Drohung, so außerdem von wiederholter Kritik Jesu an Tempel und Kult. Stadt und Tempel werden einst verödet und verlassen sein (Mt 23,38). Jesus ist mehr als der Tempel, der sein Ende findet (Mt 12,6). Der Widerspruch ist geschichtlich dargestellt in der Erzählung von der Reinigung des Tempels, durch Jesus (Mk 11,15–18). – Am geschäftsmäßigen Kultbetrieb Anstoß nehmend, kritiserten diesen die Propheten und drohten Kult und Tempel das Ende an. Wie Schilo, wo ehedem Gottes Name wohnte und das jetzt verlassen ist, so wird es auch Jerusalem ergehen. »Mit dem Hause, das nach meinem Namen benannt ist und auf das ihr Hoffnungen setzet und mit der Stätte, die ich euch und euren Vätern gegeben habe, werde ich verfahren wie ich mit Schilo verfuhr« (Jer 7,14). »Euretwegen wird Zion zum Acker umgepflügt und Jerusalem zum Trümmerhaufen und der Tempelberg zu einer Waldeshöhe werden« (Mi 3,12).[10]

---

seldorf 1970); *Walter, N.*, Tempelzerstörung und synoptische Apokalypse: ZNW 57 (1966) 38–49; *Zmijewski, J.*, Die Eschatologiereden des Lukasevangeliums (Bonn 1972).

[9] *Pesch, R.*, (aaO. 72 f. 93–96. 104–106. 143 f. 234 f) und *Walter, N.*, (aaO.) möchten an einigen Stellen von Mk 13 nachweisen, daß die Zerstörung der Stadt Jerusalem und des Tempels vorausgesetzt seien. Die Mehrheit der Exegese datiert Mk 13 in die Zeit (unmittelbar) vor dem Ende des Tempels.

[10] *Schüngel-Straumann, H.*, Gottesbild und Kultkritik vorexilischer Propheten (Stuttgart 1972).

Mk 13,5–27 werden apokalyptische Ereignisse im weiten und kosmischen Ablauf aufgeführt. Es sind Krieg (13,7), Erdbeben und Hunger (13,8), Martyrium bis zum Tod (13,9–13), Flucht der bedrängten Einwohner (13,14), Erschütterungen des Himmels, Verfinsterung der Sonne, Sturz der Sterne (13,24), endlich Ankunft des Menschensohnes (13,26). Dies ist auch die apokalyptische Reihe Offb 6,1–16. Drei unheimliche Reiter ziehen aus; sie bringen Krieg, Hunger und Tod (6,4–8). Dazu gehören tödliche Martyrien (6,9ff), Erdbeben, Verfinsterung der Sonne, Sturz der Sterne (6,12ff), Flucht der Menschen (6,15f). Ist der erste Reiter, der Sieger auf weißem Roß, der König Christus (wie Offb 19,11)? Die Motive sind Mk 13 die gleichen wie Offb 6, und sie sind ganz ähnlich gereiht. Es läuft hier wie dort ein Schema apokalyptischer Vorstellungen ab. Es wäre irrig, danach einen apokalyptischen Kalender der Ereignisse und Tage anlegen zu wollen.

Mk 13,5–13 schildert die in Umwelt und Welt bedrängte Gemeinde. 13,7f sind apokalyptische Geschehnisse: Kriege unter den Völkern, Hunger und Erdbeben. Solche apokalyptische Zeichen sind auch in alttestamentlicher und späterer Darstellung oft genannt; so Kriege Jes 13,2–5; 19,2; 4 Esra 11 (13), 30.32; Hunger Jes 8,21; 14,30; Krieg, Hunger und Pest Jes 21,7; Jer 14,12; Ez 5,12; 1 Kön 8,37; ÄthHen 99,4; Erdbeben Am 8,8f; Jes 24,18ff; Hag 2,6; Sach 14,4; ÄthHen 102,2. In den Schriften Qumrans wird die Endzeit geschildert als »Krieg der Söhne des Lichtes mit den Söhnen der Finsternis« (1 QM 1–11). Andere Motive gehören der Geschichte der christlichen Gemeinde und der Mission an. Die Warnung vor Verführung durch falsche Propheten in der Gemeinde wird auch laut Offb 12,9; 13,3–10; Apg 20,29f; 2 Thess 2,3f; 1 Joh 2,26; 3,7.[11] – Die Jüngergemeinde muß sich nach Mk 13,9–13 im Martyrium vor Juden und Heiden bewähren. Erfahrungen der Jüngergemeinde wie der Mission scheinen schon vorausgesetzt.[12] Ähnlich wird das Zeugnis der Jünger in der Mission Mt 10,17–22 beschrieben; so-

---

[11] *Köster, H.*, Häretiker im Urchristentum als theologisches Problem: *Dinkler, E.*, (Hrsg.), Zeit und Geschichte (Tübingen 1964) 61–76; *Schürmann, H.*, Das Testament des Paulus für die Kirche Apg 20,18–35: Traditionsgeschichtliche Untersuchungen (Düsseldorf 1968) 310–340.

[12] Mk 13,10: »Zuvor muß das Evangelium unter allen Völkern verkündet werden«, setzt eine lange Zukunft der Kirche und schon Erfolge der Heidenmission voraus. Das Wort ist wohl von Markus gebildet. Es erscheint auch Mt 24,14, fehlt aber bei Lukas, vielleicht weil er ein solches Wort der Zeit der Kirche zuweisen würde. Vgl. *Bosch, D.*, Die Heidenmission in der Zukunftsschau Jesu (Zürich 1959) 153–174; *Hahn, F.*, Das Verständnis der Mission im Neuen Testament (Neukirchen 1963) 59–61; *Kasting, H.*, Die Anfänge der urchristlichen Mission (München 1969) 108; *Pesch, R.*, aaO. 129–131.

dann auch Apg 5,17–41; 22,19. Der Geist bezeugt sich den Martyrern, wie Mk 13,11, so auch Lk 12,11f; Apg 4,8; Phil 1,19. Die Jüngergemeinde ist Mk 13,13 in der Welt gehaßt um des Namens Jesu willen wie Joh 15,18; 1 Petr 4,14. Dies setzt offenbar spätere Zeit voraus.

Der Abschnitt Mk 13,14–20 wird eingeleitet mit der rätselhaften Aufforderung: »Der das (vor)liest, merke auf.« An welche Schrift, welche er mit Verständnis lesen soll, wird der Leser und Hörer gewiesen? Der Evangelist kann nicht sein eigenes Buch meinen, das aufmerksam gelesen werden soll. Noch weniger kann er so ungeschickt sein, einen Hinweis auf das Evangelium Jesus in den Mund zu legen. Ist es eine zunächst auf den Rand geschriebene Notiz seines Lesers, die später in den Text eingesetzt worden wäre? Mk 13,14 »Greuel der Verwüstung« ist ein Zitat aus Dan 9,27. Ist gesagt, bei der Lesung des Buches Daniel sei zu bedenken, daß jenes Wort jetzt wieder gelte? Dan 9,27; 11,31; 12,11 meint »Greuel der Verwüstung« die Schändung des Tempels durch Antiochus IV., der im Tempel nach 1 Makk 1,54; 2 Makk 6,2 einen Altar mit dem Bild des Zeus errichten ließ. Eine gleiche Entweihung des Tempels befürchtete man im Jahre 40 n. Chr., da das Bild des göttlichen Kaisers Caligula durch die Römer im Tempel aufgestellt werden sollte, was dann wegen der Ermordung des Kaisers unterblieb. In der Exegese wird seit einiger Zeit die Vermutung geäußert, die Bemerkung »Wer das liest« beziehe sich auf eine kleine Apokalypse oder ein apokalyptisches Flugblatt, das Markus vorlag. Es sei vielleicht zunächst 40 n. Chr. verfaßt worden, als die Schändung des Tempels durch Caligula drohte. Es wollte die Juden mahnen, wegen der zu erwartenden Unruhen in die Berge zu fliehen (13,14). Eine neue Fertigung des Flugblattes sei im jüdisch-römischen Krieg des Jahres 70 in Umlauf gesetzt worden.[13] Es sollte nun die Judenchristen zur Flucht auffordern, indem es ankündigte, der Feind Gottes (der Antichrist) werde den Tempel besetzen und von dort den Kampf gegen Gott und die Gemeinde führen. So ist der Antichrist 2 Thess 2,3f erwartet: »Der Sohn des Verderbens, der Widersacher, ... setzt sich in den Tempel Gottes und gibt vor, Gott zu sein.«

Falsche Messiasse und lügnerischer Propheten werden auftreten mit irreführenden Behauptungen und Befehlen (Mk 13,21f). Vom Auftreten falscher Messiasse berichtet die Apostelgeschichte (5,36; 21,38) wie profane Geschichtsschreibung (Josephus, Altertümer 18,1,1.3,5). Die christliche Gemeinde erwartet für die letzte Zeit Irrlehrer (Apg 20,29f; Jud 4; 2 Petr 3,3f). Der große Verführer wird als Antichrist bezeichnet (1 Joh 2,18f). Daß sich die Falschpropheten durch Zeichen und Wunder ausweisen, wissen schon Ex 7,11f; Dtn 13,2ff. Die überlieferten apokalyptischen Worte und Motive werden Mk 13,23 zusammengefaßt auf Christus und die Jüngerge-

[13] *Hölscher, G.*, Der Ursprung der Apokalypse Mk 13: Theologische Blätter 12 (1933) 193–202; *Schoeps, H. J.*, Ebionitische Apokalyptik im Neuen Testament: ZNW 51 (1960) 101–111; zuletzt *Pesch, R.*, aaO. 207–223.

meinde bezogen. »Ihr aber achtet darauf. Ich habe euch alles vorausgesagt.« Das Wort Christi deutet der Kirche ihre Gegenwart.

Die eschatologischen Geschehnisse erreichen Ziel und Ende in der Erscheinung des Menschensohnes (Mk 13,24–27). Ihr voran gehen kosmische Erschütterungen. Sonne und Mond werden verfinstert. Die am Firmament befestigten Sterne stürzen auf die Erde. »Die Mächte in den Himmeln werden erschüttert werden.« Dies sind wohl Geistermächte, die die Himmelskörper lenken. Sie geraten beim Nahen des Menschensohnes in Aufruhr und verlassen ihre Bahnen.[14] Aus den verstörten kosmischen Kräften tritt der Menschensohn hervor. Auch in anderer apokalyptischer Literatur künden solche Katastrophen den Tag des Gerichtes an. Erdbeben, Verfinsterung von Sonne und Mond und Sturz der Sterne werden aufgeführt von Jes 13,10; 34,4; Joël 2,10; 3,15; ÄthHen 80,4–7; 1 QH 3,13–17.27–34. Die gleichen Motive begegnen auch Offb 6,12ff. – Rabbinisches bei Billerbeck I, 955f.

In der Erschütterung des Alls erscheint der Menschensohn, begleitet von den Engeln (Mk 13,26f), so wie der Menschensohn nach Dan 7,13f erwartet wird. Der Menschensohn führt »seine Erwählten zusammen von den vier Winden, von der Spitze der Erde bis zur Spitze des Himmels (Mk 13,27). Für die Endzeit wird die Sammlung Israels aus der Zerstreuung unter den Völkern erwartet (Dtn 30,4f; Jes 60,4–9; Mi 4,1–8). Im Neuen Testament erfüllt sich diese Erwartung teils in der Einholung der Völker durch die Mission der Kirche (Röm 15,16; Joh 11,52), teils in der künftigen Heimholung in das Reich Gottes (Mk 13,27; Didache 9,4). Die Erwählten scheinen Mk 13,27 auf dem höchsten Berg der Erde versammelt. Von dort werden sie entrückt zur Spitze des Himmels, wo der Menschensohn zur Rechten Gottes thront. Es ist nicht die Rede von einer allgemeinen Totenauferstehung, nicht vom Weltgericht, auch nicht etwa von einem zeitlichen irdischen Reich des Menschensohnes mit seiner Gemeinde. Mit der Entrückung der

[14] Die Schilderung setzt das antike Weltbild voraus. *Pesch, R.*, aaO., 158–166, *Vögtle, A.*, aaO., 67–69 (u. a.), meinen, das Evangelium wolle nicht wirkliche Ereignisse beschreiben, sondern die Texte sollen als Gerichtsmetaphern symbolisch verstanden werden. Die kosmischen Schrecken bedeuten den Zorn Gottes. Es solle das geschichtlich-theologische Ereignis des Reiches Gottes dargestellt werden. Es ist aber nicht erforderlich, die Prophetie von naturwissenschaftlich unmöglichen Aussagen zu entlasten. Das Problem wurde freilich oft empfunden. Schon Origenes sucht gerade bei diesen Aussagen, die Bibel mit dem damaligen Weltbild in Einklang zu bringen; vgl. *Wetzel, R.*, Das 24. Kapitel des Evangelisten Matthäus in der Auslegung durch die griechischen Väter Origenes und Chrysostomus, Maschinenschriftl. Diss. (Tübingen 1972).

Erwählten in den Himmel ist die Vollendung geschehen. Alles andere ist versunken. Gott, der Menschensohn und die Erwählten sind in Ewigkeit miteinander.

Mk 13,30ff sind Offenbarungssprüche, als solche gekennzeichnet durch die Form: »Wahrlich, ich sage euch ...«. Die drei Sprüche handeln vom Zeitpunkt der Parusie. Sie bringen damit eine Antwort auf die 13,4 gestellte Frage. Solche Fragen und Berechnungen wurden in der jüdischen Apokalyptik angestellt (Lk 17,20f). Mk 13,30 scheint ein Termin genannt zu sein. »Dieses Geschlecht wird nicht vergehen, bis das alles geschieht.« Diese Ankündigung ist nicht eingetreten, wenn »dieses Geschlecht« als die damalige, also etwa dreißig Jahre umfassende Generation verstanden wird. Es wird schwerlich möglich sein, den Anstoß damit zu beheben, daß man unter der Zusammenfassung »das alles« die Vorzeichen der Parusie, insbesondere die Zerstörung des Tempels (13,2) und Kriege und Martyrien (13,7–11), nicht aber die Parusie selbst (13,25ff) versteht. »Das alles« muß doch wohl von allem Vorhergehenden verstanden werden; auch die Parusie wird sich in diesem Geschlecht ereignen. Oder »dieses Geschlecht« wird von den damaligen Juden oder von den Menschen als dem immer bösen Geschlecht (Mt 12,39) verstanden. Es wäre dann gesagt, daß Israel bis zum Ende der Welt bestehen bleiben wird, oder daß die Menschen bis dahin immer böse sein werden. Doch wird auch diese Deutung kaum überzeugen. Das Wort 13,30 spricht vielmehr von der drängenden Nähe der Vollendung, die sich so bald nicht erfüllte. Die Erklärung des Spruches muß im Zusammenhang anderer ähnlicher Worte (Mk 9,1; Mt 10,23) versucht werden (s.o. 1). – Mk 13,30 und 31 sind zunächst äußerlich verbunden unter dem Stichwort »vergehen«. Das Wort 13,31 ist eine höchste Aussage über das Lehrtum Christi. Jesus ist mehr als die Lehrer Israels (Mt 12,41). Sein Wort bleibt als Wort Offenbarung und Heil Gottes. Es hat göttliche Macht und Ewigkeit. Das Gesetz dauert, bis Himmel und Erde vergehen (Mt 5,18). Das Wort Jesu dauert über das Gesetz hinaus. Das Festeste, die ganze Welt, und das Flüchtigste, das Wort, sind gegenübergestellt (Mk 13,31). Das Festeste wird vergehen. Aber dieses Flüchtigste wird als Christi Wort nicht vergehen. Im Zusammenhang von Mk 13,31 wird gesagt sein, daß das Wort Jesu der Gemeinde gegeben ist, bis er wiederkommt. Darauf kann sie bestehen, daraus kann sie leben, getrost auch in allen Schrecken, die kommen mögen. Soll die Verheißung der Parusie bekräftigt werden, da die Gemeinde wegen der Verzögerung der Ankunft Mühe hat, den Glauben festzuhalten?

Die Versicherung Mk 13,32, daß jenen Tag niemand weiß, auch nicht die Engel, auch nicht der Sohn, sondern Gott allein, scheint eine Ergänzung zu 13,30 zu sein. Es bleibt gültig, daß der Tag der Vollendung nahe ist. Doch ist der Tag nicht als Kalendertag zu berechnen. Es ist immer biblische Überzeugung, daß entscheidungsvolle Tage nur Gott bekannt sind (Sach 14,7; ebenso Apg 1,7). Auch die Engel, die doch an jenem Tage mitwirken, wissen ihn nicht voraus (Eph 3,10; 1 Petr 1,12; 4 Esra 2 (4), 52). Der christologischen Auslegung ist der Zusatz wichtig geworden, daß der Sohn den Tag nicht kennt. Christus spricht von sich als Sohn, was in der Synopse selten ist (Mk 12,6; Mt 11,27), wenn auch häufig in der entwickelten Christologie des Johannesevangeliums. Im Zusammenhang des Markusevangeliums sagt der Offenbarungsspruch, daß die Kirche wohl das Wort Christi hat (Mk 13,31), über die Pläne Gottes aber nicht Bescheid weiß und darüber nicht verfügen kann, wie dies allerdings apokalyptisches Rechnen anstrebt. Die Kirche kann sich nicht mit Hilfe der Offenbarung Gottes selbst bemächtigen. Christus selbst weist von sich weg auf den Vater (Mk 10,18; 1 Kor 15,28).

Die apokalyptische Rede, die zunächst einige Jünger belehrte (13,4), mündet 13,37 aus in eine Mahnung an alle. »Was ich aber euch sage, das sage ich allen: Wachet!« Der erhöhte Herr spricht zur ganzen Gemeinde. Die Rede endet merkwürdig ort- und zeitlos, ohne Verbindung zu der 14,1 beginnenden Passionsgeschichte. Die Rede ist aus der historischen Situation hinaus an die Kirche gerichtet.[15]

Matthäus und Lukas übernehmen die apokalyptische Rede von Markus, beziehen sie aber je in ihr Evangelium ein. Mt 24,3 (ähnlich Lk 21,7) fragen die Jünger sowohl nach dem Untergang des Tempels wie nach der »Parusie« Christi und der Vollendung der Welt. Diese Ereignisse sind Mk 13,4 noch eng miteinander und ineinander verbunden. Matthäus und Lukas lassen erkennen, daß sie Untergang des Tempels und Ende der Welt trennen, da sie bereits deren Trennung im Ablauf der Geschichte erfahren haben.

---

[15] Nach der Zählung von *Perrin, N.*, The Kingdom of God (London 1963) verwendet Mk 13,5–27 insgesamt 165 Wörter; davon kommen 35 sonst im Markusevangelium nicht vor, mit über 20% ein sehr hoher Anteil; von diesen 35 Wörtern stehen 15 Wörter wieder in der Johannesapokalypse. Die Sprachstatistik stellt also einen deutlichen Einschlag traditioneller apokalyptischer Sprache fest.

b) Parusie

Ohne das Wort Parusie zu gebrauchen, spricht Christus von der Ankunft des Menschensohnes.[16] Er wird kommen »in der Herrlichkeit seines Vaters mit den heiligen Engeln«. Wer Jesus und sein Wort verleugnet, den wird der Menschensohn bei seiner Ankunft nicht kennen (Mk 8,38). In der Parusierede sagt Jesus, daß der Menschensohn in der Erschütterung der Welt erscheinen wird »auf den Wolken des Himmels mit großer Macht und Herrlichkeit« (Mk 13,25ff). Vor seinen Richtern endlich bekennt sich Jesus als Messias und Sohn Gottes, und er fügt hinzu, sie (also ihr Geschlecht) werden »sehen den Menschensohn zur Rechten der Macht sitzend und kommend mit den Wolken des Himmels« (Mk 14,62). Mit Absicht sicherlich ändert Lk 22,69: »Von nun an wird der Menschensohn sitzen zur Rechten der Macht Gottes.« Hier ist die Erscheinung des Menschensohnes nicht mehr als nahe angekündigt.

Matthäus gebraucht für die erwartete Ankunft Christi das Wort Parusie *(parousia);* so Mt 24,3 (wo die Apostel von der Parusie Jesu sprechen). Mt 24,27.37 spricht Jesus von der Parusie des Menschensohnes. Diese Verse stehen auch bei Lukas (17,24.26), stammen also aus der Spruchquelle Q. Lukas spricht aber von den »Tagen des Menschensohnes«, nicht von seiner Parusie. Dies wird der Sprachgebrauch von Q gewesen sein. Es ist keine Frage, daß die Evangelien an allen genannten Stellen, da für sie der Menschensohn Jesus ist, dessen Wiederkunft sie erwarten, die Parusie Christi meinen. Da in diesen Worten Jesus vom Menschensohn als wie von einem anderen spricht, erörtert die Exegese, ob die Gleichsetzung von Menschensohn und Christus die ursprüngliche Absicht der Aussagen ist. Hat etwa erst die Jüngergemeinde diesen gültigen Sinn der Aussagen erhoben, wenn sie die Gleichheit des gegenwärtigen Jesus mit dem künftigen Menschensohn aussprach?[17]

In einer eschatologischen Rede gibt Lukas 17,20–37 (mit 18,1–8) eine

---

[16] *von Rad, G. – Delling, G., hēmera:* ThW II (1938) 945–956; *Oepke, A., parousia:* ebd. V (1954) 856–869; *Gräßer, E.,* Das Problem der Parusieverzögerung in den synoptischen Evangelien (Berlin ²1960); *Klein, G.,* Apokalyptische Naherwartung bei Paulus: *Betz, H. D. – Schottroff, L.* (Hrsg.), Neues Testament und christliche Existenz (Tübingen 1973) 241–262; *Moore, A. L.,* The Parusia in the New Testament (Leiden 1966); *Rahner, K.,* Kirche und Parusie Christi: Schriften zur Theologie VI, 348–367; *Sint, J.,* Parusie-Erwartung und Parusie-Verzögerung im Paulinischen Briefcorpus: *Schubert, K.* (Hrsg.), Vom Messias zum Christus (Wien 1964) 233–277.

[17] *Schelkle, K. H.,* Gott war in Christus (Düsseldorf 1973) 199–207.

Paränese zur Parusie des Menschensohnes.[18] Der Evangelist verwendet für seine Komposition neben Worten, die auch in der Spruchquelle Q vorliegen (Lk 17,23.26f.31.33.34f.37), eine Sonderüberlieferung, die ursprünglich erscheint (so 17,20f.22.24.28f). Drei Spruchgruppen sind zusammengefügt um das Thema der Parusie. 17,20f handelt von der Ankunft der Gottesherrschaft; 17,22–37 von der Ankunft des Menschensohnes; 18,1–8 vom Gebet um seine Ankunft.

Lk 17,20f ist ohne synoptische Parallele, wenn auch zu vergleichen ist Mk 13,21 = Mt 24,23. Die Pharisäer fragen Jesus, »wann die Königsherrschaft Gottes kommt«. Jesus antwortet: »Die Königsherrschaft Gottes kommt nicht so, daß man dies beobachten könnte ... Die Königsherrschaft Gottes ist innerhalb von euch.« Wie Rabbinismus und Apokalyptik beschäftigen sich die Pharisäer mit der Frage nach der Ankunft der Gottesherrschaft. In der Zeit des Neuen Testaments war die Erwartung besonders drängend, da Israel die Gottesherrschaft als Befreiung von der römischen Fremdherrschaft erwartete; so Achtzehn-Bitten-Gebet 10f: »Stoß laut in die Posaune zu unserer Befreiung. Bringe unsere Richter zurück wie ehedem. Herrsche über uns, alleinig du.« Israel erkannte jedoch auch, daß der Mensch die Freiheit Gottes nicht durch solche Berechnungen beschränken darf. So sagt ein Rabbi (um 150 n. Chr.): »Wer das Ende berechnet, hat keinen Anteil an der künftigen Welt.« Überdies erörterte man den Ort der Gottesherrschaft und erwartete ihre Aufrichtung in Jerusalem. Von hier aus sollte Gott die messianisch-eschatologische Herrschaft ausüben. Jesus lehnt nicht nur die Angabe eines Termins, sondern schon die Meinung ab, daß man die Zeit des Gottesreiches berechnen könne. Er scheint aber einen Ort anzugeben. »Die Königsherrschaft Gottes ist innerhalb von euch.« Was bedeutet: »innerhalb von euch«? Sprachlich wäre das Verständnis möglich: Die Gottesherrschaft ist in eurem Innern; sie ist keine äußere Größe. Doch bezeichnet Jesus sonst nie das Wirken Gottes im Innern des Menschen als Reich Gottes. Meist wird das Wort so verstanden: »Die Gottesherrschaft ist mitten unter euch.« Dann bedeutet das Herrenwort, daß die Gottesherrschaft unter den Angesprochenen gegenwärtig ist. Nach Lk 4,21 ist im Heute die messianische Verheißung erfüllt. Nach Lk 11,20 ist, da Jesus die Dämonen überwindet, im Werk und in der Person Jesu das eschatologische Reich da, zwar verborgen, aber doch wirklich. In diesem Sinn wird auch Lk 17,21 zu verstehen sein. Das Wort lenkt die Fragenden von der futurischen Apokalyptik ab und mahnt sie, die Gegenwart zu erkennen und zu ergreifen.

Lk 17,22–37 sind Offenbarungen über die Tage der Ankunft des Menschensohnes zusammengefaßt. Die Jünger werden verlangen nach einem Tag des Zusammenseins mit dem Menschensohn (Lk 17,22) nicht in der Erinnerung an die vergangene Zeit, die sie mit

---

[18] *Geiger, R.*, Die lukanischen Endzeitreden (Bern 1973); *Rigaux, B.*, La petite apocalypse de Luc (17,22–37): Ecclesia a Spiritu Sancto edocta (Gembloux 1970) 407–438; *Schnackenburg, R.*, Der eschatologische Abschnitt Lukas 17,20–37: Schriften zum NT (München 1971) 220–243; *Zmijewski, J.*, Die Eschatologiereden des Lukasevangeliums (Bonn 1972) 326–340.

Jesus erfahren haben, sondern verlangend nach einem künftigen Tag des mit der Ankunft des Menschensohnes beginnenden messianischen Reiches. Ist das Wort zu der im Warten bedrängten Gemeinde gesprochen, die die Offenbarung oder doch ein Zeichen des erhöhten Menschensohnes erwartet? Bevor der Menschensohn in Herrlichkeit offenbar wird, muß er vieles leiden (Lk 17,25). Der Jüngergemeinde soll gesagt sein, daß sie, in der Welt bedrängt, in das Leiden ihres Herrn einbezogen ist. Die Tage, die der Ankunft des Menschensohnes vorangehen, werden in doppeltem Beispiel verglichen mit den Tagen des Noach und des Lot (Lk 17,26–29). In den Tagen des Noach waren die Menschen maßlos sittenlosem Treiben hingegeben. Gott und das angedrohte Gericht hatten sie vergessen. Die Sündflut kam plötzlich und verdarb alle. Die Zeit des Lot wird geschildert als reich entwickelte Kultur. Unerwartet kam das Gericht vom Himmel her und verdarb alle. Unerwartet, unberechenbar wird der Menschensohn in einem töricht sorglosen Geschlecht erscheinen (Lk 17,30). Die Gemeinde soll zur wahren eschatologischen Haltung gemahnt werden: Stets bereit zu sein und sich nicht an irdisches Treiben zu verlieren. So plötzlich kommt die Katastrophe, daß man sich ohne Aufenthalt und Verzögerung so schnell als möglich retten muß.

Die apokalyptische Rede Lk 17,20–37 hebt darauf ab, zu betonen, daß die Ankunft des Menschensohnes plötzlich vom Himmel her über ahnungslose Menschen hereinbricht. Jedes Rechnen mit Vorzeichen wird abgelehnt. In der großen synoptischen Apokalypse wird dagegen nach Mk 13,5–23 wie nach Lk 21,8–36 die endzeitliche Not durch längere Zeit irdisch-geschichtlicher Bedrängnis eingeleitet. Lk 21 eröffnet der Kirche vor dem Ende den Weg in die Geschichte. Die Betonung der Plötzlichkeit der Ankunft des Menschensohnes wird frühere Gestalt und älterer Gehalt neutestamentlicher Apokalyptik sein. Auch einige synoptische Gleichnisse betonen dieses Motiv (Mt 24,43.50; 25,10; Mk 13,35). Die sich dehnende Zeit der Vorzeichen läßt schon das Warten angesichts der sich verzögernden Parusie erkennen.

Was bedeutet das Evangelium von der Parusie? Die Parusie setzt das antike mythische Weltbild vom Himmel über der Erde und dem Thron Gottes über der Welt voraus. Wie die im gleichen Weltbild beschriebene Himmelfahrt Christi bildhafte Schilderung ist, so auch die Parusie. Die Verkündigung der Parusie bezeugt den Glauben der Kirche, daß das Heil vor der Welt noch verborgen ist. Die Kirche beansprucht nicht »vollendete Gesellschaft« (societas perfecta) zu sein. Sie erwartet die Aufhebung ihrer selbst in der Vollendung Gottes. »Wiederkunft Christi ist der Einbruch des Unverfügbaren in das selbstgenügsame Ghetto unserer absoluten Diesseitigkeit. Diese absolute Diesseitigkeit offenzuhalten für die Schöpferkraft des unverfügbaren Gottes ist das Wagnis christlicher Existenz.«[19]

---

[19] *Schütz, P.*, Was heißt »Wiederkunft Christi«? (Freiburg 1972) 33.

c) Totenauferstehung

Im Neuen Testament erscheint die Totenauferstehung[20] als Streitfrage zwischen den Pharisäern, die an die Auferstehung glauben, und den Sadduzäern, die sie bestreiten (Mk 12,18–27; Apg 23,6–9). Im Streitgespräch mit den Sadduzäern lehrt Jesus die Totenauferstehung (Mk 12,18–27). Die Sadduzäer erfinden – nach dem Leviratsgesetz Dtn 25,5f – die Geschichte einer Frau, die sieben Brüder nacheinander heiratete, und sie fragen: Wem wird die Frau bei der Auferstehung gehören? Die Frage geht vielleicht aus von der rabbinischen Vorstellung, daß die Ehe im künftigen Leben fortgeführt und mit einer wunderbaren Fruchtbarkeit begabt sein werde. Die Sadduzäer wollen mit diesem Fall den Widersinn des Auferstehungsglaubens beweisen. Die Antwort Jesu stellt die Tatsächlichkeit der Auferstehung fest und erklärt ihre Art. Die Auferstandenen werden jenseits ehelichen Lebens sein »wie die Engel in den Himmeln«. Ähnlich kann auch jüdische Apokalyptik lehren. ÄthHen 15,6f; 51,4 wie SyrApkBar 51,3–5 sagen, daß die Auferstandenen zum Glanz der Engel verwandelt werden. Wäre »in den Himmeln«, wie bisweilen, eine Umschreibung des Gottesnamens, wäre vielleicht gesagt, daß das Sein der Auferstandenen in der Gemeinschaft und im Leben Gottes aufgehoben ist. Die Tatsache des ewigen Lebens und dann auch der Totenerweckung findet Jesus ausgesprochen im Wort Gottes an Mose: »Ich bin der Gott deines Vaters, der Gott Abrahams, der Gott Isaaks und der Gott Jakobs« (Ex 3,6). Das Wort besagt ursprünglich, daß Gott einst mit den Vätern während ihres Lebens verkehrte, nicht, daß sie immer in Gott leben. Jesus unterlegt dem alttestamentlichen Wort diesen Sinn, da er erklärt: »Er ist nicht ein Gott der Toten, sondern der Lebenden.«[21] Gott ist

[20] *Oepke, A., anistēmi:* ThW I (1933) 368–372; ders., *egeirō*; ebd. II (1935) 332–337; *von Rad, G. – Bertram, G. – Bultmann, R., zōē:* ebd. 833–877; *Greshake, G.*, Auferstehung der Toten (Essen 1969); *Hoffmann, P.*, Die Toten in Christus (Münster 1966); *Rahner, K.*, Auferstehung des Fleisches: Schriften II (1955) 211–225; *Rigaux, B.*, Dieu l'a resuscité (Gembloux 1973); *Schottroff, L.*, Der Glaubende und die feindliche Welt (Neukirchen 1970); *Schunack, G.*, Das hermeneutische Problem des Todes. Im Horizont von Römer 5 untersucht (Tübingen 1967); *Wilckens, U.*, Auferstehung (Stuttgart 1970).

[21] Vergleichbar ist 4 Makk 7,19 und 16,25 über den Tod jüdischer Martyrer: »Sie glaubten, daß sie, wie unsere Patriarchen Abraham, Isaak und Jakob, nicht für Gott sterben, sondern für ihn leben werden … Sie wußten auch, daß alle, die um Gottes willen sterben, für Gott leben so, wie Abraham, Isaak und Jakob und die Patriarchen.« – Ähnlich ist auch rabbinische Auslegung, wenn diese aus Dtn 11,9; 34,4 die Totenauferstehung von Abraham, Isaak und Jakob folgert, weil Gott verheißen hat, *ihnen* das Land zu geben; Billerbeck I, 892–897.– Vgl. *de Moyne, J.*, Les Sadducéens (Paris 1972) 123–129.

immer der gleiche Seiende, und bei ihm sind auch immer seine Erwählten. Die Sadduzäer irren also. Sie kennen »weder die Schriften noch die Kraft Gottes«. Jesus teilt und verteidigt in diesem Streitgespräch den Glauben an die Totenauferstehung, ausdrücklich jedenfalls an die Auferstehung der Gerechten. Aber er kritisiert offenbar mögliches grob-sinnliches Mißverständnis. Totenauferstehung ist nicht Widerherstellung des irdischen Lebens, sondern Erneuerung zu überirdischer Lebensform. Jesus gebraucht in diesem Gespräch den Schriftbeweis nach Art der Schulen der Rabbinen. War er ein solcher Rabbi? Kommen im Streitgespräch vielleicht Schriftdebatten oder dogmatische Auseinandersetzungen der Gemeinde mit Israel oder auch innerhalb der Gemeinde zu Wort? Der Exegese ist daher die strenge Historie des Gesprächs fraglich.

d) Gericht

Überzeugung des ganzen Neuen Testaments ist es, daß Gott der Richter ist.[21a] Die Botschaft wird verschärft durch die Ankündigung der drohenden Nähe des Gerichtes. Sie wird Heilsbotschaft durch Verheißung der Errettung im Gericht.

In Fortsetzung frühjüdischer apokalyptischer Erwartung verkündet der Täufer Johannes das nahe Gericht (Mt 3,7–10 = Lk 3,7ff; aus der Spruchquelle Q). Die Überzeugung, daß der »Zorn Gottes« kommt, macht Johannes zum Prediger der Umkehr.

Sprüche und Reden Jesu weisen mit großem Ernst auf das belohnende und strafende Gericht Gottes voraus. Die Scheidung tritt hervor in der Gegenüberstellung der Heils- und Weherufe Lk 6,20–26. Der Jesus der Bergpredigt nach Mt 5,21f.27–30 spricht vom Gericht Gottes wie das Alte Testament (Ex 20,13f) und verschärft noch die Forderungen. Der Mensch ist immer auf dem Weg zum Gericht Gottes. Deshalb versöhne er sich jederzeit mit dem Gegner – Mensch wie Gott –, damit er nicht vor Gericht gebracht und dort besiegt werde (Mt 5,25). Die Einlaßsprüche mahnen, während die vielen den Weg in das Verderben gehen, sich zu mühen, den schmalen Weg durch die enge Pforte in das Leben zu gewinnen (Mt 7,13f). Es sei einer nicht der faule Baum, dem droht, umgehauen und ins Feuer geworfen zu werden. Der Mensch muß die Früchte des Lebens verantworten (Mt 7,17ff). Im Hinblick auf das zu erwartende Gericht werden die Jünger

[21a] *Büchsel, F. – Herntrich, V., krinō:* ThW III (1938) 920–955; *Stählin, G.,* Art. *orgē:* ebd. V (1954) 382–448.

gemahnt, selber nicht zu richten, da der Richtende dem Gericht Gottes verfällt (Mt 7,1). Die Jünger dürfen nicht die Menschen fürchten, die allenfalls den Leib töten können. Sie müssen den fürchten, der die Macht hat, den ganzen Menschen, mit Leib und Leben, in der Hölle zu verderben (Mt 10,28). In der Beispielerzählung vom reichen Prasser und armen Lazarus erfolgt sogleich nach dem Tod die Entscheidung (Lk 16,19–31). Der Reiche wird begraben, der Arme wird in den Schoß Abrahams gebracht. In allen diesen Worten Jesu ist ein Gericht gemeint, das über den je einzelnen Menschen entscheidet. Wenn wir darauf die dogmatische Unterscheidung von besonderem und allgemeinem Gericht anwenden dürfen, so würden wir in diesen Sprüchen das je besondere Gericht angesagt erkennen.[22]

Andere Worte Jesu handeln vom allgemeinen, öffentlichen Gericht. Auf dieses Gericht weisen voraus alle jene Worte, die die Parusie Jesu ankünden (s. o. 2, b). Der Wiederkommende wird der Richter des großen Gerichtes sein. Dieses Gericht ist gemeint, wenn Jesus den Städten Israels den Tag des Gerichtes androht, »an dem es Sodom und Gomorra erträglicher ergehen wird« (Mt 10,15). Sodom und Gomorra sind nach Gen 19 in biblischer Tradition (Jer 23,14; Ez 16,48ff; Röm 9,29; Jud 7) Beispiele göttlichen Strafgerichtes. Jesus warnt die bevorzugten Städte seines Wirkens vor dem Strafgericht, das noch schrecklicher sein wird als jenes, das die schlimmsten heidnischen Städte wie Tyrus und Sidon (Jes 23; Ez 26ff) herausforderten (Mt 11,21f). Auf das Endgericht voraus weist der Drohspruch, daß die Männer von Ninive und die Königin des Südreiches gegen das ungläubige zeitgenössische Geschlecht im Gericht auftreten werden (Mt 12,41f). Diese Sprüche besagen, daß längst vergangene Geschlechter, durch die Auferstehung aus dem Tode erstanden, am apokalyptischen Gerichstag Israel anklagen werden. Das Gericht wägt und stuft die Strafen ab.

Das Gleichnis vom Unkraut unter dem Weizen (Mt 13,24–30) lehrt, daß nach der Gegenwart und seinem Heilsangebot ein allgemeines Endgericht über die Teilhabe an der Gottesherrschaft entscheiden wird. Die messianische Gemeinde ist nicht schon sogleich rein und vollkommen. Die – sicherlich spätere – Deutung des Gleichnisses Mt 13,36–43 deutet das Gleichnis auf das Weltgericht hin. Die Ernte ist die Vollendung der Welt. Der Richter ist der Menschensohn, der seine Engel aussendet, damit sie die Weltenernte vollziehen. Das Gericht scheidet die Guten und die Bösen. Die Bösen wer-

[22] Zu Lk 16,19–31 vgl. *Dupont, J.*, Die individuelle Eschatologie im Lukas-Evangelium und in der Apostelgeschichte: *Hoffmann, P.* (Hrsg.), Orientierung an Jesus (Freiburg 1973) 37–47.

den in den Feuerofen geworfen, die Gerechten leuchten im Reiche des Vaters. In der Deutung wird das Gleichnis eine warnende Ansage des Gerichtes für die Kirche. – Ähnlichen Inhalt hat das Gleichnis vom Fischnetz (Mt 13,47–50). Gottes Gnadenangebot will alles sammeln, seine Geduld erträgt in der Zeit das Miteinander von Gerechten und Bösen. Endlich aber scheidet das Gericht. Wieder sind die Engel die Diener des Gerichtes, das die Bösen in den Feuerofen wirft. In den beiden Gleichnissen ist vom Endgericht gesagt, daß Zukunft und Gericht in der vom Menschen zu verantwortenden gegenwärtigen Entscheidung angelegt sind.

Eine Gerichtsmahnung ist das Gleichnis vom Mann ohne hochzeitliches Gewand (Mt 22,11–14). Das Gleichnis war ursprünglich selbständig und wurde erst, wohl von Matthäus, redaktionell mit dem Gleichnis vom Hochzeitsmahl (Mt 22,1–10) verbunden. Die Naht ist noch deutlich. Nach Mt 22,9f werden die Gäste von der Straße weggeholt. Wie kann dann der Gastgeber verlangen, daß der Geladene im hochzeitlichen Gewand erscheine? Das Gleichnis vom hochzeitlichen Gewand wurde angefügt, um dem Mißverständnis vorzubeugen, man könne mühelos den Eingang zum Mahl, d. h. in das Reich, finden. Das Kleid bedeutet festliche Schönheit und ist biblisches Bild für die eschatologische Gerechtigkeit (Jes 61,10; Offb 19,8). Das Gleichnis vom hochzeitlichen Gewand betont die Forderung der Würdigkeit durch die sittliche Tat. Die Verurteilung zur Strafe der Verdammnis sprengt den Rahmen des Gleichnisses.

Mt 7,21ff ist das Endgericht vorweggenommen. Die Sprüche zuvor (Mt 7,13–20) rufen auf zur sittlichen Anstrengung, die allein das Bestehen im Gericht erhoffen läßt. Dieses ist Mt 7,21ff als Weltgericht geschildert. Jesus ist der Richter, der über den Eingang in das Himmelreich entscheidet. Er wird angeredet als »Herr, Herr«. Er ist schon der erhöhte Herr. Er spricht als der Sohn, da er sagt, die Erfüllung des Willens seines Vaters entscheide über den Eingang in das Reich. Der Sohn ist in der Einheit mit dem Vater. Die zu Richtenden werden vergeblich darauf hinweisen, daß sie im Namen Jesu geweissagt, Dämonen ausgetrieben und Wunder getan haben. Die genannten Taten sind Vermögen, die in der Gemeinde als Charismen geschätzt sind (1 Kor 12,8ff). Das Entscheidende aber ist für Jesus (Mt 25,40.45f) wie für die Gemeinde die Erfüllung des Gebotes der Liebe (1 Kor 12,31 – 13,13). In den Sprüchen Mt 7,21ff ist die Gemeinde im Gericht vor ihrem erhöhten Herrn. Die Sprüche sind spätere Bildung. Sie sind entwickelt aus der Kurzform Lk 6,46, wo gesagt ist, daß das Wort Jesu eschatologische Entscheidung in sich beschließt. Dies kann Wort Jesu sein, wenn »Herr, Herr« ursprünglich als Anrede an den Lehrer verstanden ist.

Eine ausführliche Darstellung des Weltgerichts ist Mt 25,31–46 gegeben.[23] Die Perikope ist zur Gänze Sondergut des Matthäus; auch Parallelen zu einzelnen Versen sind nicht nachzuweisen. Der Abschnitt ist vom Evangelisten überlegt an den Schluß der Kapitel 24 und 25 des Evangeliums gesetzt. Beide Kapitel handeln vom eschatologischen Gericht. Zunächst berichtet Mt 24,1–31, Mk 13 folgend, vom Ende des Tempels und der Stadt Jerusalem und dem Ende der Welt. Mt 25,1–30 folgen als zwei Gerichtsgleichnisse die Gleichnisreden von den Zehn Jungfrauen und von den Talenten. Diese Reden werden endlich abgeschlossen von der Rede über das große allgemeine Gericht Mt 25,31–46.

Das Gericht hält Mt 25,31f (wie Mt 16,27; 19,28) der Menschensohn, der im Sinn des Evangeliums der erhöhte, wiederkommende Christus ist. In spätjüdischer Apokalyptik ist der Richter herkömmlich Gott selbst, von Engeln begleitet, nicht der Menschensohn. Doch ist auch im ÄthHen (45f; 55; 71) der Menschensohn der Richter. Das Evangelium überträgt mit der Funktion des Richters eine Hoheitsauszeichnung Gottes auf Christus. »Alle Völker werden vor ihm versammelt« (Mt 25,32). Das Gericht ergeht über alle Menschen aller Zeiten, Juden wie Heiden in gleicher Weise. Israel glaubte, es werde als Gottes erwähltes Volk im Letzten Gericht nach dem Maße der Barmherzigkeit gerichtet, die Heiden aber werden verdammt werden. Davon weiß das Evangelium nichts. Vorausgesetzt ist die vorausgehende allgemeine Totenerweckung. Der Richter ist als Hirt dargestellt, wie im Alten Testament Gott Hirte (Gen 49,24; Ps 23) und in der Antike die Könige Hirten genannt sind (Ez 34). Geschieden werden Schafe und Böcke (oder Ziegen?).[24] Rechts und links (Mt 25,33) sind unterschieden als Zeichen des Glücks und des Unglücks.[25] Der Richter ist der messianische Kö-

---

[23] Außer den Kommentaren vgl. Billerbeck IV, 2, 1199–1212 (Gerichtsgemälde aus der altjüdischen Literatur. – Zu Mt 25,31 ff); *Broer, I.*, Das Gericht des Menschensohnes über die Völker. Auslegung von Mt 25,31–46: Bibel und Leben 11 (1970) 273–295; *Gewalt, D.* Matthäus 25,31 im Erwartungshorizont heutiger Exegese: Linguistica Biblica 25/26 (1973) 9–21; *Ingelaere, J. C.*, La »parabole« du jugement dernier (Matthieu 25,31–46): RHPhR 50 (1970) 23–60.

[24] *Probata* sind eindeutig Schafe; *eriphia* könnten sowohl Ziegen wie Böcke sein. Der Hirte trennt am Abend die tagsüber gemeinsam weidenden (weißen) Schafe und die (schwarzbraunen) Ziegen, da die Ziegen in der Nacht mehr Wärme brauchen als die Schafe. Die Farben wären symbolisch; Weiß bedeutete die Reinheit, Schwarz die Sünde. Darnach geschähe die Scheidung im Weltgericht. Möglich ist auch die (herkömmliche) Auffassung, daß *eriphia* Böcke seien. In der Scheidung würden die Böcke die Starken, Gewalttätigen symbolisieren; die Schafe die Willigen, Folgsamen.

[25] »Das Herz des Weisen wendet sich nach seiner Rechten; das Herz des Toren wendet

nig (Mt 25,34). Die Gerechten sind »Gesegnete des Vaters«. Die königliche Macht des Richters ist nicht selbstherrlich, sondern sie anerkennt den Vater (Mt 20,23; Joh 17,24; Eph 1,4f). Seit wann sind die Gerechten die Gesegneten? Von jetzt an und für immer? Oder waren sie schon vorher die Gesegneten und haben sie in der Kraft des Segens Gottes das Gute erwählt und getan? Letzteres ist vielleicht angedeutet in der Aussage, daß das Reich bereitet ist von der Schöpfung der Welt an. Heilsplan und Heilshandeln Gottes kommen von Ewigkeit her. Wenn die erwählten Guten als »Gerechte« (Mt 25,37) angesprochen werden, dann könnte dies enthalten, daß sie nicht gerecht sind aus eigener Tugendhaftigkeit, sondern daß ihre Gerechtigkeit durch Gottes Wort eschatologische Gabe und Vollendung ist. Der Zuspruch des Heils ist begründet in Werken der Liebe (Mt 25,35f).[26] Nach Israels Glaube und Frömmigkeit sind die Werke der Liebe hochgeschätzt und reichlich geübt (Jes 58,6f; Ez 18,8.16; Sir 7,32–35; vgl. Billerbeck IV, 1, 536–610). Auch außerhalb Israels (in Ägypten, im Iran, in Griechenland) sind die Werke der Barmherzigkeit hochgeachtet. Wer immer aber dem Nächsten hilft und Gutes tut, erfüllt Christi Willen. Ja, die Werke der Barmherzigkeit sind nicht Menschen erwiesen oder verweigert, sondern dem Menschensohn-Richter selbst (Mt 25,34–45). Jesus hat sich in Worten und Taten der Kranken und Sünder, der Verachteten und Verlorenen ganz besonders angenommen und sich mit ihnen gleichgesetzt. So also sagt er nun, daß ihm getan wurde, was den Hilflosen getan wurde. Doch die Gerechten wußten dies ja nicht, zumal alle Völker aller Zeiten in diesem Gericht stehen. Gibt es also anonymes Christentum, das sich selbst weder so nennen wollte noch könnte? Wenn Gottes Liebe – eben in Christus – alle Menschen umfängt, ist dann, wenn nicht jeder Mensch, so doch jeder Glaubende und auf diese Liebe Antwortende Christ?[27]

Mit Berufung auf Gen 1,26f, wonach der Mensch Gottes Bild und danach Gottes Repräsentant in der Welt ist, sagt auch Israel, daß, was Menschen getan ist, Gott getan ist. Ein rabbinischer Spruch erklärt: Wenn ihr den Armen zu essen gegeben habt, so rechne ich es

---

sich nach seiner Linken« (Koh 10,2). Vgl. *Morenz, S.*, Rechts und links im Totengericht: Zeitschr. f. ägyptische Sprache u. Altertumskunde 82 (1957) 62–71.

[26] *Wikenhauser, A.*, Die Liebeswerke in dem Gerichtsgemälde Mt 25,31–46: BZ 20 (1932) 366–377.

[27] *Rahner, K.*, Die anonymen Christen: Schriften VI (1965) 545–554; ders., Bemerkungen zum Problem des »anonymen« Christen: Schriften X (1972) 531–546; *Ott, H.*, Existentiale Interpretation und anonyme Christlichkeit: *Dinkler, E.*, Zeit und Geschichte (Tübingen 1964) 367–379; *Riesenhuber, K.*, Der anonyme Christ nach Karl Rahner: ZKTh 86 (1964) 286–303.

euch so an, als ob ihr mir zu essen gegeben hättet. Ist eine jüdische Darstellung des von Gott gehaltenen Gerichtes im Evangelium auf Christus übertragen? Dort würde Gott als Weltenrichter sagen, jede gute Tat sei ihm getan. Da unter den Menschen ein allgemeines Gottesbewußtsein vorausgesetzt werden kann, wäre ein solches Urteil Gottes als des Richters auch den Gerechten im Gericht verständlich, wie die Verworfenen den bezüglichen Vorwurf einsehen müßten. Hat die Unausgeglichenheit des Textes im Evangelium ihren Grund in der Übertragung des Gerichtsbildes von Gott auf Christus?

Der Richterspruch wird vollzogen (Mt 25,46). Die einen gehen in das Reich des ewigen Lebens (Mt 25,34), die andern in die Strafe »des ewigen Feuers, das dem Teufel und seinen Engeln bereitet ist« (Mt 25,41).

Die Schilderung des Weltgerichtes im Matthäusevangelium ist nicht Historiographie eines künftigen Ereignisses und des Endes der Welt. Eben hier ist die Hermeneutik der eschatologischen Texte der Bibel zu bedenken. Die Schilderung wird bisweilen als Gleichnisrede bezeichnet.[28] Das Tun des Richters ist mit dem eines Hirten verglichen (Mt 25,32). Die Schilderung ist ein Gerichtsgemälde, wie es ähnliche in der frühjüdischen Literatur gibt. Sie ist ein Gemälde, wie andere, oft großartige künstlerische Darstellungen des Letzten Gerichtes aus allen Zeiten christlicher Kunst. Übrigens ist zu bedenken, daß diese Gerichtsrede des Evangeliums aus dem Gesamt biblischer und neutestamentlicher Offenbarung zu verstehen und zu ergänzen ist. Es gibt keine Schuld und keine Verurteilung ohne Angebot der Gnade und der Vergebung. Der Gott Jesu Christi ist immer und zuerst der Vater, der das Verlorene sucht, nicht der unbarmherzige Richter, der Genugtuung hätte, zu verdammen.

Die Frage stellt sich, ob oder wie weit die Rede Mt 25,31–46 apokalyptische Offenbarung Jesu selber ist. Hat Jesus in so harten Worten zur ewigen Verdammung verurteilt? Die Rede läßt eine weit entwickelte Christologie erkennen. Jesus ist der Menschensohn (25,31), der messianische Hirt und König (25,32.34), der eine Sohn des Vaters (25,34), der erhöhte Herr (25,37.44), in allem der eschatologische Richter. Hat Jesus in dieser Weite christologische Hoheitstitel von sich gebraucht? Sind sie nicht vielmehr Glaubensbekenntnis der Kirche? Setzt die Rede also nicht eine so deutlich spätere Christologie voraus, daß sie kaum als ursprüngliches Wort Jesu zu verstehen ist? Überträgt das Bekenntnis zeitgeschichtliche Apokalyptik, in der Gott oder der Messias als Richter dargestellt sind, auf Christus?

---

[28] So von *Jeremias, J.*, Die Gleichnisse Jesu (Göttingen ^{8}1970); *Ingelaere, I. C.*, s. Anm. 23.

e) Himmel und Hölle

Das Neue Testament benützt die überlieferten weltbildlichen Vorstellungen.[29] Gott ist Schöpfer und Herr des Himmels und der Erde (Mt 11,25). Er wohnt im Himmel (Mt 5,16.34.45; Offb 4f), der als Reich (»Königreich der Himmel«) (Mt 3,2) oder auch als heilige Stadt (Hebr 12,22; Offb 21,2) beschrieben wird. Der Himmel ist der Ort des Lichtes (1 Joh 1,7; Offb 22,5) und der göttlichen Herrlichkeit (Lk 2,14; Joh 12,41; 1 Thess 2,12; Jud 24; Offb 21,6f).[30] Gott ist umgeben von seinen Engeln (Mt 18,10; Mk 12,25; Lk 2,15, Joh 1,51; Eph 3,15; Offb 7,11 u.a.). Himmel bezeichnet Gott selbst (Mt 5,3.10; Lk 15,18; Joh 3,27). Der Ort Gottes kann ganz unanschaulich beschrieben werden. Er ist »der allein Unsterbliche, der wohnt in unzugänglichem Licht, den kein Mensch gesehen hat noch zu sehen vermag« (1 Tim 6,16). Das biblische Bild von Gott, der Licht ist als Heil der Menschen[30a], ist hier umgewandelt zu einer Beschreibung von Gottes Ort, die wieder verhüllende Aussage über sein Wesen ist.

Aus dem Himmel kam der präexistente Christus (Joh 3,13). Dorthin ist er zurückgekehrt, um nun zur Rechten Gottes als Herr zu thronen (Mt 28,20; Apg 1,11; Eph 1,20; 1 Petr 3,22). Dort tut der wahre Hohepriester seinen Opferdienst (Hebr 8,1ff). Von dort wird der Erhöhte am Ende der Zeiten wieder erscheinen (Mk 8,38; 14,62; 1 Thess 4,16; Hebr 9,28). Sagt das Alte Testament, daß Jahwe Himmel und Erde erfüllt (Jer 23,24), so nun das Neue, daß Christus die Fülle von allem ist (Eph 1,23; 4,10).

Der Himmel nimmt die seligen Menschen auf. Noch ist die himmlische Herrlichkeit der Erlösten verborgen (Kol 3,3). Noch sind sie daher aufgefordert zu suchen, was droben ist (Kol 3,1–4). Doch sie haben die Verheißung des ewigen Lohnes im Himmel (Mt 5,12). Dort ist ihnen das himmlische Erbe hinterlegt (1 Petr 1,4). Sie sind Bürger des himmlischen Reiches (Phil 3,20). In den himmlischen Büchern stehen ihre Namen (Lk 10,20; Hebr 12,23; Offb 20,12). Schon ist der himmlische Leib für sie im Himmel bereitet (2 Kor 5,1). Ja, schon sind die Christen mit Christus erweckt und in den

[29] Vgl. zu *Himmel: von Rad, G. – Traub, H., ouranos:* ThW V (1954) 496–543; *Bietenhard, H.,* Die himmlische Welt im Urchristentum und Spätjudentum (Tübingen 1951); *Simon, U. E.,* Heaven in the Christian Tradition (London 1959). Zu *Hölle: Jeremias, J., abyssos:* ThW I (1933) 9; ders., *hadēs:* ebd. 146–150; ders., *geenna:* ebd. 655 f; *Büchsel, F., katōteros:* ebd. III (1938) 641–643.

[30] *Conzelmann, H., phōs:* ThW X (1973) 302–349; *Aalen, S.,* Die Begriffe »Licht« und »Finsternis« im Alten Testament, im Spätjudentum und im Rabbinismus (Oslo 1951).

[30a] *Schelkle, K. H.,* Gott war in Christus (Düsseldorf 1973) 293–296.

Himmel versetzt (Eph 2,6). Der eschatologische Vorbehalt, der für Paulus immer noch gilt (Röm 6,8), scheint hier übersprungen. Die Apokalypse (7,9–17; 14,1–5) endlich schaut die unabsehbar große Schar der Vollendeten im Himmel.

Der Himmel ist kein Ort, sondern Ereignis dann, wenn der Mensch zu Gott und Gott zum Menschen kommt. Dies geschah vollendet im Gehorsam Jesu und in der Bestätigung dieses Gehorsams in der Erweckung und Erhöhung Christi. Im Himmel sein heißt darum, bei Christus sein (Lk 23,43; 1 Thess 4,16f; Phil 1,23).

Das Neue Testament hat an den Vorstellungen seiner Zeit über die Hölle teil. Die Aussagen darüber sind jedoch unbetont. Sie wollen die Gewissen mahnen und warnen, haben aber kein Interesse an der Schilderung der Hölle, abgesehen etwa von einigen Texten der Johannesapokalypse. Ohne daß die neutestamentlichen Schriftsteller sich dessen bewußt gewesen wären, wurde die apokalyptische Welt zurückgedrängt durch das Wichtigere, das ihnen zu verkünden aufgetragen war, das Evangelium. In nachneutestamentlicher Zeit allerdings wird die Unterwelt phantasievoll und schrecklich ausgemalt, so in der »Apokalypse des Petrus« (Buch 135). Eine späte Frucht solcher Schilderung ist über viele Mittelglieder hinweg Dantes Divina Commedia.

Dem Neuen Testament ist es, gemäß bisheriger Lokalisierung, selbstverständlich, daß der Strafort der Bösen unter der Erde ist.[31] Man steigt zu ihm hinab (Mt 11,23; Lk 10,15; 16,23; Röm 10,7; Eph 4,9; Offb 20,13). Das Neue Testament gebraucht auch die herkömmlichen Wörter für die Unterwelt. Der Abgrund *(abyssos)* ist das Gefängnis der Dämonen (Lk 8,31). Mancherlei berichtet darüber die Johannesapokalypse. Aus einer Schlucht steigt der Rauch unterirdischen Feuers auf (9,2). Ein König herrscht über jene Welt (9,11). In der Hölle hausen unheimliche tierische Wesen, die von dort aufsteigend die Erde verderben (9,3–10). Von dort kommen die apokalyptischen Tiere (11,7; 17,8). Dort wird der Satan während des tausendjährigen Reiches gebunden (20,1ff). – Der Hades ist eine unterirdische Stadt oder

---

[31] Finsternis und Feuer als Strafen der Hölle gehören auch babylonischen und iranischen Jenseitsvorstellungen zu. Diese mögen auf AT und Judentum eingewirkt haben; vgl. *Lang, F., pyr:* ThW VI (1959) 927–948; *Conzelmann, H., skotos:* ebd. VII (1964) 424–446; *König, F.,* Zarathustras Jenseitsvorstellungen und das Alte Testament (Wien 1964) 105–121. – Es ist zu fragen, ob nicht zahlreiche und kräftige Motive jüdischer Apokalyptik (und über sie auch orientalischer Phantasie) in übliche christliche Jenseitsvorstellungen, auch in dogmatische Darstellungen, eingegangen sind. Bedenkenswertes bei *Sartory, Th. u. G.,* In der Hölle brennt kein Feuer (München 1968) 61–248.

Burg (Mt 16,18), ein Gefängnis (1 Petr 3,19; Off 20,7). Der Hades wird auch persönlich als Gewaltherrscher gedacht (Offb 20,13). Im Hades weilen die Toten bis zur Auferstehung (Offb 2,27; Lk 16,23). Im Hades sind für immer die Geister der Gottlosen (1 Petr 3,19). – Die Gehenna ist vor der Welt geschaffen (Mt 25,41) als Abgrund ewigen Feuers (Mt 5,22; 13,42; 18,8f). Sie ist der Ort der ewigen Strafe nach dem allgemeinen Gericht (Mt 25,41; 23,15.33). Auch der Satan und seine Helfer werden alsdann in diesen Abgrund geworfen (Offb 20,10.14f).

Feuerhölle und Abgrund sind der gegenwärtige und künftig-ewige Ort der Mächte des Bösen (Mt 25,41; Lk 8,31; Offb 20,10.14). Die Vorstellung, daß der Satan im Himmel weilt (Ijob 1,6), ist längst nicht mehr möglich. Der Satan mag noch versuchen, auf Erden zu agieren und Schaden zu stiften (1 Kor 7,5; 2 Kor 2,11). Im Gegensatz zum gleichzeitigen Judentum, das eine ausgedehnte Dämonologie lehrte, bekundet aber das Neue Testament, daß die Macht des Bösen durch das Erlösungswerk Christi überwunden ist. Mitten zwischen Verkündigung und Heilungen Jesu sagt ein Offenbarungswort: »Ich sah den Satan wie einen Blitz vom Himmel fallen« (Lk 10,18). Der Sturz Satans erfolgt durch das Heilswerk Christi. Das Bildwort benützt jüdische Vorstellungen von einem abgefallenen Engel, der aus dem Himmel geschleudert wurde (Billerbeck I, 137–139; II, 167). Der Spruch sagt nichts aus über einen bisherigen Aufenthalt des Satans im Himmel, sondern vergleicht nur den Sturz mit dem aus dem Himmel niederfahrenden Blitz. Der Sturz des Satans ist auch Offb 12,5–12 Folge der Ankunft des Christus in der Welt. War oder ist noch der Satan der Fürst dieser Welt, so wird er nun durch das Wirken des Christus hinausgeworfen (Joh 12,31). Er ist schon gerichtet (Joh 16,11). Nach anderer Anschauung mögen die Dämonen noch in den Räumen der Luft zwischen Himmel und Erde hausen (Eph 2,2; 6,12). Sie wurden aber durch den zum Himmel aufsteigenden Christus überwunden (Phil 2,10; Eph 4,8; 1 Petr 3,12). Mag es auch viele Götter und Herren geben, so haben sie doch keine Macht mehr über die, die den einen Gott als Vater und den einen Herrn Jesus Christus haben (1 Kor 8,5f). Das Böse hat nur dort Macht, wo sie ihm eingeräumt wird.[32]

---

[32] *von Rad, G. – Foerster, W., diaballō:* ThW II (1935) 69–80; *Foerster, W. – Schäferdieck, K., satanas:* ebd. VII (1964) 151–165. – In der Bibel des AT, und darnach modifiziert auch des NT, werden die Mächte des Bösen als Sünde, Tod, Teufel personifiziert. Alle erscheinen bisweilen wie als Personen verselbständigt. Insbesondere wird im NT der Böse durch Namengebung (Beliar, Satan, Teufel) dargestellt. Das NT hat aber nicht die Absicht, eine Dämonologie aufzubauen, sondern es lehrt die Überwindung und das Ende

f) Neue Schöpfung

Die Ankündigung eines Endes der Welt ist nicht die letzte Aussage alttestamentlicher Eschatologie. Nach alttestamentlicher Erwartung (Jes 65,17; Jer 31,31–34) spricht das Neue Testament von einer neuen Schöpfung.[33] Diese kann erwartet werden als Verwandlung der bestehenden Schöpfung (vor allem Röm 8,19–23; 2 Kor 5,17; Gal 6,15) oder als Erwartung einer völlig neuen Schöpfung nach dem Untergang der bestehenden Welt (Offb 21,1–27; 2 Petr 3,7–13).

Jesus spricht vom gegenwärtigen Alten und künftigen Neuen, wobei Altes und Neues nicht vermengt werden dürfen (Mk 2,21f). In Jesu Blut ist der Neue Bund gestiftet (Lk 22,20). Beim letzten Mahl weist Jesus voraus auf das eschatologische Freudenmahl, das mit »neuem Wein« gefeiert wird (Mk 14,25). Das Ziel der Weltgeschichte ist nach dem endzeitlichen Gericht die »Wiedergeburt« der Welt (*paliggenesia;* Mt 19,28). Der Evangelist benutzt mit diesem Begriff ein von der Stoa geschaffenes, auch vom jüdischen Hellenismus (Philon, Josephus) benutztes Wort. Dabei darf der Bedeutungsunterschied nicht übersehen werden. In der Stoa geschieht die Wiedergeburt der Welt im ewigen Kreislauf von Vergehen und Entstehen der Welt, im biblischen Verständnis in eschatologischer einmaliger Geschichte, die schon begonnen hat.

3. Eschatologie des Paulus (und der deuteropaulinischen Schriften)

a) Endzeit

Paulus erwartet die nahe bevorstehende Endzeit als Zeit bedrängender »Not« (1 Kor 7,26). Die messianisch-eschatologische Bedrängnis fordert die Distanz von den irdischen Verhältnissen und Werten (1 Kor 7,29ff). Im be-

---

der Dämonen. Der da und dort neuerdings mit Intensität geführte Streit um die Person des Bösen ist ein Rückfall in Dämonologie und Mythologie.

[33] *Behm, J., kainos:* ThW III (1938) 450–456; ders., *neos:* ebd. IV (1942) 899–904; *Büchsel, F., paliggenesia:* ebd. I (1933) 685–688; *Schneider, G.,* Neuschöpfung oder Wiederkehr? (Düsseldorf 1961); ders., Neuschöpfung des Menschen und der Welt: Lebendiges Zeugnis (1971) 47–61; *Vögtle, A.,* Das Neue Testament und die Zukunft des Kosmos (Düsseldorf 1970) 108–142.

sonderen gilt dies von der Ehe (1 Kor 7,32). Mit einem im Alten Testament (Jes 26,17f) wie in der Synopse (Mk 13,8) gebrauchten Bild bezeichnet Paulus Röm 8,22 die Not der Endzeit als Wehen der Geburt. »Die ganze Schöpfung seufzt bis zur Stunde und liegt in Wehen.« Die Wehen sind kosmisches Ereignis.

1 Kor 7,26 spricht von der *enestōsa anagkē.* Nach der Grundbedeutung von *enestōsa* als »das, was einsteht«, kann damit die Not als bevorstehend oder auch schon gegenwärtig bezeichnet werden. Da aber *ta enestōsa* 1 Kor 3,22; Röm 8,38 das Gegenwärtige meint, wird auch 1 Kor 7,26 so zu verstehen sein. Die Endzeit hat schon begonnen.

Verfolgungen und Nöte der Jüngergemeinde werden 2 Thess 1,4–7 verstanden als die notwendige Bewährung in der Zeit, die der Parusie Christi vorangeht. Sie wird vom gerechten Gott den Bedrängern die vergeltende Strafe, den jetzt Bedrängten aber Befreiung und Verherrlichung bringen (Lk 21,28). 2 Thess 2,1–12 stellt eine eigentliche Apokalypse dar. Die Parusie wird »die Vereinigung mit Christus« bringen. Sie ist aber noch in der Ferne. Irrlehrer sind jene, die behaupten, »der Tag des Herrn ist schon da«. Die Naherwartung ist geradezu als Irrlehre bezeichnet. Dem Ende vorhergehen muß die Erscheinung des »großen Frevlers, der sich selbst in den Tempel Gottes setzt und vorgibt, er sei Gott« (Mk 13,14). Der Frevler ist schon am Werk. Aber er ist noch gebunden.[34] Am Ende wird er mit trügerischen Wundern auftreten und viele verführen.

Die letzten Zeiten werden gekennzeichnet sein durch das Auftreten von Leuten, die vom Glauben abfallen und Irrgeistern und dämonischen Lehren anhangen. »Sie tragen ihr Brandmal im Gewissen« (1 Tim 4,1f). Der Vorwurf der Unsittlichkeit der Irrlehrer wird nicht selten wiederholt. Die letzten Zeiten werden schwer sein. Menschen voller Bosheit werden große Verwirrung stiften (2 Tim 3,1–9).[34a]

---

[34] Der Frevler ist mit mythischen, nicht mit historisch-individuellen Attributen geschildert. Deshalb darf wohl auch »das (der) Hemmende« (2 Thess 2,6) nicht von damaligen Mächten (in der Exegese sind genannt Römisches Reich, Kaiser; christliche Mission; Paulus) verstanden werden. 2 Thess 2,6 f verwendet alte und verbreitete apokalyptische Anschauungen von den das Ende hinauszögernden Umständen, die zuletzt in Gottes Plan liegen; so *Trilling, W.,* Untersuchungen zum 2. Thessalonicherbrief (Leipzig 1972) 82–86.

[34a] *Schelkle, K. H.,* Die Petrusbriefe, Der Judasbrief (Freiburg [3]1970) 230–234.

b) Parusie

Paulus spricht oft von der erwarteten Ankunft Christi und beschreibt sie in inhaltsreichen Vorstellungen. Sie wird der Inhalt des »Tages des Herrn« sein. Paulus bezeichnet diese Ankunft Christi als Parusie (1 Thess 2,19; 3,13; 4,15; 5,23; 1 Kor 15,23; wohl nachpaulinisch ist 2 Thess 2,1.8). Die Gemeinde wird der Ruhmeskranz des Apostels sein »vor unserem Herrn Jesus Christus bei seiner Parusie« (1 Thess 2,19). Die Gemeinde möge sein »untadelig in Heiligkeit vor Gott unserem Vater bei der Parusie unseres Herrn Jesus mit allen seinen Heiligen« (1 Thess 3,13). Die Heiligen, mit denen Jesus erscheint, sind nach alttestamentlichem Ausweis (Sach 14,5) wohl nicht etwa vollendete Christen, sondern der himmlische Hofstaat Gottes. Paulus wiederholt den Wunsch (1 Thess 5,23), daß die Christen »untadelig sein mögen bei der Ankunft Christi«.

Als apokalyptische Offenbarung in Herrlichkeit wird die Parusie Christi 1 Thess 4,13 – 5,11 geschildert.[35] Paulus gibt diesen ausführlichen eschatologischen Zuspruch aus aktuellem Anlaß. Todesfälle verwirrten die Gemeinde. Die Christen hofften, die Parusie des Herrn zu erleben. Der Sieg über den Tod war in der Auferstehung Christi erst begonnen, die Parusie sollte ihn offenbar machen und vollenden. Die Verstorbenen sollten nun also daran keinen Anteil haben. Paulus erinnert angesichts der Todesfälle nicht etwa an philosophische Unsterblichkeitslehren. Ein solcher philosophischer Glaube war sicherlich nur auf enge Kreise beschränkt. Verbreitet war die Hoffnungslosigkeit (1 Thess 4,13). Paulus beruft auch nicht jüdische Auferstehungshoffnung. Sie war in Israel nur zum Teil lebendig, in heidenchristlichen Kreisen aber wohl kaum bekannt. Paulus versichert die Christen jedoch auch nicht der Zuversicht, daß die Verstorbenen beim Herrn sind (Phil 1,23). Ist er dieser Zuversicht selber erst später gewiß geworden? Die Erwartung der nahen Parusie aber war den Christen vertraut (1 Thess 1,10). Sie hofften, daß noch ihre Generation die Parusie erleben werde (1 Thess 4,15). Darum bestärkt Paulus die Gemeinde in dieser Hoffnung. Die sich stellende Frage des (kurzen) Zustandes zwischen Tod und Parusie stellt Paulus nicht. Oder nimmt er einen »Todesschlaf« an? (1 Thess 4,15). Paulus beruft sich auf ein »Wort des Herrn« (1 Thess 4,15). Ist dies

[35] *Harnisch, W.*, Eschatologische Existenz. Ein exegetischer Beitrag zum Sachanliegen von 1. Thessalonicher 4,13–5,11 (Göttingen 1973); *Nepper-Christensen, P.*, Das verborgene Herrnwort (1 Thess 4,13–18) in: Studia theologica 19 (1965) 136–154. – Zu den Thessalonicherbriefen: *Rigaux, B.*, Saint Paul. Les épitres aux Thessaloniens (Paris 1956).

ein Wort des geschichtlichen Jesus, wie Paulus solche Worte gelegentlich (1 Kor 7,10; 9,14; auch Apg 20,35) anführt? Ist es ein Wort des erhöhten Christus, wie Paulus sich auf solche Worte bei anderen Anlässen (2 Kor 12,8f; auch 1 Kor 15,51) beruft? Umfaßt dieses Herrenwort den ganzen Text 1 Thess 4,15ff? Man kann sich nicht denken, daß Jesus in dieser Weise apokalyptische Einzelheiten vorausgesagt haben sollte. Mk 13,32 lehnt Jesus solches Wissen ab. Am ehesten mag man etwa annehmen, daß 1 Thess 4,15ff aus einer Apokalpyse stammen, die Jesus in den Mund gelegt ist wie Mk 13,5–37 oder wie die Johannesapokalypse nach Offb 1,1: »Apokalypse Jesu Christi.« »Die Toten in Christus« werden auferstehen (1 Thess 4,16). Spricht Paulus nur von der Auferstehung der Gerechten? Die Auferstandenen und die Lebenden werden auf Wolken zu Christus entrückt.[36] Wolken sind das Gefährt Gottes (Ps 104,3; Jes 4,5; 19,1; 2 Makk 2,8). Auch Christus erscheint mit den Wolken (Mk 9,7; 13,26; 14,62; Apg 1,9). Der vom Himmel kommende Christus wird »eingeholt«. »Einholung« ist ein Wort biblischen Ursprungs (Ex 19,10–18), das in hellenistischer Gräzität oft politisches Zeremoniell beschreibt. Beides mag hier mitgehört werden.[37] Wohin bewegt sich der Zug nach dem Zusammentreffen? Zunächst mag man wohl annehmen, daß er in den Himmel einzieht. Oder kehrt er zur Erde zurück, wo das messianische Reich aufgerichtet wird?

Veranlaßt durch Fragen in der Gemeinde von Korinth entfaltet Paulus 1 Kor 15 ausführlich die Lehre von der christlichen Auferstehungshoffnung. Dabei schildert er 15,22–28.51–55 die Parusie (15,23) Christi. Die Toten, die zu Christus gehören, werden bei seiner Parusie auferstehen. Der Sieg Christi wird offenbar in sich steigernden Ereignissen. Diese sind seine Auferstehung, seine Parusie, die Niederwerfung aller Mächte und endlich die Rückgabe des Reiches an Gott, den Vater.

Zeugnis der eschatologischen Erwartung der Kirche und des Apostels selbst ist es, wenn nach Paulus in der Feier des Mahls »der Tod des Herrn verkündigt wird, bis er kommt« (1 Kor 11,26). Das Mahl ruft in der Handlung wie im begleitenden deutenden Wort den Tod des Herrn als Heilsereignis in Erinnerung und macht ihn gegenwärtig. Das Mahl findet aber auch statt in der Erwartung der Parusie des Herrn als der vollen Offenbarung seines Herrentums, das in der Mahlgemeinde im Glauben bekannt und erfahren wird und bei der Parusie offenbar werden soll. Der Gekreu-

---

[36] *Oepke, A., nephelē:* ThW IV (1942) 904–912.

[37] *Dupont, J., Syn Christō.* L'union avec le Christ 1 (Bruges 1952) 64–73; *Peterson, E.,* Die Einholung des Kyrios: ZSTh 7 (1929/30) 682–702.

zigte und Erhöhte ist der Kommende. Das Mahl der korinthischen Kirche steht in der eschatologischen Öffnung und Hoffnung, die dem Mahl nach dem Herrenwort selber eingestiftet ist (Mk 14,25).

Die eschatologische Erwartung der Kirche wird laut im Ruf »Maranatha!« (1 Kor 16,22).[38] Das Wort bedeutet wohl nicht (was sprachlich möglich wäre): »Der Herr ist gekommen« (d. h. in die Welt oder in die kultische Gemeinde), sondern: »Komm, Herr!« Der Ruf, der aus der aramäisch sprechenden Urgemeinde stammt, wird seinen Ort in der Liturgie gehabt haben, eben auch in der Feier des Mahles. Christus als der Herr wird eingeladen, beim Mahle anwesend zu sein, zugleich wird seine Parusie erbeten. Die Gemeinde mochte beides nicht getrennt haben, da ihr ja das sakramentale Mahl ein Vorausbild des ewigen Mahles war.

Von der erwarteten Parusie Christi spricht auch Phil 3,20f: »Unser Staat[39] ist in den Himmeln, von wo wir auch den Heiland erwarten, den Herrn Jesus Christus. Er wird den Leib unserer Niedrigkeit umwandeln, daß er gleichgestaltet sei dem Leibe seiner Herrlichkeit.« Der kommende Herr wird das am Leib der Seinen vollenden, was an dem verherrlichten Leib des Erhöhten bereits geschehen ist. Die große Verwandlung wird geschehen, wie sie auch Röm 8,11; 1 Kor 15,42ff.52f angesagt wird.

Der 2. Thessalonicherbrief gibt ausführliche Belehrungen »über die Parusie Christi und unsere Vereinigung mit ihm« (2,1). Der Herr wird sich »offenbaren vom Himmel her mit Engeln seiner Macht in loderndem Feuer«, die Ungehorsamen zu bestrafen und die bedrängten Gerechten zu befreien (1,6–10). Die Parusie ist jedoch noch nicht da (2,2). Vorher müssen sich mehrere Vorzeichen erfüllen. Der große Abfall muß geschehen. Der Mensch der Gesetzlosigkeit (der »Antichrist«) muß erst erscheinen, der auftritt mit Lügenzeichen und Scheinwundern (2,3–12). Das Ende des Antichrists wird (2,8) mit alttestamentlichen Farben geschildert. So »schlägt Gott den Gewalttätigen mit dem Stab seines Mundes und er tötet den Frevler mit dem Hauch seiner Lippen« (Jes 11,4 LXX).

Bei der Schilderung der Parusie sind bedeutsame Unterschiede zwischen den beiden Thessalonicherbriefen zu erkennen. Im ersten Brief ist die Parusie als sehr nahe erwartet. Nach dem zweiten Brief ist sie in unbestimmter Ferne. In diesem Brief werden die Parusie Christi wie die Gestalt des Frev-

---

[38] *Kuhn, K. G., Maranatha:* ThW IV (1942) 470–475. Von den Kommentaren zuletzt *Conzelmann, H.,* Der erste Brief an die Korinther (Göttingen 1969) 360f.

[39] Dies wird *politeuma* bedeuten; s. *Strathmann, H., politeuma:* ThW VI (1959) 535.

lers mit apokalyptisch-mythologischen Zügen geschildert. Dies alles ist gegenüber dem früheren Brief spätere Entwicklung.

Kol 3,4 sagt von der Parusie: »Wenn Christus, unser Leben, offenbar wird, dann werdet auch ihr mit ihm offenbar werden in Herrlichkeit.« In der Parusie wird die Herrlichkeit des erhöhten Herrn vor der Welt offenbar. Dann wird das bislang noch verborgene Leben (Kol 3,3) und die schon wirkliche, aber noch verhüllte Herrlichkeit der Seinen offenbar werden. Diese kurze, nur andeutende Erinnerung an die Parusie in dem (wohl nachpaulinischen) Kolosserbrief bekundet schon eine sichere kirchliche Überlieferung.

Die Pastoralbriefe gebrauchen das Wort Parusie nicht, dafür aber das Wort Epiphanie[40], unter dem sie die erste Ankunft Christi bei seiner Menschwerdung (2 Tim 1,10) wie die letzte eschatologische verstehen (1 Tim 6,14; 2 Tim 4,1; Tit 2,13). Wie Parusie ist Epiphanie ein Wort hellenistischer Religiosität. Der Begriff beschreibt das Sichtbarwerden der sonst verborgenen Gottheit in der Geschichte wie im Kultus (auch in biblischer Gräzität wie 2 Sam 7,23; 2 Makk 2,21; 3,24; 12,22; 15,27). So wird in den Pastoralbriefen (wie schon 2 Thess 2,8) die Ankunft Christi als Epiphanie bezeichnet. »Ich beschwöre dich vor Gott und Christus Jesus, der richten wird Lebendige und Tote, und bei seiner Epiphanie und bei seinem Königreich« (2 Tim 4,1). Ist der Begriff Epiphanie polemisch gebraucht, da hellenistische Fürsten (wie z. B. Antiochus Epiphanes) und römische Kaiser sich in ihren Titeln als epiphane Götter feiern ließen? Ist gesagt, daß Christus die einzig wahre Epiphanie Gottes ist und sein wird und ist die endzeitliche Epiphanie als seine Königsinthronisation verstanden? Nun gilt, »das Gebot unverrückt und ungebrochen zu bewahren bis zur Epiphanie unseres Herrn Jesus Christus, die uns zu seiner Zeit sehen lassen wird der selige ewige Herrscher« (1 Tim 6,14). Es ist nicht mehr davon die Rede, daß das Ereignis nahe ist; es ist aber auch nicht angedeutet, daß der Glaube die Verzögerung etwa als Belastung empfände. – »Wir harren auf die selige Hoffnung und die Epiphanie der Herrlichkeit unseres großen Gottes und (des) Heilandes Jesus Christus« (Tit 2,13). Die Parusie wird die glückliche und herrliche Vollendung der Kirche sein. Wenn aber sowohl die erfolgte und die noch erwartete Erscheinung des Herrn als Epiphanie begriffen wird, tritt die Bedeutung der noch künftigen Parusie zurück. Der Glaube ist schon im Besitz; die Hoffnung drängt nicht mehr. Die Erwartung der Wiederkunft wird formelhafter Schluß wie dann in dem sich bald bildenden Glaubensbekenntnis.

---

[40] *Bultmann, R. – Lührmann, D., epiphaneia:* ThW IX (1969) 8–11.

Im Hebräerbrief ist die Erwartung der Parusie ungebrochen. »Denn noch eine ganz kurze Zeit, dann wird der kommen, der kommen soll und nicht säumen« (10,37). Der Brief nimmt Jes 26,20 auf. Überhaupt heißt der Messias im Alten Testament der Kommende (Ps 118,26). Die Prophetie wird sich in der nahen Parusie des Herrn erfüllen. Dann wird auch der Gerechte die eschatologische Verheißung empfangen (10,38f).

c) Totenauferstehung

Frühjüdische Erwartung der Totenauferstehung erhielt im Neuen Testament ihre Gewißheit durch die Auferstehung Jesu Christi. Dies verkündet die Predigt der Apostel. »Gott hat den Herrn erweckt und wird auch uns auferwecken durch seine Macht« (1 Kor 6,14; weiter Röm 8,11; 1 Kor 15,15f.20; 2 Kor 4,14).

Paulus hat die neutestamentliche Lehre von der allgemeinen Auferstehung in eindringender Reflexion dargestellt. Dies geschieht vor allem in 1 Kor 15. Die Erörterung des Themas wurde veranlaßt durch falsche Anschauungen in Korinth, von denen Paulus erfuhr. »Einige sagen, es gebe keine Auferstehung von den Toten« (15,12). So könnte griechische Weltanschauung sprechen, sei es, daß sie skeptisch jedes Weiterleben nach dem Tode bezweifelte und ablehnte, sei es, daß sie zwar an die Unsterblichkeit der Seele glaubte, den Leib aber als Belastung der Seele ansah und deshalb eine Wiedervereinigung der Seele mit dem Leib nicht annehmen wollte. Oder lautete der Irrtum, »die Auferstehung sei schon geschehen« (2 Tim 2,18), insofern die Gabe des Geistes den Menschen schon göttliches Leben verliehen hat? Sind in Korinth dualistische leibfeindliche Gnosis oder jener Enthusiasmus im Spiel, der, wie er an der harten Wirklichkeit des Kreuzes Anstoß nahm (1 Kor 1,18–25; 3,18–23), so auch die Leiblichkeit der Auferstehung ablehnte?

Paulus leitet die Besinnung und Erörterung ein mit einer Darlegung des Evangeliums von der Auferstehung Christi, wobei er schon das als Bekenntnis ausformulierte urchristliche Kerygma wiedergibt (1 Kor 15,3ff). Die Lehre von der Auferstehung gründet für Paulus nicht in Weltanschauung und Philosophie, sondern im Glauben an den Gott, der in der Auferweckung Christi offenbar geworden ist (15,12–19.34). Die Wirklichkeit der Totenauferstehung entscheidet über die Wirklichkeit des christlichen Glaubens und Lebens (15,12–34). Die Auferstehung Christi ist Anfang und Grund der allgemeinen Auferstehung. Wer die eine leugnet, muß auch die andere leugnen. Das Evangelium ist Botschaft der Erlösung von der Sünde (15,17) und vom Anbruch des Heiles. Dieses aber beginnt mit der Auferweckung Jesu als dem Beginn des neuen Lebens. Ohne die Totenauferstehung betrügen Predigt, Glaube und Hoffnung (15,17ff). Dann ist alle Mühe und Gefahr des Apostellebens sinnlos, sinnvoll wäre nur der tägliche Genuß des Lebens (15,32f). Die Auferstehung Christi ist der Beginn der Bewegung auf die Vollendung hin. Paulus zeigt den eschatologischen Bezug zwischen der Auferstehung Christi und dessen Parusie auf. Er ist der »Erstling der Entschlafenen« (15,20.23). Bei seiner Parusie werden die Christen erweckt. Alle Mächte und Gewalten, zuletzt der Tod, werden dem Herrscher Christus unterworfen. Dann wird dieser das Reich und sich dem Vater übergeben, damit Gott sei »alles in allem« (15,28). Dies ist die vollendete Königsherrschaft Gottes.

Paulus beschreibt (15,35–58) die Seinsweise der Welt der Auferstehung und der Auferstandenen. Der Apostel wird auch hier Leugnern der Auferstehung antworten, die mit ihren Fragen die leibliche Auferstehung als unmöglich erweisen wollten. Paulus sagt, daß Gott jenseits des Todes einen Leib gibt, wie er will (15,38). Dafür ist für Paulus ein Gleichnis die neue Pflanze aus dem Samenkorn. Gottes Schöpfermacht ist grenzenlos. Es gibt eine Fülle der Gestalten der Leiber und des Lebens, es gibt irdische und himmlische Leiber (die Sterne). »So wird gesät ein seelischer Leib und auferweckt ein geistlicher Leib« (15,44). Seelischer Leib ist das irdische Leben, das stirbt. Da Geist bei Paulus fast immer der göttliche Geist ist, ist der geistliche Leib jener, den Gottes Lebensmacht schafft. Die Auferstehung ist neue Schöpfung, mithin ein Wunder über alle menschliche Erwartung und Möglichkeit hinaus. Paulus lehrt nicht eine Unsterblichkeit und Ewigkeit der Seele, die sich im Tod vom irdischen Leib trennt und leiblos weiterlebt, und durch die der Mensch immer schon an der ewigen und göttlichen Welt teilhätte. Er folgt auch nicht der griechischen Mystik, die das Ewige in der Vergottung des Menschen zu besitzen meint, der in das pantheistisch gedachte göttliche All eingeht. Für Paulus ist der Mensch immer eine leibliche Existenz, auch in der Welt der Auferstehung. Der ganze Mensch, der Gottes Schöpfung ist, stirbt und erreicht in der Neuschöpfung Gottes Heil.

Paulus erklärt das Verhältnis von Schöpfung und Erlösung an den Gestalten von Adam und Christus (15,21f.45–49), wie er diese Röm 5,12–21 einander gegenüberstellt. Adam als der erste Mensch und Christus als der letzte eschatologische Mensch sind je Bild und Verkörperung der ganzen Menschheit. Adam ist der irdisch-seelische Mensch, Christus ist »lebenschaffender Geist«. Als irdische Menschen haben wir das Bild Adams getragen; in der Vollendung werden wir das Bild des himmlischen Christus tragen. Paulus geht wohl auf Spekulationen über die Erschaffung des Menschen nach der Schöpfungsgeschichte ein. Dort ist zweimal von der Erschaffung des Adam die Rede (Gen 1,26f und 2,7). Nach unserer Exegese hat dies seinen Grund darin, daß zwei verschiedene Berichte, der priesterschriftliche und der jahwistische Bericht, zusammengefügt sind. Anders erklärte die jüdische Auslegung, wie sie beispielsweise von Philon (Allegorie der Gesetze 1,31f; Schöpfung der Welt 1,34) unter Benützung alter Vorstellungen vom Urmenschen und himmlischen Menschensohn wie der platonischen Ideenlehre geübt wird. Danach spräche der erste Bericht Gen 1,26f von der Schaffung des Urmenschen und Idealmenschen, der göttlichen Wesens ist, der zweite Bericht Gn 2,7 vom irdisch-wirklichen Menschen. Paulus freilich sagt, der erste Mensch war der irdisch-seelische Adam, der zweite Mensch ist der Christus mit pneumatischer Macht. Das neue Leben ist nicht naturhaft vererbt, sondern es ist je geistige Existenz. Während der Tod der Sünde Wirklichkeit ist, ist das neue Leben künftig und Hoffnung (15,22). Dies ist der paulinische eschatologische Vorbehalt.

Wie sich Paulus von spiritualistischer griechischer Anschauung scheidet, so trennt er sich auch von materialistischer jüdischer Jenseitsvorstellung (15,50–53), nach welcher die Auferstehung die Wiederherstellung und Fortsetzung des irdischen Lebens ist. In Mk 12,18–27 hatte schon Jesus diese Auffassung als Unkenntnis der Schrift und Gottes zurückgewiesen. Paulus stellt als seine Lehre fest, daß »Fleisch und Blut« – das ist der Mensch in seiner irdischen Leiblichkeit – »das Reich Gottes nicht erben können«. Der Mensch geht im Tod durch ein Geheimnis der Verwandlung in ein neues Leben, das ganz Schöpfungstat Gottes ist. Auch Altes Testament (Dan 12,3) wie jüdische Apokalyptik erwarten eine solche Verwandlung zu himmlischer Herrlichkeit. Für die Lebenden wird dies bei der Parusie geschehen. Die Posaune (wie schon 1 Thess 4,16; vgl. Mt 24,31) wird das Zeichen für die Totenauferstehung geben. Das Vergängliche muß die Unvergänglichkeit anziehen (15,53; ähnlich 2 Kor 5,4). Gedanken über die Einheit von Gesetz, Sünde und Tod, die Röm 7 ausgeführt sind, zusammendrängend, schließt Paulus mit einem Lobpreis Gottes, durch dessen Gnade und Macht Sünde und Tod im Sieg des Lebens überwunden sind (15,54–57).

Paulus nimmt Gedanken und Einsichten langer Überlieferung auf. Aber er begründet sie neu durch die Christologie. Die allgemeine Totenauferstehung geschieht zufolge der Auferstehung Christi (15,3–22). Wie Adam, und unvergleichlich über ihn hinaus, ist Christus Leben und Geist (15,22.45ff). Über Christus führt die Heilsgeschichte auf Gott zurück (15,28). Die Überlieferung wird eschatologisch und theologisch ausgerichtet und konzentriert. Dabei gebraucht Paulus die überlieferte Glaubenslehre, indem er sie kritisch bedenkt. Eben in der Beschreibung und Entfaltung eschatologischer Hoffnung darf die Nüchternheit nicht fehlen (15,34.58). Auferstehung und ewiges Leben sind ein dem menschlichen Verständnis nicht zugängliches Geheimnis. Wer meint, alles erfragen oder wissen zu können, ist ein Tor (15,36). Paulus gebraucht mit Vorliebe dialektische Sätze, da wir wohl sagen können, daß alles anders ist, nicht aber, wie alles sein wird (15,39–49). Der irdische und der himmlische Leib sind keineswegs identisch (15,35–38). Wiewohl Paulus das apokalyptische Welttheater mit herkömmlichen Bildern breit ausmalen kann (1 Thess 4,14–17), sagt er nun, alles geschehe in »einem Nu, in einem Augenblick« (15,52). Wo ist die Zeit für den Ablauf der anderswie beschriebenen Ereignisse? Haben sie keine zeitliche Erstreckung? Schöpfung und Erlösung sind das Werk des einen mächtigen und erbarmungsreichen Gottes. Dessen mögliche und wirkliche Pläne und Taten vermag der Mensch nicht zu ermessen.

Vom Ereignis der Auferstehung handelt auch 2 Kor 5,1–10. Paulus sprach zuvor von der Gewißheit der Hoffnung auf Auferstehung mit Jesus (4,14) und der »ewigen Fülle an Herrlichkeit« (4,17). Die Hoffnung geht jedoch nicht auf Sichtbares, sondern auf Unsichtbares. »Denn das Sichtbare ist zeitlich, das Unsichtbare ist ewig« (4,18). Dem schließt sich der Abschnitt 5,1–10 an, der die eschatologische Erwartung ausführlich behandelt. Er beschreibt indessen eben die Hoffnung und ihre Güter mit mehreren sehr anschaulichen Bildern: von Haus und Zelt (5,1–4), von Kleid und Nacktheit (5,2f), von Heimat und Fremde (5,6–9), endlich vom Richterstuhl und empfangenen Lohn (5,10). Während Paulus zuvor sagt, daß im täglichen Sterben die Vereinigung mit dem Herrn nur immer stärker werde (4,16), sagt er nun, daß das Leben im Leibe Trennung vom Herrn bedeute (5,6–9). Zuvor sprach Paulus von der schon gewirkten Überwindung des Todes (4,16f), nun aber von der noch zu überwindenden Bangigkeit des Sterbens (5,2–5). In dieser Gegensätzlichkeit besagen die Texte, daß Paulus nicht auf Buchstaben und Bilder festgelegt werden darf. Es scheint, daß Paulus in diesem Text den allgemein menschlichen Wunsch ausdrückt, den Tod nicht als Tod, sondern als Verwandlung zu erleben. Er empfindet den Tod als Gewalt, als widergöttliche Wirklichkeit. Der Apostel spricht das aus, was im Wesen des Menschen liegt, der hofft, das Leben nicht aufgeben zu müssen, sondern neues wahres Leben zu gewinnen. Gott hat ihn auf diese Vollendung hin geschaffen. Das Geschenk des Geistes, das eine Anzahlung auf die ganze Gabe ist, bereitet schon die Vollendung vor. Der Geist ist der Anfang des neuen, himmlischen Seins (2 Kor 5,5).

Das Heilsgeschehen ist gleich an Christus und an den Christen. Paulus verlangt, Christus »zu erkennen und die Kraft seiner Auferstehung und die Gemeinschaft mit seinem Leiden, gleichgestaltet seinem Tod, ob ich zuletzt zur Auferstehung aus den Toten gelangen könnte« (Phil 3,10f). Jenes »Erkennen« wird mannigfache Weisen haben: Hören, Lehren, Glauben, Sakrament, Leben. In der Auferstehung Christi wird die Kraft Gottes offenbar, wie auch die Selbstmacht Christi. Die göttliche Kraft wird die Kraft des Apostels. Sie wirkt schon jetzt, besonders in der Überwindung der Leiden, und sie wird wirksam werden in der Teilnahme an der Auferweckung von den Toten. Ist der Christ gleichgestaltet mit dem Tode Christi, hofft er mit ihm auch zur Auferstehung zu gelangen (1 Kor 15,30ff; 2 Kor 4,10f). Lehnt die Ungewißheit, »ob ich zuletzt zur Auferstehung von den Toten gelangen könnte«, eine falsche Lehre ab, schon in diesem Leben sei die Auferstehung geschehen (2 Tim 2,18)? Auch Paulus kennt die schon jetzt wirksame Kraft der Auferstehung, betont aber dann, daß die ganze eschatologische Vollendung noch als Gabe Gottes zu erwarten ist.

Die Kraft der Auferstehung Christi wird wirksam im Glauben und Sakrament, indem die Taufe am Gläubigen Tod und Auferstehung Jesu vollzieht

(Röm 6,2–11). Dabei gilt für Paulus wieder der eschatologische Vorbehalt. Für jetzt müssen Christen die Taufe im Totsein für die Sünde und im Leben für Gott vollziehen (6,11). Die Vollendung der Auferstehung ist als künftig verheißen. »Wenn wir mit Christus gestorben sind, glauben wir, daß wir auch mit ihm leben werden« (6,8). In den Deuteropaulinen – und dies ist wohl für sie charakteristisch – schwächt sich dieser Vorbehalt ab. »Begraben mit ihm in der Taufe, wurdet ihr auch miterweckt durch den Glauben an die Kraft Gottes, der ihn aus den Toten erweckt hat« (Kol 2,12). Die Auferweckung mit Christus ist am Glaubenden schon geschehen; sie ist freilich nur wirksam durch den Glauben, ist also kein natürlich-notwendiges Ereignis. Erst bei der Offenbarung Christi in der Parusie wird das noch verborgene Leben der Erlösung offenbar werden (Kol 3,3f).[41]

d) Gericht

Paulus sieht die Gemeinde vor dem und in dem eschatologischen Gericht Gottes. Der Mittler des Gerichtes ist Christus. »Wer will die Auserwählten Gottes verurteilen? ... Christus Jesus, der Gestorbene, noch mehr, der Auferweckte, er ist zur Rechten Gottes, er tritt für uns ein« (Röm 8,33f). Christus ist der Richter nach 2 Kor 5,10: »Denn wir müssen alle offenbar werden vor dem Richterstuhl Christi, damit ein jeder den Lohn empfange für das, was er im Leib getan hat, sei es gut, sei es böse.« Christus ist als thronender Richter geschaut (wie Mt 19,28). Dies ist die Situation des allgemeinen Endgerichtes, in dem sich jeder einzelne zu verantworten hat. Das Gericht ist Gericht nach den Werken. Der Christ lebt immer in der Verantwortung vor Gott. Der Leib ist das Werkzeug des Handelns. Nach

---

[41] *Baumert, N.*, Täglich Sterben und Auferstehen. Der Literalsinn von 2 Kor 4,12 bis 5,10 (München 1973); *Bultmann, R.*, Exegetische Probleme des zweiten Korintherbriefes: Zu 2 Kor 5,1–5: Exegetica (Tübingen 1967) 298–306; *Hunzinger, C. H.*, Die Hoffnung angesichts des Todes im Wandel der paulinischen Aussagen: Leben angesichts des Todes (Tübingen 1968) 69–88; *Klein, K.*, Apokalyptische Naherwartung bei Paulus: *Betz, H. D./Schottroff, L.*, Neues Testament und christliche Existenz (Tübingen 1973) 241–262; *Lang, F. G.*, 2. Korinther 5,1–10 in der neueren Forschung (Tübingen 1973); *Mattern, L.*, Das Verständnis des Gerichtes bei Paulus (Zürich 1966); *Mußner, F.*, »Schichten« in der paulinischen Theologie, dargetan an 1 Kor 15: Praesentia Salutis (Düsseldorf 1967) 178–188; *Richter, H. F.*, Auferstehung und Wirklichkeit. Eine Untersuchung zu 1 Kor 15,1–11 (Berlin 1969); *Schwantes, H.*, Schöpfung der Endzeit (Stuttgart 1963); *Siber, P.*, Mit Christus leben. Eine Studie zur paulinischen Auferstehungshoffnung (Zürich 1971).

biblischem Verständnis ist der Mensch im Leib, er existiert als Leib. Leib ist Leibesleben, Lebenszeit.

Andere, bald formelhaft werdende Texte besagen, daß Christus in Gottes Auftrag das Weltgericht halten wird. So 2 Tim 4,1: »Ich beschwöre dich vor Gott und Christus Jesus, der richten wird Lebende und Tote, und bei seiner Wiederkunft und seinem Reich.« Der zum Gericht erscheinende Herr Christus wird als gerechter Richter dem Apostel und allen, die sein Erscheinen erwarten, den Kranz der Gerechtigkeit verleihen (2 Tim 4,8). Man mag fragen, ob eine solche Zuversicht, die schon fast zur Sicherheit wird, nicht bereits das spätere Paulusbild erkennen läßt, in dem der Apostel der heilige Märtyrer und das Vorbild im Martyrium wird.

Der Hebräerbrief wiederholt die Glaubenssätze. »Dem Menschen ist es bestimmt, einmal zu sterben, und darauf folgt das Gericht« (Hebr 9,27). »Der Herr wird sein Volk richten« (10,30 nach Ps 135,14). Das Gericht wird schrecklich sein. »Furchtbar ist es, in die Hände des lebendigen Gottes zu fallen« (10,31). »Unser Gott ist ein verzehrendes Feuer« (12,29). In der Voraussicht des Gerichtes vertraut der Christ auf Christus, der sich für die Sünde geopfert hat und bei seiner Wiederkunft zum Gericht erscheinen wird »als Heil für jene, die auf ihn warten« (Hebr 9,28).

e) Himmel und Hölle

Paulus spricht ohne Schilderung eines Ortes oder Zustandes von der ewigen Verwerfung als Verderben (1 Thess 5,3) und Untergang (Röm 9,22; 1 Kor 1,18; 2 Kor 2,15).

Soweit Paulus überdies Vorstellungen einer teuflichen Gegenwelt erwähnt, so eigentlich nur im Rückblick auf sie als durch das Heil Christi abgetane Mächte. Indem Christus durch den Tod hindurchschritt und in der Auferstehung das Leben gewann, ist er Herr geworden über Lebende und Tote (Röm 14,9). Nichts, auch der Tod nicht, kann trennen von der Liebe Gottes in Jesus Christus (Röm 8,38f). Der Tod hat seinen »Stachel«, seine Macht, zu quälen und zu töten, verloren (1 Kor 15,51). In seinem Tod hat Christus den Tod und den Teufel, der im Tode seine Macht ausübte, zunichte gemacht und die befreit, die durch die Todesfurcht geknechtet waren (Hebr 2,14f).

f) Neue Schöpfung

Nach der Verkündigung des Paulus ist der »alte Mensch« der Sünde vernichtet in der »Neuheit des Lebens« (Röm 6,4). Jetzt ist »neue Schöpfung«. Paulus benutzt diese Formel zweimal (Gal 6,15; 2 Kor 5,17), indem er je verschiedene Folgerungen zieht. »Weder Beschneidung ist etwas noch Unbeschnittenheit, sondern neue Schöpfung« (Gal 6,15). Neue Schöpfung bedeutet, daß jüdisches wie heidnisches Religionswesen abgetan ist; nun gilt »Glaube, der in der Liebe wirksam ist« (Gal 5,6), oder auch »die Befolgung der Gebote Gottes« (1 Kor 7,19). Paulus wiederholt 2 Kor 5,17: »Wenn einer in Christus ist, ist er neue Schöpfung. Das Alte ist vergangen. Siehe, Neues ist geworden.« Im Tode Christi sind alle gestorben, und in seiner Erweckung begann für alle das Leben (2 Kor 5,15). Die neue Schöpfung ist »in Christus«. Wie durch Adam der Tod zu allen kam, so kam durch Christus das Leben (Röm 5,12–21). Die Kirche ist als der »Neue Bund« die neue, umfassende Schöpfung (1 Kor 11,25; 2 Kor 3,6). – Paulus ist kein Phantast, der die Wirklichkeit nicht sähe. Er sagt, daß »die Gestalt dieser Welt (noch erst) im Vergehen ist« (1 Kor 7,31). Noch leben die Christen im Fleisch (2 Kor 10,2f). Doch Paulus ist auch nicht bloß Prophet, der künftiges Heil voraussagen würde, sondern er ist Verkünder schon geschehenen Heils. Das Heil aber ist wirklich »in Christus«. Das ist stärkste, wenn auch noch verborgene Wirklichkeit. Die neue Schöpfung muß, kann aber auch vollzogen werden: Der Christ muß »wandeln in einem neuen Leben« (Röm 6,4), in der »Neuheit des Geistes« (Röm 7,6). »Wenn der äußere Mensch vernichtet wird, so wird doch der innere von Tag zu Tag erneuert« (2 Kor 4,16). So lebt Paulus Leiden und Auferstehung Jesu mit (2 Kor 4,10).

Im Sinn und Geist des Paulus sagt Kol 3,3f: »Ihr seid gestorben, und euer Leben ist verborgen mit Christus in Gott. Wenn Christus, unser Leben, offenbar wird, dann werdet auch ihr mit ihm offenbar werden in Herrlichkeit.« Das neue Leben ist in Tod und Leben wahr, aber es ist nicht in nachweisbarer, sichtbarer Natur gegeben, sondern in doppelter Verborgenheit. Der Christ hat das Leben, indem er »mit Christus« lebt, und es ist verborgen in Gottes geistiger Wirklichkeit. Der Christ erwartet aber mit Zuversicht die eschatologische Vollendung mit der Parusie Christi. Kol 3,9f ist ausgeführt, daß das neue Leben geschenkt ist und durch den Christen Dasein gewinnen muß. Das neue Leben ist gegründet in der Taufe. Das ist die Lehre des Paulus (Röm 6,3f), die dann in deuteropaulinischen Briefen vertieft wird. »Er hat uns zum Heile geführt ... nach seiner Erbarmung durch das Bad der Wiedergeburt und der Erneuerung im Heiligen Geist«

(Tit 3,5; vgl. Kol 2,11ff). Das neue Leben ist Gabe wie Aufgabe. Nun ist gefordert, »den alten Menschen abzulegen, neu zu werden durch den Geist im Denken und den neuen Menschen anzuziehen, der nach Gott geschaffen ist« (Eph 4,22ff). In Christus sind Juden und Heiden »zu *einem* neuen Menschen geschaffen« (Eph 2,15). Die neue Schöpfung ist die eine neue Gemeinde. Der Hebräerbrief (8,8–13; 9,15; 12,24) weist auf, um wieviel größer als der Alte Bund der durch den Mittler Christus gestiftete Neue Bund ist. Er ist »ewig gültig« (Hebr 13,20).

Wie Kol 3,4 auf die eschatologische Vollendung der neuen Schöpfung vorausweist, so sagt Paulus, daß die schon geschehene Neuschöpfung Verheißung und Beginn der noch künftigen, göttlichen Schöpfungstat ist, wie sie Röm 8,19–30 beschrieben ist. »Das sehnsüchtige Harren der Schöpfung wartet auf die Offenbarung der (künftigen) Herrlichkeit der Söhne Gottes.« Paulus erkennt Angst und Sehnsucht aus dem Gebet der in der Welt bedrängten Gemeinde, die ruft: Abba, Vater. In diesem Gebet ruft der der Gemeinde geschenkte Geist selber (Röm 8,15). Dieses vielfache Rufen wird nicht ungehört bleiben. Paulus deutet Grund und Sinn dieser Sehnsucht als das Harren der Kreatur auf Erlösung und Verherrlichung. »Die Schöpfung wird befreit werden von der Knechtschaft der Vergänglichkeit zur Freiheit der Herrlichkeit der Kinder Gottes« (Röm 8,21). Die Gedanken des Apostels werden verständlicher aus der langen Tradition, an der er teilhat und die er neutestamentlich abschließt. Israels Propheten erwarteten die messianische Heilszeit als neue Schöpfung (Jes 65,17). Die Apokalyptik sagt, daß die Schöpfung um menschlicher Schuld willen der Nichtigkeit unterworfen wurde. Mit dem Menschen wird sie in *einer* Vollendung erlöst werden. »Die mythischen Züge dieser Botschaft sind nicht zu übersehen. Noch weniger sollte man jedoch verkennen, wie nahe sie der Welt in ihrer tiefen Verfremdung kommt. Entmythologisierung hat sich mindestens vor der Elle des vorigen Jahrhunderts zu hüten und gegenwärtige Erfahrung nicht weniger ernst zu nehmen als die der Aufklärung ... So erschien Paulus die Christenheit, welche Kindschaft bezeugt und in der Leidensgemeinschaft auf Christus als kommenden Weltherrn hinweist, als große Verheißung für alle Kreatur bis in die außermenschlichen Bereiche hinein.«[42]

---

[42] *Käsemann, E.*, An die Römer (Tübingen ³1974) 224; *Balz, R.*, Heilsvertrauen und Welterfahrung. Strukturen der paulinischen Eschatologie nach Röm 8,18–39 (München 1971).

4. Eschatologie des Johannesevangeliums

a) Parusie

Das Johannesevangelium gebraucht das Wort Parusie nicht; sachlich aber ist diese gemeint als »jener Tag«. Es klingt darin die alttestamentliche Erwartung vom eschatologischen Tag Jahwes mit, der Gericht wie Heil ist. Gemäß der Eschatologie des Johannesevangeliums ist der eschatologische Tag immer auch schon in seiner Gegenwärtigkeit verstanden. »Abraham jubelte, daß er meinen Tag sehen sollte« (Joh 8,56). Abrahams Hoffnung war auf das endzeitliche Heil gerichtet. Der historische Tag Jesu ist der eschatologische Tag des messianischen Heiles, in dem alles zusammengefaßt ist. Dies alles sah Abraham. – In den Abschiedsreden kündet Jesus seine Wiederkehr an, jedoch nicht als entfernten, sondern als baldigen Tag (14,3.18.23.28). Die Wiederkehr ereignet sich zunächst wohl in der Auferstehung (14,19; 16,16–23), aber sie geschieht immerzu in der Erfahrung des Geistes (14,16ff). Auferstehung Christi, Geistesgaben und Parusie werden eins. Das alte Wort vom Tag Jahwes wird so auf die Gegenwart bezogen. »An jenem Tag werdet ihr erkennen, daß ich in meinem Vater bin und ihr in mir und ich in euch« (14,20). In der eschatologischen Vollendung sind Glaube und Erkenntnis am Ziel. »An jenem Tag werdet ihr mich nichts fragen« (16,23). Die Jünger haben keine Frage mehr. Es ist die Stunde der unverhüllten Rede vom Vater (16,25). In der eschatologischen Existenz wird den Jüngern alles deutlich. Es ist der Tag, an dem die Jünger in die Liebe des Vaters aufgenommen sind, so daß jedes Gebet erfüllt ist (16,26f). Wird mit der Vergegenwärtigung der Parusie die Frage beantwortet, von der die Gemeinde zufolge des Ausbleibens der als künftig verstandenen Parusie bewegt wurde?

b) Totenauferstehung

Mit der gesamten Eschatologie ist im Johannesevangelium die Auferwekkung der Toten vergegenwärtigt. Die eschatologische Entscheidung beginnt jetzt; ja, sie ist schon geschehen in der Person und Offenbarung Christi. Und sie geschieht immerzu im Glauben. Glauben bedeutet, das Ende von Welt und Zeit zu erkennen und zu erfahren. In der Entscheidung zwischen Glaube und Unglaube geschieht jetzt das Gericht (3,18f.36; 9,39). Auch die Auferstehung ist schon geschehen, und sie geschieht jetzt. »Es kommt die

Stunde, und sie ist jetzt, da die Toten die Stimme des Sohnes Gottes hören werden; und die sie hören, werden leben« (5,25). Die Auferstehung zum Leben ist nicht die endzeitliche Totenerweckung an einem fernen Tag, sondern sie geschieht jetzt als Erwachen der Menschen aus geistigem Tod beim Hören und bei der Annahme des Evangeliums. Angesichts des Grabes des Lazarus sagt Marta: »Ich weiß, daß er auferstehen wird bei der Auferstehung am Jüngsten Tage.« Jesus antwortet ihr: »Ich bin die Auferstehung und das Leben. Wer an mich glaubt, wird leben, wenn er auch stirbt, und jeder, der an mich glaubt, wird in Ewigkeit nicht sterben« (11,24ff). Der Glaube ist schon »aus dem Tod in das Leben hinübergegangen« (5,24).

Das gleiche Johannesevangelium spricht aber auch vom Jüngsten Tag als künftigem Ereignis. »Es kommt die Stunde, in der alle, die in den Gräbern sind, die Stimme des Menschensohnes hören werden, und die das Gute getan haben, werden eingehen zur Auferstehung des Lebens, die das Böse getan haben, zur Auferstehung des Gerichtes« (5,28f). In der Rede über das Lebensbrot, die besagt, daß Jesus das wahre Brot gibt und ist (6,27.35), kehrt wie ein Refrain die Feststellung wieder: »Ich werde ihn auferwecken am Jüngsten Tage« (6,39f.44.54).

Sind die beiden Aussagereihen von der gegenwärtigen und künftigen Auferstehung nebeneinander sinnvoll möglich? Herkömmliche Exegese hat versucht, beide Reihen miteinander zu verbinden. Es soll gesagt sein, daß sich jetzt schon die Entscheidung vollzieht, diese aber im Endgericht offenbar und endgültig wird.[43] Eine andere Erklärung hat R. Bultmann gegeben. Er meint, die beiden verschiedenen Aussagereihen lassen sich nicht vereinen. Der Evangelist habe eine vergegenwärtigte Eschatologie gelehrt und so die Künftigkeit auf den heute glaubenden Menschen bezogen. Alle Worte, die von der Eschatologie als künftigem Ereignis sprächen, seien von einem späteren Redaktor eingefügt worden, der das Johannesevangelium der allgemeinen kirchlichen Lehre angleichen und damit die Aufnahme des Evangeliums in die Kirche ermöglichen wollte. Die kritische Analyse ergibt für Bultmann, daß die Texte, die künftige Eschatologie lehren, sich nicht bloß durch ihren Inhalt als sekundär, sondern auch aus literarisch-stilistischen Indizien als spätere Einfügungen erweisen. Auch das Johannesevangelium erwartet eine Vollendung. Diese ist aber nicht eine kosmische Geschichte, sondern eine Vollendung der Heilsgemeinde. Christus ist in seinem Werk und im Glauben in Welt und Kirche eingeholt.

---

[43] *Blank, J.*, Krisis (Freiburg 1964) 172–182. 309; *van Hartingsveld, L.*, Die Eschatologie des Johannesevangeliums (Assen 1962) 189–213; *Ricca, P.*, Die Eschatologie des Vierten Evangeliums (Zürich 1966) 130–152; *Riedl, J.*, Das Heilswerk Jesu nach Johannes (Freiburg 1973) 224; *Schnackenburg, R.*, Das Johannesevangelium 1 (Freiburg 1965) 48–141; ders., Die Johannesbriefe (Freiburg [2]1963) 143.170.

Das Evangelium beschreibt das apokalyptische Welttheater nicht mehr. Die Eschatologie ist entmythologisiert und existential interpretiert.[44]

c) Gericht

Auch das eschatologische Gericht ist im Johannesevangelium vergegenwärtigt. Zuerst gilt jedoch: »Gott hat seinen Sohn nicht in die Welt gesandt, damit er die Welt richte, sondern damit die Welt durch ihn gerettet werde« (3,17). Jesus sagt darum: »Ihr richtet nach dem Fleisch. Ich richte niemand« (8,15). Jesus richtet nicht und niemand nach unzulänglicher Menschenweise. Aber er richtet gemäß der Wahrheit. Darum heißt es in johanneischer Dialektik sogleich: »Wenn ich richte, ist mein Gericht wahr, weil ich nicht allein bin, sondern ich und der mich gesandt hat« (8,16). Jesus wird zum Gericht, weil nicht nur er, sondern der Vater, mit dem der Sohn eins ist, geleugnet wird. »Wer an ihn glaubt, wird nicht gerichtet; wer nicht glaubt, ist schon gerichtet, weil er an den Namen des eingeborenen Sohnes nicht geglaubt hat« (3,18f). Gottes Liebe, die den Sohn sandte, wird zum Gericht, da die Welt den Sohn ablehnt. Das Gericht vollzieht sich selbst als schon gegenwärtige Scheidung zwischen Glaube und Unglaube. »Darin besteht das Gericht, daß das Licht in die Welt gekommen ist und die Menschen die Finsternis mehr liebten als das Licht« (3,19). Das Gericht geschieht, wenn das Wort und die Offenbarung abgelehnt werden. »Wer mich ablehnt und meine Worte nicht annimmt, hat seinen Richter. Das Wort, das ich geredet habe, wird ihn richten« (12,48). Dieses Gericht geschieht jetzt dem Wort Jesu gegenüber. »Wer mein Wort hört und dem glaubt, der mich gesandt hat, der hat ewiges Leben und kommt nicht ins Gericht, sondern ist aus dem Tod ins Leben hinübergegangen« (5,24). Der »Zorn des Gerichtes Gottes« ist über dem Unglauben (3,36). Das Gericht über die Welt wird schon vollzogen. »Jetzt ist das Gericht über diese Welt« (12,31).

---

[44] *Bultmann, R.*, Das Evangelium des Johannes (Göttingen [11]1950) zu Joh 5,28f (1969f); zu Joh 6,39.40.44 (162); ders., Geschichte und Eschatologie (Tübingen [2]1964) 53–58. – Die Exegese folgt *Bultmann, R.*, zunehmend; so *Lohse, E.*, Die Entstehung des Neuen Testaments (Göttingen 1972) 109; *Schnackenburg, R.*, Das Johannesevangelium 2 (Freiburg 1971) 73f.144–147.530–544; *Schulz, S.*, Das Evangelium Johannes' (Göttingen 1972) 220–223. – Der Erklärung Bultmanns stimmt nicht zu *Kümmel, W. G.*, Einleitung in das Neue Testament (Heidelberg [17]1973) 175f. Weitere Kritik s. Anm. 43.

So gilt auch im Johannesevangelium wie im übrigen Neuen Testament der Anspruch, daß der Sohn der Richter ist. »Der Vater richtet niemand, sondern er hat alles Gericht dem Sohn übergeben, damit alle den Sohn ehren, wie sie den Vater ehren« (5,22f). Da die Eschatologie Gegenwart ist, fehlt bei Johannes alle Schilderung der kosmischen Apokalyptik.

5. *Spätapostolische Schriften*

a) Endzeit

In den Schriften der spätapostolischen Zeit wird die apokalyptische Endzeit weiter geschildert.[45] Die Motive der synoptischen Apokalypsen werden wiederholt und weiterentwickelt. Die Verzögerung der Parusie wird mehrmals betont.

Der endzeitliche Frevler (Mk 13,14) ist nun der »Antichrist«. In der Erwartung des Antichrists sind alte mythische Vorstellungen enthalten. In der Urzeit überwand Gottes Schöpfung feindliche Gestalten und Mächte (Am 9,3; Ps 74,13f; 104,6f; Ijob 3,8; 7,12). Die Urzeit wiederholt sich in der Endzeit, in der sich die gottfeindlichen Mächte noch einmal zum Endkampf stellen werden. Zeitgeschichtliche Vorstellungen sind miteingegangen, da auch das Judentum für die letzte Zeit den Ansturm gottfeindlicher politischer Herrschaft erwartete (Ps Salomos 17,6–8; SyrApkBar 39f; Himmelf. d. Mose 8). Darnach hat auch die Predigt der Kirche den endzeitlichen Feind angesagt (2 Thess 2,3f; 1 Joh 2,18). Dieser Feind Gottes heißt 2 Thess 2,3f »der große Frevler, der Sohn des Verderbens, der Widersacher«; 1 Joh 2,18; 4,3; 2 Joh 7 der »Antichrist«. Dieses Wort ist offenbar christliche Neubildung. Züge des Antichrists tragen die gottwidrigen apokalyptischen Mächte: das Tier aus dem Meer (Offb 13,1) und das Tier vom Lande (Offb 13,11), die beide ihre Gewalt vom Satan haben und wohl das heidnische Rom verkörpern.

Die »letzte Stunde« ist nach 1 Joh 2,18 gekennzeichnet durch Irrlehrer in

[45] Außer den Kommentaren zu 2 Thessalonicher, 1 Johannes und Johannesoffenbarung vgl. *Ernst, J.*, Die eschatologischen Gegenspieler in den Schriften des Neuen Testaments (Regensburg 1967); *Giblin, Ch. H.*, The Threat of Faith. An Exegetical and Theological Re-Examination of 2 Thessalonians 2 (Rom 1967) 167–242; *Rigaux, B.*, L'Antéchrist et l'opposition au royaume messianique dans l'Ancient et le Nouveau Testament (Paris 1932); *Schlier, H.*, Vom Antichrist: Die Zeit der Kirche (Freiburg ³1962) 16–29.

großer Zahl, die »Antichriste« genannt werden. Die mythische Gestalt des Antichrists wird in der Geschichte vergegenwärtigt. – Bedrängnis und Not der Gemeinde lassen nunmehr das »Ende aller Dinge« erkennen (1 Petr 4,7). »Das Gericht beginnt beim Hause Gottes«, wie bei den Propheten (Jer 25,29; Ez 9,6) das Gericht Gottes bei seinem Volk beginnt. Auch die Kirche steht unter dem Gericht wegen des Ungehorsams (des Unglaubens) (1 Petr 4,17). Doch Gott wird seine Gemeinde nach kurzer Zeit des Leidens vollenden (1 Petr 5,10). – Irrlehrer als »Spötter, die nach den Gelüsten der Gottlosigkeit wandeln« sind für die Endzeit auch Judas 18f angesagt. Die Warnung vor falschen Lehrern wird 2 Petr 2,1ff wiederholt. Die Irrlehrer leugnen insbesondere »die Verheißung der Ankunft« des Herrn und das künftige Weltgericht.

Die eschatologische Vollendung ist insgesamt das Thema der Offenbarung des Johannes. In der Vision der vier apokalyptischen Reiter (6,1–8) ist die Endzeit erfüllt mit Unfriede, Krieg, Hungersnot und Tod. Himmel und Erde, Sonne, Mond und Sterne werden erschüttert und verstört, ehe der Tag des großen Zornes kommt (6,12–17). Die Knechte Gottes aber werden bezeichnet und beschützt sein (7,3–8). Die Gemeinde der Zeugen Christi wird vom Drachen verfolgt (12,13–17). Die antichristlichen und satanischen Mächte erscheinen in den Gestalten der beiden Tiere (13,1–18) und des falschen Propheten (16,13). In der letzen Zeit wird der Satan noch einmal mit ganzer Macht auftreten, dann aber in den Pfuhl von Feuer und Schwefel geworfen für alle Zeit (20,7–10).

b) Parusie

Die Apostelgeschichte (17,31) erwartet die Parusie am Ende der Zeit. Gott »hat einen Tag bestimmt, an dem er die Welt in Gerechtigkeit richten wird durch einen Mann, den er dazu bestellt hat«. Gemäß lukanischer Grundhaltung ist nicht etwa die Rede von der Nähe des Gerichtes, sondern nur von der künftigen Gewißheit. Christus wird zum universalen Richter bestellt sein. Das Gericht findet nach der Auferstehung der Toten statt (Apg 17,32) und wird die Gerechtigkeit Gottes in Lohn und Strafe kund machen.

Der Jakobusbrief bekundet die Überzeugung von der Nähe der Parusie. »Harret geduldig, stärket eure Herzen. Denn die Wiederkunft des Herrn ist genaht« (Jak 5,8). Wie oft, spricht der Brief auch hier mit der Versicherung der noch kurzen Zeit des Wartens in Form und Geist alttestamentlicher Armenfrömmigkeit (Ps 37,10f; Sir 35,16–24). Die Erwartung der Parusie ist noch sicher, so gewiß, wie »der Landmann auf die köstliche Frucht des Feldes harret« (5,7). Diese Sicherheit ist um so mehr bedeutsam, wenn der Jakobusbrief doch wohl in spätapostolische Zeit zu datieren ist.

Der 1. Johannesbrief gebraucht das Wort Parusie. »Bleibet in ihm, damit wir, wenn er erscheint, Zuversicht haben und nicht zuschanden werden vor ihm bei seiner Parusie« (2,28). Der Brief bezeugt ungebrochene Naherwartung. »Es ist letzte Stunde.« Antichriste sind aufgetreten (2,18). Der Brief faßt die Menschwerdung des Sohnes Gottes (1,2; 3,5.8) und seine Parusie (3,2) unter dem Wort »offenbar werden« *(phanerousthai).* War die Menschwerdung eine Offenbarung der Liebe Gottes (4,9), so wird Christus am Ende offenbar als Richter (2,28). Jene erste und diese letzte Offenbarung sind eine einzige Offenbarung Gottes im irdisch-menschlichen Bereich. Der Brief spricht wie von der künftigen, so auch von der schon vollzogenen gegenwärtigen Entscheidung. »Wir wissen es, daß wir aus dem Tod in das Leben hinübergeschritten sind, da wir die Brüder lieben« (3,14; ähnlich 5,12). Der Befund ist ähnlich wie im Johannesevangelium, wie dieses sich vorfindet. Auch dort wird neben dem schon geschehenen Überschritt vom Tod zum Leben die künftige Auferstehung betont (Joh 5,24–29; 11,23–26). Die Annahme ist begründet, daß die Lehre von der künftigen Auferstehung von späterer Redaktion in das Evangelium eingefügt wurde (s. o. 4,b). So wird zu erwägen sein, ob nicht ähnlich 1 Joh 2,28 der Ausblick auf die künftige Parusie spätere Redaktion erkennen läßt.[46]

Der 1. Petrusbrief leitet aus der Erwartung der Parusie die Mahnung ab: »Aller Dinge Ende ist nahe gekommen. Seid also verständig und nüchtern zum Gebet« (4,7). Im Wissen um die nahe Wiederkunft des Herrn und das Ende der Dinge ist der Christ in der Welt der wahrhaft Verständige. Weil er die Vergänglichkeit der Welt kennt, ist er ihr gegenüber nüchtern (1,13). Die Nähe des Gerichtes läßt ihn die Bedrohung seines Lebens erkennen. Das macht ihn zum Beter (4,7). Im nahen Gericht wird Liebe retten, die »der Sünden Menge bedeckt« (4,8). So wird der Christ in den Dienst der Liebe in der Gemeinde gewiesen. Die am Leiden Christi teilhaben, dürfen bei seiner Parusie, der Offenbarung in Herrlichkeit, voller Freude jubeln (4,13; ähnlich 5,10).

Im 2. Petrusbrief, der wohl in den Anfang des 2. Jh.s zu datieren ist, begegnet das Wort Parusie, freilich auch Fragen um ihre Erwartung. »Nicht ausgeklügelten Mythen folgend haben wir euch Macht und Parusie unseres Herrn Jesus Christus kundgetan, sondern da wir Augenzeugen seiner

---

[46] *Bultmann, R.,* Die drei Johannesbriefe (Göttingen 1967) 49.

Größe geworden sind« (1,16). Jene Macht ist die göttliche Macht, die jetzt der Erhöhte besitzt und die er bei der Parusie kundtun wird. Das Evangelium der Parusie ist kein Mythos, sondern künftige Geschichte, verbürgt durch die vergangene Geschichte, die Augenzeugen hatte. Vielleicht sind die genannten Mythen gnostische Irrlehren. Der Brief muß aber die Erwartung der Parusie verteidigen. »In den letzten Tagen werden höhnende Spötter auftreten, die nach ihren eigenen Lüsten wandeln und sagen: Wo bleibt die Verheißung seiner Parusie? Seit die Väter entschlafen sind, bleibt alles wie vom Anfang der Schöpfung an« (3,3f). Diese Spötter sind wohl gnostische Irrlehrer. Jene Generation, die die Ankunft Christi erwartete (Mk 9,1; 13,30), ist verstorben. Der Brief will die Behauptung der Gegner, seit Beginn der Schöpfung habe sich nichts ereignet, widerlegen durch die Erinnerung an den Untergang der Welt in der Sündflut (3,6). So wird auch die jetzige Welt ihr Ende finden. Sie wird im Feuer »mit Zischen vergehen. Die Elemente werden brennend zerschmelzen« (3,12). Der Brief verwendet neben biblischen Worten weltanschauliche Vorstellungen seiner Zeit, die den großen Weltenbrand voraussagen. Der Brief sagt aber, daß das Wort Gottes die Geschichte der Welt entscheidet (3,7). Der Tag des Weltendes ist »der Tag bei dem Herrn« (3,8). Die das Gericht erwarten, müssen »in heiligem Wandel und Frömmigkeit leben« (3,11). Die Welt ist nicht Natur, sondern Geschichte. Doch gilt für diese kein menschliches Zeitmaß. »Beim Herrn sind tausend Jahre wie ein Tag« (3,8; Ps 90,4). Apokalyptisches Rechnen ist damit abgelehnt. Das Ende ist jedoch nicht Zerstörung und Untergang, sondern neue Schöpfung (3,13). Wie die Schöpfungsgeschichte der Genesis orientalische Mythen aus dem Wort Gottes biblisch interpretiert, so benutzt der 2. Petrusbrief mythologische und wissenschaftliche Überlieferung seiner Zeit, um Gottes Werk zu schildern.

Die Offenbarung des Johannes will enthüllen, »was in Bälde geschehen muß« (1,1). »Die Zeit ist nahe« (1,3). Die Notwendigkeit des Geschehens hat ihren Grund im Plan und Willen Gottes. Das – gegen Ende des ersten Jahrhunderts geschriebene – Buch bekundet zur Gänze eine drängende eschatologische Erwartung. Die Kirche ist Kirche der Märtyrer, und sie erwartet für bald Gottes Trost und Erlösung. In zwei Visionen stellt die Apokalypse die Parusie des Königs und Richters Christus dar: 14,14–20 und 19,11–16. Beide Visionen sind selbständig und beschreiben das gleiche Ereignis in verschiedener Weise. In der ersten Vision (14,14–20) erscheint Christus als Menschensohn (wie Mk 13,26), thronend auf einer weißen Wolke, auf dem Haupt einen goldenen Kranz und in seiner Hand eine scharfe Sichel. Ein Engel tritt aus dem Himmel und ruft dem Menschensohn zu: »Sende deine Sichel aus und ernte. Die Ernte der Erde ist überreif.« Die Ernte wird zuerst als Kornernte durch den Menschensohn geschildert (14,16), dann als Traubenernte durch einen Engel, der auch die Kelter tritt (14,18ff). Bedeutet das erste Erntebild die Sammlung der Frommen, so das zweite Erntebild das Strafgericht über die Welt. In der zweiten Vision (19,11–16) kommt Christus, der Richter, vom offenen Himmel her als Reiter auf weißem Roß; die himmlischen Heere folgen ihm auf weißen Rossen. Er trägt viele Kronen, seine Augen sind wie Feuerflammen. Sein Name heißt »das Wort Gottes«. Seine Waffe ist das vernichtende Wort des Richters, wie Weish 18,15f das vom Himmel springende Wort Gottes als scharfes Schwert das Gericht vollzieht und alles mit Tod erfüllt. Der König weidet die Völker mit eisernem Stab (Ps 2,9) und tritt die Kelter des Weines des Zornes Gottes (Joël 3,13; Jes 63,3). So wird offenbart »der König der Könige und der Herr der Herren«.

Die Offenbarung (22,20) schließt mit dem Ruf der Sehnsucht: »Amen, komm, Herr Jesus«. Wieder scheint dies, wie das Gebet gleichen Inhaltes Maranatha (1 Kor 16,22; s.o. 3,b) ein gottesdienstlicher Ruf zu sein, der hier antwortet auf die Verheißung des Erhöhten: »Ja, ich komme bald« (22,20). Jener Ruf der aramäischen Urgemeinde scheint damit in die griechische Kirche übersetzt zu sein. Nach all den Bildern und Mythologemen, Spannungen und Kämpfen spricht sich in diesem Ruf zuletzt in unverschlüsselter Sprache und großer Innigkeit die eschatologische Hoffnung aus, die das ganze Buch erfüllt.

c) Totenauferstehung

Die Totenauferstehung ist gegen Ende der apostolischen Zeit festes Lehrstück des Glaubens. Zum »Fundament« gehört »die Lehre über Taufen und Handauflegung, Auferstehung der Toten und ewiges Gericht« (Hebr 6,1f). Auch Israel mag diese Glaubensstücke lehren. Die Katechese der Kirche schließt aber, wenn auch der Name Christi hier nicht genannt wird, die Christologie ein, da die allgemeine Auferstehung in der Auferstehung Christi ihren Grund hat und Christus der Richter des allgemeinen Gerichts ist.

Auch die Pastoralbriefe veurteilen die Leugnung der künftigen Auferstehung als Zerstörung der Grundlage des Glaubens. »Von der Wahrheit sind abgekommen, die sagen, die Auferstehung sei schon geschehen« (2 Tim 2,18). Diese irrige Lehre stammt wohl aus der griechischen Weltanschauung, die den Leib als Gefängnis der Seele abwertete, und auch aus spiritualistischer Gnosis, die nur den Geist gelten ließ. Daraus folgt die Behauptung, die Auferstehung sei schon geschehen in der Geistesgabe und in der geistigen Erweckung durch den Glauben.

d) Gericht

Aus dem Wort Jesu wie aus dem Glauben Israels schöpfend setzen die Apostel die Predigt des Gerichtes fort. Daß Gott der gerechte Richter ist, steht als Glaubenssatz fest (Röm 2,2–11; 3,4ff). Gottes Gericht steht unmittelbar bevor (Jak 5,9). Als Richter waltet Gott nach dem Gesetz, das er selber gegeben hat. »Einer nur ist Gesetzgeber und Richter, der zu retten und zu verderben vermag« (Jak 4,12). Der Brief folgert daraus (wie Mt 7,1f; Röm 2,1), daß Menschen das Gericht über andere nicht gestattet ist. »Wer bist du, der du den Nächsten richtest?« (Jak 4,12).

Eindringlich sagt der 1. Petrusbrief das Gericht an. Gott, der Vater und Richter, wird »ohne Ansehen der Person nach eines jeden Werk richten« (1,17). Christus selbst stellte in seinem Leiden »das Gericht dem anheim, der gerecht richtet« (2,23). Auch die Kirche steht unter dem Gericht. Um so mehr werden die Heiden, die jetzt die Christen lästern, dem Rechenschaft ablegen müssen, der sich bereit hält, die Lebenden und Toten zu richten. »Denn dazu wurde auch den Toten das Heil verkündet, damit sie zwar gerichtet werden nach Menschenweise am Fleische, aber leben nach Gott im Geist« (4,4ff). Bei seinem Abstieg in die Unterwelt (3,19) hat Christus den Toten Erlösung verkündet. Sie hatten zwar den Tod, das allgemeine Gericht am Menschengeschlecht, erfahren (Röm 5,12; 6,23), aber das Evangelium Christi war ihnen lebenerweckendes Wort des Heiles. Allen wurde es angeboten, wie den Toten so noch viel mehr den Lebenden, wenn sie es auch nicht annehmen wollen. Darum werden alle in das Gericht kommen, das über Lebende und Tote – nach ihrer Auferweckung – gehalten wird. Gott, der Richter, hält sich für das Gericht bereit. Es ist nahe zu erwarten. »Das Heil steht bereit« (1 Petr 1,5). »Das Ende aller Dinge ist herangekommen« (4,7). Die urchristliche Naherwartung ist ungebrochen.

Der 2. Petrusbrief beschreibt die Parusie mit kosmologischen Vorstellungen seiner Zeit. Die Welt wird im Feuer vergehen. Das Naturereignis ist aber »kraft des Wortes Gottes ... der Tag des Gerichtes und Verderbens der gottlosen Menschen« (3,5ff). Das harte Urteil über die Irrlehrer als gottlose Menschen läßt spätere Zeit erkennen, da in der Kirche sich bekämpfende Parteiungen entstanden sind. »Die Erde und die Werke auf ihr werden im

Gericht erfunden werden« (3,10). Die Werke auf der Erde sind wohl die Schöpfungen der Zivilisation und Kultur. Sie werden im Gericht vergehen. Spricht kulturmüde Spätzeit und Untergangsstimmung?

Die Offenbarung des Johannes schaut das Richteramt Gottes visionär. Mit dem letzten Posaunenstoß des Engels beginnt das Weltgericht. Gottes Zorn richtet alle, die Propheten und die Heiligen und die Verderber der Erde (11,18). Für alle Völker der Erde ruft der Engel zugleich als letzte Botschaft der Buße wie des Heiles das Gericht aus: »Fürchtet Gott und gebt ihm die Ehre, denn die Stunde seines Gerichtes ist gekommen« (14,7). Der Kirche, die auf die Erlösung wartet, verkünden die Visionen das Gericht als schon geschehene Gegenwart. Gott ist der, »der da ist und der war und der kommt« (1,4; 4,8). Alle Zeiten sind vor ihm Gegenwart, und allen Zeiten ist er gleichzeitig.

War schon in der Synopse zu Gott Christus als Richter getreten (Mt 7,21ff; 25,31), so sagt dies nun auch die Predigt der Apostel. Sie verkündet (mit Ps 110,1) Christus als den Auferstandenen und Erhöhten (Apg 2,33–36). Er wird wiederkommen zur »Wiederherstellung aller Dinge« (Apg 3,21). Bei der Aufnahme des Heiden Kornelius in die Kirche erklärt Petrus, daß Christus »der von Gott bestellte Richter der Lebenden und der Toten ist«. Sogleich ist jedoch dazu zu sagen, daß »jeder, der an ihn glaubt, durch seinen Namen Vergebung der Sünden erlangt« (10,42f). Paulus predigt auf dem Areopag, indem er den im Alten Testament verkündeten Tag Jahwes für gekommen erklärt, Christus als Weltenrichter. »Gott hat einen Tag festgesetzt, an dem er den Erdkreis nach Gerechtigkeit richten will durch einen Mann, den er bestimmt hat, und er hat ihn für alle dadurch beglaubigt, daß er ihn von den Toten auferstehen ließ« (17,31). Griechen kannten zwar die Vorstellung eines persönlichen Gerichtes über die Toten, die Botschaft von einem allgemeinen Gericht nach der Auferstehung mußte ihnen aber fremd sein (17,18.32). Die Auferstehung Christi ist seine Erhöhung und die Einsetzung als Herr, und damit die Bestellung zum künftigen Richter (2,34ff). Als dieser wird Christus das Gericht halten. – Es mag zu beachten sein und entspricht wohl der lukanischen Offenheit in die Geschichte der Kirche hinein, daß in beiden Reden die Wirklichkeit des Gerichtes betont wird, von seiner Nähe aber nichts gesagt ist.

Die Gemeinschaft mit Christus ist die Zuversicht der Christen, wenn Christus bei seiner Parusie zum Gericht erscheinen wird (1 Joh 2,28). »Wir haben Zuversicht am Tag des Gerichtes. Denn wie jener ist, so sind auch wir schon in der Welt« (4,17). Gläubige Christen kennen Jesus, den himmlischen Richter, schon vor seiner Parusie. Sie haben Gottes Liebe in Christus erfahren und sie verwirklicht (3,16). Sie sind den Weg Christi gegangen (2,6) und haben seine Gerechtigkeit erfüllt (2,29). Sie haben schon die Wesensgestalt Christi und sind schon der Welt entnommen. Das Gericht wird die jetzt schon geschehene Scheidung zwischen Gut und Böse offenbar machen.

In der Offenbarung des Johannes sind die apokalyptischen Ereignisse verdoppelt. In einer ersten Totenauferstehung werden die Seelen der Martyrer wiedererweckt und dann im Gericht und Triumph gerechtfertigt und verherrlicht. Diese herrschen mit Christus als Könige und Priester 1000 Jahre. »Dies ist die erste Auferstehung« (20,4ff). Die Johannesapokalypse benutzt spätjüdische Vorstellungen, wonach das messianische Reich als eine letzte Epoche, die bisweilen mit 1000 Jahren angegeben ist, dem ewigen Reich Gottes vorausgeht. Der Chiliasmus der Johannesapokalypse entbehrt aller sinnlichen Ausmalung, wie sie jüdischen Vorstellungen eigen ist. In der Offenbarung des Johannes sind die 1000 Jahre eine Zeit vorläufiger, irdischer Vollendung vor dem ewigen Gottesreich.[47]

Das zweite Gericht ist als das Weltgericht Offb 20,11–15 geschildert. Auch jene werden auferweckt, die nicht an der ersten Auferstehung teilgenommen haben. »Der Tod und der Hades geben die Toten heraus.« Der thronende Gott ist Richter der Welt. »Vor seinem Angesicht flohen Erde und Himmel.« Der Horizont der Welt ist versunken. Alles geschieht im unendlichen Raum. Das altüberlieferte Bild der ewigen Bücher (Dan 7,10; 4 Esra 4(6), 20; Lk 10,20; Phil 4,3) wird in doppelter Weise gebraucht. In den Büchern stehen die Werke der Toten geschrieben, und das Gericht findet nach diesen Werken statt. Ein anderes Buch, das »Buch des Lebens«, enthält Namen der Erwählten. Die neutestamentliche Spannung zwischen Gnade und Werk besteht unaufgelöst auch hier. Die Verurteilten werden, wie Tod und Hades, in den Feuerpfuhl geworfen. Der Tod des Todes wird Wahrheit.

---

[47] Die Erwartung des 1000jährigen Reiches bezeugt sich im Neuen Testament nur in der Offenbarung des Johannes. 1 Kor 15,23f wird schwerlich dahin zu verstehen sein. Der Chiliasmus gehört der jüdischen Apokalyptik zu. Er wird nicht als (verpflichtende) neutestamentlich Glaubensaussage gelten können. In den in der Kirchengeschichte immer wieder aufflammenden chiliastischen Bewegungen war gleichwohl christliche Hoffnung lebendig. – Vgl. *Bauer, W.*, Chiliasmus: RAC 2 (1954). 1073–1078; *Lohse, E., chilias:* ThW IX (1972) 455–460; *Bietenhard, H.*, Das tausendjährige Reich (Zürich [2]1955); *Wilcke, H. A.*, Das Problem eines messianischen Zwischenreichs bei Paulus (Zürich 1967).

e) Neue Schöpfung

In überwältigenden Visionen beschreibt die Offenbarung des Johannes (21,1–22,5) die neue Welt. Vor dem Angesicht des richtenden Gottes »flohen die Erde und der Himmel, und keine Stätte wurde mehr für sie gefunden« (Offb 20,11). Die neue Schöpfung wird durch das Wort des thronenden Gottes, das, wie es die erste Schöpfung ins Dasein rief, nun auch die neue hervorbringt. Seine Worte »sind gewiß und wahr«. Und Johannes »sah einen neuen Himmel und eine neue Erde«. Das Meer, immer das Bild des Chaos, aus dem das satanische Tier aufgestiegen war (Offb 13,1), ist nicht mehr. Das vom Himmel kommende neue Jerusalem ist »die Wohnstätte Gottes bei den Menschen«. Kein Tod wird mehr sein und keine Mühsal. Die erste Schöpfung, die Erde, die den Fluch trug (Gen 3,17ff) ist vergangen und zur neuen Schöpfung erlöst.

Der 2. Petrusbrief (3,7.10.12) schildert das Vergehen der Welt im großen Weltenbrand, wobei der Brief Motive zeitgenössischer Weltanschauung benützt. »Neue Himmel aber und eine neue Erde, worin Gerechtigkeit wohnt, erwarten wir nach seiner Verheißung« (3,13). Texte wie Jes 65,17 und 66,22 klingen an. Vielleicht sieht der Brief eben in ihnen die Verheißung Gottes. Gottes waltender und ordnender Wille ist nach dem Brief Grund des Geschehens, nicht etwa ein Naturgesetz des Vergehens und Werdens. Die Eschatologie ist nicht mythisch, sondern geschichtlich verstanden. Die neue Welt wird ohne mythologische Sinnenfälligkeit geschildert. Die Gerechtigkeit wohnt in der neuen Welt. Gerechtigkeit ist nach dem Alten Testament (Jer 23,5f; Mal 3,20) wie nach anderen Schriften (Ps Salomos 17,25; AethHen 38,2) Kennzeichen und Wesen der messianischen Zeit. Gerechtigkeit macht die Heilszeit aus (Röm 3,21). Himmel und Erde werden dann so sein, wie Gott es will: gerecht in seinen Augen.

6. Tod und Leben

Dem Neuen Testament ist der Tod unbestreitbare Wirklichkeit.[48] Die adamitische Menschheit ist dem Tod verfallen (Röm 5,12; 1 Kor 15,42–49). Das Leben ist unersetzbar wertvoll (Mk 8,36; Lk 12,16–21; 16,19–31). Das

[48] *Bultmann, R., zōē:* ThW II (1935) 833–877; ders., *thanatos:* ebd. III (1938) 7–25; ders., *nekros:* ebd. IV (1942) 896–899; *Balz, H., hypnos:* ebd. VIII (1969) 545–556; *Dihle, A. – Jacob, E. – Lohse, E. – Schweizer, E. – Tröger, K. W., psychē:* ebd. IX (1973) 604–661.

Evangelium weiß von der Trauer und dem Schmerz, deren Ursache der Tod ist. Es erwähnt die Totenklage im Haus des Jaïrus (Mk 5,38). Lukas (7,11–17) berichtet, selbst bewegt, von dem besonders schweren Fall, daß der Tod den einzigen Sohn der Witwe wegnimmt. Am Grab des Lazarus weint dessen Schwester und weinen die Juden. Jesus selber weint. Die Juden erkennen daraus die Freundesliebe, die Jesus mit dem Toten verband (Joh 11,33–36). Der Mensch kann über sein Leben und seinen Tod nicht verfügen. Denn der Mensch kann – woran Jesus im Gleichnis vom törichten Kornbauern erinnert – sein Leben durch all seinen Reichtum nicht sichern. Es kann in jedem Augenblick von ihm genommen werden (Lk 12,16–21). Gott ist der Herr über Leben und Tod des Menschen. Daß er der Herr ist, wird auch dadurch offenbar, daß er allein die Unsterblichkeit hat (1 Tim 6,16). Ist Gott der Herr über Leben und Tod, so doch nicht in der Weise, daß er den Tod geschaffen hätte. Vielmehr ist Gott ja Schöpfer und Herr des Lebens, der Tod aber ist Zerstörung. Der Tod ist darum nicht Gottes unmittelbares Werk, sondern das Werk des Zerstörers, das Gott zuläßt. Die Krankheit ist Werk des Satans, wie er die durch achtzehn Jahre kranke Frau gebunden hat (Lk 13,16). Der Tod hat seine tiefste Ursache in der Sünde (Lk 13,1–5). Es gibt noch Schlimmeres als den leiblichen Tod. »Fürchtet euch nicht vor denen, die den Leib töten, das Leben aber nicht töten können. Fürchtet vielmehr den, der Leben und Leib in die Hölle stürzen kann« (Mt 10,28).[49] Doch bleibt der Tod für den Menschen die Zeit seines Lebens das größte Übel. Nur die unausdenkbaren Schrecken der Endzeit können so groß sein, daß der Mensch den Tod als das kleinere Übel wählen möchte (Lk 23,30). Durch den immer drohenden Tod ist das menschliche Leben nicht im Licht, sondern in der Finsternis. Die Menschen sind als die gekennzeichnet, »die in Finsternis und Todesschatten sitzen« (nach Jes 8,23; Mt 4,15; Lk 1,79). Jesus selbst starb nicht den heiteren und schönen Tod des Philosophen, noch den heiligen Tod des Martyrers. Er durchlitt die Todesangst (Mk 14,34) und starb mit einem schmerzensvollen Schrei (Mk 15,37).

In Berichten über Totenerweckungen sagen die Evangelien, daß Christus

[49] Mt 10,28 ist, wie stets im Neuen Testament, zu erwägen, ob *psychē* nach hebräischem Grundverständnis von nephesch = *psychē* mit »Leben«, oder nach griechischem Verständnis mit »Seele« wiederzugeben ist. – *Schweizer, E.:* ThW IX (1973) 645 f (s. Anm. 48); *Dautzenberg, G.*, »Sein Leben« bewahren. *Psychē* in den Herrenworten der Evangelien (München 1966) 161–168; *Schmid, J.*, Der Begriff der Seele im Neuen Testament: *Ratzinger, J./Fries, H.*, Einsicht und Glaube (Freiburg ²1962) 128–147.

der ist, der den Tod überwindet, wenn er ihm gegenübertritt (Mt 9,25; Lk 7,14; Joh 11,44). Das Leben ist in Christus gegenwärtig, und dem, der glaubt, wird es geschenkt (Mk 5,36; Joh 5,25). Zuletzt besiegt Christus den Tod in dem alles überragenden Wunder, daß er in der Kraft Gottes aufersteht.

In den Schriften derApostel ist der Tod zwar als Notwendigkeit getragen (Hebr 7,8; 9,27), aber doch nicht einfachhin als Naturvorgang aufgefaßt. Die Briefe geben bedachte Antwort auf die Frage, woher der Tod kommt, wobei sie deutlicher und konkreter sagen, was die Evangelien voraussetzen oder andeuten. In dieser Weise sagt Paulus (Röm 5,12–21), daß der Tod Folge der Sünde ist. Durch Adams Sünde trat der Tod in die Welt ein. Für Adams Nachkommen ist der Tod Erbe, jedoch auch nicht nur Erbe, da jeder Mensch durch persönliche Sünde dem Todeslos verfällt. »Der Tod ging auf alle Menschen über, weil alle sündigten.« Die Sünde aber wurde in der Welt mächtig durch das Gesetz, da das verbietende Gesetz die Begierde des Menschen nach dem Bösen anstachelte (Röm 7,7–25; 1 Kor 15,56). Das Gesetz mehrte die Sünde über alle Maßen. So ist es das Gesetz, das tötet (Röm 7,10). Da aber das Gesetz im Fleisch des Menschen seine Möglichkeit und seinen Sitz hat, kann weiter gesagt werden, daß das Fleisch den Tod wirkt (Röm 7,24), wie daß alles Fleisch dem Tod verfallen ist (Röm 8,6). Hinter alledem wirkt noch einmal die zerstörerische Macht des Satans. »Der Teufel ist der Menschenmörder von Anfang an« (Joh 8,44). Christus wollte durch seinen Tod den abtun, der die Todesmacht hatte; das ist der Teufel (Hebr 2,14). Die Angst vor dem Tod hält den Menschen in dauernder Knechtschaft durch das ganze Leben (Hebr 2,15).

Nun aber hat Gott durch Christus den Tod zunichte gemacht. Christus hat den Tod, der die Strafe der Sünde ist, ertragen. Aber als der Sündelose war er dem Tod nicht verfallen. Er ertrug ihn also nicht für sich, sondern für andere. »Den, der keine Sünde kannte, hat er für uns zur Sünde gemacht, damit wir Gerechtigkeit Gottes in ihm würden« (2 Kor 5,21). Der Tod Christi ist Heilstod für andere, für uns (Röm 8,3f; Gal 3,13f). Christus ist aus dem Tod wieder lebendig geworden. Er stieg hinab in den Tod, Gott aber hat ihn erhöht (Phil 2,6–11). Während das Leben des Menschen in den Tod führt, kommt das Leben Christi aus dem Tod her. »Unser Heiland Christus Jesus hat den Tod zunichte gemacht und Leben und Unvergänglichkeit ans Licht gebracht durch das Evangelium« (2 Tim 1,10). Christus ist Leben für alle als der Erstgeborene aus den Toten (Kol 1,18; Offb 1,5). Schon hat der Glaube den Sieg. »Der Tod ist verschlungen im Sieg. Tod, wo ist dein Sieg? Tod, wo ist dein Stachel?« (1 Kor 15,54f). Der Christ muß nun je für sich den Weg Christi aus dem Tod zum Leben vollziehen. Er muß gleichgestaltet werden mit dem Tod und mit der Auferstehung Christi (Röm 6,5). Die Taufe bewirkt das Sterben und Auferstehen mit Christus (Röm 6,3f). Das sakramentale Ereignis des Todes und Lebens des Herrn muß der Getaufte verwirklichen im Wandel des Gehorsams. »Ihr sollt euch als solche wissen, die tot für die Sünde sind, lebend aber für Gott in Christus« (Röm 6,11). Die Christen sind »aus Toten lebendig geworden« (Röm 6,13). »Wir werden immerdar beim Herrn sein« (1 Thess 4,15).

Das Johannesevangelium drückt diese Gewißheit aus mit der Aussage, daß, wer glaubt, nicht sterben wird. »Ich bin die Auferstehung und das Leben. Wer an mich glaubt, wird leben, auch wenn er stirbt. Und jeder, der lebt und an mich glaubt, wird in Ewigkeit nicht sterben« (11,25f). Der Glaube ist aus dem Tod in das Leben hinübergeschritten (5,24).

In aller Zuversicht und Gewißheit der Todesüberwindung sieht das Neue Testament die weiterbestehende Wirklichkeit des Todes. Paulus sagt von der Existenz des Apostels und jeder Existenz des Glaubens, daß er den Tod Christi an seinem Leibe herumtrage (2 Kor 4,10f). Die Gemeinde steht geschichtlich unter schwerer Not: »Um deinetwillen werden wir getötet den ganzen Tag. Wir wurden erachtet wie Schlachtschafe« (Röm 8,36 = Ps 44,23). Paulus berichtet davon, daß er in schwerer Todesgefahr war. Und er dankt dafür, daß Gott ihn errettet hat, und bittet die Gemeinde, mit seinem Dankgebet sich zu vereinen (2 Kor 1,10f). Der Tod ist der Schrecken der Lebenden. Paulus berichtet weiter, daß der von ihm so hochgeschätzte Epaphroditus auf den Tod krank war. »Aber Gott hat sich seiner erbarmt, und nicht bloß seiner, sondern auch meiner, damit ich nicht Trauer über Trauer habe« (Phil 2,27). Der Tod bringt Leid und Trauer. Wir wünschten, nicht ausgekleidet zu werden, sondern überkleidet zu werden, so daß ohne schmerzlichen Tod das Sterbliche vom Leben verschlungen würde (2 Kor 5,4). Die Apostelgeschichte berichtet vom Tod des Stephanus. Sterbend sah er den Himmel offen und Christus zur Rechten Gottes stehen (Apg 7,55f). »Gottesfürchtige Männer bestatteten den Stephanus, und sie erhoben eine große Totenklage über ihn« (Apg 8,2). Auch der Tod der Heiligen wird in der Kirche als Schmerz erfahren, der in Klage ausbricht. Die Johannesapokalypse schildert den Tod in gnadenlosen Visionen als Schrecken der Menschheit. Er rast über die Erde dahin, die Unterwelt folgt ihm. Er mordet mit allen Mitteln, mit Schwert, Hunger, Pest und wilden Tieren der Erde (Offb 6,8). Der Tod bleibt der Feind der Menschen bis zuletzt. Erst am Jüngsten Tag wird er bezwungen und abgetan werden (1 Kor 15,26). Erst dann werden Tod und Hades in den Feuersee geworfen (Offb 20,14). Erst im vollendeten Reich Gottes wird es keinen Tod mehr geben. »Und er wird alle Tränen abwischen von ihren Augen, und der Tod wird nicht mehr sein und kein Leid noch Klage noch Schmerz« (Offb 21,4).

Christlicher Glaube vertraut, daß er im Tode nicht vom Nichts begrenzt und aufgenommen wird, sondern von Gott, der wie Schöpfer, so Vollender eines jeden Lebens ist. Er ist gütig und mächtig, das Leben des Menschen in der äußersten Bedrohung durch den Tod hindurch zu retten. Der »große Hirt der Schafe« (Hebr 13,20) verheißt: »Niemand wird sie je meiner Hand entreißen« (Joh 10,28).

Bibliographie

1. Zur jüdischen Apokalyptik

Betz, H. D., Zum Problem des religionsgeschichtlichen Verständnisses der Apokalyptik: ZThK 63 (1966) 391–409.

Bousset, W. – Gressmann, H., Die Religion des Judentums im späthellenistischen Zeitalter; hrsg. v. E. Lohse (Göttingen [4]1966) 202–301. 501–519.

Harnisch, W., Verhängnis und Verheißung der Geschichte. Untersuchungen zum Zeit- und Geschichtsverständnis im 4. Buch Esra und in der syrischen Baruchapokalypse (Göttingen 1969).

Koch, K., Ratlos vor der Apokalyptik (Gütersloh 1970).

Kuhn, H. W., Enderwartung und gegenwärtiges Heil. Untersuchungen zu den Gemeindeliedern von Qumran (Göttingen 1966).

Limbeck, M., Apokalyptik oder Pharisäismus? Zu einigen Neuerscheinungen: ThQ 152 (1972) 145–156.

Osten-Sacken, P. von der, Die Apokalyptik in ihrem Verhältnis zu Prophetie und Weisheit (München 1969).

Rießler, P., Altjüdisches Schrifttum außerhalb der Bibel (1928, Darmstadt 1966).

Rössler, D., Gesetz und Geschichte. Untersuchungen zur Theologie der jüdischen Apokalyptik und der pharisäischen Orthodoxie (Neukirchen [2]1962).

Schreiner, J., Alttestamentlich-jüdische Apokalyptik (München 1969).

Volz, P., Die Eschatologie der jüdischen Gemeinde im neutestamentlichen Zeitalter (Tübingen [2]1934).

2. Zur neutestamentlichen Exegese und Theologie

Bultmann, R., Geschichte und Eschatologie (Tübingen [2]1964).

Charles, R. H., Eschatology. The Doctrine of a Future Life in Israel, Judaism and Christianity (New York [3]1963).

Cullmann, O., Eschatologie = Vorträge und Aufsätze 1925–1962 (Tübingen 1966) 303–465.

Delling, G., Zeit und Endzeit. Zwei Vorlesungen zur Theologie des Neuen Testaments (Stuttgart 1970).

Knoch, O., Die eschatologische Frage, ihre Entwicklung und ihr gegenwärtiger Stand: BZ N.F.6 (1962) 112–120.
– Eigenart und Bedeutung der Eschatologie im theologischen Aufriß des ersten Clemensbriefes (Bonn 1964).
Langevin, P. E., Jésus Seigneur et l'Eschatologie (Bruges 1967).
Laub, F., Eschatologische Verkündigung und Lebensgestaltung nach Paulus (Regensburg 1973).
Lohse, E., Apokalyptik und Christologie: Die Einheit des Neuen Testaments (Göttingen 1973) 125–144.
Mußner, F. – Boros, L. – Kolping, A. u. a., Christus vor uns. Studien zur christlichen Eschatologie (Frankfurt 1966).
Pesch, R., Heilszukunft und Zukunft des Heils. Eschatologie und Apokalyptik in den Evangelien und Briefen: *Schreiner, J.* (Hrsg.), Gestalt und Anspruch des Neuen Testaments (Würzburg 1969) 313–329.
Rowley, H. H., Apokalyptik, ihre Form und Bedeutung zur biblischen Zeit, Übersetzung (Einsiedeln ³1965).
Schelkle, K. H., Vollendung von Schöpfung und Erlösung (Düsseldorf 1974).
Schmithals, W., Die Apokalyptik (Göttingen 1973).
Schubert, K. (Hrsg.), Vom Messias zum Christus. Die Fülle der Zeit in religionsgeschichtlicher und theologischer Sicht (Wien 1964).
Strawson, W., Jesus and the future Life (London ²1970).
Strobel, A., Kerygma und Apokalyptik. Ein religionsgeschichtlicher und theologischer Beitrag zur Christusfrage (Göttingen 1967).
Vögtle, A., Das Neue Testament und die Zukunft des Kosmos (Düsseldorf 1970).
Walter, E., Das Kommen des Herrn, 2 Bde. (Freiburg 1942, 1947).
Zedda, S., L'escatologia biblica 1. Antico Testamento e Vangeli Sinottici (Brescia 1972).

Charisma und Amt

1. Charis und Charisma

Die für das Neue Testament und die nachfolgende dogmatische Gnadenlehre höchst bedeutsamen Wörter Charis und Charisma werden sowohl in der profanen Gräzität wie im griechischen Alten Testament sehr selten und jedenfalls ohne Gewicht gebraucht[1]. Das Wort Charisma leitet sich von chairein ab; es bedeutet also = das Erfreuende, weiter Anmut oder Gnade. Das Wort Charis erscheint im Neuen Testament einigemal in den Lukasschriften (unter der Wirkung des Paulus?). Maria ist »begnadet« (Lk 1,28). Sie hat »Gnade gefunden bei Gott« (Lk 1,30). Die Worte Jesu sind »Worte der Gnade« (Lk 4,22). Es wird nicht genügen zu übersetzen »Worte der Anmut«. Es sind wirkende Worte der Gnade, da Christus mit Jes 61,1 f den Beginn des messianischen Heiles angesagt hat. In diesem Sinn bezeichnet die Apostelgeschichte (13,43) das Evangelium als »Gnade Gottes«, die Predigt aber als »Wort seiner Gnade« (Apg 14,3; 20,32).

Entscheidend und schöpferisch bedeutsam wird der Gebrauch des Wortes Charis in den Briefen des Apostels Paulus. Alle christliche Existenz ist Leben in der Gnade. Durch die Gnade ist nun das Gesetz als Heilsweg beendet, ja ausgeschlossen (Röm 3,24: »Alle werden nun durch seine Gnade auf Grund der Erlösung geschenkweise gerechtfertigt«), so, wie Abraham nicht durch Werke, sondern »aus Glauben nach Gnade« (Röm 4,16). Die Gnade ist nun »mächtiger als alle Sünde« (vgl. Röm 5,20). Die Gnade wird aber in Jesus Christus offenbar und geschenkt (1 Kor 1,4; Gal 1,6). Des Paulus besondere Charis ist sein Apostelamt (Röm 1,7). Des begnadeten Apostels wirksamer Wunsch ist sein Wunsch der Gnade für die Gemeinde (Röm 1,7: »Gnade sei euch und Friede von Gott unserem Vater und dem Herrn Jesus Christus«). Wenn Paulus einmal sagt, daß sein Besuch erneute Charis für die Gemeinde sein soll (2 Kor 1,15), so besagt das schwerlich nur, daß die Gemeinde durch den Besuch des Apostels seine Gunst erkennen und erfahren soll, sondern das Wort Charis wird auch hier tiefere Bedeutung haben. Der Apostel wirkt und vermittelt der Kirche Gottes Gnade.

---

[1] Vortrag bei der von der Philosophisch-Theologischen Hochschule Fulda anläßlich des 50jährigen Priesterjubiläums von Herrn Bischof Professor Dr. Eduard Schick am 18. Januar 1979 im Fürstensaal des Schlosses veranstalteten Akademie.

Wie für das Wort Charis, so gilt auch für das Wort Charisma, daß Paulus es in der Kirche gestiftet hat. In der profanen Gräzität ist das Wort unbekannt und in der alttestamentlichen griechischen Bibel ohne wesentliche Bedeutung. In den Briefen des Paulus bezeichnet das Wort zunächst die gesamte Heilsgabe, die in Christus den Fall Adams aufgehoben hat (Röm 5,15: »Nicht wie die Sünde, so auch das Charisma«). »Das Charisma ist ewiges Leben in Christus Jesus« (Röm 6,23). Das eine umfassende Charisma entfaltet sich in der Fülle der Charismen. Paulus zählt sie an drei Stellen auf: Röm 12,6–8; 1 Kor 12,4–11.28–31. »Die einen hat Gott in der Kirche bestellt erstens zu Aposteln, zweitens zu Propheten, drittens zu Lehrern; dann Wunderkräfte, Heilungsgaben, Hilfeleistungen, Leitungen, Zungenrede« (1 Kor 12,28 f). In dieser Zählung hebt Paulus zunächst drei charismatische Stände heraus; dann nennt er charismatische Dienstleistungen, die nicht in gleicher Weise Stände begründen.

Das Neue Testament wollte man (wie bekannt ist) zunächst so verstehen, die neutestamentliche Kirche habe am Anfang eine rein charismatische Verfassung gehabt, und sei ausschließlich durch Charismatiker geleitet worden. Als die Charismen versiegten, sei an ihrer Stelle das Recht getreten. Dies ist eine sehr hohe Schätzung der Mächtigkeit und Fülle des Geistes in der Kirche. Freilich wird heute kaum noch bestritten, daß sich nach dem Zeugnis der neutestamentlichen Quellen charismatische und rechtliche Ordnung von Anfang an nicht ausschlossen, sondern ergänzten. Nach Röm 12,7 f sind Charismen Diakonie und Vorstehen. Nach 2 Kor 3,8 ist das Amt »Dienst des Geistes«. Schon der früheste Brief des Paulus kennt sich mühende Amtsträger: »Wir bitten euch, die anzuerkennen, die unter euch arbeiten und auch im Herrn vorstehen ... und sie in Liebe zu achten um ihres Werkes willen« (1 Thess 5,12f). Geist und Amt wurden in der Weise verbunden, daß (nach Apg 6,3–7) Männer »voll Geist und Weisheit« von der Gemeinde in Jerusalem für das Amt ausgewählt und in dieses eingesetzt wurden; so wurden auch in Antiochia Barnabas und Saulus aus den Propheten ausgewählt und zu Missionaren bestellt (Apg 13,1–3); die Presbyter – Bischöfe der Kirche in Ephesus sind vom Heiligen Geist eingesetzt (Apg 20,17–28). So mag schon für die Kirche des Paulus gegolten haben, daß Charismatiker in Dienste und Ämter berufen und eingesetzt wurden. Von früh an gibt es im Neuen Testament »Sätze heiligen Rechts« nach dem ius talionis: Wenn einer dies tut, wird er jenes erfahren; so 1 Kor 14,38: »Wer Gott nicht anerkennt, wird von Gott nicht anerkannt werden.« Geist und Recht sind nicht geschieden, sondern der Geist setzt Recht.

Mag also eine ausschließliche Alternative zwischen Geist und Recht nicht zutreffen, so ist doch das Verhältnis von Geist und Amt eine Aufgabe der frühen und vielleicht aller Kirchengeschichte. Wo aber ist in der Kirche die Fülle der Charismen der ersten Zeit geblieben? Die Frage ist schwerwiegend. Eine erste Antwort geben die Pastoralbriefe. Das Charisma wird im Amt weitergegeben: »Vernachlässige nicht das Charisma in dir, das dir verliehen wurde durch Verkündigung mit Handauflegung des Presbyteriums« (1 Tim 4,14). Auch unsere heutige Kirche muß sich, kann sich aber auch der Frage nach dem Charisma stellen. Paulus zählt als Charismen auf Diakonie, Barmherzigkeit, Heilungsgabe, Glaube, und er sagt, daß die Liebe das höchste Charisma ist, über alle andern hinaus (1 Kor 12,31). Überall, wo Liebe sich erfüllt, ist Charisma. Die Jünger wurden ausgesandt, mit dem Auftrag, »zu lehren und zu heilen« (Mt 10,7 f). Christliche Kirche hat diesen Auftrag nicht vergessen. Erzbischof Basilius von Cäsarea hat im 4. Jahrhundert, alsbald nachdem die Kirche das Öffentlichkeitsrecht erhalten hatte, die ersten Krankenhäuser in der Welt gebaut, die »Basilias«, eine Stadt mit Kirche, Kliniken, auch mit medizinischen Einrichtungen. Dies war ein Anfang der großen Werke kirchlicher Caritas in Hospitälern, Krankenhäusern, Heimen für Behinderte. Den Auftrag des Lehrens legt Paulus (Röm 12,7 f; 1 Kor 12,8) aus in Charismen wie Prophetie, Weisheitsrede, Lehre, Ermahnung, Zusprüche. Weltweit bemühten und bemühen sich christliche Kirchen um Schule und Erziehung. Die Humanität unserer Gesellschaft ist oft genug eine Tochter der christlichen Caritas, wenn die Tochter auch ihre Mutter nicht mehr kennt.

Die Kirche ist »auferbaut auf dem Grund der Apostel und Propheten« (Eph 2,20). Die Reihe Apostel – Propheten läßt erkennen, daß hier nicht alttestamentliche, sondern neutestamentliche Propheten gemeint sind. Wie ursprünglich auch im Alten Testament ist Prophetie in diesem Sinn nicht Weissagung der Zukunft, sondern überhaupt geisterfülltes Wort und daraus folgende Tat. Diese Propheten hatten in der neutestamentlichen Kirche größte Bedeutung. Ihre Berufung mag dabei nach dem Vorbild ekstatischer Propheten der Frühzeit (Num 11,24–30; 1 Sam 19,18–24), aber vor allem nach Berufung und Wirken von Elija und Elischa (1 Kön 17–19) wie der großen Schriftpropheten (Jes 6; Jer 1; Ez 1–3) verstanden worden sein. Der »Grund der Apostel« besteht weiter im kirchlichen Amt. Wo aber »der Grund der Propheten«? Wenn Prophetie geistvolle Verkündigung ist, dann lebt Prophetie weiter in der Predigt, was eine sehr hohe Aussage über die Predigt, und ein noch höherer Anspruch an unsere Predigt ist. Es gibt eine Deutung, die Prophetie – mit Grund – im Mönchtum erkennt, insofern dieses das bezeugende, lobpreisende Wort in der Kirche nicht verstummen läßt. Davon soll eben hier in Fulda besonders gesprochen werden, da die Kirche von Fulda durch das Mönchtum gegründet und ein Jahrtausend lang von ihm getragen und erfüllt war. Aus der Geschichte mag als Beispiel einer Verbindung von Charisma und Amt Martinus von Tours genannt werden. Als Katechumene verwirklicht er enthusiastisch – und für immer symbolhaft – die Liebe zu den Armen, als Asket ist er einer der Mitbegründer des abendländischen Mönchtums. Er ist berühmt als Wundertäter. Durch Verehrung und auf Verlangen des Volkes wurde er zum Bischof bestellt. Prophetentum dürfen wir im Laientum in der Kirche erkennen, und wir mögen es begrüßen, wenn das 2. Vatikanische Konzil Auftrag und Recht der Laien in der Kirche erneut zur Geltung kommen lassen will. Dies ist ja nur Erfüllung der Pfingstgeschichte, in der der Geist über alle, »Söhne und Töchter, Greise und Jünglinge, Knechte und Mägde« ausgegossen wird (Apg 2,17 f). Nicht überhört werden darf die Frage, ob und wie in gültiger Weise durch heutige charismatische Bewegungen in der Kirche oder am Rand der Kirche oder außerhalb der verfaßten Kirche Erneuerung echter Geistbegabung wird.

Paulus sagt nachdrücklich, daß die Charismen echter Berufung der Erbauung der Kirche dienen müssen (1 Kor 14,12.26): »Ich will in der Gemeinde lieber fünf Worte mit meinem Verstand reden, um andere zu belehren, als tausend Worte in Zungenrede« (1 Kor 14,29). Aber Paulus sagt und warnt auch: »Löschet den Geist nicht aus« (1 Thess 5,19). »Verachtet nicht die Zungenrede« (1 Kor 14,39). Diese Warnungen haben nur Sinn, wenn Paulus schon Gegnerschaft gegen die Charismen in der Kirche befürchtet oder erkennt. Dann will er also sagen, daß immer in der Kirche der unverwaltete Geist neben dem Amt sein Recht haben muß.

2. *Dienst und Amt*

Ein zweiter Teil dieser Überlegungen soll handeln von Dienst und Amt nach dem Neuen Testament. Dienst und Amt werden so zu unterscheiden sein, daß Dienst eine einmalige, unter Umständen wohl auch wiederholte Leistung bezeichnet. Aus Dienst wird Amt, wenn der Dienst auf Dauer mit einer Person verbunden wird.

Die Umwelt des Neuen Testaments bot mannigfache Bezeichnungen für Ämter an. Das Neue Testament kennt diese Bezeichnungen, verwendet sie aber nur für profanes, nicht für kirchliches Amt. Das bedeutet: Amt in der Kirche und in der Welt sind wesenhaft verschieden. »Die Herrscher der

Völker spielen über diese die Herren und die Großen lassen diese ihre Macht fühlen. Unter euch soll es nicht so sein« (Mt 20,25 f).

So kennt also das Neue Testament profane Bezeichnungen von Ämtern wie *archē* (Herrschaft, Behörde; Lk 12,11; Tit 3,1); *exousia* (Macht, Obrigkeit; Mt 8,9; Lk 23,7; Röm 13,1); *kyrios, kyrieuein* (Herr sein; Mt 20,25; 2 Kor 1,24; 1 Petr 5,3); *baros* (Gewicht, Macht; 1 Thess 2,7); *timē* (Würde; Hebr 5,4).

An Stelle solcher Bezeichnungen des Amtes gebraucht das Neue Testament für das Amt vornehmlich Bezeichnung und Titel *diakonia* (Dienst). Dies ist im Wort Jesu vorgegeben: »Wer unter euch groß sein will, sei unter euch Diener. Und wer unter euch erster sein will, sei aller Knecht« (Mk 10,43 f). Es gibt Würde und Größe in Gemeinde und Kirche. Aber es ist Würde des Dienstes. »Denn auch der Menschensohn ist nicht gekommen, bedient zu werden, sondern zu dienen und sein Leben zu geben als Lösegeld für die vielen« (Mk 10,45). Schon der Hoheitstitel Menschensohn kennzeichnet das Heilswerk dessen, der sich darnach benennt. In der Vision Dan 7 entsteigen dem Meer als der chaotischen und widergöttlichen Welt die vier Ungeheuer: Der Löwe mit Adlerflügeln, der Bär mit drei Rippen im Maul, der Panther mit vier Flügeln und vier Köpfen, endlich das schreckliche Tier mit eisernen Zähnen und zehn Hörnern, das alles vernichtet. Die vier Tiere bedeuten die vier Weltreiche, die einander bis zur Zeit der Vision abgelöst hatten. Dem folgt nun in der Vision der Menschensohn, der das endzeitliche Reich Gottes heraufführt und darstellt. Gegenüber den Ungestalten der Tiere ist der Menschensohn das Sinnbild wahrer Menschlichkeit. Die Vision vom Menschensohn bedeutet die hoffende Erwartung idealer, erlöster Menschlichkeit, die Christus darstellt und die er als sein Reich verwirklichen will.

Die Kirche der Apostel hat das Amt gemäß dem Wort und Urbild Jesu verstanden. Das Amt ist »Dienst im Geist des Dienens« (Röm 12,7). Der Neue Bund ist »Dienst des Geistes und der Gerechtigkeit« (2 Kor 3,8 f). Von allem Amt gilt: »Wir sind nicht Herren eures Glaubens, sondern Diener eurer Freude« (2 Kor 1,24).

Sucht man Inhalt und Übung des Amtes aus dem Neuen Testament weiter zu erheben, wird man zuerst die Evangelien befragen. Wohl in den Jahren 70–90 niedergeschrieben, setzen die synoptischen Evangelien bereits Kirche und Amt voraus. Darstellung und Erfahrung des geübten Amtes ist wohl in die Evangelien miteingegangen. Dies gilt auch von den Reden Jesu, mit denen die zwölf Apostel ausgesandt werden (Mk 6,8–13; 13,9–13; Mt 10,5–23; Lk 9,1–6); überdies Lk 10,1–20 zur Aussendung der Siebzig. Zu

Jesus gerufen sollen die Jünger in seiner Gemeinschaft bleiben (Mk 3,13 f). Aus ihr gesendet, kehren sie dorthin wieder zurück (Mk 6,7.30). Der Herr aber folgt ihnen auf dem Weg, bestätigt ihre Botschaft und vollendet sie (Lk 10,1). Immer ist ihnen der Geist gegeben. Immerdar ist also charismatische Zeit (Mt 10,20). – Die Aussendungsrede Mt 10,5–23 ist redaktionelle Komposition. Während zunächst 10,5–16 auf Israel begrenzt ist, weisen 10,17–23 weit darüber hinaus. Hier ist spätere Zeit der Mission. Schon ist die Trennung zwischen Kirche und Synagoge vorausgesetzt. Die Jünger werden den Synedrien ausgeliefert und in *»ihren Synagogen«* gegeißelt. Die Synagogen gehören schon den Juden; den Jüngern sind sie fremd, ja feindlich. Die Mission ist schon zu den Völkern vorgedrungen. Die Apostel müssen Zeugnis geben »vor Statthaltern und Königen« (Mt 10,18). Das Martyrium kann von ihnen gefordert sein (Mt 10,18). Der Name Jesu allein ist schon Grund für die Verfolgung (Mt 10,22).

Beim Vergleich der Parallelen wird deutlich, wie sehr Einzelheiten bedacht wurden. Verboten sind den Boten: Tasche, Brot, Kupfer, Silber, Gold, zwei Röcke, Sandalen und Stab. Diese Forderungen sind überaus streng, da auch der Bettler eine Tasche für das Reisebrot und seine arme Habe zu tragen pflegte, dazu einen Stab als Stütze wie zur Abwehr wilder Tiere. Doch Mk 6,8 f, also in dem wohl ältesten Text, sind Sandalen und Stab gestattet. Dies ist ein Zug der Menschlichkeit. Die Forderungen werden kasuistisch und gesetzlich gesteigert. Der wesentliche Sinn ist – so oder so – deutlich: Der Bote ist auf den Glauben gestellt, in dem er beschützt ist und empfängt, was zum Leben nötig ist. Sie sollen aber im Hause bleiben, in dem sie eingekehrt sind (Mk 6,10). Der Stil der Mission sei, ohne Hast zu verweilen.

Es stellt sich also die Frage nach Buchstabe und Geist ebenso hier wie weiter in der Kirchengeschichte. Im dritten Jahrhundert stellt das ägyptische Mönchtum eine radikale Verwirklichung asketischer Besitzlosigkeit dar. Andererseits hat das Mönchtum in seiner langen Geschichte größte Werke der Kultur geschaffen. Dieses war immer nur möglich bei völliger persönlicher Anspruchslosigkeit aller Brüder – und Schwestern. So entstanden – beispielsweise – die wunderbaren Schöpfungen aus dem strengen Geist von Cîteaux, wie aber auch die Denkmale von Fulda zwischen einer Michaelskirche und diesem wahrhaft fürstlichen Haus und Saal.

Von geistiger Armut spricht Mt 23,8–10: »Ihr sollet euch nicht Rabbi, nicht Lehrer, Führer, Vater nennen lassen.« Wenn hier in einem Logion Jesu solche Titel in der Jüngergemeinde verwehrt werden, so steht das Wort zunächst in scharfem Gegensatz zur Einschätzung und Geltung des Lehrtums im Judentum. Der Rabbi ist wegen seiner Kenntnis des Wortes Gottes hochgeehrt. Seine Lehrentscheidung wird erwartet, gesucht und angenommen. Die »Sprüche der Väter« werden in Büchern gesammelt. Es ist schwerlich möglich, daß sich neben Jesus und zu seiner Zeit seine Jünger Rabbi, Lehrer, Vater nennen ließen. Das Herrenwort setzt die späteren Verhältnisse der judenchristlichen Gemeinde voraus. Ebenso ist der offene Titel Christus späteres Bekenntnis: »Einer ist euer Lehrer, Christus« (Mt 23,10). So ist das Logion Mt 23,8–10 ein Spruch über Gemeindeordnung als Mahnung gegenüber sich schon bildenden Titeln und Ämtern. Dazu sagt dieses Wort, daß Jünger immer Brüder unter Brüdern, nie Meister über andere sind.

Auch angesichts dieses Worts stellt sich die Frage nach Buchstabe und Geist. Schon bildete sich ein Stand christlicher Schriftgelehrter. »Jeder Schriftgelehrte, der ein Jünger der Königsherrschaft der Himmel geworden ist, gleicht einem Hausvater, der Neues und Altes aus seinem Schatz hervorholt« (Mt 13,52). Paulus nennt unter den Charismatikern die Lehrer (Röm 12,7; 1 Kor 12,28). In der apostolischen Kirche sind Lehrer, Lehrtum und Lehre häufig gebrauchte Wörter und Begriffe. Auch der Begriff der Väterlichkeit klingt an: »Wie ein Kind seinem Vater, so hat mir Timotheus Dienste geleistet« (Phil 2,22). Wie ein Vater sein Kind ermahnt, so hat Paulus getan. »Wenn ihr tausend Erzieher habt, so habt ihr nicht viele Väter« (1 Kor 4,15). Es erübrigt sich, auch hier an die Geschichte von Fulda zu erinnern. Es hat blühende, berühmte Schulen gehabt; dies aber sicherlich »als Dienst im Geist des Dienens«.

3. Einzelne Ämter

Endlich seien noch einige Überlegungen zu einzelnen Ämtern angestellt, von denen genannt seien: Apostel – Älteste und Priester – Bischöfe.

a) Apostel

Das Neue Testament nennt mit größter Achtung die zwölf Apostel. Die Zwölfzahl ist bis in unsere Kultur und Zeit von grundlegender Bedeutung; so in der Zeitrechnung 12 Stunden, 60 Minuten, 12 Monate. Die Zahl ist babylonisches Erbe, in ihrem ursprünglichen Sinn jedoch nicht erklärt. Israel war ein Volk von 12 Stämmen. Der Grund mag sein, daß die Stämme in frühester Zeit in einer Amphiktyonie um ein Heiligtum lebten, an dem jeder Stamm einen Monat im Jahr zum Dienst verpflichtet war. Sicherlich mit Bezug auf die 12 Stämme bestellte Jesus 12 Apostel, wenn jene Einteilung zur Zeit Jesu auch nur noch ideale geschichtliche Erinnerung war. Eben als Zwölf werden die Jünger zunächst zu den »verlorenen Schafen des Hauses Israel« gesandt (Mt 10,6). Die Zwölf ist auch eine Grundzahl der Verfassung in den Rollen von Qumran. Im Rat der Gemeinschaft sollen sein 12 Laien und drei Priester (1 QS 8,1). Nach der Tempelrolle sollen den Rat des Königs bilden 12 Vorsteher des Volkes, 12 Priester und 12 Leviten (1 Q Migdal 57,11 f). Die Zwölf sollen die eschatologischen Fürsten Israels sein. »Ihr werdet bei der Wiedergeburt (der Welt), wenn der Menschensohn auf dem Thron seiner Herrlichkeit sitzen wird, auch auf 12 Thronen sitzen, um die 12 Stämme Israels zu richten« (Mt 19,28).

Die meisten der Zwölf haben in Geschichte und Überlieferung der Urgemeinde eine geringe Bedeutung, wohl eben deshalb, weil ihr Kollegium eine wesentlich ideale-eschatologische, nicht auf die wirkliche Geschichte ausgerichtete Bildung war. So ist wohl auch die Berufung der Zwölf zu verstehen. Sie ist Mk 3,13–19 in der Weise berichtet, daß eine Liste von 12 Namen in das Evangelium eingefügt wird. Die Herkunft der Liste ist nicht leicht zu klären. Jedenfalls kann sie nicht so verstanden werden, als ob der historische Jesus in dieser Stunde die Zwölf einzeln aus der Menge zu Jüngern berufen hätte. Die Reihenfolge läßt schon die kirchliche Wertung erkennen, wenn Petrus zuerst genannt wird, nach ihm die Zebedaiden Jakobus und Johannes, welche drei ja eine bevorzugte Gruppe der Zwölf bilden, als letzter aber Judas, der Verräter. Markus selbst berichtet schon zuvor (1,16.19; 2,14) von der Berufung der Brüder Simon und Andreas, sowie der Zebedaiden Jakobus und Johannes und des Levi, die Markus unter den Zwölf noch einmal nennt. Johannes (1,35–51) berichtet in anderem Zusammenhang von der Berufung des Andreas und Simon, des Philippus und Natanaël.

Die Zwölf tragen in den Evangelien nicht von Anfang an den Namen Apostel (Ausgesandte). Mt 10,5 führt darauf hin (»Jesus sandte sie aus«); erst Lk 6,13 sagt historisierend, daß Jesus die Zwölf Apostel nannte. Der Titel Apostel bedarf der Erklärung. In der profanen Gräzität bedeutet das Wort gewöhnlich eine ausgesandte Flotte oder eine Schar von Kolonisten, nur selten bezeichnet es eine Einzelperson. Im griechischen Alten Testament wird einmal ein Prophet als Apostel bezeichnet (1 Kön 4,16). Dagegen erscheint in der LXX oft das Zeitwort aussenden *(apostellein)*. So ist von Mose (Ex 3,10–15; 4,13), sodann von den Propheten gesagt, daß sie gesendet werden (Jes 49,1; Gal 1,15; Jes 61,1; Lk 4,18; Mt 11,5; Mal 3,1; Mt 11,10; Mk

1,2). Hat die griechisch sprechende Gemeinde das Wort *apostolos* geschaffen nach dem häufig gebrauchten Wort *apostellein?* Ist das Wort Neuschöpfung, um damit ein Amt zu bezeichnen, das es in der profanen Welt nicht gab?

Den Namen Apostel (Ausgesandte) führen diese auf Grund der zweimaligen Sendung, zuerst durch den geschichtlichen Jesus (Mk 6,13), wie sodann durch den erhöhten Herrn (Apg 1,2; 1 Kor 15,7). Dadurch erhalten die Apostel Auftrag für eine künftige Gemeinde und in ihr. Das Moment der Sendung tritt zufolge des Amtes zurück. In der Apostelgeschichte sind die Apostel beamtet als Vertreter (Apg 2,37; 4,33; 9,27) wie als Lehrer der Kirche (Apg 4,26f; 6,6; 8,14; 9,1). In Dienst und Amt folgen den Aposteln Älteste und Bischöfe (Apg 20,28; sodann Phil 1,1; 1 Tim 3,2; 1 Petr 5,1). Diese sind Nachfolger der Apostel im geschichtlichen Ablauf, unerachtet des wesentlichen Unterschiedes, daß die Apostel charismatisch berufen, ihre Nachfolger aber institutionell bestellt sind.

Paulus verteidigt sein unmittelbares Apostolat neben den Zwölfen: »Apostel nicht von Menschen, auch nicht durch einen Menschen, sondern durch Jesus Christus und Gott den Vater, der ihn von den Toten erweckt hat« (Gal 1,1; Röm 1,1). Die Berufung zum Apostel der Völker erhielt Paulus in der Christophanie vor Damaskus (Gal 1,15f: »Er offenbarte in mir seinen Sohn, daß ich ihn unter den Völkern verkünde«). Paulus verwaltet das Apostelamt im Dienst am Wort und im Sakrament. Vom Wort sagt 1 Thess 2,13: »Ihr habt das Predigtwort Gottes von uns her nicht als Menschenwort aufgenommen, sondern was es in Wahrheit ist, als Gottes Wort, das ja unter euch den Gläubigen wirkt.« Das Wort kommt zunächst unbestreitbar vom Apostel her, so daß es auch lediglich als Menschenwort gehört werden kann. Doch im Wort des Apostels kommt das Wort Gottes in Kirche und Welt an. Das Wort wird hörbar und sichtbar im Sakrament. Paulus nennt die beiden großen Sakramente, Taufe und Mahl, miteinander als heilige Handlungen. Sie sind im Alten Bund vorgebildet im Durchgang durch das Meer und in der Speisung durch das Manna (1 Kor 10,1–4). Paulus selbst handelt über die Taufe ausführlich Röm 6,1–11, über das Herrenmahl 1 Kor 11,17–34. Gott hat die Versöhnung gestiftet wie den Dienst der Versöhnung (2 Kor 5,18–20). Die Versöhnung wird zugewandt in der Taufe wie in der Predigt, aber auch im persönlichen Zuspruch des seelsorgerischen Wortes. Vom gesamten apostolischen Dienst sagt Paulus, daß er ihn tut »in Wort und Tat, durch Kraft von Zeichen und Wundern, durch Kraft des Geistes« (Röm 15,18f). Paulus kann sich und seine Helfer als »Gottes Mitarbeiter« (1 Kor 3,9; 1 Thess 3,2) bezeichnen. Die Handschriften lesen zum Teil 1 Thess 3,2 »Gottes Diener«. Diese Korrektur des Textes wollte die Aussage ermäßigen, da der Titel »Gottes Mitarbeiter« also zu hoch schien.

Außer den Zwölfen nennen die neutestamentlichen Briefe noch andere Apostel. Die 1 Kor 12,28 als erste unter den Charismatikern genannten Apostel waren wohl nicht die Zwölf, sondern andere Geistberufene. Paulus erwähnt Röm 16,7 Andronikus und Junias als »ausgezeichnet unter den Aposteln«. Diese Apostel waren von Gott durch den Geist berufen. Außerdem nennt Paulus 2 Kor 8,23 »Apostel der Gemeinden«. Sie waren von den Gemeinden beauftrag und ausgesandt, vielleicht als zuvor schon charismatisch Begabte. Von diesen Aposteln sagt Paulus, sie seien *doxa Christou* (2 Kor 8,23). Meist wird das Wort so verstanden, daß diese Apostel eine Ehre für Christus seien. *Doxa* bedeutet jedoch im Neuen Testament kaum einmal Ehre von Menschen her, sondern Offenbarung der Herrlichkeit Gottes. So wird Paulus hier sagen, daß Gottes und Christi Macht und Herrlichkeit durch das Amt in Kirche und Welt offenbar werden.

b) Älteste (Presbyter); Priester

In der frühen palästinensischen Kirche gab es Amt und Stand der Ältesten, im Bibelgriechisch Presbyter *(presbyteros)* (Apg 15,2–39; Jak 5,14). Titel und Amt kommen vom Alten Testament her, in dem die Ältesten Vorsteher des Volkes waren. In den ursprünglichen Paulusbriefen werden Älteste nicht genannt. Es wird sie auch in den paulinischen Gemeinden nicht gegeben haben. Dagegen sind in den Pastoralbriefen Älteste, wohl identisch mit den Bischöfen, Vorsteher der Gemeinden (Tit 1,5–7). Vom griechischen Wort presbyteros leitet sich über das kirchenlateinische Wort presbyter unser Wort Priester her. Das ursprünglich ein Verwaltungsamt bezeichnende Wort nahm allmählich das ihm zunächst fremde kultisch-sakramentale Element in sich auf. Das Lehnwort »Priester« verdrängte die althochdeutsche Bezeichnung êwart (aus ewa = Ewigkeit und wart = Wächter), ebenso gotische Wörter wie guthja (= der es mit Gott zu tun hat) oder weiha (= der Geweihte). Auch in diesem Teil wich die Kirche den herkömmlichen Wörtern aus, offenbar weil das neue Priestertum etwas anderes bedeutete als das vergangene.

Kommt die Religion aus menschlicher Frühzeit her, so auch das Priestertum. Nachdem in frühester Zeit das Familienhaupt den Priesterdienst wahrgenommen hatte, hat Mose nach Ex 28; Lev 8; Num 8 mit Aaron aus dem Stamme Levi das levitische Priestertum in der Familie des Aaron begründet. Das Neue Testament nennt danach sehr wohl das jüdische Priestertum und nennt es oft; einmal auch heidnisches Priestertum (Apg 14,13 Priester des Zeus). Das Neue Testament nennt jedoch nie einen einzelnen Amtsträger der Kirche Priester *(hiereus)*. Das Neue Testament lehnt auch den Gebrauch des Wortes *hieros* für die Kirche gänzlich ab. Es gebraucht dieses Wort nur für jüdische und heidnische Religion. Die Heiligkeit der Kirche bezeichnet das Neue Testament fast ausschließlich mit dem Wort *hagios*. Wenn die Kirche zunächst den Gebrauch des Wortes *hiereus* für ihr Amt vermied, so wohl auch hier, weil sie sich von der Religion der Umwelt unterscheiden wollte. Vielleicht wurde das andere Priestertum zu sehr als menschliches und magisches Handeln empfunden. Der Hebräerbrief jedoch gebraucht für Dienst und Werk Jesu Wort und Begriff des Hohenpriesters. Wie der Hohepriester am Versöhnungstag in das Allerheiligste des Tempels eingeht, so ging Jesus in das himmlische Heiligtum ein. Das alttestamentliche Vorbild bleibt aber weit hinter der Erfüllung zurück. Hier ist jetzt das wahre Heiligtum, der ewige Hohepriester und das endgültige Opfer (Hebr 9,12–14). Das Priestertum Christi ist das Ende von allem Priestertum als dessen Vollendung. Auch in der Kirche kann es Priestertum darnach nur als Darstellung und Verwirklichung des Priestertums Christi geben. Durch Christus bringen wir nun immerdar Gott das Opfer des Lobes dar (Hebr 13,15).

Das Priestertum Christi stiftet das gemeinsame Priestertum der Kirche. Christus »hat uns durch sein Blut zu einem Königreich, zu Priestern für Gott unseren Vater gemacht« (Offb 1,6; 5,9 f). 1 Petr 2,9 beschreibt das Priestertum der Kirche mit Ex 19,6: »Ihr seid ein auserwähltes Geschlecht, eine königliche Priesterschaft, ein heiliger Stamm, ein Volk zu eigen erworben.« Der 1. Petrusbrief, die Offenbarung des Johannes und der Hebräerbrief haben sich gegenseitig nicht gelesen. Wenn diese Schriften nun jede und alle in gleicher Weise vom gemeinsamen Priestertum der Kirche sprechen, so drücken sie offenbar eine Grundüberzeugung der neutestamentlichen Kirche aus. Das Bewußtsein des gemeinsamen priesterlichen Standes und Amtes der Kirche ging in der Theologie der Gegenreformation weithin verloren, weil sie gegen die radikale Bestreitung des einzelnen Amtspriestertums durch die Reformation dieses zu verteidigen hatte. Das Zweite Vatikanische Konzil hat die Lehre vom gemeinsamen Priestertum der ganzen Kirche, vor allem im Dekret über das Laienapostolat, wieder zur Geltung gebracht.

Das Neue Testament deutet jedoch auch einzelnes Priesteramt als Darstellung des gemeinsamen Priestertums der Kirche an. Priesterliches Bewußtsein spricht Paulus aus: »Die Gnade ist mir von Gott gegeben, Liturge *(leitourgon)* des Christus Jesus für die Völker zu sein in heiligem (priesterlichem) Dienst *(hierougounta),* damit die Völker als Opfergabe angenommen werden, geheiligt im heiligen Geist« (Röm 15,15–19). Die Worte sind voll intensiven, kultischen Gehaltes. Paulus ist Liturge und Priester. Es ist eine sachlich legitime Entwicklung, wenn Clemens von Rom (1. Brief 40,1–5), Tertullian (Über die Taufe 17), Cyprian (59. Brief, 5), Hippolyt von Rom (Widerlegung, Proemium), endlich Eusebius (Kirchengeschichte 10,4,2) von Priestern als einzelnen Amtsträgern der Kirche sprechen.

c) Bischöfe

Der Titel Bischof ist aus der griechischen Umwelt in die Bibel und in das Neue Testament eingegangen. Der zunächst ganz profane Name *episkopos* = Aufseher (Inspektor) erscheint Jahrhunderte vor dem Neuen Testament in Literatur und Inschriften als Titel von Beamten des Staates, von Gemeinden, Vereinen, auch Kultvereinen. In der griechischen Bibel des Alten Testaments werden als Episkopos bezeichnet Vögte, Truppenführer, Tempelaufseher, auch Vorsteher der Priester (Neh 11,9). Bedeutsam mag es sein, wenn in den Schriften von Qumran (1 QS 6,11; Damaskusschr. 13,1–19) der Mebaqqer (wörtlich = der Aufseher, also episkopos) als höchster Amtsträger genannt ist. Er hat Aufgaben des Rechtes und der Verwaltung; weiter wird sein Dienst so beschrieben: »Er soll die Gemeinde unterrichten in den Werken Gottes ... Er soll ihnen die ewigen Ereignisse verkünden. Er soll Erbarmen mit ihnen haben wie ein Vater mit seinen Söhnen und alle Verstreuten zurückbringen wie ein Hirt seine Herde. Er soll alle ihre fesselnden Bande lösen, damit kein Bedrückter und Zerschlagener in seiner Gemeinde sei.« Die Frage stellt sich, ob nur eine Sprachparallele besteht, oder ob der Mebaqqer in irgend einer Weise Vorbild des christlichen Bischofs wurde.

Der Titel Episkopos wird für einen kirchlichen Amtsträger an frühester Stelle gebraucht in der Adresse des Philipperbriefes (1,1): »An alle Heiligen in Christus Jesus, die in Philippi sind, mit den Episkopen und Diakonen«. Der Titel Bischof erscheint hier ganz unvermittelt und überraschend. Der Brief geht an eine heidenchristliche Gemeinde. Der Titel Episkopos wird auf diese profane Umwelt zurückweisen und aus ihr genommen sein. Er wurde aber sicher mit neuem, auf die christliche Gemeinde und ihre Aufgaben bezogenem Sinn gefüllt. Der Titel Bischöfe kehrt wieder in der Rede des Paulus an die Ältesten der Kirche in Ephesus, die Paulus nach Milet gebeten hat (Apg 20,28): »Habet acht auf euch selbst und die ganze Herde, in der euch der Heilige Geist zu Bischöfen gesetzt hat, die Gemeinde des Herrn zu weiden.« Als sicher üblich wird der Titel Episkopos sodann in den Pastoralbriefen gebraucht (1 Tim 3,2): »Der Bischof muß unbescholten sein ...« Bischöfe und Presbyter scheinen dieselben zu sein (Tit 1,5–7). Den Titel Bischof trägt Christus selbst 1 Petr 2,25: »Ihr habt euch zugewandt *epi ton poimena kai episkopon tōn psychōn hymōn.*« Wie ist zu übersetzen: »Zum Hirten und Hüter« oder »Hirten und Bischof«? Zur Zeit des 1. Petrusbriefes war episkopos bereits Amtstitel der Kirche. So wird Christus selbst hier Bischof genannt sein.

Wie hier ein Amt, so werden in der Kirche alle wesentlichen Ämter auch Christus zugesprochen. Er ist Apostel (Hebr 3,1: »Besinnt euch auf den Apostel und Hohenpriester unseres Bekenntnisses Jesus«). Er ist Priester und Hoherpriester (Hebr 2,17: »Er ist der barmherzige und treue Hohepriester bei Gott«). Er ist Prophet (Joh 6,14: »Er ist in Wahrheit der Prophet, der in die Welt kommen soll«; – Lk 7,16; 24,19; Apg 3,22). Er ist Lehrer (so wird er angesprochen; Mt 23,8: »Einer ist euer Lehrer, der Christus«). Er ist Diakon (Lk 22,27: »Ich bin unter euch wie der Dienende«; Röm 15,8: »Christus wurde Diener der Beschneidung um der Wahrheit Gottes willen«). Er ist Hirt (Joh 10,11–14: »Ich bin der gute Hirt«; Hebr 13,20: Gott »hat den großen Hirten der Schafe von den Toten wiedergebracht«). Er ist der Bischof (1 Petr 2,25: »Hirt und Bischof eurer Seelen«). Das heißt: Alles Amt in der Kirche stellt Christus dar, verwirklicht seine Sorge als des himmlischen Herrn und wendet seine Heilsgabe zu.

Aus dieser Sendung hat das Amt der Kirche – in Gemeinschaft mit den Brüdern und Schwestern – und ihrer sei in der Stadt der heiligen Lioba besonders gedacht – eben auch in dieser Stadt Fulda seit den Tagen, da der heilige Bonifatius an einer Straßenkreuzung mitten im Wald ein Kloster gründete, eine große Geschichte vollbracht, durch viele Geschlechter bis zum heutigen Tag. Es ist »eine Geschichte nicht nach dem Gesetz menschlich-irdischen Gebotes, sondern nach der Kraft unzerstörbaren Lebens« (Hebr 7,16).

Literatur

Von Wörterbüchern seien vor allem genannt:

Theologisches Wörterbuch zum Neuen Testament, hrsg. von *Kittel, G.* und *Friedrich, G.*, bisher 10 Bände, Stuttgart 1933–1978.

Theologisches Begriffslexikon zum Neuen Testament, hrsg. von *Coenen, L.* u. a., 3 Bände, Wuppertal 1967–1971.

Ich verweise auf meine Theologie des Neuen Testaments, Bd. 4/2: Jüngergemeinde und Kirche, Düsseldorf 1976.

Zu 1: *Charis und Charisma*

Brockhaus, U., Charisma und Amt. Die paulinische Charismenlehre auf dem Hintergrund der frühchristlichen Gemeindefunktionen, Wuppertal [2]1975.

Dautzenberg, G., Urchristliche Prophetie. Ihre Erforschung, ihre Voraussetzungen im Judentum und ihre Struktur im 1. Korintherbrief (BWANT 104), Stuttgart 1975.

Dougthy, D. J., The Priority of *charis*. An Investigation of the Theological Language of St. Paul: NTS 19 (1972/73) 163–180.

Hasenhüttl, G., Charisma, Ordnungsprinzip der Kirche (Ökumen. Forschungen 1/5). Freiburg 1969.

Käsemann, E., Sätze heiligen Rechts im Neuen Testament, in: Exegetische Versuche und Besinnungen II, Göttingen [3]1970, 69–82. (Dazu *Berger, K.*, Zu den sogenannten Sätzen heiligen Rechts: NTS 17 [1970/71] 10–40).

Potterie de la, I., *Charis* paulinienne et *charis* johannique, in: Jesus und Paulus (Festschr. *Kümmel, W. G.*) Göttingen 1975, 256–282.

Rahner, K., Löscht den Geist nicht aus!, in: Schriften zur Theologie 7, Zürich [2]1971, 71–90.

Schulz, S., Die Charismenlehre des Paulus. Bilanz der Probleme und Ergebnisse, in: Rechtfertigung (Festschr. *Käsemann, E.*), Tübingen – Göttingen 1976, 443–460.

Zu 2: *Dienst und Amt*

Delorme, I. (Éd.), Le ministère et les ministères selon le Nouveau Testament. Dossier exégètique et reflexion théologique, Paris 1974.

Hainz, J., Ekklesia. Strukturen paulinischer Gemeindetheologie und Gemeindeordnung (BU 9), Regensburg 1972.

– (Hrsg.), Kirche im Werden, München 1976.

Holmberg, B., Paul und Power. The Structure of Authority in the Primitive Church as Reflected in the Pauline Epistles (CB. NT 11), Lund 1978.

Kertelge, K. (Hrsg.), Das kirchliche Amt im Neuen Testament (WdF 439), Darmstadt 1977.

– Gemeinde und Amt im Neuen Testament (BiH 10), München 1972.

Kraft, H., Die Anfänge des geistlichen Amts: Theolog. Lit. Ztg. 100 (1975) 81–98.

Rhode, J., Urchristliche und frühkatholische Ämter. Eine Untersuchung zur frühchristlichen Amtsentwicklung im Neuen Testament und bei den apostolischen Vätern (ThA 33), Berlin 1976.

Roloff, J., Art. »Amt, Ämter, Amtsverständnis IV«: TRE II, 509–533.
Schürmann, H., »... und Lehrer«. Die geistliche Eigenart des Lehrdienstes und sein Verhältnis zu anderen geistlichen Diensten im neutestamentlichen Zeitalter, in: Orientierungen am Neuen Testament, Düsseldorf 1978, 116–156.

Zu 3: *Ämter*

3.1: *Apostel*

Gutierrez, P., La Paternité Spirituelle selon Saint Paul, Paris 1968.
Klein, G., Die zwölf Apostel. Ursprung und Gestalt einer Idee (FRLANT 77), Göttingen 1961.
Lemaire, A., Les ministères aux origines de l'Église. Naissance de la triple hiérarchie: evêques, presbytres, diacres (LeDiv 68), Paris 1971.
Roloff, J., Art. »Apostel I. Neues Testament; II. Alte Kirche«: TRE III, 430–445.
Schmahl, G., Die Zwölf im Markusevangelium. Eine redaktionsgeschichtliche Untersuchung (TThSt 30), Trier 1974.
Schmithals, W., Das kirchliche Apostelamt. Eine historische Untersuchung (FRLANT 79), Göttingen 1961.
Stock, K., Boten aus dem Mit-Ihm-Sein (AnBib 70), Rom 1975.

3.2: *Priester*

Deissler, A. – Schlier, H. – Audet, J. P., Der priesterliche Dienst I: Ursprung und Frühgeschichte (QD 46), Freiburg 1970.
Lips, H. von, Die Ordination in den Pastoralbriefen im Zusammenhang der Aussagen über Glaube – Gemeinde – Amt neu untersucht (Diss.), Heidelberg 1974.
Weiss, K., Paulus – Priester der christlichen Kultgemeinde: Theolog. Lit. Ztg. 79 (1954) 355–364.
Zimmermann, H., Die Hohepriester-Christologie des Hebräerbriefes, Paderborn 1964.
Zollitsch, R., Amt und Funktion des Priesters. Eine Untersuchung zum Ursprung und zur Gestalt des Presbyterats in den ersten zwei Jahrhunderten (FThSt 97), Freiburg 1974.

3.3: *Bischöfe*

Gnilka, J., Der Philipperbrief (HThK X/3), Freiburg ²1976 (32–41: Exkurs: Die Episkopen und Diakone).
Leenhardt, F. J., Les fonctions constitutives de l'Église et de l'Épiscopé selon le Nouveau Testament: Revue d'histoire et de philosophie religieuses 47 (1967) 111–149.
Lohse, E., Episkopos in den Pastoralbriefen, in: Kirche und Bibel (Festschr. *Schick, E.*), Paderborn 1979, 225–231.
Stalder, K., Episkopos: IKZ 61 (1971) 200–232.

Freiheit als Evangelium

Zum Thema Freiheit in Bibel und Kirche

Freiheit ist ein heute in Gespräch und Schrifttum vielerörtertes Thema, das vor allem im Mittelpunkt des Dialogs zwischen Humanismus, Sozialismus und Christentum steht[1]. Das Neue Testament wird das Recht haben, sich zu Wort zu melden, weil in ihm die Freiheit zum Evangelium gemacht ist. Dies hat die Diskussion seitdem erheblich mitbestimmt, auch dort, wo Freiheit außerhalb der Kirche als profaner Wert, ja vielleicht manchmal sogar gegen die Kirche verkündet wird.

Zur Vorgeschichte des neutestamentlichen Freiheitsverständnisses

Das Neue Testament nimmt auch hier, wie oft, eine lange Geschichte auf und führt sie zu Ende[2].

Das hebräische *Alte Testament* kennt kein Wort für Freiheit[3]. Aber die

---

[1] Das Thema Freiheit behandeln die Zeitschriften: Concilium (10 [1974] Heft 6/7) und Dialog (7 [1974] Heft 2). – Weiter seien genannt: *Herbert, K.*, (Hrsg.), Christliche Freiheit im Dienst des Menschen. Freiburg i. Br. 1972; *Rolfes, H.* (Hrsg.), Marxismus – Christentum. Mainz 1972; *Schlette, R.*, Der Anspruch der Freiheit. München 1973; *Theunis, F.* (Hrsg.), Religion und Freiheit. Hamburg – Bergstedt 1974.

[2] *Nestle, D.*, Art. Freiheit, in: RAC 8 (1970) 269–306; *Blank, J.*, Das Evangelium als Garantie der Freiheit. Würzburg 1970; *Bultmann, R.*, Der Gedanke der Freiheit nach antikem und christlichem Verständnis, in: Glauben und Verstehen IV. Tübingen 1965, 42–51; *ders.*, Die Bedeutung des Gedankens der Freiheit für die abendländische Kultur, ebd. 274–293; *Dodd, C. H.*, Das Gesetz der Freiheit. Glaube und Gehorsam nach dem Zeugnis des Neuen Testaments (Übersetzung). München 1960; *Käsemann, E.*, Der Ruf der Freiheit. Tübingen [4]1969; *Nestle, D.*, Eleutheria. Studien zum Wesen der Freiheit bei den Griechen und im Neuen Testament. Tübingen 1967; *Niederwimmer, K.*, Der Begriff der Freiheit im Neuen Testament. Berlin 1966; *Rahner, K.*, Die Freiheit in der Kirche, in: Schriften zur Theologie II. Einsiedeln [8]1968, 94–114; *ders.*, Theologie der Freiheit, in: Schriften zur Theologie VI. Einsiedeln [2]1968, 215–237.

[3] Für das alte Israel gilt nach *Eichrodt, W.*, Theologie des Alten Testaments. Stuttgart [4]1961, 120: »Das elementare Postulat der Freiheit stellt sich in gleicher Kraft neben die

Sache ist ihm keineswegs fremd. In langer Geschichte verliert und erringt Israel immer wieder die *politische* Freiheit: in der Knechtschaft in Ägypten (Dtn 7,8), in der Gefangenschaft in Babylonien (Jes 43,1.14; 44,22f; 52,3; 61,1), in den Kriegen der Makkabäer (1 Makk 4,9–11), endlich unter der Fremdherrschaft der Römer. In diese Zeit führt die zehnte Bitte des Achtzehn-Bitten-Gebetes zurück: »Stoß laut in die Posaune zu unserer Befreiung.« Dazu bestand auch in Israel naturgemäß immer das Problem der persönlichen Freiheit im Unterschied zwischen Freien und Sklaven. In neutestamentlicher Zeit beschreibt Philon *(Quod omnis probus liber sit)* im Sinne stoischer Philosophie die Freiheit der Person, wobei er die in griechischer Tradition überlieferten Sprüche und Beispiele ergänzt durch Beispiele aus der Geschichte Israels.

Begriff und Wort der Freiheit haben im *Griechentum* ihre lange Geschichte. Die *politische* Freiheit ist für den Griechen in der demokratischen *polis* verwirklicht. Nach ihrem Untergang wird die Freiheit als *personales Ideal* begriffen und begründet. Im Verständnis der Stoa ist derjenige frei, der Herr seiner Leidenschaften ist und im Denken mit der reinen, als göttlich verstandenen Natur übereinstimmt. Andere Wege zur Freiheit eröffnete die Religion. Der in die Mysterien Eingeweihte weiß sich als »wiedergeboren«, von den Zwängen und Mächten der Welt erlöst. Gnosis befreit den Menschen durch Offenbarung aus der Verstrickung in die böse Welt. Der Mensch muß sich aber auch selbst durch Askese in Nahrung und Geschlechtlichkeit von der Welt lösen. Insofern kennt die Gnosis ein dem Christentum durchaus verwandtes Welt- und Lebensgefühl.

---

religiöse Überzeugung von der Allwirksamkeit Gottes, ohne daß der Versuch gemacht wird, zwischen beiden einen harmonischen Ausgleich zu schaffen. Es ist ein Zeugnis für die zwingende Kraft der alttestamentlichen Gotteserfahrung, daß sie es vermochte, die beiden Wirklichkeiten zu bejahen und ihre Spannung zu ertragen, ohne von ihrer unbedingten Geltung etwas abzumarkten.« Das Problem der Willensfreiheit scheint – wohl vermittelt durch griechische Philosophie – geahnt und angesprochen, da *Josephus* (Altertümer 18,13) den Pharisäern die Lehre zuspricht: »Wenn sie auch der Ansicht sind, daß alles durch das Schicksal bestimmt wird, sprechen sie dem menschlichen Willen doch nicht jede Möglichkeit der Handlungsfähigkeit ab.« Ebenso wird der Spruch des Rabbi *Akiba* (Sprüche der Väter 3,19) zu verstehen sein: »Alles ist vorhergesehen. Dem Menschen aber wird die Freiheit gegeben.«

Das Neue Testament nimmt kein Interesse an der Frage der politischen Freiheit Israels. An nicht wenigen Stellen befaßt sich aber das Neue Testament mit der Sklavenfrage. Wohl nicht wenige Sklaven waren Mitglieder der Gemeinde. Die Kirche der Apostelzeit konnte an den rechtlichen und gesellschaftlichen Verhältnissen in Staat und Welt nichts ändern. Es wäre töricht, ihr das vorzuwerfen. Doch waren die Verhältnisse in der Gemeinde von Grund auf neu. Philemon soll den entlaufenen Sklaven wieder aufnehmen als »den Bruder als Menschen und als Christen« (Phlm 16). Der als Sklave Berufene ist »Freigelassener des Herrn, wie der als Freier Berufene Sklave Christi ist« (1 Kor 7,22f).

Meist gebraucht das Neue Testament Wort und Begriff der Freiheit im *religiösen und sittlichen Sinn*. Durch Wort und Werk Jesu beginnt und geschieht Freiheit. Freiheit ist mitgesetzt in der Botschaft, daß Gott der Vater ist, der die Armen und Beladenen annimmt und aufnimmt. Jesus lehrt die Freiheit von dem als Gesetzlichkeit verstandenen alttestamentlichen Gebot durch die radikale Vertiefung des Gehorsams in der Bergpredigt (Mt 5,21–48). Das ist das Ende unfreimachenden Gesetzes, wie es in den äußeren Reinheitsgeboten (Mt 23,5f; Mk 7,5–8), in frommen menschlichen Satzunqen (Mt 23,16–23; Mk 7,9–13) die Freiheit bindet. Das eine Gebot der Liebe befreit von der untragbaren Last der vielen Vorschriften (Mk 12,28–34). Freiheit wird wirklich, wenn Jesus durch die Überwindung von Krankheit und Tod dämonische Bindungen auflöst (Lk 13,16). Christus bringt die Befreiung aus der Verlorenheit in Sünde und Tod (Mk 10,45). Der Satan ist jetzt aus seiner Macht gestürzt (Lk 10,18).

Einige Texte der Evangelien verwenden das Wort Freiheit. In der Synagoge zu Nazaret sagt Jesus von sich mit Jes 58,6, daß er gesandt ist, »den Gefangenen Befreiung zu bringen« (Lk 4,18–20). Im Wort Jesu sind Jes 61,1f und 58,6 verbunden. So ist die Rede wohl Komposition der Schrifttheologie der Gemeinde. Überdies erscheint sie nur bei Lukas, nicht in den Parallelen von Markus und Matthäus, was wieder spätere Bildung und Einfügung erkennen läßt. Indessen spricht damit die Tradition als ihr Urteil aus, daß Jesus Gefangenen Befreiung bringt. Es wird dies die Gefangenschaft der Sünde und des in ihr wirkenden Bösen sein. Die nahe Königsherrschaft Gottes ist freie und heile Welt. In der Erzählung von der Forderung der Tempelsteuer sagt Jesus, daß die Könige der Erde von den Fremden Steuern fordern, daß die Söhne aber frei sind (Mt 17,25f). Jesus ist Sohn in einziger Weise, da er dem Königtum Gottes zugehört. Aber auch die Jünger sind Söhne der Königsherrschaft Gottes; als diese sind sie frei von Tempel, Steuer und Gesetz. In der Erzählung spricht die (juden-christliche) Gemeinde das Bewußtsein ihrer Freiheit vom jüdischen Gesetz aus.

Grundüberzeugung paulinischer Theologie[4] ist, daß der Mensch sich in völliger Unfreiheit vorfindet, und, ob er es weiß oder nicht, in der Gefangenschaft und Vergeblichkeit »der Sünde und des Todes« lebt (Röm 6,20; 8,2). Der Mensch kann sich nicht selbst befreien. »Zur Freiheit hat uns Christus freigemacht« (Gal 5,1). Dies geschah dadurch, daß Christus Sünde und Tod für die Menschen auf sich nahm und so überwand (Röm 8,3; 2 Kor 5,21; Gal 3,13). Die ihm geschenkte Freiheit muß und kann der Glaube verwirklichen, wenn der Befreite den Ruf zur Freiheit hört und ihm folgt (Gal 5,13) und den Geist des Lebens wirken läßt (Röm 8,9). Freiheit von der Sünde ist Freiheit für den Dienst am Nächsten (Gal 5,13) und für Gott (Röm 6,22). Freiheit ist »Dienstbarkeit der Gerechtigkeit« (Röm 6,18). Israel verblieb in der Knechtschaft, die Kirche ist in Freiheit (Gal 4,26–31). »Wo der Geist des Herrn ist, ist die Freiheit« (2 Kor 3,17). Die Freiheit ist nicht nur personale Befreiung, sondern endlich Erlösung der ganzen Schöpfung »aus der Knechtschaft der Vergänglichkeit zur Freiheit der Herrlichkeit der Kinder Gottes« (Röm 8,21).

Röm 8,2 sagt Paulus mit scharfer Zuwendung: »Das Gesetz des Geistes des Lebens in Christus Jesus hat dich freigemacht vom Gesetz der Sünde und des Todes.« Freiheit ist also nicht Willkür und Zügellosigkeit, sondern auch sie hat ihr Gesetz. Viele Handschriften ändern aber den Text ab. Einige lesen: »hat mich freigemacht«; andere: »hat uns freigemacht«. Die Aussage über die Freiheit des Apostels oder der Kirche schien wohl erträglicher als die ganz persönliche Zusage der Freiheit.

Mit paulinischer Lehre ist die des Johannesevangeliums vergleichbar. In einem Streitgespräch mit den Juden ist der Gegensatz von Knechtschaft und Freiheit dargestellt (Joh 8,31–36). Die »Juden« behaupten, als freie Söhne Abrahams nie jemandes Knecht gewesen zu sein. Der »Jude« stellt den Menschen außerhalb des Glaubens dar. Er ist nach dem Wort Jesu unfrei als Sklave der Sünde, auch wenn er es nicht weiß, ja sogar in den Werken des Gesetzes gerecht ist. Die Juden sind nicht in der Wahrheit, die Christus ist. Der unfreie und verlorene Mensch »bleibt nicht im Haus der

---

[4] *Eid, V.*, Die Verbindlichkeit der paulinischen Freiheit für die christliche Lebensgestaltung, in: Herausforderung und Kritik der Moraltheologie. Würzburg 1971, 184–205; *Wilckens, U.*, Rechtfertigung als Freiheit. Paulusstudien. Neukirchen 1974.

Ewigkeit«. Christus allein macht frei zum ewigen Leben. Wenn die Rede an Juden gerichtet ist, »die an Jesus glaubten«, so deutet dies vielleicht an, daß sich hier Diskussionen mit im Glauben gefährdeten Judenchristen und überhaupt zwischen Kirche und dem Judentum niedergeschlagen haben. Wird die Anschauung der Synagoge bestritten, daß der Mensch frei sei, das Gesetz zu erfüllen, wenn er nur wolle? Das ist Anschauung und Überzeugung von Sir 15,11–20. Nach der Lehre der Rabbinen macht das Studium der Thora frei[5]. Paulus wie das Johannesevangelium besagen übereinstimmend, daß *der Mensch von Natur aus unfrei ist und erst durch Wort und Werk Christi aus Sünde und Tod befreit werden muß.*

Dem Neuen Testament, vor allem Evangelien und Paulus, ist – im Gegensatz zum Alten Testament – die Freiheit des Menschen ein überaus wichtiges Thema. Dieses Kerygma wird ausgelöst worden sein durch die gleichzeitige griechische Umwelt, in der Freiheit seit langer Zeit als Bedingung menschlichen Daseins erörtert, gelehrt und gelebt wurde. Das Neue Testament wollte – wie Paulus auf dem Areopag – sagen, daß das Evangelium die griechische Erwartung erfüllt (Apg 17,23). Dabei ist es ein wesentlicher Unterschied, daß griechische Weltanschauung überzeugt ist, der Mensch könne frei sein, wenn er nur wolle, das Neue Testament aber lehrt, daß die Freiheit dem Menschen als Gabe des göttlichen Heiles geschenkt werden muß.

Biblisches Freiheitsverständnis sollte durch Lehre und Dogma vor Verlust und Schaden geschützt werden. Ist daraus der Versuch geworden, die Freiheit des Glaubens und Denkens zu verwalten? Angesichts der Erschütterung und der Krise der Dogmatik drängt sich die Frage auf, ob das Ende jedenfalls bisheriger Schuldogmatik wieder in ursprüngliche Freiheit entläßt oder – zunächst jedenfalls – in ungeschützte Unberatenheit und Ungewißheit. Der Glaube scheint in die Unmittelbarkeit zum Wort Gottes gewiesen. »Es steht bei den Propheten geschrieben: Sie werden alle belehrt sein von Gott« (Joh 6,45).

An den biblischen Befund seien einige Fragen angeschlossen.

---

5 *Strack, H. – Billerbeck, P.*, Kommentar zum Neuen Testament aus Talmud und Midrasch. München ²1924, 522f zu Joh 8,32.

Willensfreiheit

Griechische Philosophie erkannte das Problem der Willensfreiheit, vor allem als Frage nach der sittlichen Möglichkeit und Verantwortung des Menschen. Altes wie Neues Testament kennen diese philosophische Fragestellung nicht. Den Vätern ist aufgrund ihrer griechischen Bildung die Behauptung der Willensfreiheit ein wichtiges Thema, und sie tragen dieses allenthalben in die neutestamentliche Exegese ein[6]. Nach der Aufnahme griechischer Philosophie durch die Renaissance stellt sich das Problem in aller Schärfe reformatorischer und katholischer Kontroverstheologie. Auf die sachlich-wissenschaftliche Schrift des Erasmus *De libero arbitrio* (1524) verfaßte Luther die heftige Erwiderung *De servo arbitrio* (1525). Erasmus wie Luther fanden in der Bibel die Beweise für ihre Lehre[7]. Nun lag aber auch Luthers Schrift *Von der Freiheit des Christenmenschen* (1520) vor, die erklärt: »Ein Christenmensch ist ein freier Herr aller Dinge und niemandem untertan. Ein Christenmensch ist ein Knecht aller Dinge und jedermann untertan in der Liebe.« Heutige protestantische Theologie sucht zwischen den beiden doch anscheinend widersprüchlichen Aussagen eine Erklärung, in der sie etwa sagt: Der Christenmensch sei – im Sinne Luthers – ein freier Herr aller Dinge im Glauben, insofern er an der Freiheit Gottes teilhat. Oder die Freiheit bestehe in der Vorausnahme der eschatologischen Rechtfertigung durch die Gerechtigkeit Gottes.

Religionsfreiheit

Durch die Erklärung des II. Vatikanischen Konzils vom 7. Dezember 1965 über »Das Recht der Personen und Gemeinschaften zur gesellschaftlichen und bürgerlichen Freiheit in religiösen Dingen« wurde das Thema der Religionsfreiheit eindringlich zur Erörterung gestellt[8]. Die katholische Posi-

[6] *Schelkle, K. H.*, Paulus, Lehrer der Väter. Düsseldorf ^{2}1959, 453 (Stichwort Willensfreiheit).

[7] *Kuss, O.*, Über die Klarheit der Schrift. Historische und hermeneutische Überlegungen zu der Kontroverse des Erasmus und des Luther über den freien und den unfreien Willen, in: *Ernst, J.* (Hrsg.), Schriftauslegung. Münster 1972, 89–149.

[8] II. Vatikanisches Konzil, Erklärung über die Religionsfreiheit (Das Zweite Vatikanische Konzil, Dokumente und Kommentare II. Freiburg i. B. 1967, 704–748 [Erklärung

tion, wie sie lange Zeit vertreten wurde, lautete: Die katholische Religion ist die eine und ganze Wahrheit. Es gibt kein Recht, sie abzulehnen, vielmehr nur die Pflicht, sie anzunehmen. Wo die Mehrheit der Bürger eines Staates der katholischen Religion angehört, muß auch der Staat sich zu dieser bekennen und sie fördern. Die Anhänger einer nichtkatholischen Religion haben kein *Recht* auf freie Religionsausübung. Der katholische Staat kann das nichtkatholische Bekenntnis tolerieren. Ist ein Staat mehrheitlich nichtkatholisch, so ist er gleichwohl aufgrund des Naturrechts verpflichtet, den katholischen Bürgern volle Freiheit der Religionsausübung zu gewähren. Ein Teil der Väter des Konzils beharrte, jedenfalls zunächst, auf diesem Standpunkt. Solche Väter meinten wohl auch, die Religionsfreiheit könne kein Thema eines Konzils sein, da sie weder in der Schrift noch durch die Tradition gelehrt werde. Der komplizierte Titel der Erklärung des Konzils will denn auch vermeiden, daß diese als Erklärung der Glaubensfreiheit verstanden werden könnte; die Erklärung handelt nicht über das Verhältnis zur Wahrheit, sondern nur über das Verhältnis der Angehörigen der Konfessionen zueinander in Gesellschaft und Staat. Das Konzil will die Religionsfreiheit im »Licht der Offenbarung« wie aus »der heiligen Tradition und Lehre der Kirche« darstellen. Das Konzil stellt freilich fest, daß »die Offenbarung das Recht auf Freiheit von äußerem Zwang in religiösen Dingen nicht ausdrücklich lehrt«, aber »die Würde der menschlichen Person in ihrem ganzen Umfang ans Licht treten läßt«. Das Konzil räumt ein, daß bisweilen »eine Weise des Handelns vorgekommen ist, die dem Geist des Evangeliums wenig entsprach, ja sogar entgegengesetzt war«.

Das II. Vaticanum gibt im Kapitel 11 seiner Erklärung einen *Aufweis aus der Schrift*. Es führt an, daß »Jesus seine Jünger in Geduld zu gewinnen suchte«. Es erwähnt das Gleichnis vom Unkraut unter dem Weizen (Mt 13,24–30), demgemäß man gegen das Böse keine Gewalt gebrauchen darf. Man könnte noch andere Überlegungen anführen. Die Gemeinde des Neuen Testaments war eine machtlose Minderheit in Staat und Welt. Sie konnte nicht versucht sein, ihre Religion mit Gewalt durchsetzen zu wollen. Das Neue Testament verkündet in letzter Stunde das Evangelium als Entscheidung zwischen Heil und Unheil. Da kann es keine »Religionsfreiheit« geben. Doch ist die *Grundhaltung des Neuen Testaments* zu bedenken. In der Erzählung der Versuchung Jesu scheint die Versuchung der Religion dargestellt zu sein, durch Macht herrschen zu wollen. Jesus lehnt

---

und Kommentar v. *Pavan, P.*]); *Bea, A.*, Religiöse Freiheit und Wandlungen der Gesellschaft, in: Stimmen der Zeit Bd. 173 (1963/64) 321–333.

dies ab (Mt 4,9f). Gegenüber aller Unduldsamkeit der Jünger erklärt Jesus: »Wer nicht gegen uns ist, ist für uns« (Mk 9,40). Der Überlieferung scheint es schwer erträglich gewesen zu sein, daß sogar die Erscheinung des Christus nicht unbedingt verpflichten sollte. Lk 9,50 lautet der Spruch: »Wer nicht gegen euch ist, ist für euch.« Gleichgültigkeit gegen die Kirche mußte allenfalls ertragen werden. Mt 12,30 ist der Spruch ins Gegenteil von Mk 9,40 gewendet: »Wer nicht mit mir ist, ist gegen mich.«

Im Verhalten des Neuen Testamentes gegen Samarien wird eine Religionsgemeinschaft angenommen, die dem Judentum nur als zu bestreitender häretischer Abfall galt. Die Samariter hatten unter der Übermacht der persischen Besatzung die Reinheit der Rasse wie der Religion eingebüßt. Sie hatten einen eigenen Tempel auf dem Berg Garizim. Von der Heiligen Schrift anerkannten sie nur den Pentateuch. Sie lehnten die Erwartung der Totenauferstehung ab. Ja, die Samariter galten den Juden zur Zeit des Neuen Testaments als so schlimm wie Heiden. Im zunächst beschränkten Missionsbefehl werden sie neben diesen genannt: »Gehet nicht zu den Heiden und nach Samarien« (Mt 10,5). »Samariter« ist ein Schimpfwort (Joh 8,48). Juden und Samariter verkehren nicht miteinander (Joh 4,9). Ein samaritisches Dorf verweigert Jesus und seinen Jüngern die Gastfreundschaft, weil diese auf dem Wege zum verhaßten Tempel in Jerusalem sind (Lk 9,53). Als die Jünger deshalb Feuer der Strafe auf dieses Dorf herabrufen wollen, verwehrt es ihnen Jesus (Lk 9,55). In der Gleichniserzählung ist der reiche Samariter ein beschämendes Beispiel für die Juden, insbesondere auch für die Priesterschaft (Lk 10,30–37). Von zehn Geheilten kehrt einer zurück, und er ist ein Samariter (Lk 17,16). Jesus wird in einem langen Gespräch mit der Frau aus Sychar, einem Ort in Samarien, dargestellt, und er verweilt danach zwei Tage in dieser Stadt (Joh 4,4–42). Dem entspricht es, wenn die Jüngergemeinde alsbald die Mission in Samarien beginnt (Apg 1,8; 4,4–28).

Die Evangelien anerkennen auch das Heidentum in seinem guten Willen (Mt 8,10; Mk 7,26; Lk 23,47). Im Galiläa der Heiden »wird zuerst das Königreich der Himmel verkündet« (Mt 4,12–17). Im Gericht wird es den Heiden besser ergehen als Israel (Mt 12,41f). Wiederum drängte die Mission auch alsbald zu den Heiden (Apg 1,8; 10,1f). Paulus schildert zwar das Heidentum in sehr düsteren Farben (Röm 1,18–32), aber er anerkennt es doch auch (Röm 1,5; 2,14; 3,29; 9,30; 15,9–12). In der Kirche achtet Paulus die Freiheit. Er will eine Entscheidung nicht aufdrängen, sondern einen Beschluß zusammen mit der Gemeinde fassen (1 Kor 5,3). Er will den Korinthern »keine Schlinge überwerfen« (1 Kor 7,35). Er fordert in Rom

Rücksicht auf die Schwachen in unwesentlichen Dingen des Glaubens (Röm 14,12). Die eindringliche Verkündigung der Freiheit in Christus und im Geist mußte sich auch als Freiheit der religiösen Entscheidung auswirken.

So darf man doch sagen, daß hier Neues beginnt und *Neues* Testament sichtbar wird. Dies gilt im Blick nicht nur auf Israel, sondern auch auf das Heidentum. Zwar galt hier der Grundsatz, daß jedes Volk seine Götter hat, und so wurden auch Religionen anderer Völker in ihren Grenzen respektiert. Doch Abweichungen innerhalb des Staates wurden nicht geduldet. Sokrates wurde angeklagt und verurteilt, »weil er die Jugend verderbe und Götter, welche der Staat verehrt, nicht verehre, sondern anderes, Dämonisches, Neues«[9]. Es mag uns schmerzlich sein, daß Platon in den *Gesetzen*[10] verlangt: Gottesleugner und Verehrer fremder Kulte werden im Gefängnis gehalten. In den Nächten werden sie von Mahnern besucht. Bleiben die Gefangenen bei ihrem Atheismus, sind sie mit dem Tod zu bestrafen. Die Stoa verlangte Tugenden wie Milde und Menschlichkeit *(clementia, mansuetudo, humanitas),* in deren Konsequenz auch religiöse Toleranz liegen konnte. Rom anerkannte die Götter fremder Völker und war sogar bereit, fremde Kulte in gewissem Umfang anzunehmen. Die Grenze der Toleranz und Religionsfreiheit zeigte sich jedoch in den Christenverfolgungen.

Diese Grundsätze staatlicher Religionspolitik blieben im Altertum gültig, auch, nachdem durch die Konstantinische Wende an die Stelle des Heidentums das Christentum als Staatsreligion getreten war. Im anschließenden Mittelalter änderte sich daran nichts. Die Kirche gebrauchte überlieferte Auffassung und Ordnung weiterhin. Auch Reformation und Gegenreformation veränderten hier nichts. Nach dem Grundsatz *cuius regio, eius religio* hatten allenfalls die Fürsten die Freiheit, die Konfession zu wählen, nicht aber die Untertanen. Kann man das der Kirche zum Vorwurf machen? Man kann beklagen,daß die Kirche durch die Inquisition die Bekämpfung der Ketzer mit großer Härte betrieb, wie schließlich auch, daß sie die Grundsätze der Toleranz und Religionsfreiheit mit Heftigkeit ablehnte, nachdem diese längst gemeinsame Überzeugung in alter und neuer Welt geworden waren.

Die Grundsätze der Religionsfreiheit wurden durch die Aufklärung von England aus seit dem 18. Jh. zur Geltung gebracht, dann durch die Französische Revolution als politische Forderung proklamiert. Wenn diese hieß:

---

[9] *Platon,* Apologie 24 B.

[10] Gesetze 907 D – 909 A.

Freiheit, Gleichheit, Brüderlichkeit, so ist kaum zu bestreiten, daß auch ursprünglich biblische Grundgedanken weiterwirken. Gilt dies offenkundig von einem Kampfwort wie Brüderlichkeit, so auch für Gleichheit und Freiheit. Der Impuls der Revolution wirkte sich auch in der Philosophie aus, wenn beispielsweise G. W. F. Hegel[11] nachdrücklich Freiheit lehrte und verlangte.

Päpste lehnten noch lange Glaubens- und Religionsfreiheit grundsätzlich ab; so Gregor XVI. in der Enzyklika *Mirari vos* (1832)[12], Pius IX. im *Syllabus* (1864) und wohl auch noch Pius XII. in der »Toleranzansprache« (1953). Die Erklärung des II. Vatikanischen Konzils über die Religionsfreiheit bemühte sich, heutigen Anschauungen nachzukommen.

Soziale Befreiung

Die Forderung der Freiheit wird heute nachdrücklich als Forderung der sozialen Befreiung erhoben. Jede Zeit und auch ihre Theologie bemühen sich, ihr Evangelium schon bei Jesus zu finden. So wird heute Jesus auch als Revolutionär proklamiert[13]. Jesus verteidigte nicht das, was man als kirchliche und als soziale Ordnung seiner Zeit bezeichnen könnte. In Fortsetzung prophetischer Verkündigung übte Jesus Kritik am Tempel (Mk 13,2; 14,58) wie am religiösen Betrieb im Tempel (Mk 7,11–13; 11,15–17; vielleicht auch Lk 10,31 f). Jesus wandte sich den religiös und sozial Deklassierten zu. Er hielt Mahl mit den Sündern wie mit den als politischen Kollaborateuren verachteten Zöllnern. Er anerkannte das Recht der Frauen, die in der Männergesellschaft als minderwertig galten. »Die Jünger wunderten sich, daß er mit dem Weibe redete« (Joh 4,27). Die Frau sollte in der Ehe Schutz haben. Darum lehnt Jesus den Scheidebrief ab (Mk 10,2–12). Mit all dem trat Jesus

[11] *Oeing-Hanhoff, L.*, Konkrete Freiheit. Grundzüge der Philosophie Hegels in ihrer gegenwärtigen Bedeutung, in: Stimmen der Zeit Bd. 187 (1970/71) 372–390.

[12] *Gregor XVI.* in der Enzyklika »Mirari vos«: »Aus der gänzlich verdorbenen Quelle des Indifferentismus erfloß die absurde und irrige Meinung oder vielmehr Verrücktheit, jedem Menschen sei Gewissensfreiheit zuzuerkennen und zu garantieren. Zu diesem höchst verderblichen Irrtum führte die volle und unbeschränkte Meinungsfreiheit, die zum Schaden der Kirche und des Staates sich überall hin ausbreitete und von der einige höchst unverschämt behaupten, sie gereiche der Religion zum Vorteil. Was für einen schlimmeren Tod gibt es für die Seele als die Freiheit des Irrtums? (Augustinus).«

[13] *Cullmann, O.*, Jesus und die Revolutionären seiner Zeit. Tübingen 1970; *Hengel, M.*, War Jesus Revolutionär? Stuttgart 1970.

in Gegensatz zum Pharisäismus, wie dies in der heftigen Anklagerede Mt 23 proklamiert ist. Die Rede wird – wie alle Reden im Matthäusevangelium – eine Komposition des Evangelisten sein. Dabei werden Worte Jesu in sie eingegangen sein. In ihrer Schärfe aber stellt sie wohl den Gegensatz zwischen Judentum und Jüngergemeinde dar als zwei Religionen, wie sie sich nach dem Jahre 70 konstituiert hatten. Man kann Jesus insofern revolutionär nennen, als entscheidend Neues mit ihm begann. Aber er war kein politischer oder sozialer Revolutionär, deren es damals in Palästina nicht wenige gab. Dies waren die Zeloten, die nicht zum wenigsten die politische Katastrophe des jüdisch-römischen Krieges und das Ende Jerusalems im Jahre 70 mitheraufführten. Jesus trennt sich von ihnen mit seinem Wort: »Gebet dem Kaiser, was des Kaisers ist, aber Gott, was Gottes ist« (Mk 12,13–17). Jesus lehnt alle Gewalt ab (Mt 5,38–48).

Am ehesten und mit Grund kann man im Lukasevangelium sozialkritische Forderung finden. Während die Seligpreisung Mt 5,3 spiritualisiert ist: »Selig, die Armen im Geiste«, lautet sie bei Lukas (6,20–25) unmittelbar: »Selig, ihr Armen, denn euer ist die Königsherrschaft Gottes.« Die Seligpreisungen sind ergänzt durch Weherufe: »Wehe euch, den Reichen.« In mehreren ihm eigenen Gleichnissen warnt Lukas vor Reichtum und Habgier, so im Gleichnis vom törichten Kornbauer (12,13–21), im Gleichnis vom ungetreuen, aber doch klugen Verwalter (16,1–12), im Gleichnis vom reichen Mann und armen Lazarus (16,19–31). Lukas nennt den Mammon einfachhin »ungerecht« (16,9). Der Sinn der Gleichnisse ist: »Ihr könnet nicht Gott dienen und dem Mammon« (16,13). Lukas betont auch besonders die Gemeinschaft Jesu mit den Frauen. Frauen sind Jesu Jüngerinnen (8,2f; 10,38–42), was für die Schulen der Rabbinen undenkbar war.

Nach Tod und Auferstehung Jesu blieb die Jüngergemeinde von zelotischen und revolutionären Bewegungen getrennt. In der drohenden Gefahr des jüdisch-römischen Krieges flüchtete sie, wie es scheint, in das Ost-Jordanland (Mk 13,14). Sie suchte aber – zunächst wenigstens – innerhalb der Gemeinde eine ideale Gütergemeinschaft zu verwirklichen (Apg 4,32). Sie wußte sich die Sorge für die Armen der Gemeinde aufgetragen. Einen bedeutsamen sozialen Neuanfang scheint das Neue Testament in den Verhältnissen der Frau zu setzen. In den christlichen Gemeinden waren die Dienste der Frauen anerkannt, wovon die Apostelgeschichte berichtet (1,14; 9,36; 16,14; 18,2.26). In den Briefen des Paulus sind Frauen ehrenvoll genannt (1 Kor 1,11; 16,19; Phlm 2). In den Grüßen an die Gemeinde in Rom dankt Paulus vielen Frauen als Mitarbeiterinnen (Röm 16,1–15). Im Gottesdienst hat die Frau wie der Mann das Recht der prophetischen Verkündigung und des liturgischen Gebetes (1 Kor 10,5). Wenn Paulus verlangt, daß die Frau in der Versammlung einen Schleier trage, so ist dies eine zeitbedingte Forderung. Paulus hat Mühe, sie zu begründen; daher die vielen verschiedenen Argumente (1 Kor 10,6–16). Dazu steht freilich im Gegensatz 1 Kor 14,34f: »Die Frauen sollen in der Kirche schweigen. Es ist ihnen nicht erlaubt, zu sprechen, sondern sie sollen untertänig sein.« Die Stelle des Verses ist textkritisch unsicher; er erscheint teils nach Vers 40. Ein solcher Befund ist oft ein Indiz späterer Einfügung. In der Tat wäre der Widerspruch zu 1 Kor 10,5 nur schwer auszugleichen. So ist es sehr begründet, anzunehmen, daß 14,34f zunächst eine Notiz auf dem Rand war, die später in den Text eingefügt wurde. Dies geschah dann vielleicht gemäß 1 Tim 2,12 oder jedenfalls im Geiste dieses Textes, der besagt: »Zu lehren gestatte ich einer Frau nicht, noch über den Mann zu herrschen; sondern sie soll in der Stille bleiben.« Falls 1 Tim (wie die Pastoralbriefe) etwa um 100 zu datieren ist, läßt 1 Tim 2,12 erkennen, daß die hohe Schätzung, die der Frau in den frühesten Schriften des Neuen Testamentes zugesprochen ist, schon in spätapostolischer Zeit gemindert wurde.

Die Kirche des Neuen Testamentes erwartete die baldige Ankunft der Königsherrschaft Gottes, die die neue Welt heraufführen sollte. Schon deshalb konnte das Neue Testament eine Änderung durch menschliche Revolution nicht ausrufen oder anstreben. Wohl aber wirkten sich die im Evangelium verkündeten Inhalte der Freiheit von Anfang an aus. In der Tat sind im Evangelium immer echte politische und soziale Grundwerte mitgesetzt.

Frauen in der Heiligen Schrift

1. Altes Testament

Ideale Schöpfung

Auf den ersten Seiten der Heiligen Schrift steht in der Geschichte der Schöpfung ein bedeutsamer, nie überholter Beitrag zum Thema »Frau in der Heiligen Schrift«. Diese Geschichte wird zweimal berichtet, und beide Male muß die Frau genannt werden. Der ältere Bericht ist Gen 2,4b–25. Er gehört der Kultur des Salomonischen Königreiches, ja wohl dem Hof dieses Königs zu und dürfte im 10./9. Jahrhundert vor Christus geformt sein. In diesem Schöpfungsbericht wird zuerst der Mann erschaffen. Die Gedanken des Schöpfers aber sind: »Es ist nicht gut, daß der Mensch allein sei. Ich will ihm eine Hilfe machen, die ihm entspricht.« Gottes Fürsorge gibt dem Menschen die Hilfe und den Trost der Gemeinschaft der Frau. Die Frau ist nicht dem Mann untergeordnet, sondern ihm gleichgestellt zu gemeinsamem Leben und Werk. »Und Gott bildete ein Weib aus der Rippe des Menschen.« Der Erzähler deutet: »Deswegen verläßt ein Mann seinen Vater und seine Mutter und hängt seinem Weib an. Und sie werden ein Fleisch.« Der übermächtige Drang der Geschlechter wird damit erklärt. Mann und Frau sind auseinander genommen und drängen wieder zu *einem* Fleisch zusammen. »Fleisch« bedeutet aber in biblischer Sprache nicht nur das sinnenhaft greifbare Fleisch, sondern den ganzen Menschen (Lk 3,6f). Mann und Frau werden in innigster Gemeinschaft wieder *eine* einzige Person.

Die Geschichte von der Erschaffung der Frau mag erinnern an eine Erzählung des griechischen Philosophen Platon (im 4. Jh. v. Chr.): Wie die runde Kugel überhaupt die Gestalt der Vollendung ist, hatten auch die Menschen ursprünglich Kugelgestalt als mann-weibliche Wesen mit vier Füßen, vier Händen und zwei Gesichtern. Sie waren damit von gewaltiger Stärke und Kraft, so daß sie sich den Weg zum Himmel der Götter erzwingen wollten. Zeus beschloß, den Menschen, um sein Wesen zu schwächen, in zwei Hälften zu teilen. Er bildete die Menschen nun je als Hälften mit zwei verschiedenen Geschlechtern, wie sie jetzt leben. Die beiden Teile aber streben wieder zur Einheit zusammen. »Seit so langer Zeit also ist den Menschen die Liebe zueinander angeboren. Sie führt das ursprüngliche Wesen zusammen und ist bestrebt, aus zweien eins zu machen und der menschlichen Natur Heilung zu schaffen.«

Diese Begegnung von Zeichenhaftigkeit und Geistigkeit zwischen Israel und dem Griechentum ist höchst merkwürdig. Wurde der Mythos von Trennung und Einigung von Mann und Frau zweimal gefunden, oder stammt er beide Male aus einem gleichen Urgrund, den wir nicht mehr zu erkennen vermögen?

Eine solch innige Verbundenheit ist nur möglich zwischen *einem* Mann und *einer* Frau. So ist hier, wenn auch nicht mit Worten ausgesprochen, so doch in Wirklichkeit dargestellt das Ideal der Einehe. So wird der Text auch im Neuen Testament verstanden (Mk 10,8f; Eph 5,32).

Im jüngeren Schöpfungsbericht (Gen 1,1–2,4a), der wohl im 6./5. Jahrhundert vor Christus niedergeschrieben wurde, wird die Erschaffung des Menschen so geschildert: »Gott schuf den Menschen nach seinem Bild ... Als Mann und Weib schuf er sie.« Mann und Frau sind in gleicher Weise unmittelbar von Gott geschaffen, beide nach Gottes Bild. Beide haben vor Gott gleiche Würde und gleiches Recht. In der Zweigeschlechtlichkeit von Mann und Frau ist der *eine* Mensch. In der älteren wie in der jüngeren biblischen Schöpfungsgeschichte bezeugt sich eine sehr hohe Schätzung der Frau. Sie ist gleichberechtigt mit dem Mann, und beider Gemeinschaft erst schafft das ganze Menschsein des Menschen. Eine solche Achtung der Frau ist in der damaligen Umwelt der Bibel etwas ganz Außerordentliches. Unsere Zeit und heutige menschliche Kultur kann nicht wesentlich Höheres sagen.

Sünde und Schuld

Die Heilige Schrift hat weiter von Versuchung und Schuld der ersten Menschen im Paradies zu berichten (Gen 3). Der Mensch löst sich, indem er Gottes Gebot mißachtet, von der Fürsorge und Ordnung, die Gott zu seinem Heil gegeben hat. Die selbstergriffene, vermeintliche Freiheit des Menschen wird sein Unheil. Mann und Frau aber stellen sich, wie vorher in der Gemeinschaft der Gnade, so nun in der Gemeinschaft der Schuld und des daraus folgenden Unheils und auch des gemeinsamen Ertragens dar. Menschen wie Schlange müssen den Spruch der Strafe erfahren.

Die Erzählung will damit die rätselhaften Umstände erklären, in denen sich der Mensch in der Mühsal seines Lebens vorfindet. Das Leben der Frau ist in der Mutterschaft, die doch die Erfüllung ihres Lebens ist, mit Beschwerden und Schmerzen belastet. Das Verhältnis von Mann und Frau ist nicht mehr gleichgeordnet. Das Weib ist dem Mann als dem Herrn unterworfen, und es begehrt noch dieses Verhältnis: »Nach deinem Mann wird dein Verlangen gehen. Er aber wird über dich herrschen« (Gen 3,16). Die Heilige Schrift sagt also, daß die Unterordnung des Weibes unter den Mann, wie sie in vielen Völkern und Kulturen als selbstverständlich gelten mag, Verderbtheit einer ursprünglich idealen Schöpfung ist, in der Mann und Weib gleichberechtigt waren.

Die Erzählung fährt fort: »Adam nannte sein Weib Eva (d. h. Leben). Denn sie wurde die Mutter des Lebens« (Gen 3,20). Und nach der Geburt des ersten Sohnes, des Kain, spricht Eva: »Ich habe einen Mann geschaffen wie Gott selbst« (Gen 4,1). So wird doch weiter von der Mutterschaft als immerwährendem Ursprung des Lebens mit hohen Worten gesprochen (im Gegensetz zum Fluch: Gen 3,16).

Israel wie die anderen Völker haben das biblische Ideal der Schöpfung nicht zu bewahren und zu verwirklichen vermocht. Auf Israel wirkten, wie die Rechtsgeschichte nachweisen kann, Vorstellungen anderer orientalischer Völker ein, in denen die Frau neben dem Mann minderen Rechtes war.

Ehe als Rechtsverhältnis

Die Ehe ist im Alten Testament Rechtsverhältnis wie Liebesverhältnis. In den Zehn Geboten steht das strenge Gebot: »Du sollst nicht die Ehe brechen« (Ex 20,14; Dtn 5,18). Der Mann begeht Ehebruch, wenn er in eine fremde Ehe einbricht; ihm selbst ist jedoch gesetzliche Mehrehe, überdies außereheliche Verbindung, insbesondere etwa mit einer Sklavin oder einer Kriegsgefangenen gestattet. Die Frau ist an den *einen* Ehemann gebunden. Der Mann ist Herr und Eigentümer der Frau. Sie spricht den Gatten als »Herr« an (Gen 18,12; 1 Petr 3,6), wie der Sklave den Herrn und der Untertan den König anredet. Dem Mann war die Scheidung von der Frau durch eine von ihm ausgesprochene Entlassung immer möglich.

Es war ein Fortschritt zugunsten der Frau, daß der Scheidebrief vorgeschrieben wurde (etwa im 8. Jh. v. Chr.: Dtn 24,1–4). Nun mußte der Mann schreiben und damit bedenken, was er tat. Die entlassene Frau aber konnte wenigstens ihre Freiheit, eine neue Ehe einzugehen, nachweisen. Die Theologen und Juristen, die in Israel die gleichen Personen waren, fanden freilich immer mehr Scheidungsgründe, schließlich den, daß dem Mann eine andere Frau besser gefiel als die seine. So konnte der Mann eine Ehefrau jederzeit legalerweise entlassen.

Das gesetzesfromme Judentum fand sich freilich mit solcher Leichtfertigkeit nicht ab. Es verlangte stets mehr, nämlich voreheliche Keuschheit und eheliche Treue. Dies bezeugt sich in vielen Mahnungen des Alten Testamentes (Spr 2,16–19; 5,3–23; 6,20–7,27; 23,27f). Ehescheidung und Scheidebrief wurden von Glauben und Gewissen Israels nicht gleichgültig hingenommen. Der Prophet Maleachi (2,14–16) klagt (wohl im 5. Jh. v. Chr.), daß Gott die Opfer nicht mehr annimmt. »Warum? Weil der Herr Zeuge gewesen ist zwischen dir und dem Weib deiner Jugend, dem du die Treue gebrochen hast, da sie doch deine Gefährtin und dein dir verbundenes Weib ist. Hat er sie beide nicht zu *einem* Wesen gemacht mit Fleisch und Odem? ... Ich hasse die Scheidung, spricht der Herr.« Mit sparsamen Worten ist hier das Erlebnis des Glückes der verpflichtenden ersten Liebe angedeutet, deren Zeuge Gott war und bleibt.

Lehrer Israels aber sagen: »Wenn einer seine erste Frau verläßt, vergießt der Altar (vor dem die Ehe geschlossen wurde) Tränen.« Oder: »Du sollst nicht ehebrechen, nicht mit der Hand, nicht mit dem Auge, nicht im Herzen.«

Ehe als Liebesverhältnis

Das Alte Testament weiß auch von der Ehe als Liebesverhältnis. In der Schöpfungsgeschichte begrüßt der Mensch, nachdem er allen Tieren Namen gegeben hat, entzückt das Weib, das Gott ihm zuführt: »Dies ist nun endlich Gebein von meinem Gebein und Fleisch von meinem Fleisch« (Gen 2,23). Der Jubel bräutlicher Freude ist danach das erste Wort, das zwischen Menschen je gesprochen wurde. Aus dem Leben der Patriarchen wird erzählt, daß Isaak sein Weib Rebekka »liebgewann. So tröstete er sich über seiner Mutter Tod« (Gen 24,67). Und von Jakob ist gesagt: »Rahel war schön von Gestalt und Angesicht. Und Jakob hatte Rahel lieb.« Die sieben Jahre des Dienstes um sie »kamen ihm vor wie wenige Tage. So lieb hatte er sie« (Gen 29,1–30).

Die alttestamentliche Bibel kennt auch das Liebes- und Hochzeitslied.

Beispiel eines solchen ist Psalm 45, der die Hochzeit zwischen König und Königin besingt. Das Lied mag geschaffen sein aus Anlaß einer geschichtlichen Königshochzeit oder aber für den idealen König überhaupt. Dann kann in der Gestalt des Königs zuletzt der Messias erscheinen. Im Neuen Testament wird das Lied auf die Verbundenheit Christi und der Kirche gedeutet (Hebr 1,8f).

Mit dem »Hohen Lied« hat Israel zur Liebesdichtung aller Völker einen sehr hohen Beitrag geleistet. Das Lied beschreibt ein leidenschaftliches, glückliches und sich erfüllendes Leben im Rahmen schöner Natur. Wie Leib und Leben, so ist die Liebe als Gabe des Schöpfers angenommen und ihm verdankt. (Das Lied ist ursprünglich ein echtes Liebeslied und wurde erst nachträglich geistig auf die Liebe Gottes zu Israel oder – wie in christlicher Zeit – auf die Liebe Christi zur Kirche oder zur Seele gedeutet.)

Bräutliche und eheliche Liebe werden erhöht, da sie Bild der Liebe Gottes zu seinem Volk werden. Der Prophet Hosea (um 700 v. Chr.) hat dafür Bild und Wort geschaffen. Gott spricht zu Israel: »Ich verlobe dich mir auf ewig, ich verlobe dich mir in Recht und Gerechtigkeit, in Güte und Erbarmen, ich verlobe dich mir in Treue, so daß du deinen Gott erkennst« (Hos 2,19). »Als Israel jung war, gewann ich es lieb« (Hos 11,1). Trotz aller Untreue und Schuld Israels bleibt Gottes Liebe. Jeremia (2,2) hat Israel als Wort Gottes zu sagen: »Ich gedenke es dir, wie du mir hold warst in der Jugend, wie du mich liebtest in deiner Brautzeit, wie du mir folgtest in der Wüste.« »Wie der Jüngling sich der Jungfrau vermählt, so vermählt sich dir dein Erbauer. Wie der Bräutigam sich über die Braut freut, so freut sich über dich dein Gott« (Jes 62,5).

Das Bild von der bräutlichen Liebe Gottes zu seinem Volk setzt sich fort im Neuen Testament als Aussage der Liebe Christi zur Kirche (Mk 2,19f; 2 Kor 11,2; Eph 5,25–27; Offb 22,17).

Von der Stellung der Frau außerhalb der Ehe mag folgendes erwähnt werden. Zwar gab es in Israel nie Priesterinnen des Gottes Jahwe, wie es in anderen Völkern Priesterinnen vor allem für Göttinnen gab (in Ägypten für Isis, in Griechenland für Hera, in Rom für Vesta). Doch war die Frau in Israel keineswegs von religiöser und kultischer Feier ausgeschlossen. Frauen nahmen teil an religiösen Volksfesten (Dtn 12,12; 2 Sam 6,19). Sie feierten kultische Reigen (Ex 15,20f; Ri 21,21) und mit Männern zusammen Prozessionen (Ps 68,28). Das Gesetz sollte alle sieben Jahre vor dem ganzen Volk, »vor Männern, Frauen, Kindern und Fremden vorgelesen werden, daß sie es hören und lernen« (Dtn 31,11f). Die Rabbinen hielten es freilich später für unnütz, die Frau das Gesetz zu lehren. In der Synagoge waren die Frauen (und sind es bis heute) auf die Empore verwiesen. Das Osterfest des Pascha war im Anfang ein Fest der ganzen Familie (Ex 12,3f), während zur Zeit des Neuen Testamentes die Frauen davon ausgeschlossen waren.

Das Buch der Sprichwörter (31,10–31) schließt mit dem Preis der Gattin. Zuerst werden gerühmt ihre Treue und ihre Sorge um Gatten und Kinder. »Ihr vertraut ihres Gatten Herz.« Er kann als Ratsherr und Richter dem Gemeinwohl dienen, da die Gattin als freie Herrin wie als freudige Helferin im Hause waltet und seine Güter mehrt. Sie sorgt für alle, für das Gesinde zuerst, aber auch für Arme und Bedürftige draußen. »Sie ist angesehen in den Toren der Stadt.« Hoheit, Weisheit und Gottesfurcht zeichnen sie aus. Ideal und Wirklichkeit der Frau sind in einem hohen Lied dargestellt. Es ist ein außerordentliches Zeugnis für Ansehen und Freiheit der Frau in Israel etwa im 4. Jh. v. Chr. In der ganzen antiken Welt findet sich ähnliches nicht.

Immer wieder werden in Israel Prophetinnen genannt, die Gottes Wort zu verkünden und im Volk des Rechtes zu walten hatten. Eine solche Prophetin war in der Zeit der Richter (etwa im 12. Jh. v. Chr.) Deborah. In schwerer Zeit, ja in Kriegen war sie anerkannte Führerin des Volkes. Noch lange zeigte man im Gebirge die Palme, unter der sie Recht gesprochen hatte (Ri 4,4).

Prophetin war Mirjam, die Schwester des Mose, die nach dem Durchzug durch das Rote Meer den Siegesreigen der Frauen anführte und das Siegeslied sang (Ex 15,20). Von einer letzten Prophetin in Israel berichtet das Neue Testament. Als das Kind Jesus 40 Tage nach der Geburt in den Tempel gebracht wurde, war dabei auch »die Prophetin Hanna. Sie pries Gott und sprach zu allen über den Messias« (vgl. Lk 2,36–38).

2. *Neues Testament*

Evangelien

Das Neue Testament ist wahrhaft neuer Anfang und »neue Schöpfung« (2 Kor 5,17) auch für die Frau. Bei den Juden galt es – und dies vor allem für einen Rabbi – als unschicklich, mit Frauen in der Öffentlichkeit zu sprechen. Ein Rabbi wie andere schien der Jesus zu sein, der mit seinen Jüngern durch die Dörfer und Städte Galiläas wanderte. Da war es ganz außerordentlich, daß unter den Jüngern Jesu Frauen waren: »Es begleiteten ihn auch einige Frauen, die er von bösen Geistern und Krankheiten geheilt hatte; so Maria Magdalene ..., Johanna, die Frau des Chuzas, eines Beamten des Herodes, und Susanna und viele andere, die ihm mit ihrem Vermögen dienten« (Lk 8,1–3). Die Evangelien (Mk 15,40–47) wie die Apostelgeschichte (2,44) berichten, daß diese Frauen aus Galiläa auch zu den treuen Jüngerinnen Jesu in Jerusalem gehörten. Die Frauen hatten Recht und Würde in der Gemeinde Jesu und damit in der Öffentlichkeit.

Die Evangelien nach Lukas (10,38–42) wie nach Johannes (11,1–12,3) berichten vom Haus der Geschwister Marta, Maria und Lazarus in Betanien, wo Jesus gerne zu Gast war. Die Erzählungen des Evangeliums bekunden die tiefe menschliche Verbundenheit, in der Jesus Trauer und Tod um Lazarus durch ein großes Wunder überwand und sich selbst als die Auferstehung und das Lebend kundmachte. Das Johannesevangelium (4,1–42) erzählt die Begegnung Jesu mit der Frau aus Samarien, in der Jesus sich als Messias offenbarte. Die Jünger waren in die Stadt gegangen, und da sie zurückkamen, »wunderten sie sich, daß Jesus mit einer Frau sprach«.

Die Lehrer Israels vermieden allerdings das Gespräch mit der Frau in der Öffentlichkeit. Christus begegnet Mann und Frau mit seinem Ruf, wie er will. Für selbstgerechtes Urteil war es nur schwer erträglich, daß Jesus auch Frauen, die im Volk als Sünderinnen abgelehnt wurden, annahm und ihnen das Heil des Glaubens zusprach (Lk 7,36–50; Joh 8,3–11). Die Osterberichte (Mt 28,9f; Joh 20,11–18) sagen, daß Christus als ersten den Jüngerinnen erschien und sie beauftragte, das Zeugnis des Osterglaubens den Aposteln zu verkünden. Die Väter zeichnen diese Frauen aus mit den Ehrentiteln »Apostel für die Apostel«, »priesterlich geweiht durch den Glauben«. Christus wird Erlöser auch der Ehe. Mit Berufung auf die Schöpfungsordnung Gottes stellte Jesus das Ideal der Ehe als dauernde Lebens- und Liebesgemeinschaft unter Ablehnung aller Ehescheidung wieder her (Mk 10,6). Jesus bringt damit das Recht der Frau gegenüber der Machtausübung des Mannes und aller durch die Theologen und Juristen legitimierten Willkür wieder her. Das Kind ist als das hohe Gut der Ehe dargestellt, wenn bei Markus (10,13–16) wie bei Matthäus (19,13–15) auf die Sprüche über Ehe und Ehescheidung die Erzählung von der Segnung der Kinder folgt.

Apostelgeschichte

Gemäß dem neuen Beginn im Evangelium berichtet die Apostelgeschichte von der Urgemeinde, daß Frauen in ihr geachtet und geschätzt waren. Die auf die Geisterfüllung wartende Gemeinde wird so beschrieben: »Die Apostel verharrten einmütig im Gebet, gemeinsam mit den Frauen, mit Maria, der Mutter Jesu, und seinen Brüdern« (Apg 2,14). Petrus verkündet in seiner Pfingstpredigt die Worte des Propheten Joël (2,18f) als erfüllt: »Ich werde meinen Geist auf alles Fleisch ausgießen ... Eure Söhne und eure Töchter werden prophetisch verkünden ... ich werde auf meine Knechte und Mägde von meinem Geist ausgießen, und sie werden prophetisch reden« (Apg 2,14–26). Mann und Frau sind in gleicher Weise zu prophetischem Dienst und Amt in der Kirche berufen.

Die Apostelgeschichte bewahrte Namen von Frauen der frühesten Jüngergemeinde. Tabita war in Joppe sorgende Wohltäterin der Gemeinde (9,36–43). Lydia, die reiche Purpurhändlerin in Philippi, nahm in ihrem Haus die Apostel und die Gemeindeversammlung auf (16,13–40). In Cäsarea hatte der Diakon Philippus vier jungfräuliche Töchter, die in der Gemeinde Prophetinnen waren (21,8f). Immer wieder wird mit hoher Achtung das judenchristliche Ehepaar Aquila und Priszilla genannt. Sie waren Helfer und Lehrer der Gemeinden in Korinth wie in Ephesus (18,2–28). – Die christliche Gemeinde versammelte sich von Anfang an in Hausgemeinden (Apg 2,46; 18,7; 20,8.20). Dabei werden auch immer die Frauen des Hauses genannt (Apg 12,12; 16,40; 1 Kor 14,34f; Phlm 2). Sie trugen mit Sorge für Gottesdienst und Liebesdienst in ihrem Haus wie in der Gemeinde. Der Kolosserbrief (4,15) sagt: »Grüße die Brüder in Laodizea und die Nympha und die Gemeinde in ihrem Haus.« So lesen die älteren Handschriften; die jüngeren jedoch: »den Nymphas und die Gemeinde in seinem Haus«. Der ältere Text wird der ursprüngliche sein. Er wurde geändert, wohl weil es ungewöhnlich schien, daß eine Frau als Vorsteherin einer Gemeinde genannt wurde.

3. Paulus

Ehe

Auch die Briefe des Apostels Paulus bieten ein mannigfaches und bedeutsames Zeugnis über die Frau in der Kirche. Bei der großen Wichtigkeit dieser Fragen muß sich Paulus grundlegend mit der Ehe befassen. Er tut dies ausführlich vor allem in 1 Kor 7. Paulus antwortet dabei auf Fragen, die ihm in einem Brief der Korinther gestellt waren (1 Kor 7,1; 16,17). Es gab in Korinth – neben einer doch wohl verständigen Mitte – gegensätzlich extreme Auffassungen. Einige meinten, da dem Getauften der Geist geschenkt sei, bedeute der Leib nichts mehr und Unzucht sei gleichgültig. Andere aber meinten, das christliche Ideal sei bestimmt von Verzicht auf Ehe und Geschlechtlichkeit. Vielleicht waren solche Tendenzen nicht nur durch christliche Geistigkeit bestimmt, sondern auch durch Ehemüdigkeit und Ehepessimismus, die in der Spätantike, wie bisweilen in überreichen und überreifen Kulturen, etwas wie Mode wurden.

Dem Juden und Rabbi Paulus ist die Ehe Stiftung Gottes und darum gut, wie er auch im Römerbrief (7,1–3) sagt, daß die Ehe Gottes Gesetz ist. Die Ehegatten sollen einander nicht der ehelichen Gemeinschaft berauben (1 Kor 7,5). Ehelosigkeit ist eine Gnadengabe für einzelne (1 Kor 7,7). Paulus warnt vor allem Zwang, der doch nur zum Unheil führt: »Es ist besser zu heiraten, als zu brennen« (1 Kor 7,9). Gemäß dem Wort Christi lehnt Paulus Ehescheidung grundsätzlich ab (1 Kor 7,10f). Paulus rät deshalb – freier als jüdische Lehre, die Mischehen zwischen Juden und Heiden ablehnte – zum Verbleiben in Ehen zwischen Christen und Heiden, wenn es in Frieden möglich ist. Dieser ist freilich das höchste Gut, höher auch als starres Recht.

Paulus spricht der Ehe die Kraft zu, daß »der ungläubige Mann durch die Frau geheiligt ist und die ungläubige Frau durch den (christlichen) Bruder«. Das Heil Christi ist stärker als das Unheil des Bösen (1 Kor 7,12–17). Paulus erwartet die baldige Wiederkunft Christi. Vor dieser herandrängenden Entscheidung werden alle Werte des Lebens relativ. »Die Zeit der Welt ist zusammengedrängt. Darum sollen, die Frauen haben, sein, als hätten sie diese nicht; die Käufer, als behielten sie nichts; die diese Welt nützen, als benützten sie diese nicht. Denn die Gestalt dieser Welt vergeht« (1 Kor 7,29–31).

Die Kirche lebt immer in der Erwartung wie schon in der Gegenwart der Ankunft Gottes in Gericht und Gnade. Die Ehelosigkeit ist jener Stand in der Kirche, der diese Erwartung in besonderer Weise zeichenhaft ausdrückt. Paulus beschreibt endlich einmal die Ehelosigkeit als Möglichkeit, ganz dem Herrn zu gehören. Der Ehelose denkt an die Dinge des Herrn und wie er ihm gefalle. Der Verheiratete denkt an die Dinge der Welt und wie er dem Gatten gefalle (1 Kor 7,32–34). Wollten wir dazu fragen, wie dies schon der Kirchenvater Clemens von Alexandria um das Jahr 200 als einer der frühesten Ausleger der Worte des Paulus tut: »Ist es nicht möglich, in Einklang mit Gott der Frau zum Gefallen zu leben und zugleich Gott zu danken? Ist es nicht auch dem Verheirateten erlaubt, gemeinsam mit der Gefährtin die Sache des Herrn im Sinn zu haben?«

Klingen vielleicht manche Worte des Paulus in 1 Kor 7 karg, so sei auch ein anderes, früheres Wort des Apostels angeführt, wo er von der Ehe als heiligem Stand spricht: »Das ist der Wille Gottes, eure Heiligung, daß ihr euch enthaltet der Unzucht, daß ein jeder von euch darauf achte, seine Frau in Heiligung und Ehrbarkeit zu gewinnen« (1 Thess 4,3–5). Sagt Paulus hier, daß die Ehe ein beständiges Werben um den Gatten sein muß, um ihn zu gewinnen? – Übrigens bekundet Paulus eben im 1. Thessalonicherbrief (4,13–18) die drängende Erwartung der Ankunft Christi. Anders als im 1. Korintherbrief sagt Paulus nichts davon, daß dadurch das hohe Gut der Ehe in Frage gestellt würde.

Der Brief an die Epheser (5,22–33) – der Brief steht unter dem Namen des Paulus, stammt aber schwerlich unmittelbar von ihm – deutet die Ehe tief mystisch: »Wie die Kirche Christus untertan ist, so sollen dies auch die Frauen ihren Männern in allem sein. Ihr Männer, liebet eure Frauen, wie Christus die Kirche geliebt und sich für sie hingegeben hat, sie zu heiligen.« Jede Ehe in der Kirche erinnert an die Liebe, die Christus mit der Kirche eint, ja, sie stellt diese Liebe dar, macht sie sichtbar und verwirklicht sie. Ist Ehelosigkeit Zeichen der eschatologischen Erwartung Christi, so ist die Ehe Zeichen der schon gegenwärtigen Verbundenheit und Erfüllung.

Schwestern

In den Evangelien wissen sich die Jünger als Brüder und Schwestern Jesu (Mk 3,34f) und danach als eine große Familie (Mk 10,29f). In den Briefen des Neuen Testamentes heißen die Christen »Brüder« (Röm 1,13; 1 Kor 1,10; Gal 1,11) und Schwestern (Röm 16,1; 1 Kor 9,5; Phlm 2; Jak 2,15), und sie sprechen sich so an. Heute ist diese Anrede nur noch gegenüber Ordensbrüdern und Ordensschwestern üblich. In der Welt hat sich dieser Sprachgebrauch aber bis heute erhalten, wenn wir auch eine uns ganz fremde Krankenpflegerin als Schwester anreden dürfen.

Für die Kirche bedeutsam ist und bleibt, was Paulus vom Amt, Auftrag und Dienst der Frau in der Kirche sagt. Allen Texten voran bekundet dies die Liste der Grüße im letzten Kapitel des Römerbriefes (16,1–16), in dem viele Frauen mit ehrenden Titeln genannt sind. Zuerst Phöbe, die Diakonin der Kirche ist und die »vor vielen stand«, also vielen Helferin und Schützerin geworden ist, auch für Paulus selber. Sodann nennt Paulus das Ehepaar Priska und Aquila als »Mitarbeiter in Christus«. Weiterhin benennt Paulus unter 16 Personen acht Frauen mit Namen, die in der Mission der Kirche »sich abgemüht haben«. Die Mutter des Rufus ist für Paulus selbst »zur Mutter geworden«. Auch der ruhelose Wanderer Paulus schätzt die Sorge einer Frau.

In Kor 11 und 14 handelt Paulus vom Gottesdienst in Korinth. Dabei sagt Paulus in gleicher Weise von Mann und Frau, daß sie in der Kirche »beten und prophetisch reden« (1 Kor 11,4f). Dieses Gebet ist nicht nur das persönliche und private Gebet, sondern das öffentliche liturgische Gebet in der Versammlung der Gemeinde, insbesondere beim Herrenmahl. Die Prophetie aber ist die geisterfüllte Predigt. Mann und Frau haben in der Kirche (gleichen) priesterlichen Dienst. Es ist unwesentlich, wenn Paulus will, daß die Frau jüdischer Sitte gemäß in Gemeinde und Öffentlichkeit den Schleier tragen soll (1 Kor 11,5–16).

Wenig später heißt es freilich im gleichen ersten Korintherbrief (14,34–36): »Die Frauen sollen in den Gemeindeversammlungen schweigen. Wollen sie aber etwas lernen, so sollen sie zu Hause ihre Männer fragen.« Dieses Wort ist mit dem früheren in 1 Kor 14,4f kaum in Einklang zu bringen. Die Verse 14,34–36 unterbrechen den Zusammenhang, der in 14,34f und 14,37 von den Gemeindepropheten handelt. Die Verse 14,34–36 stehen in den alten Handschriften an verschiedenen Stellen, teils nach 14,33, teils nach 14,40. Ein solcher Befund mag damit zu erklären sein, daß 14,34–36 ursprünglich auf dem Rand ergänzt und später in den fortlaufenden Text da oder dort eingetragen wurde. Überdies scheinen 14,34–36 einige unpaulinische Wörter zu gebrauchen. Aus diesem Grund ist die Exegese immer mehr der Meinung, 14,34–36 stammten nicht von Paulus, sondern seien später dem Text zugefügt worden, als die Rechte der Frau in der Kirche beschränkt wurden und sie auch nicht mehr das Recht der Lehre im Gottesdienst, ja überhaupt nicht mehr in der Gemeinde hatte (1 Tim 2,12: »Zu lehren gestatte ich der Frau nicht«).

4. *Pastoralbriefe*

Unter dem Namen des Paulus stehen im Neuen Testament zwei Briefe an Timotheus und ein Brief an Titus (die »Pastoralbriefe«). Sie stammen schwerlich von Paulus selbst, sondern von einem Schüler des Apostels, der die Lehre des Paulus neuen Verhältnissen und Zeiten entsprechend weiterführen wollte. Die Briefe mögen um das Jahr 100 anzusetzen sein. Diese Briefe lassen nun auch Veränderungen in der Kirche hinsichtlich der Stellung der Frau erkennen. Ein neuer, durchaus angesehener Lebens- und Berufsstand bildet sich in der Kirche, der Stand der Witwen. Sie leisten in der Gemeinde den Dienst der Fürbitte, der Fürsorge und Hilfe und erhalten dafür den Unterhalt (1 Tim 5,3–16). In einem späteren Text (um 300) ist von den Witwen gesagt, daß sie »am Sonntag mit Diakonen die Kranken besuchen sollen«. Es beginnt in der Kirche jene Fürsorge für die Kranken, in der Frauen als »Ordensschwestern« für Kirche und Gesellschaft größte Dienste geleistet haben. Als Dank und Ehrung erhielten diese Frauen einst im Gottesdienst ihre Plätze nach dem Bischof und den Priestern.

Die Pastoralbriefe lassen erkennen, daß – vielleicht außerkirchliche wie kirchliche – asketische Bewegungen, die schon Paulus in Korinth zu bestreiten hatte (s. oben), gefährliche Lehren verbreiteten. Sie forderten Fasten von Speisen und Enthaltung von der Ehe (1 Tim 4,1–4). Die Pastoralbriefe wehren dem als einer Abwertung und Verleugnung der doch guten Schöpfung Gottes. Aus diesem Gegensatz ist die Mahnung der Pastoralbriefe zu verstehen: »Die Frau wird gerettet durch Kindergebären, wenn sie in Glaube und Liebe und Heiligung verharrt in Zucht« (1 Tim 2,15). Dies meint nicht, die Frau solle sich im Gebären erschöpfen; sie werde dafür selig werden. Wohl aber sagt der Brief, daß die Werke der Ehe, in Glaube und Liebe getan, heilig sind und Heil schaffen. Die Pastoralbriefe sagen jedoch auch: »Zu lehren gestatte ich der Frau nicht, auch nicht, sich über den Mann zu erheben« (1 Tim 2,1). So müssen allerdings die Dienste der Frau in der Kirche zurücktreten. Hat jüdisches Herkommen die Freiheit in der Kirche wieder beschränkt?

In jüngster Zeit wird die Frage des Priesteramtes der Frau in der Kirche gestellt. Das rechtlich ausgebildete Priesteramt ist in der Kirche nun fast 2000 Jahre lang durch Männer wahrgenommen worden. Dadurch hat es zum wesentlichen Teil Form, Gestalt und Inhalt. Diese Geschichte hat Gewicht und Recht. Eine Änderung bedürfte der Bemühung in der Gemeinschaft des Glaubens, der Lehre, der Liebe. Immerhin mag folgendes bedacht werden: Wenn ursprünglich ein gemeinsames Priesteramt der Kirche ist (1 Petr 2,5; Offb 1,6) und das besondere priesterliche Amt jenes allgemeine ausspricht und gegenwärtig setzt, kann man wohl fragen, ob dieses dem Mann vorbehalten sein müßte. Die Kirche ist im Neuen Testament als Jungfrau vorgestellt (2 Kor 11,2f). Die Kirche ist geheimnisvolle Wirklichkeit in der ehelichen Liebe von Mann und Frau (Eph 5,31). Als das himmlische Jerusalem ist die Kirche wunderbar gesegnete Mutter (Gal 4,26). Wenn die Kirche symbolisch in der Gestalt der Frau dargestellt werden kann, kann sie dann nicht auch im priesterlichen Amt durch eine Frau dargestellt werden?

Durch Jahrhunderte wurden in der Ostkirche im Altertum Frauen zu Diakoninnen geweiht und damit in den Klerus aufgenommen. Mit Berufung darauf hat die »Synode der Bistümer in der Bundesrepublik Deutschland« vor einigen Jahren in einem Antrag nach Rom an den Heiligen Vater die Bitte gerichtet, es möchte Frauen, die mit so vielen diakonalen Diensten in der Kirche betraut sind, wieder die Diakonsweihe erteilt werden, damit sie den Auftrag aus der Amtsgnade wahrnehmen können.

Eine Kirchenordnung aus dem Beginn des 3. Jahrhunderts (Apostolische Didaskalie 3,16,2) sagt: »Für viele Aufgaben bedürfen wir des Dienstes der Frau.« Galt das für damals, so gilt es sicher auch für heute.

Nachtrag: Zur weiterführenden Lektüre sei auf das wichtige Buch von Karl Hermann Schelkle verwiesen: *Der Geist und die Braut.* Die Frau in der Bibel. Patmos Verlag, Düsseldorf 1977 (d. Red.).

Was bedeutet »Theologie des Neuen Testaments«?

I. Begriff

Theologie bedeutet dem Wortsinn nach »Wort über Gott«. Zur herrscherlichen Souveränität Gottes gehört seine Vorbehaltenheit und Verborgenheit vor den Menschen. Es ist daher die Überzeugung wohl jeder und sicherlich der christlichen Theologie, daß der Mensch von Gott nur dann sprechen kann, wenn Gott zuvor zum Menschen gesprochen hat und wenn Gott sich dem Menschen erschlossen und offenbart hat. Wort über Gott ist dem Menschen nur möglich, wenn er das Wort, das Gott sprach, zuerst gehört hat und sofern er es immer und je hört.

1. Heilige Schrift und Wort Gottes

Hat Theologie das Wort Gottes zu bezeugen auf Grund des von Gott gesprochenen Wortes, so stellt sich die Frage, wo dieses Wort gesprochen und wo es zu hören ist. Der Bibel Alten und Neuen Testamentes ist es gewiß, daß Gott den Menschen sein Wort sagte und sagt. Im Alten Testament ist dieses Wort Gottes gesagt als Wort des Gesetzes, der Propheten und der Geschichte. Das Wort Gottes weist sich Israel und der Welt gegenüber aus durch die Macht, in der es sich in Gericht und Heil erfüllt. Immer aufs neue empfängt Israel das Wort Gottes als Entscheidung seiner Geschichte. Aus der Erkenntnis der Geschichtsmächtigkeit des Wortes gelangt die zum Anfang zurückschreitende Reflexion allmählich zur Erkenntnis und Aussage, daß Gott durch sein Wort die Welt geschaffen hat.

Im Neuen Testament anerkennen Jesus wie die Apostel das im Alten Bund an Israel ergangene Wort Gottes. Das Neue Testament berichtet von neuen Weisungen, die in seiner Zeit an Menschen ergehen. Darüber hinaus aber sagt das Neue Testament, daß Christus das endgültige, alles bestätigende, alles beinhaltende Wort Gottes ist. »Zu vielen Malen und auf vielfache Weise hat Gott einst zu den Vätern gesprochen durch die Propheten. Am Ende der Tage hat er jetzt zu uns gesprochen im Sohn« (Hebr 1,1f). In Christus hat sich das Ja Gottes zu allen Verheißungen ereignet (2 Kor 1,19f). Christus ist das Wort, das von Anfang an als Sohn beim Vater war und in der Zeit Fleisch geworden ist (Joh 1,1–14).

Dieses zunächst nur gesprochene Wort drängte zur Schriftwerdung. Gesetzgeber (wie Mose) und große Propheten schrieben die an sie ergangenen Sprüche Gottes auf. Das Neue Testament anerkennt die Schrift des Alten Bundes als geisterfüllt (Mt 22,43; Apg 1,16; Hebr 3,7; 2 Petr 1,21). In einem vollen Zeugnis sagt der Apostel zunächst vom Alten Testament, wobei aber das Wort heute von der ganzen Schrift gelten darf: »Du kennst von Kindheit an die heiligen Schriften, die dich unterweisen können zum Heil durch den Glauben in Christus Jesus. Alles, was unter Gottes Eingebung geschrieben ist, ist auch nützlich zur Belehrung, zur Widerlegung, zur Besserung, zur Erziehung in der Gerechtigkeit, damit der Mann Gottes vollkommen sei, ausgestattet zu jeder guten Aufgabe« (2 Tim 3,15–17).

Jesus selbst hat sein Wort nicht in Schriften niedergelegt. Wir mögen dessen gedenken, daß manche, die die Menschheit als ihre Größten ehrt, ihre Lehren nur mündlich aussprachen und ihren Schülern die Niederschrift überließen: wie Jesus, so ein Buddha, ein Sokrates. Die Jünger Jesu schrieben in den Evangelien die Sprüche und Reden Jesu nieder. In weiteren Schriften wandten sie das Evangelium auf die Verhältnisse der Gemeinde an; so die Apostel in ihren Briefen. Paulus spricht als seine Überzeugung aus, daß im Wort des Apostels das Wort Gottes in der Kirche anlangt: »Ihr habt das Predigtwort Gottes von uns her nicht als Menschenwort aufgenommen, sondern, was es in Wahrheit ist, als Gotteswort, das ja nun unter euch, den Gläubigen, wirkt« (1 Thess 2,13). Aber es gilt ebenso das Wort des hl. Augustinus vom Johannesevangelium (Über das Johannesevangelium 1,1): »Auch Johannes hat nicht gesagt, wie es ist, sondern nur, wie er es vermochte, weil von Gott ein Mensch gesprochen hat.«

Wenn wir die Heilige Schrift Gottes Wort nennen, so ist sie doch immer in menschlicher, ganz konkret in hebräischer oder griechischer, Sprache ausgesprochen. Gottes Wort ist uns immer durch Menschen und in ihrer Sprache gesagt. Gott hat weder Mund noch Sprache wie Menschen. Spräche er aber, wie könnte der Mensch Gottes Sprache verstehen? Wie kann der Unendliche ein endliches Wort und der Ewige ein vergängliches Wort sprechen? Reden wir vom Wort Gottes an Menschen und an uns Menschen, so bedient sich unsere Redeweise offenbar des Gleichnisses und der Analogie.

Auch die Bibel hat schon gewußt, daß Gottes Wort sich nicht ereignen kann wie Wort zwischen Menschen. Erzählungen des Alten Testamentes wissen, daß Gott sich den Menschen in gewaltigen Naturereignissen offenbarte, etwa bei der Setzung der Zehn Gebote am Sinai (Ex 19). Aber daneben steht die Erzählung von der Gotteserscheinung, die Elija am gleichen Berg Sinai hatte (1 Kön 19): Ein gewaltiger Sturm kam, aber der Herr war nicht im Sturm, auch nicht im Erdbeben, auch nicht im Feuer. Nach dem Feuer kam das Flüstern eines leisen Wehens. Und der Herr sprach zu ihm. – Gott offenbart sich nicht in Feuer und Beben, sondern im leisen Flüstern, d.h. nicht in äußerlich hörbarem Wort. Was ist nun Wahrheit? Wo offenbart sich Gott? Im Feuer und Erdbeben oder im leisen Zuspruch? Das eine wie das andere berichtet die Schrift. Das eine wie das andere ist Gleichnis und erst beides zusammen ist die ganze Wahrheit.

Ein Beispiel zwischen dem Alten und Neuen Testament: Im Gesetz des Mose war der Scheidebrief erlaubt. Jesus aber betrachtet den Scheidebrief, der im Alten Testament Gottes Recht genannt war, als Gesetz des Mose und kritisiert dieses Mosegesetz vom ursprünglichen Gotteswillen her (nach Gen 1,27 und 2,24). Nicht jedes Wort der Bibel ist also buchstäblich und wörtlich Gottes Setzung.

Die Heilige Schrift ist Gotteswort und ist Menschenwort. Ein sinnvoller Vergleich sagt, sie enthält das Wort Gottes, wie das fleischgewordene Wort Gottes in der Krippe liegt.

Die Heilige Schrift ist überdies nur zu einem Teil unmittelbare worthafte Anrede. Sie ist in weiten Teilen nur Bericht darüber, wie Gott einst Menschen angerufen und an ihnen gehandelt hat. Daraus ist erst in abgeleiteter Weise zu erkennen, wie und wer Gott ist und was immer sein Wort besagt.

2. Auslegung der Schrift – Hören des Wortes

Wie ist dieses lebendige Wort Gottes aus der Schrift zu vernehmen? Es ist nur zu hören in der Entscheidung des Glaubens, die nie endgültig getan ist, sondern immer neu begonnen und vollzogen werden muß. Den Weg vom Lesen der Schrift zum Hören des Wortes zu gehen, bis dorthin, wo die Entscheidung geschehen muß, so daß aus dem Hören des Wortes das Gehorchen gegenüber dem Wort wird, führen uns Helfer, die wir wohl als zwei verschiedene benennen können: die exegetische wissenschaftliche Bemühung und die Gemeinschaft des Glaubens.

a) Wissenschaftliche Exegese

Die Bibel ist ein Text aus dem jüdischen und griechischen Altertum. Dieser Text gibt viele Fragen gleicher Art auf, wie jeder profane Text aus jener Zeit. Die Bemühung darum ist unabdingbar notwendig, und die Exegese darf nichts davon unterlassen. Die wissenschaftliche Theologie muß diese Arbeit für die ganze Kirche tun, die die Schrift lesen und hören will. Die

Exegese muß viele Wörter und Begriffe abhorchen und prüfen, um das eine Wort der Offenbarung, auf das es ihr ankommt, zu vernehmen. Sie mag dabei zuletzt erkennen, daß dieses eine Wort zwar innerhalb der Welt und für diese Welt laut wurde, aber in seiner Besonderheit und Ganzheit nicht von dieser Welt her verstanden werden kann.

Das Wort Gottes ist in der Geschichte von Jahrtausenden gesprochen und von hörenden und glaubenden Menschen je nach dem Verständnis ihrer Zeit aufgenommen und uns bezeugt. Es ist anders ausgesprochen in den Schriften des Alten Testamentes zu Beginn der Offenbarung und anders in der Fülle der Offenbarung im Neuen Testament; im Neuen Testament wieder verschieden in den vier Evangelien und in den Briefen der Apostel. In den Evangelien spricht die göttliche Einfachheit des Christus, in den Reden der Apostel wird gefolgert und bewiesen. Dort spricht der Heilige, hier sprechen Menschen, die alle Bruch und Last der Sünde erfahren haben und der Erlösung bedürfen. Innerhalb des Neuen Testamentes entwickelt sich die Theologie als Reflexion über Glauben und Verkündigung. Die Worte Jesu selbst sind in der Weitergabe ausgelegt und entfaltet worden. Sie sind neuen Fragen adaptiert worden. Die Evangelien sind nicht einfachhin historische Berichte über Leben und Lehre Jesu. Die Evangelien sind Glaubenszeugnis und Offenbarung über den, der jetzt Hirt und Herr der Kirche ist. Die Evangelien sind wesenhaft alle nachösterlich. Auch in den Berichten, die vom vorösterlichen Christus handeln, ist Ostern mitverkündet. Die Evangelien sind nie nur Geschichte, sondern immer schon Theologie. Das gilt zumal vom letzten Evangelium, dem Johannesevangelium, in dem sich Geschichte, Deutung und Verkündigung durchdringen. Es gilt unbestritten von den Paulusbriefen und den anderen Briefen, daß sie Lehre und Zeugnis des Glaubens der Kirche sind. Unsere Überlegung erkennt bedeutsame Unterschiede der Entwicklung zwischen neutestamentlichen Schriften. Wir erkennen Unterschiede zwischen Ursprünglichem und Abgeleitetem, zwischen wesentlich tragenden Aussagen und solchen, die am Rande bleiben. Das Neue Testament ist keine starre Einerleiheit, sondern lebensvolle Einheit aus Kraft und Geist.

Bei aller Verschiedenheit der neutestamentlichen Schriften sprechen wir aber trotzdem nicht nur von verschiedenen Theologien der Synopse, des Paulus, des Johannes, sondern von *einer* und von *der* neutestamentlichen Theologie. Alle neutestamentlichen Schriften beziehen sich auf den einen Jesus, den Christus. Ohne daß sie die Unterschiede der Schriften einebnen dürfte, wird eben eine Darstellung der neutestamentlichen Theologie die Aufgabe haben und das Ziel verfolgen, die Einheit des Neuen Testamentes in aller Verschiedenheit zu erkennen und aufzuzeigen. Je mehr der Vordergrund aufgefächert ist, und je weiter zurück die Einheit liegt, um so tiefer wird sie sein. Es ist jene Einheit, von der ein Hugo von St. Viktor sagt: »Die ganze göttliche Schrift ist *ein* Buch, und jenes eine Buch ist Christus.«

Wir sprechen aber endlich nicht bloß von der neutestamentlichen, sondern von der biblischen Theologie, mithin der Einheit des Alten und Neuen Testamentes. Der Gott des Alten und Neuen Bundes ist der gleiche eine Gott. Die Einheit ist uns verbürgt im Namen Jesu, der ja bedeutet: Jehoschua, d.h. Jahwe erlöst. Neutestamentliche Theologie wird darum immer auch im Rückbezug auf alttestamentliche Theologie darzustellen sein.

Die exegetische Arbeit an der Schrift hat ihre oft nicht leichten Fragen für den einzelnen wie für die ganze Kirche. Dies weiß bereits das Neue Testament (2 Petr 3,15f). Von Anfang an ist die Kirche mit der Notwendigkeit und der Not der Auslegung ihrer Heiligen Schrift belastet.

b) Gemeinschaft des Glaubens

Die andere Hilfe, die Schrift zu hören und zu verstehen, ist die Gemeinde des Glaubens in der Gemeinschaft der Kirche. Als »Wort des Lebens« (Joh 5,24) schafft die Schrift, lebenzeugend wie das Sakrament, die Kirche, durch die wiederum die Schrift lebendig bleibt. Als diese Kirche verstehen wir die große Eine, heilige, katholische und apostolische Kirche, zu der, wie unsere Katholische Kirche, so die Griechische und Evangelische Kirche gehören. »Der wesentliche Inhalt der Heiligen Schrift ist der Kirche ewig gegenwärtig, weil er ihr Herzblut, ihre Seele, ihr Odem, ihr Alles ist« (Johann Adam Möhler). Schrifterklärung in der Kirche gibt Anteil an der Erkenntnis und Gläubigkeit der ganzen, alle Zeiten und Länder umfassenden Gemeinschaft der Heiligen. Es darf hier das Wort angeführt werden, das Marthin Luther als sein hermeneutisches Vermächtnis niederschrieb: »Den Virgil in seinen Bucolica und Georgica kann niemand verstehen, er sei denn fünf Jahre Hirt oder Ackermann gewesen, den Cicero in seinen Briefen niemand, er habe sich denn zwanzig Jahre in einem großen Gemeinwesen bewegt. Die heiligen Schriften vermeine niemand genugsam verschmeckt zu haben, er habe denn hundert Jahre mit den Propheten die Gemeinde regiert. Wir sind Bettler. Das ist wahr.«

»Das gehörte Wort nützt nichts, wenn es sich nicht durch Glauben mit den Hörern verbindet« (Hebr 4,2). Alle Hilfe zum Verstehen und Hören führt dorthin, wo der Glaube in der Entscheidung steht. Die Schrift zu erklären, ist endlich Wissenschaft im Glauben, der selbst nicht abhängig ist von den Ergebnissen irgendeiner Wissenschaft, sondern gegründet ist »als

Vertrauen zu Gott durch Christus« (2 Kor 3,4) und der zuletzt Gottes Geschenk ist (Phil 1,29).

II. Neutestamentliche Theologie und andere theologische Disziplinen

Was das Eigentliche der neutestamentlichen Theologie ist, wird noch deutlicher durch ihre Abhebung und Abgrenzung von anderen theologischen Disziplinen. Neutestamentliche Theologie ist nicht Teil der Kirchengeschichte als Geschichte der Kirche in der neutestamentlichen Zeit. Wohl erforschen neutestamentliche Theologie und Kirchengeschichte die gleichen Urkunden des Neuen Testamentes. Aber dies geschieht hier und dort mit verschiedenem Ziel. Die neutestamentliche Theologie tut ihre Arbeit mit der Absicht, die Offenbarung aus dem durch die Schrift überlieferten Wort zu erheben. Die Kirchengeschichte will, wenn sie das Neue Testament erforscht, die gesamte, innere und äußere Geschichte der Urkirche nach dem Neuen Testament rekonstruieren. Sie will für die Urkirche, wie dann überhaupt für die ganze Zeit der Kirche, die Wirkung des Wortes auf die Welt und in der Welt aufzeigen.

Neutestamentliche Theologie ist auch nicht Dogmatik. Die Aufgabe der Dogmatik ist, die im Wort Gottes erschlossenen Wirklichkeiten entsprechend der kirchlichen Lehrverkündigung in ihrem Ordnungsgefüge systematisch darzustellen. Dabei sind Quellen der Dogmatik Schrift und Überlieferung, wie immer man das Verhältnis zwischen diesen beiden bestimmen mag. Neutestamentliche Theologie und Dogmatik sind also verschieden nach dem Umfang ihrer Quellen. Sie sind auch verschieden hinsichtlich des Zieles der wissenschaftlichen Bemühung. Neutestamentliche Theologie beschreibt den exegetischen Befund. Dogmatik will die kirchliche Lehre in Beziehung setzen zur jeweiligen allgemeinen, inner- und außerkirchlichen Geistigkeit und Situation. Dogmatik will sodann mit Hilfe ihrer Folgerungen vom Gegebenen aus weiterschreiten und die Glaubenslehre weiterentwickeln. Dies alles ist jenseits der Grenzen neutestamentlicher Theologie.

Ähnliches gilt auch vom Verhältnis der neutestamentlichen Theologie zur Moraltheologie. Neutestamentliche Theologie beschreibt auch die neutestamentliche Lehre vom christlichen Leben. Auch die Moraltheologie handelt hievon. Die Moraltheologie ist aber die wissenschaftliche Darstellung der gesamten Sitten- und Lebenslehre der Kirche. Quelle der Moraltheologie ist nicht nur das Neue Testament, sondern die gesamte Erfahrung und Überlieferung der Kirche. Moraltheologie will sodann die ganze Fülle heutigen Lebens der einzelnen wie der Gesellschaft erfassen und nach christlichen Grundsätzen erhellen und ordnen. Auch dies führt weit über die Aufgaben neutestamentlicher Theologie hinaus.

Das Verhältnis zwischen neutestamentlicher Theologie einerseits und Dogmatik und Moraltheologie andererseits, kann aber auch nicht so bestimmt werden, daß neutestamentliche Theologie die Bibelstellen für die Sätze der Dogmatik oder Moraltheologie aufzusuchen und zusammenzustellen und so den biblischen Unterbau für das heutige dogmatische oder moraltheologische System zu erstellen hätte. Die Dogmatik hat seit der Hochscholastik folgenden Aufbau: Einer Einleitung mit Überlegungen über Wesen von Dogmatik und Theologie folgen die Hauptstücke über Gott den Einen und Dreipersönlichen, die Lehre von der Schöpfung, Christologie und Soteriologie als Lehre von der Erlösung, sodann Gnadenlehre, Sakramentenlehre, Eschatologie. Übernähme neutestamentliche Theologie diese Ordnung, übernähme sie ein fremdes System, dessen Anwendung auf das Neue Testament nur mit Gewalt geschehen könnte. Manche Teile unserer Dogmatik sind im Neuen Testament nur angedeutet und noch nicht entwickelt (z. B. die Gnadenlehre). Manches ist im Neuen Testament in großer Breite und Tiefe behandelt, was in unserer heutigen Dogmatik nur kurz dargestellt wird (z. B. die Lehre vom Wort). Ähnliches gilt vom System der Moraltheologie und dem Neuen Testament. Einteilung und System der neutestamentlichen Theologie dürfen nicht von außen an das Neue Testament herangebracht werden, sondern müssen aus dem Neuen Testament selber gewonnen werden.

Gleichwohl wird neutestamentliche Theologie oft auf die systematische Theologie Rücksicht nehmen. Der neutestamentlichen Theologie ist es von Wert, ihre Fragen in der Perspektive der späteren kirchlichen Entwicklung zu sehen. Jene mag so erkennen, welche Probleme in der noch einfachen biblischen Lehre enthalten sind, und sie wird aus der Dogmengeschichte lernen, welche Auffassungen der biblischen Lehre möglich sind.

Die neutestamentliche Summe des christlichen Glaubens und Lebens ist gegenüber der heutigen allseitig ausgebildeten Dogmatik und Moraltheologie notwendig unentwickelt und unvollständig. Um Beispiele zu nennen: Das Neue Testament lehrt nicht sieben Sakramente so eindeutig wie unsere heutige Dogmatik. Manche Sätze der Gnadenlehre ergaben und entschieden sich erst in der geschichtlichen Entwicklung. Die Mariologie, die ein wichtiger Teil unserer heutigen Dogmatik ist, ist im Neuen Testament sicherlich noch nicht in heutiger Fülle ausgesprochen. Die neutestamentliche Lehre über Staat und Gesellschaft ist unvollständig, weil den neutestamentlichen Schriften die Möglichkeiten und Probleme der Staats- und Gesellschaftsformen, die die Geschichte seither gebracht hat, noch nicht bekannt waren. Die Welt der modernen Wissenschaft und Technik stellt dem Denken und Handeln aus dem Glauben Fragen und Aufgaben, die das Neue Testament noch nicht erkennen konnte.

Ist neutestamentliche Theologie unentwickelte Theologie, so ist doch ihre Unvollständigkeit nicht derart, daß sie gegenüber der heutigen ausgebildeten Theologie mangelhaft und minderen Wertes wäre. Vielmehr hat die neutestamentliche Theologie unter historischem wie theologischem Betracht ihre unvergleichliche Bedeutung und Würde. Das Neue Testament ist die älteste Urkunde der Kirche. Hier sind Glauben und Leben, Wesen und Geist der Kirche in der reinen Ursprünglichkeit und anfänglichen Vollkommenheit bezeugt und beschrieben. In jeder geistigen Bewegung ist der Ursprung normativ für alle Zukunft und nur solange bleibt das Leben mächtig, als es aus den Wurzeln und Anfängen immer neue Kraft gewinnt. Darum schon müssen alle späteren Zeiten jenes gläubige Verständnis von Gott, Welt und Mensch, das im Neuen Testament bezeugt ist, immer wieder zu gewinnen suchen, um im gleichen Glauben die neuen Fragen und Aufgaben einer neuen Zeit zu bewältigen.

Das Neue Testament ist jedoch in noch sehr viel tieferer Weise dadurch normativ für die Kirche, daß es geisterfüllte (2 Tim 3,16), »inspirierte« Glaubensurkunde ist. Die Lehre von der Inspiration ist nicht nur eine Aussage darüber, daß die Schrift im Geist geschrieben wurde, sondern Inspiration besagt, daß die Schrift immer in der Kraft des Geistes machtvoll ist. Die Schrift ist darum in der Kirche normativ und schöpferisch unvergleichlich mehr als jedes andere Buch, auch des größten Lehrers der Kirche, und als jede Verkündigung, auch ihres höchsten Amtsträgers. Alle späteren Lehren schöpfen aus der ursprünglichen, in der Schrift bezeugten Offenbarung.

Neutestamentliche Theologie ist nicht historische und nicht systematische Theologie. Sie ist Auslegung der biblischen Texte, die das Wort Gottes aus den Texten hörbar machen und entbinden will. Die Exegese der einzelnen Verse stellt die Einzelerkenntnisse zur Verfügung, die von der eigentlichen neutestamentlichen Theologie systematisch zusammengefaßt werden. Im Verhältnis zur Exegese des einzelnen könnte die biblische Theologie etwa als systematische Exegese bezeichnet werden.

Schon in der Bibel des Alten und des Neuen Testamentes wird Schrift ausgelegt, insofern Früheres aufgenommen, gedeutet und weitergeführt wird. Dies geschieht weithin schon zwischen älteren und jüngeren Texten des Alten Testamentes, dann aber sehr oft, wenn das Neue Testament das Alte Testament anführt, auslegt und anwendet. Die Kirchenväter legten ihre Theologie größtenteils in biblischen Kommentaren und Homilien nieder. Im hohen Mittelalter schieden sich als zwei große Zweige biblisch-exegetische und systematisch-spekulative Theologie.

Biblische systematische Theologie als besonderer Teil und eigenes Fach der exegetischen Theologie entstand im Gefolge der Reformation. Kraft des Grundsatzes, daß die Schrift – ohne Überlieferung – einzige Glaubensquelle sei, löste die Reformation die Bibel aus dem bisherigen Zusammenhang mit der Überlieferung. Die Dogmatik führte nicht mehr die Theologie der Väter und der Vorzeit fort, sondern sie mußte neu begonnen und grundgelegt werden. Zu diesem Zweck wurden die Bibelstellen für die Dogmatik zusammengestellt und im Zusammenhang interpretiert. Solche Sammlungen hießen Collegia Biblica oder Vindiceae sacrae. Dies geschah im 17. Jahrhundert. Das erste Buch mit dem Titel »Biblische Theologie« veröffentlichte Wolfgang Johannes Christmann 1629 in Kempten mit dem Namen: Teutsche Biblische Theologie. Im 17. und 18. Jahrhundert nahm der Pietismus das Anliegen der biblischen Theologie auf. Gemäß dem allgemeinen Ziel des Pietismus sollte Biblische Theologie die schlichte Lehre und Person Christi zur Geltung bringen, die der Pietismus in der scholastisch gewordenen protestantischen Theologie vermißte. Unter der weitreichenden Wirkung des Pietismus veröffentlichte Carl Haymann, Domprediger und Superintendent in Meissen, den »Versuch einer biblischen Theologie« (1708; in 4. Aufl. 1768). Die Bemühung um eine biblische Theologie wurde dann von der historisch-kritischen Bibelwissenschaft der Aufklärung fortgeführt. Sie wollte die Lehre des Neuen Testaments als historischen Befund aus den Quellen erheben, brachte aber bald die biblische Theologie in den Gegensatz zur geltenden Dogmatik, der gegenüber sie die geschichtliche Ursprünglichkeit des Christentums darzustellen behauptete. Programmatisch hiefür war die Rede von Johann Philipp Gabler in der Universität Altdorf: Oratio de iusto discrimine theologiae biblicae et dogmaticae regundisque recte utriusque finibus (1787).

Der erste katholische Theologe, der eine biblische Theologie, wenn auch noch nicht geschrieben, so doch als notwendig erkannt hat, war Johann Sebastian Drey. In seiner Schrift »Einleitung in das Studium der Theologie mit Rücksicht auf den wissenschaftlichen Standpunkt und das katholische System« (Tübingen 1819) fordert er neben der biblischen Geschichte eine biblische Theologie als »die Zusammenstellung der Lehre Christi und seiner Apostel«. »Die biblische Theologie muß als die Grundlage der gesamten theologischen Wissenschaft betrachtet werden.« Drey eilte mit seiner Einsicht und Forderung der Theologie seiner Zeit weit voraus. Seine Forderung ist bis heute nicht erfüllt. In der Geschichte der biblischen Theologie verdient genannt zu werden Johann Anton Bernhard Lutterbeck, Die neutestamentlichen Lehrbegriffe (2 Bde. Mainz 1852). Das Werk bietet in stark aufklärerischem Geist eine ausführliche Darstellung der neutestamentlichen Umwelt und Zeitgeschichte mit Skizzen der petrinischen, paulinischen, johanneischen Lehre und ihres Inhaltes. Mit Achtung ist zu nennen Theophil Simar, Die Theologie des hl. Paulus (Freiburg i. Br., 2. Aufl. 1883). Das erste katholische Buch mit dem Titel »Neutestamentliche Theologie« stammt von A. Lemonyer (Théologie du Nouveau Testament, Paris 1928).

Das erste deutsche katholische entsprechende Werk stellt dar Otto Kuß, Die Theologie des Neuen Testamentes (Regensburg 1936, in mehreren Auflagen). Das Werk von Max Meinertz, Theologie des Neuen Testaments (2 Bde., Bonn 1950), kann von sich sagen: »Das Buch ist die erste ausführliche Gesamtdarstellung der neutestamentlichen Theologie auf katholischer Seite.« Weiter sind zu nennen: Joseph Bonsirven, Théologie du Nouveau Testament, Paris 1951, ein Buch, das besonders auf das Verhältnis des Neuen Bundes zum Alten Bund achtet. Rudolf Schnackenburg, Neutestamentliche Theologie (Biblische Handbibliothek 1; München 1963) gibt eine kritische und weiterführende Bibliographie der gesamten neutestamentlichen Theologie. Dazu treten zunehmend zahlreiche Einzeluntersuchungen neutestamentlicher Begriffe oder auch größere Gebiete (wie Christologie, Eschatologie, Theologie des Johannes, des Paulus). Allgemein theologische wie biblische Lexika berücksichtigen die neutestamentliche Theologie. Die evangelische Theologie hat, ihre Arbeit fortsetzend, in unserer Zeit bedeutende Darstellungen der Theologie des Neuen Testaments hervorgebracht, die auch katholischer Exegese ihre Dienste tun. Als neueste Werke seien genannt: Paul Feine, Theologie des Neuen Testaments (Berlin 8. Aufl. 1951); Rudolf Bultmann, Theologie des Neuen Testaments (Tübingen 5. Aufl. 1965); Hans Conzelmann, Grundriß der Theologie des Neuen Testaments (München 1967).

IV. Methodisches Vorgehen

Grundsätzlich bieten sich zwei Möglichkeiten für die Anlage einer neutestamentlichen Theologie an. Die eine Möglichkeit ist, die Epochen der neutestamentlichen Verkündigung je in einem Abschnitt zu behandeln, also Synopse, Urgemeinde, Paulus, Johannes, spätapostolische Schriften. So sind die meisten Darstellungen gegliedert; wie die Werke von O. Kuß, M. Meinertz, J. Bonsirven, R. Schnackenburg; sodann die Darstellungen evangelischer Theologie von P. Feine, R. Bultmann, H. Conzelmann. Dabei ist nachteilig, daß die großen Themen nicht in ihrer Entfaltung durch das Neue Testament hindurch und nicht zusammenhängend dargestellt werden können. Eine andere Möglichkeit ist, Gedanken und Themen neutestamentlicher Verkündigung durch das ganze Neue Testament hin zu verfolgen und die Gebiete des Glaubens und Lebens zusammengefaßt zu behandeln. Die Zusammenhänge je der Theologie wichtiger biblischer Bücher, Epochen oder Apostel (wie johanneische Theologie, paulinische Theologie) können dann freilich nicht als Einheit dargestellt werden. Die Darstellung nach Themen könnte in folgender Reihenfolge geschehen: Schöpfung (Welt, Zeit und Mensch); Offenbarung in Geschichte und Heilsgeschichte (Jesus Christus und die Erlösung; Gott, Geist, Trinität); Ethos; endlich Gottes Herrschaft, Kirche und Vollendung. Mein Entwurf versucht danach eine neutestamentliche Theologie in vier Teilen vorzulegen. (Band 1: Schöpfung; Düsseldorf 1968).

Nachtrag: Inzwischen liegt die gesamte »Theologie des Neuen Testaments« in 5 Bänden vor. Band 2: Gott war in Christus; Band 3: Ethos; Band 4/1: Vollendung von Schöpfung und Erlösung; Band 4/2: Jüngergemeinde und Kirche.

Quellenverzeichnis

Die Geschichte Jesu
in: Johannes B. Bauer (Hrsg.), Evangelienforschung. Ausgewählte Aufsätze deutscher Exegeten. Verlag Styria Graz – Wien – Köln 1968, 277–297

Jesus – Lehrer und Prophet
in: Orientierung an Jesus. Festschrift Josef Schmid. Herder Freiburg – Basel – Wien 1973, 300–308

Auferstehung Jesu. Geschichte und Deutung
in: Kirche und Bibel. Festschrift Eduard Schick. Verlag Ferdinand Schöningh Paderborn 1979, 390–396

Das Herrenmahl
in: Rechtfertigung. Festschrift Ernst Käsemann. J. C. B. Mohr Tübingen – Vandenhoeck und Ruprecht Göttingen 1976, 385–402

Israel und Kirche im Neuen Testament
in: Die Kirche des Anfangs. Festschrift Heinz Schürmann. Herder Freiburg – Basel – Wien 1978, 607–614

Die »Selbstverfluchung« Israels nach Matthäus 27,23–25
in: W. Eckert (Hrsg.), Antijudaismus im Neuen Testament? Exegetische und systematische Beiträge. Chr. Kaiser Verlag München 1967, 148–156

Paulus vor Damaskus
in: Bibel und Leben 8, 1967, 153–157

Die Theologie des Apostels Paulus
in: Sacramentum Mundi. Theologisches Lexikon für die Praxis. Herausgegeben von K. Rahner und A. Darlap. Band III. Herder Freiburg – Basel – Wien 1969, Sp. 1074–1089

Paulusbriefe
ebd. Sp. 1090–1101

Im Leib oder außer des Leibes. Paulus als Mystiker
in: Theologische Quartalschrift 158, 1978, 285–293

Neutestamentliche Eschatologie
in: Mysterium Salutis. Grundriß heilsgeschichtlicher Dogmatik. Herausgegeben von J. Feiner und M. Löhrer. Band 5: Zwischenzeit und Vollendung der Heilsgeschichte. Benziger Verlag Zürich – Einsiedeln – Köln 1976, 723–778

Charisma und Amt
in: Begegnung mit dem Wort. Festschrift Heinrich Zimmermann. Peter Hanstein Verlag Bonn 1980, 311–323

Freiheit als Evangelium. Zum Thema Freiheit in Bibel und Kirche
in: Theologische Quartalschrift 155, 1975, 87–96

Frauen in der Heiligen Schrift
in: Dienender Glaube 54, 1978, 260–268

Was bedeutet »Theologie des Neuen Testaments«?
in: Johannes B. Bauer (Hrsg.), Evangelienforschung. Verlag Styria Graz – Wien – Köln 1968, 299–312

Register der neutestamentlichen Stellen

Sachregister